LEI ANTICORRUPÇÃO EMPRESARIAL

PERSPECTIVAS E EXPECTATIVAS

Edição comemorativa dos 10 anos
de vigência da Lei nº 12.846/2013

MARCELO ZENKNER
SHIN JAE KIM
Coordenadores

Ana Aranha
Jaqueline de Oliveira
Prefácio

Vinicius Marques de Carvalho
Apresentação

Bruno Brandão
Posfácio

LEI ANTICORRUPÇÃO EMPRESARIAL

PERSPECTIVAS E EXPECTATIVAS

Edição comemorativa dos 10 anos
de vigência da Lei nº 12.846/2013

Belo Horizonte
FÓRUM
CONHECIMENTO JURÍDICO
2023

© 2023 Editora Fórum Ltda.

É proibida a reprodução total ou parcial desta obra, por qualquer meio eletrônico, inclusive por processos xerográficos, sem autorização expressa do Editor.

Conselho Editorial

Adilson Abreu Dallari
Alécia Paolucci Nogueira Bicalho
Alexandre Coutinho Pagliarini
André Ramos Tavares
Carlos Ayres Britto
Carlos Mário da Silva Velloso
Cármen Lúcia Antunes Rocha
Cesar Augusto Guimarães Pereira
Clovis Beznos
Cristiana Fortini
Dinorá Adelaide Musetti Grotti
Diogo de Figueiredo Moreira Neto (*in memoriam*)
Egon Bockmann Moreira
Emerson Gabardo
Fabrício Motta
Fernando Rossi
Flávio Henrique Unes Pereira
Floriano de Azevedo Marques Neto
Gustavo Justino de Oliveira
Inês Virgínia Prado Soares
Jorge Ulisses Jacoby Fernandes
Juarez Freitas
Luciano Ferraz
Lúcio Delfino
Marcia Carla Pereira Ribeiro
Márcio Cammarosano
Marcos Ehrhardt Jr.
Maria Sylvia Zanella Di Pietro
Ney José de Freitas
Oswaldo Othon de Pontes Saraiva Filho
Paulo Modesto
Romeu Felipe Bacellar Filho
Sérgio Guerra
Walber de Moura Agra

FÓRUM
CONHECIMENTO JURÍDICO

Luís Cláudio Rodrigues Ferreira
Presidente e Editor

Coordenação editorial: Leonardo Eustáquio Siqueira Araújo
Aline Sobreira de Oliveira

Rua Paulo Ribeiro Bastos, 211 – Jardim Atlântico – CEP 31710-430
Belo Horizonte – Minas Gerais – Tel.: (31) 99412.0131
www.editoraforum.com.br – editoraforum@editoraforum.com.br

Técnica. Empenho. Zelo. Esses foram alguns dos cuidados aplicados na edição desta obra. No entanto, podem ocorrer erros de impressão, digitação ou mesmo restar alguma dúvida conceitual. Caso se constate algo assim, solicitamos a gentileza de nos comunicar através do *e-mail* editorial@editoraforum.com.br para que possamos esclarecer, no que couber. A sua contribuição é muito importante para mantermos a excelência editorial. A Editora Fórum agradece a sua contribuição.

Dados Internacionais de Catalogação na Publicação (CIP) de acordo com ISBD

L525	Lei anticorrupção empresarial: perspectivas e expectativas – Edição comemorativa dos 10 anos de vigência da Lei nº 12.846/2013 / Marcelo Zenkner, Shin Jae Kim (coord.). Belo Horizonte: Fórum, 2023.
	455p. 14,5x21,5 cm
	ISBN 978-65-5518-541-6
	1. Lei anticorrupção empresarial. 2. *Compliance*. 3. Direito administrativo sancionador. 4. Direito público. 5. Zenkner, Marcelo. 6. Kim, Shin Jae. I. Título.
	CDD: 342
	CDU: 342

Ficha catalográfica elaborada por Lissandra Ruas Lima – CRB/7 – 2851

Informação bibliográfica deste livro, conforme a NBR 6023:2018 da Associação Brasileira de Normas Técnicas (ABNT):

ZENKNER, Marcelo; KIM, Shin Jae (coord.). *Lei anticorrupção empresarial*: perspectivas e expectativas – Edição comemorativa dos 10 anos de vigência da Lei nº 12.846/2013. Belo Horizonte: Fórum, 2023. 455p. ISBN 978-65-5518-541-6.

SUMÁRIO

PREFÁCIO
PRECISAMOS CONTINUAR AVANÇANDO RUMO A UM DESENVOLVIMENTO SUSTENTÁVEL
Ana Aranha, Jaqueline de Oliveira 15

APRESENTAÇÃO
Vinicius Marques de Carvalho 19

PARTE I:
INTROITO

A LEI ANTICORRUPÇÃO À LUZ DAS RECOMENDAÇÕES INTERNACIONAIS DA OCDE: TRANSPARÊNCIA DOS ACORDOS DE LENIÊNCIA E MECANISMOS DE DENÚNCIA
Guilherme France, José Francisco Compagno 23
1   Introdução 23
2   Transparência nos acordos de leniência 26
3   Mecanismos de denúncia de irregularidades...31
4   Conclusão 34
     Referências...36

PARTE II:
ASPECTOS DA EVOLUÇÃO DA LEI Nº 12.846/2013 NA VISÃO DO PODER PÚBLICO

RESOLUÇÕES NEGOCIADAS NA LEI Nº 12.846: UMA ANÁLISE DA EXPERIÊNCIA DO JULGAMENTO ANTECIPADO
Marcelo Pontes Vianna, Renato Machado de Souza 41
     Introdução 41
1   O acordo de leniência como instrumento de investigação 44
2   Uso de medidas alternativas de resolução nos processos sancionadores...49

3	Coexistência de instrumentos de colaboração com meios de resolução alternativos nos processos sancionadores 52
4	O julgamento antecipado no Processo Administrativo de Responsabilização 56
	Conclusão 61
	Referências...63

APLICAÇÃO DO PRINCÍPIO DO *NE BIS IN IDEM* À HIPÓTESE DE CUMULATIVIDADE DE AÇÕES JUDICIAIS E/OU PROCESSOS ADMINISTRATIVOS

Fábio Ramazzini Bechara, Fernando Medici Guerra Martins, Jovacy Peter Filho, Luís Fernando de Moraes Manzano..65

1	Introdução 65
2	Sistema brasileiro de *accountability* e horizontalidade 67
3	Princípio do *"ne bis in idem"* 71
4	A aparente oposição entre o princípio do *ne bis in idem* e a independência de instâncias 75
5	Cumulação punitiva e prejudicialidade entre a ação civil pública empresarial e ação civil pública contra pessoa física por ato de improbidade administrativa: aplicação do princípio do *ne bis in idem* 78
6	Conclusão 82
	Referências...83

SISTEMA DE IMPROBIDADE ADMINISTRATIVA E LEI ANTICORRUPÇÃO EMPRESARIAL: UM NECESSÁRIO E IMPRESCINDÍVEL DIÁLOGO

Fernanda Paiva Carvalho, Rodrigo Fontenelle de Araújo Miranda............87

1	Introdução 87
2	Lei de Improbidade Administrativa e Lei Anticorrupção – histórico e inovações 89
3	Princípio do *ne bis in idem* 97
3.1	Previsão normativa 97
3.2	Independência de instâncias como fundamento para múltipla incidência sancionatória 99
4	Um diálogo possível entre LAC e LIA na responsabilização das pessoas jurídicas por atos corruptos..105
4.1	A experiência de Minas Gerais 114
	Conclusão 117
	Referências..118

LEI ANTICORRUPÇÃO E COOPERAÇÃO INTERINSTITUCIONAL: NO QUE AINDA PRECISAMOS AVANÇAR?

Vanir Fridriczewski 121

    Introdução 121

1   A multiplicidade de agências sancionadoras no Brasil: quais são seus pontos de tensão? 122

2   Acordo de leniência da Lei nº 12.846, de 2013: qual a sua natureza jurídica? 127

3   O que ainda precisa ser compreendido? 133

    Conclusão 136

    Referências 138

PARTE III
APLICAÇÃO DA LEI Nº 12.846/2013 NO AMBIENTE CORPORATIVO

A APLICAÇÃO DA LEI Nº 12.846/13 COMO INSTRUMENTO DE ROBUSTEZ DO PROGRAMA DE INTEGRIDADE DA PETROBRAS: PROCESSOS INVESTIGATIVOS E DE RESPONSABILIZAÇÃO

Augusto Moraes Haddad, Ivone Santos de Oliveira, Rafael de Castro da Silva 143

1   Introdução 143

2   A cultura de integridade na Petrobras sob o prisma da detecção e apuração dos incidentes de conformidade 144

3   O PAR na Petrobras 151

3.1   Estruturação e implementação do PAR 151

3.2   O Processo Administrativo de Responsabilização – PAR na Petrobras 154

3.3   Juízo de admissibilidade e instauração do PAR na Petrobras pela autoridade instauradora 155

3.4   Garantia ao direito de defesa e do contraditório às pessoas jurídicas processadas 156

3.5   Bloqueio cautelar de suspensão de transacionar com a Petrobras 157

3.6   Avaliação do programa de integridade das pessoas jurídicas processadas 158

3.7   O julgamento do PAR 159

3.8   Aplicação das sanções 161

3.9   Cumprimento das sanções e a efetividade do programa de *compliance* da Petrobras 162

3.10	Interfaces do PAR com áreas internas da Companhia e entes externos	163
4	Conclusão – a promoção da mudança cultural por meio da correção	164
	Referências	165

A EVOLUÇÃO DA GOVERNANÇA DE INTEGRIDADE E DO PROGRAMA DE *COMPLIANCE* DA CBMM

Clarissa Teles 167

1	Introdução	167
2	Breve contexto organizacional da CBMM	169
3	Histórico de implementação do programa de *compliance* na CBMM	170
3.1	*"Tone at the top"* e suporte da alta administração	171
3.2	Estrutura geral do programa de *compliance* – regras, instrumentos e mecanismos	173
3.3	Código de Ética e Conduta e canal de denúncia	175
3.4	Políticas e procedimentos	177
4	A importância da disseminação da cultura de integridade	180
4.1	Reforço do *middle management*	181
5	Iniciativas para a melhoria contínua do programa de *compliance*	182
5.1	Sistematização e acessibilidade das informações e rotinas do programa de *compliance*	183
5.2	Integrações com novos colaboradores	184
5.3	Programa Parceiros de *Compliance*	184
5.4	Dia da Integridade	185
5.5	Projetos e metas compartilhadas	186
5.5.1	Projeto ISO 37001	188
6	Conclusão	189
	Referências	190

POLÍTICAS ESG COMO ELEMENTO FUNDAMENTAL DOS PROGRAMAS DE INTEGRIDADE CONTEMPORÂNEOS

Fernanda Claudino 191

1	Introdução	191
2	Governança corporativa	194
2.1	Contexto histórico	194
2.2	Conceito de governança corporativa	195

2.3	O *compliance* como ferramenta da governança corporativa	196
3	Das políticas ESG	198
3.1	Política para a proteção de dados e correlação com programa de integridade	198
4	Do impacto das políticas ESG nos programas de integridade contemporâneos	199
	Conclusão	203
	Referências	204

O FOMENTO E A MANUTENÇÃO DA CULTURA COMO NOVO ELEMENTO DOS PROGRAMAS DE INTEGRIDADE

Marina Guimarães Soares, Paulo H. Wanick Mattos..............207

1	Origem e evolução do *compliance* nos ambientes corporativos	207
1.1	O cenário histórico brasileiro	209
2	Programas de *compliance* x programas de integridade	210
3	A integridade sob a égide da cultura	212
4	O novo decreto anticorrupção e seu impacto na cultura organizacional brasileiro	214
5	Cultura de integridade: da implantação à manutenção	216
5.1	A cultura de integridade: *tone at the top*	218
	Conclusão	220
	Referências	221

PARTE IV
CONTRIBUIÇÕES DA ADVOCACIA PARA O APERFEIÇOAMENTO DA LEI Nº 12.846/2013

A CULTURA DE INTEGRIDADE NAS CONTRATAÇÕES PÚBLICAS E A INFLUÊNCIA DA LEI ANTICORRUPÇÃO EMPRESARIAL NA NOVA LEI DE LICITAÇÕES

Caio de Souza Loureiro..............225

1	Introdução	225
2	A contratação como instrumento indutor de atos lesivos	226
2.1	Prerrogativas, concentração de poder e desequilíbrios de forças no contrato	228
3	O outro lado do balcão: a integridade do lado público	232
3.1	Segregação de funções	232

3.2	Predileção por servidores efetivos ou empregados do quadro permanente	234
4	Programa de integridade	237
5	Transparência e cooperação	239
6	Ainda a face repressora: maior rigor	240
6.1	Enrijecimento dos tipos penais	241
6.2	Sanções administrativas	242
7	Conclusão	243
	Referências	244

CORRUPÇÃO E DIREITOS HUMANOS: O DEVER DE DEVIDA DILIGÊNCIA

Clara Pacce Pinto Serva, Letícia Bezerra Duarte de Queiroz 247

1	Introdução	247
2	O dever de devida diligência e a conduta empresarial responsável	250
3	As três dimensões de correlação entre corrupção e direitos humanos	253
3.1	Perspectiva do Poder Público	253
3.2	Corrupção como viabilizadora de violações aos direitos humanos	255
3.3	Integridade como conceito que abrange ambas as condutas	257
4	Conclusão	258
	Referências	259

ACORDO DE LENIÊNCIA: PASSADO, PRESENTE E FUTURO

Giovanni Falcetta 263

1	Introdução	263
2	O acordo em si – da competência à conclusão	265
2.1	Competência	265
2.2	Os primeiros passos	268
2.3	A comissão	270
2.4	Requisitos	271
2.5	Das sanções do acordo de leniência	274
2.5.1	Da multa	276
2.5.2	Da reparação do dano	282
3	Medidas finais	285
4	Conclusão	286
	Referências	287

LEI ANTICORRUPÇÃO EMPRESARIAL E VENDAS GOVERNAMENTAIS: ANÁLISE PRÁTICA E MÉTRICAS DA CGU
Karla Lini Maeji, Brunna Padovan Ortega de Almeida, Franco Mikuletic Neto 289
1 Introdução 289
2 Inclusão de ilícitos praticados em licitações e contratos públicos na Lei Anticorrupção Empresarial 291
3 Vendas governamentais e a Lei Anticorrupção Empresarial na prática 293
3.1 Cenário preventivo: programa de integridade 293
3.1.1 Pró-Ética 295
3.1.2 Detecção 299
3.2 Cenário de responsabilização 302
3.2.1 Processos Administrativos de Responsabilização 302
3.3 Acordos de leniência 304
4 Conclusão 306

A APLICAÇÃO DO PRINCÍPIO DA PRESERVAÇÃO DA EMPRESA NA LEI Nº 12.846/2013: FUNDAMENTOS JURÍDICOS E APLICAÇÕES PRÁTICAS
Marcelo Zenkner 309
1 A importância das empresas para os governos e para a sociedade 309
2 O princípio da preservação da empresa no âmbito do Direito Administrativo Sancionador 312
3 Modificações introduzidas na Lei de Defesa da Probidade Administrativa pela Lei nº 14.230/2021 e sua integração ao regime da Lei nº 12.846/2013 316
4 Implementação de sistemas de integridade efetivos para preservação da empresa: existem incentivos a essa equação no regime legal vigente? 323
5 Aspectos práticos da aplicação do princípio da preservação da empresa no processo administrativo de responsabilização 328
5.1 Publicação da portaria de instauração: a preservação do nome e do CNPJ da pessoa jurídica acusada diante do princípio da presunção de inocência 328
5.2 Instauração do processo administrativo de responsabilização apenas diante de provas da autoridade e da materialidade de ato lesivo tipificado na Lei nº 12.846/2013 331

5.3 Fixação de incentivos e benefícios mitigadores das sanções diante da comprovação de indicadores positivos relacionados à função social da empresa 333
Conclusões finais 336
Referências 337

O CONTRADITÓRIO NO PROCESSO ADMINISTRATIVO DE RESPONSABILIZAÇÃO: NOTAS PARA O EXERCÍCIO DE UMA DEFESA EFETIVA DA PESSOA JURÍDICA

Marcelo Zenkner, Gabriel Ene Garcia 341

1 Considerações iniciais 341
2 Base axiológica para o desenvolvimento da defesa 342
3 Da delimitação das imputações e da necessidade de correlação: a relevância do termo de indiciação 344
4 Juízo de tipicidade formal 348
4.1 A figura da tentativa 349
4.2 Os elementos objetivos do tipo: o caso das contratações diretas 353
5 Juízo de tipicidade material 357
6 Os limites da responsabilidade objetiva 359
6.1 A ausência de interesse ou benefício à pessoa jurídica 359
6.2 A atuação do representante em excesso de mandato 360
6.3 A limitação frente às contratações terceirizadas 362
7 O julgamento antecipado do PAR 364
8 Considerações finais 368
Referências 369

INOVAÇÕES INTRODUZIDAS PELO DECRETO Nº 11.129/2022 NA REGULAMENTAÇÃO DA LEI ANTICORRUPÇÃO EMPRESARIAL

Renata Muzzi Gomes de Almeida, Fabio Rawet Heilberg 373

1 Introdução 373
2 Inovações introduzidas pelo Decreto nº 11.129/2022 376
2.1 Acordos de leniência 377
2.2 Programas de integridade 381
2.3 Processos Administrativos de Responsabilização 385
2.4 Impacto nas multas da Lei Anticorrupção Empresarial 391
Referências 395

A IMPORTÂNCIA DOS RELATÓRIOS DE PERFIL E DE CONFORMIDADE NA MITIGAÇÃO DOS EFEITOS DA RESPONSABILIZAÇÃO DERIVADA DA LEI Nº 12.846/2013
Shin Jae Kim, Isabela Luciana Coleto, Renato Arthur Oliveira Melo.......397

1	Introdução	397
2	Avaliação de programas de integridade, sob a ótica do relatório de perfil	399
3	Avaliação de programas de integridade, sob a ótica do relatório de conformidade	405
3.1	Cultura organizacional e de integridade	407
3.2	Mecanismos, políticas e procedimentos de integridade	410
3.3	Atuação da pessoa jurídica em relação ao ato lesivo	413
4	Relatórios de perfil e de conformidade – aplicação em casos hipotéticos	415
4.1	Caso "A"	416
4.2	Caso "B"	417
5	Conclusão	418
	Referências	420

A EXPERIÊNCIA DO SISTEMA BRASILEIRO DE DEFESA DA CONCORRÊNCIA COM PROGRAMAS DE LENIÊNCIA – UM REFERENCIAL PARA O PROGRAMA DE LENIÊNCIA DA CONTROLADORIA-GERAL DA UNIÃO
Marcelo Calliari, Vivian Fraga, Nicholas Cozman.......423

I	Introdução	423
II	Programa de leniência concorrencial – origem e estágio atual	426
II.1	Origem e evolução	426
II.2	Estágio atual e desafios	427
II.2.1	Estágio atual – consolidação do programa	427
II.2.2	Desafios	428
II.2.2.1	Desafios internacionais	429
II.2.2.2	Desafios nacionais	430
II.3	Conclusão	431
III	Escolhas normativas	431
IV	Escolhas – consolidação do programa de leniência	434
IV.1	Medidas administrativas	435
IV.2	Escolhas de desenho institucional	438
V	Comparação – escopo e quantidades	439

VI	Conclusão	441
	Referências	442

POSFÁCIO
UMA OPORTUNIDADE HISTÓRICA
Bruno Brandão..445

SOBRE OS AUTORES..449

PRECISAMOS CONTINUAR AVANÇANDO RUMO A UM DESENVOLVIMENTO SUSTENTÁVEL

Os Objetivos de Desenvolvimento Sustentável (ODS) da ONU são um plano de ação para alcançar a prosperidade e fortalecer a paz. O Pacto Global – iniciativa das Nações Unidas que lida diretamente com o setor privado, chamando-o a se engajar em 10 princípios nas áreas de direitos humanos, meio ambiente e anticorrupção – defende que a corrupção precisa ser vista como um obstáculo para que todos estes objetivos de desenvolvimento sustentável sejam alcançados.

Cálculos globais estimam que a corrupção adiciona 25% de custo em processos de compras e cerca de 5% do PIB mundial desaparece com a corrupção. Além disso, ela exacerba a pobreza e a desigualdade, além de afetar as mulheres e os mais pobres desproporcionalmente. Isso significa dinheiro suficiente para acabar com a fome, erradicar a malária, fechar o *gap* de infraestrutura global e prover educação básica para todas as crianças do mundo. Os recursos, já escassos, são perdidos, desviados. Serviços públicos se tornam caros ou inacessíveis, a confiança no governo e no Estado de Direito é minada, além de desincentivar investimentos nacionais e internacionais e distorcer a competição.

Houve significativo avanço nas políticas públicas relacionadas ao combate à corrupção no Brasil, desde a adesão à Convenção Interamericana contra a Corrupção (OEA), de 1996, à Convenção sobre o Combate à Corrupção de Funcionários Públicos Estrangeiros em Transações Comerciais Internacionais, da OCDE, em 1997, passando pela criação da CGU, em 2003, e a promulgação da Lei Anticorrupção, em 2013.

Ao completar 10 anos de vigência da Lei, essa coletânea traz temas e debates sobre avanços (e pontos críticos) pelos quais o Brasil passou. A Lei Anticorrupção Empresarial brasileira, que dispõe sobre a responsabilização administrativa e civil de pessoas jurídicas pela prática de atos contra a administração pública, nacional ou estrangeira, passou por algumas mudanças significativas ao logo da década:

- Responsabilidade objetiva: empresas podem ser responsabilizadas em casos de corrupção, independentemente da comprovação de culpa;
- Penas mais rígidas: o valor das multas pode chegar até a 20% do faturamento bruto anual da empresa, ou até 60 milhões de reais, quando não for possível calcular o faturamento bruto. Na esfera judicial, pode ser aplicada até mesmo a dissolução compulsória da pessoa jurídica.

No entanto, para além dos processos de responsabilização e correição, é importante destacar os programas de integridade integrados a mecanismos como auditoria e incentivo à denúncia de irregularidades, códigos de ética e de conduta, políticas e diretrizes claras para detectar e sanar desvios, fraudes, irregularidades e atos ilícitos praticados contra a administração pública, nacional ou estrangeira. Trata-se de uma medida mitigativa que, além de prevenir, consolida o compromisso das empresas que estabelecem em sua estrutura de governança processos que possam ser mensurados e de fato acompanhados pela sociedade à medida que avançam e cumprem seu papel inicial de combater e mitigar a corrupção no âmbito privado. Neste sentido, a presente publicação visa explanar as conquistas legais a partir da promulgação desta legislação como marco histórico na governança corporativa brasileira.

A importância do *compliance* e de políticas de combate à corrupção vem ganhando escala. As vantagens ficaram mais claras: empresas que promovem integridade conseguem reduzir o custo e os riscos do negócio, contribuem para um ambiente de negócios transparente e nivelado, melhoraram a confiança pública no setor privado e a reputação da marca, além de manter uma vantagem competitiva, atraindo um número crescente de investidores que valorizam a ética. Ainda conseguem chamar a atenção de talentos e reter funcionários e influenciar positivamente futuras leis e regulamentos.

Os quatro capítulos compostos por vinte artigos produzidos por profissionais de alta performance e conhecimento no tema trazem à luz o entendimento técnico e prático da aplicabilidade de uma legislação anticorrupção própria e condizente com a realidade brasileira, não apenas para balizar e fomentar nossas ações e avanços no que tange ao desenvolvimento econômico e social do Brasil, mas também para que possamos atingir os Objetivos Globais e a Agenda 2030 das Nações Unidas.

Ana Aranha
Gerente Sênior Anticorrupção do Pacto Global da ONU no Brasil, Doutora em Ciência Política pela Universidade Federal de Minas Gerais.

Jaqueline de Oliveira
Coordenadora Anticorrupção do Pacto Global da ONU no Brasil, Jornalista e Mestre em Comunicação com certificação em Ética e *Compliance* pela Escola Superior de Ética Corporativa de Negócios e Inovação (ESENI).

APRESENTAÇÃO

O aniversário de 10 anos da Lei nº 12.846, de 1º de agosto de 2013, coincide com o início de uma nova administração federal que tem diante de si uma tarefa histórica de reconstruir o Brasil, suas instituições e políticas públicas. Ao assumir o posto de Ministro da Controladoria-Geral da União (CGU) – órgão que em 2023 completa 20 anos –, prometi fortalecer o combate à corrupção para que voltemos a ter uma ação firme e efetiva, inserida numa política coerente de integridade pública e privada.

Para cumprir essa promessa e avançar na agenda de uma política de integridade coerente, é necessária uma perspectiva de governo participativo e transparente, aberto às contribuições da sociedade para o processo decisório e comprometido com o aprimoramento contínuo das políticas e dos serviços públicos. Por essa razão, o convite para redigir esta Apresentação não apenas me honra, mas também me auxilia em minha tarefa como Ministro. O presente volume oferece aos leitores e leitoras – inclusive àqueles incumbidos da formular e implementar políticas públicas – um quadro de diagnósticos sobre a Lei, os desafios de sua aplicação e possíveis caminhos de aprimoramento institucional.

A Lei foi editada no âmbito de um processo de fortalecimento institucional que englobou uma série de medidas, como a Lei de Acesso à Informação, o Portal da Transparência, o Plano de Dados Abertos do Governo Federal e a Lei de Conflito de Interesses, além de vários anos de independência e estruturação dos órgãos de controle, como Polícia Federal e Ministério Público Federal, além de uma nova Lei contra a Lavagem de Dinheiro.

Como podemos retomar aquele quadro de avanços institucionais, formular uma política que seja eficaz em prevenir a corrupção, ao mesmo tempo em que as atividades de repressão sejam eficazes e contribuam para a institucionalidade e o desenvolvimento do País? Como a CGU pode auxiliar nesse processo?

De certa forma, enxergo o desafio na CGU de forma correlata ao que tive ao assumir a presidência do Conselho Administrativo de Defesa Econômica (Cade), em 2012, após os debates que resultaram na edição da Lei nº 12.529/2011. Naquele momento, tínhamos o desafio de reunir o conjunto de ferramentas que a nova lei nos oferecia, considerando e aprimorando a experiência de aplicação da antiga Lei de Defesa da Concorrência, de maneira a formular e aplicar uma política de defesa da concorrência robusta. Muitos dos desafios que encontramos naquele processo geraram aprendizados que, a meu ver, podem ser aproveitados à frente da CGU.

Nessa chave, entendo que os incentivos da política de leniência devem ser equilibrados e proporcionais à efetiva relevância das informações fornecidas à CGU nas negociações e passem a amplificar nossa capacidade de identificação de ilícitos e de responsabilização. Amplificar a capacidade de investigação da CGU é um elemento-chave para o desenvolvimento da política de integridade. Assim, buscaremos medidas para fomentá-la, inclusive adotando modalidades alternativas de solução de casos, inspirados também na experiência até aqui exitosa de implantação dos julgamentos antecipados, de modo a potencializar a capacidade de nosso atual quadro técnico de julgar de modo equilibrado um volume maior de processos.

E a promoção de integridade, nos setores público e privado, vai além da atividade repressiva. Deve estar situada no âmbito de uma agenda coordenada, que abranja a promoção e o robustecimento de políticas preventivas articuladas de integridade pública e privada, o estabelecimento de mecanismos sólidos de auditoria, a orientação e o aprimoramento constante de práticas e procedimentos relativos às despesas e contratações públicas, e o fomento da transparência pública e do governo aberto. Essas medidas abrangem também o fomento à adoção de mecanismos privados de conformidade e integridade, que crescentemente passam a abranger aspectos ambientais, de responsabilidade social e mecanismos de governança corporativa.

Este volume, ao reunir estudiosos e estudiosas da Lei nº 12.846/2013 familiarizados com sua aplicação, oferece uma oportunidade importante para a reflexão e a produção de contribuições para o debate que é inerente a esse esforço. Agradeço ao Dr. Marcelo Zenkner pelo convite para redigir esta breve apresentação e aproveito para parabenizá-lo pela organização deste livro, que seguramente nos auxiliará no trabalho de formulação e aplicação da política pública brasileira de promoção da integridade e enfrentamento da corrupção.

Vinicius Marques de Carvalho
Ministro da Controladoria-Geral da União (CGU).
Doutor em Direito pela USP e em Direito Comparado pela Université de Paris 1 Panthéon-Sorbonne, onde foi professor-visitante.

PARTE I:

INTROITO

A LEI ANTICORRUPÇÃO À LUZ DAS RECOMENDAÇÕES INTERNACIONAIS DA OCDE: TRANSPARÊNCIA DOS ACORDOS DE LENIÊNCIA E MECANISMOS DE DENÚNCIA

GUILHERME FRANCE

JOSÉ FRANCISCO COMPAGNO

1 Introdução

A Lei Anticorrupção Empresarial (Lei nº 12.846, de 2013 – LAC) foi promulgada em resposta a reiteradas avaliações por parte de organizações internacionais, especialmente a Organização para Cooperação e Desenvolvimento Econômico (OCDE), de que o país se encontrava em situação de patente descumprimento das obrigações legais assumidas no plano internacional. De forma mais específica, ao ratificar a Convenção sobre o Combate da Corrupção de Funcionários Públicos Estrangeiros em Transações Comerciais Internacionais em 2000,[1] o Brasil assumiu a obrigação de adotar "todas as medidas necessárias ao estabelecimento das responsabilidades de pessoas jurídicas pela corrupção de funcionário público estrangeiro" (art. 2º).

Conforme apontado pelo relatório preparado na Fase 2 de avaliação do ordenamento brasileiro em 2007:

---

[1] Promulgada pelo Decreto nº 3.678, de 30 de novembro de 2020.

Brazil has not taken the necessary measures to establish the liability of legal persons for the bribery of a foreign public official. The Working Group has determined that the current statutory regime for the liability of legal persons is inconsistent with Article 2 of the Convention. As a consequence legal persons are not punishable in Brazil for foreign bribery by effective, proportionate or dissuasive sanctions as required by Article 3 of the Convention.[2]

Justamente no ano em que a LAC completa 10 anos, o Brasil passará por nova avaliação quanto ao seu nível de implementação da Convenção Antissuborno da OCDE. Assim, mostra-se relevante compreender como esta legislação foi avaliada pela OCDE desde a sua promulgação, assim como compreender a sua adequação frente aos avanços normativos no plano internacional – por exemplo, a aprovação da última versão das Recomendações do Conselho da OCDE para Avançar no Combate ao Suborno de Funcionários Públicos Estrangeiros em 2021 – sobre os temas que são tratados (ou deveriam ser tratados) no âmbito desta lei.

Na análise desse tema é importante considerar que apesar de o Brasil ser um importante ator global no mundo dos negócios, a sua participação como operador em outros países ainda é limitada a grandes conglomerados. Consequentemente, o foco das empresas com gestão de risco e compliance é mais acentuado sobre as operações locais.

As transações internacionais realizadas por empresas pequenas e médias, se referem, principalmente, a importações e exportações. Essa atividade vem crescendo ao longo dos últimos 10 anos, principalmente no agronegócio.[3] Por isso, o universo de empresas que estão sujeitas ao risco e as previsões da Convenção, no que se refere especificamente ao suborno de funcionários públicos estrangeiros, são, majoritariamente, aquelas que possuem subsidiárias diretas no exterior e empresas exportadoras e importadoras.

---

[2] OCDE. *Brazil: Phase 2 Report on the Application of the Convention on Combating Bribery of Foreign Public Officials in International Business Transactions and the 1997 Recommendation on Combating Bribery in International Business Transactions*. Paris, 2007, p. 4. Disponível em: https://www.oecd.org/daf/anti-bribery/anti-briberyconvention/39801089.pdf. Acesso em: 20 mar. 2023.

[3] Em 2022, 57% das exportações brasileiras eram *commodities*, contra apenas 29% de produtos manufaturados. A participação do Brasil no comércio internacional representa 1% do total comercializado entre países, seja em termos de importações, seja exportações. COMEX DO BRASIL. "A participação do Brasil no comércio internacional é a mesma de 1980; o país parou no tempo", diz presidente da AEB. Brasília, 31 mar. 2023. Acesso em: 30 mar. 2023.

O ambiente corporativo reagiu rápida e fortemente à promulgação da LAC. Esta reação foi também significativamente impulsionada pela Operação Lava a Jato, que, devido a sua grande publicidade, colocou o tema do combate à corrupção como prioridade na agenda de dirigentes e órgãos de governança a partir de 2014. Mesmo fora do escopo desta operação, avançou de forma significativa a capacidade de órgãos de *enforcement* para investigar casos de suborno e aplicar sanções. Nos últimos anos, a Controladoria-Geral da União, órgão responsável por celebrar acordos de leniência no âmbito do Poder Executivo federal e no caso de atos lesivos contra a administração pública estrangeira (art. 16, §10, LAC), desempenhou um papel de liderança na implementação da LAC. No total, foram celebrados 25 acordos de leniência, totalizando pouco mais de R$ 18 bilhões em valores a serem pagos pelas empresas. Deste total, de acordo com o Painel de Acordos de Leniência da CGU, R$ 8,6 bilhões já foram pagos.[4]

Por outro lado, vêm ganhando força movimentos diversos destinados a enfraquecer aspectos relevantes da LAC. Por exemplo, acordos de leniência que foram celebrados pela CGU e outras autoridades brasileiras estão sob ataque.

No âmbito jurídico, foi apresentada uma Ação de Descumprimento de Preceito Fundamental (ADPF nº 1051) com o objetivo de suspender a eficácia dos acordos de leniência celebrados antes de 2020 e, posteriormente, determinar a sua renegociação em razão de um suposto estado de coisas inconstitucional. Na esfera política, ganharam força discussões para alterar o regime de cumprimento dos acordos de leniência celebrados por empreiteiras brasileiras. Autoridades do governo federal e até o Presidente do Tribunal de Contas da União, Bruno Dantas, defenderam que estas empresas fossem autorizadas a executar obras públicas como forma de pagamento dos valores devidos.[5]

Em resumo, o objetivo deste estudo é recuperar parte da análise que havia sido realizada pelo Grupo de Trabalho Antissuborno (WGB, na sigla em inglês) da OCDE sobre a adequação da Lei Anticorrupção, em 2014, e atualizar esta avaliação considerando as mais recentes reformas legislativas, bem como as recomendações adotadas pela OCDE em 2021

---

[4] CGU. *Painel Acordos de Leniência*. Brasília, s.d. Disponível em: https://www.gov.br/cgu/pt-br/assuntos/integridade-privada/acordo-leniencia/acordos-celebrados. Acesso em: 30 mar. 2023.

[5] REVISTA EXAME. *Ministro do TCU e gestão Lula negociam trocar dívidas de empreiteiras por obras*. Disponível em: https://exame.com/brasil/ministro-do-tcu-e-gestao-lula-negociam-trocar-dividas-de-empreiteiras-por-obras/. Acesso em: 30 mar. 2023.

como forma de encorajar os países a aprimorar os seus mecanismos de combate ao suborno de funcionários públicos estrangeiros em operações comerciais.[6] Na impossibilidade de fazer este exercício de avaliação em relação a todos os aspectos da lei, nos focamos em dois específicos: a transparência dos acordos de leniência e mecanismos de denúncia de irregularidades em empresas.

2 Transparência nos acordos de leniência

Apesar de a Convenção da OCDE não fazer referência expressa à utilização de acordos como forma de resolução para investigações e casos, as Recomendações adotadas pelo Conselho da OCDE em 2021 orientam que os países membros considerem utilizar *"non trial resolutions"* para endereçar casos de suborno de funcionários públicos estrangeiros. Essas resoluções são definidas como os mecanismos desenvolvidos e empregados para resolver casos sem procedimentos administrativos ou civis completos, baseados na negociação entre as pessoas naturais ou jurídicas investigadas e as autoridades com poder de denunciá-las.[7]

Neste ponto, o Brasil se adequou às recomendações ao instituir a possibilidade de que sejam celebrados acordos de leniência (art. 16 e seguintes da LAC) entre as autoridades máximas de cada órgão e as pessoas jurídicas responsáveis pelos atos contra a administração pública. A Lei de Organizações Criminosas disciplina esta possibilidade para pessoas físicas (art. 3º-A e seguintes, da Lei nº 12.850, de 2013). No entanto, com relação à publicação e disponibilidade de informações relativas aos acordos de leniência, o Brasil apresenta sérias deficiências.

Conforme resoluções negociadas ganharam importância no combate ao suborno de funcionários públicos estrangeiros, passou-se a discutir com maior detalhe a sua regulamentação, inclusive recomendações sobre a sua transparência. Nesse sentido, a OCDE já reconheceu

---

[6] OCDE. *Recommendation of the Council for Further Combating Bribery of Foreign Public Officials in International Business Transactions*. Paris, 2021. Disponível em: https://legalinstruments.oecd.org/en/instruments/OECD-LEGAL-0378. Acesso em: 20 mar. 2023.

[7] OCDE. *Recommendation of the Council for Further Combating Bribery of Foreign Public Officials in International Business Transactions*. Paris, 2021. Disponível em: https://legalinstruments.oecd.org/en/instruments/OECD-LEGAL-0378. Acesso em: 20 mar. 2023.

que a publicação destas resoluções é considerada essencial para garantir a transparência, a *accountability* e a consistência destes sistemas negociais.[8]

Com relação especificamente à transparência dos acordos de leniência, é importante notar que a OCDE estabelece recomendações claras sobre o que deveria ser disponibilizado em relação a

> a. *the main facts and the natural and/or legal persons concerned;*
> b. *the relevant considerations for resolving the case with a non-trial resolution;*
> c. *the nature of sanctions imposed and the rationale for applying such sanctions;*
> d. *remediation measures, including the adoption or improvement of internal controls and anti-corruption compliance programmes or measures and monitorship.*[9]

De forma semelhante, a Transparência Internacional já apresentou recomendações no sentido de que estes acordos devem ser publicizados de modo que seja possível conhecer seus termos e justificativas, a natureza da irregularidade cometida, assim como uma declaração sobre os fatos relevantes do caso e informações sobre como a pessoa jurídica cumpriu os termos do acordo.[10]

No entanto, a LAC não detalha os elementos do acordo de leniência que serão publicados, afirmando apenas que "a proposta de acordo de leniência se tornará pública após a efetivação do respectivo acordo, salvo no interesse das investigações e do processo administrativo" (art. 16, §6º). Esta deficiência já havia sido notada na última avaliação do Brasil pelo WGB, em 2014, quando se afirmou:

> The CLL [LAC] does not specify which elements of the proposed leniency agreement will be published, nor does it specify what will be in the best interest of the investigation. Brazil indicated that the "best interest of the investigation" will be stated in the leniency agreement. No guidelines are available to the CGU in its negotiation of leniency agreements with legal persons and the Brazilian authorities were unable to indicate whether such elements will be clarified with the Implementing Decree. Absent

---

[8] OCDE. *Resolving foreign bribery cases with non-trial resolutions.* Paris, 2019, p. 152. Disponível em: https://www.oecd.org/daf/anti-bribery/Resolving-foreign-bribery-cases-with-non-trial-resolutions.pdf. Acesso em: 30 mar. 2023.

[9] OCDE. *Recommendation of the Council for Further Combating Bribery of Foreign Public Officials in International Business Transactions.* Paris, 2021. Disponível em: https://legalinstruments.oecd.org/en/instruments/OECD-LEGAL-0378. Acesso em: 20 mar. 2023.

[10] TRANSPARENCY INTERNATIONAL. *Can justice be achieved through settlements?* Berlim, 2015. Disponível em: https://images.transparencycdn.org/images/2015_PolicyBrief1_Settlements_EN.pdf. Acesso em: 30 mar. 2023.

such guidelines, the margin of flexibility of the CGU when deciding whether to enter into a leniency agreement is unclear.

Com relação aos acordos de colaboração premiada, que não são objeto do presente estudo, os avaliadores foram ainda mais duros ao afirmar que *"this lack of guidance, coupled with the lack of publication of cooperation agreements, creates a risk that cooperation agreements may be applied in an inconsistent manner, including in foreign bribery cases"*.[11] Parte destas conclusões pode se aplicar também aos acordos de leniência.

Por isso, o WGB recomendou que, para garantir maior transparência e aumentar a conscientização sobre o suborno transnacional e a importância de se adotar medidas para combatê-lo, *"Brazil make public, where appropriate, certain elements of leniency and cooperation agreements concluded in foreign bribery cases, such as the reasons why an agreement was deemed appropriate in a specific case and the terms of the arrangement"*.[12]

Mais recentemente, o Decreto nº 11.129, de 2022, avançou nas regras sobre a publicidade dos acordos de leniência. O novo decreto regulamentador da LAC prevê que "os acordos de leniência celebrados serão publicados em transparência ativa no sítio eletrônico da Controladoria-Geral da União, respeitados os sigilos legais e o interesse das investigações" (art. 55). Anteriormente, havia apenas regras exigindo que a CGU mantivesse restrição ao acesso a documentos e informações comercialmente sensíveis da pessoa jurídica signatária de acordo de leniência (art. 39, p.u., do Decreto nº 8.420, de 2015), dispositivo que foi reeditado na nova regulamentação (art. 48, *caput*).

Todavia, não há detalhamento sobre as informações que devem ser disponibilizadas, o que se torna especialmente relevante considerando a prática reiterada da CGU de taxar substanciais porções dos acordos de leniência que foram disponibilizados ao público. Tampouco há previsão legal sobre o prazo entre a conclusão de um acordo de leniência e a sua publicação em transparência ativa. A consequência da ausência deste prazo pode ser notada no fato de que seis dos acordos de leniência celebrados pela CGU em 2022 ainda não se encontravam disponíveis para consulta em abril de 2023.

---

[11] OCDE. *Phase 3 Report on Implementing the OECD Anti-Bribery Convention in Brazil*. Paris, 2014, p. 41. Disponível em: https://www.oecd.org/daf/anti-bribery/Brazil-Phase-3-Report-EN.pdfv. Acesso em: 20 mar. 2023.

[12] OCDE. *Phase 3 Report on Implementing the OECD Anti-Bribery Convention in Brazil*. Paris, 2014, p. 41. Disponível em: https://www.oecd.org/daf/anti-bribery/Brazil-Phase-3-Report-EN.pdfv. Acesso em: 20 mar. 2023.

Interessante, com relação a este ponto, notar a diferença entre as práticas adotadas pelas autoridades brasileiras e as autoridades norte-americanas. Em setembro de 2022, foi anunciada a celebração de acordo multijurisdicional entre uma empresa brasileira e autoridades do Brasil (CGU e AGU) e dos Estados Unidos (DoJ e SEC). Na mesma data, autoridades norte-americanas publicaram um *press release* detalhando as condutas que foram consideradas irregulares e os detalhes dos cálculos que levaram à determinação dos valores de sanções impostas, incluindo fatores mitigantes. Tais informações se baseiam no Deferred Prosecution Agreement e no Statement of Facts, ambos os documentos também publicados na mesma data.[13]

No âmbito nacional, por outro lado, as únicas informações disponibilizadas foram uma afirmativa de que a empresa "incorreu em irregularidades estabelecidas na Lei nº 12.846/2013 e na Lei nº 8.429/1992" e o valor total das sanções aplicadas.[14] Mais de seis meses após a celebração do acordo de leniência, este não havia sido publicado no sítio eletrônico da CGU, conforme determina a legislação nacional.

Historicamente, nota-se que o problema não se restringe à tempestividade da divulgação das informações. No caso, por exemplo, da Rolls-Royce, que também celebrou acordo multijurisdicional, é possível comparar a quantidade e qualidade das informações divulgadas pelas autoridades brasileiras e norte-americanas. O acordo de leniência assinado pela CGU indica que as informações detalhadas do caso estão contidas no Anexo I (Histórico de atos lesivos e condutas ilícitas) e no Anexo II (Contratos afetados pelas práticas lesivas), mas nenhum destes documentos foi disponibilizado ao público.[15]

No caso da documentação publicada pelo DOJ, há informações sobre a conduta ilícita ("*In Brazil, Rolls-Royce used intermediaries to pay approximately $9.3 million in bribes to bribe foreign officials at a state-owned petroleum corporation that awarded multiple contracts to Rolls-Royce*

---

[13] DOJ. *GOL Linhas Aéreas Inteligentes SA will pay over $ 41 million in Resolution of Foreign Bribery Investigations in the United States and Brazil*. Baltimore, 15 set. 2022. Disponível em: https://www.justice.gov/opa/pr/gol-linhas-reas-inteligentes-sa-will-pay-over-41-million-resolution-foreign-bribery. Acesso em: 30 mar. 2023.

[14] CGU. *CGU e AGU celebram acordo de leniência de R$ 14 milhões com a empresa Gol Linhas Aéreas Inteligentes S.A.* Brasília, 15 set. 2022. Disponível em: https://www.gov.br/cgu/pt-br/assuntos/noticias/2022-periodo-eleitoral/cgu-e-agu-celebram-acordo-de-leniencia-de-r-14-milhoes-com-a-empresa-gol-linhas-aereas-inteligentes-s-a. Acesso em: 30 mar. 2023.

[15] CGU. *Acordo de leniência firmado entre a Controladoria-Geral da União (CGU), a Advocacia-Geral da União e a empresa Rolls-Royce*. Brasília, 2021. Disponível em: https://www.gov.br/cgu/pt-br/assuntos/integridade-privada/acordo-leniencia/acordos-firmados/Caso22Acordo_Leniencia_com_tarja.pdf. Acesso em: 30 mar. 2023.

during the same time period") no próprio *press release*, além de maiores detalhes nos documentos publicados conjuntamente.[16] Até mesmo o detalhamento do cálculo dos valores impostos como sanção está disponível nos documentos norte-americanos, enquanto o Anexo III do acordo de leniência brasileiro, onde estas informações estariam, não é disponibilizado.

No mais, merece nota a previsão de que as informações relativas ao processo de monitoramento sobre a adoção, implementação e aperfeiçoamento do programa de integridade da pessoa jurídica signatária de acordo de leniência serão disponibilizadas em transparência ativa no sítio eletrônico da CGU (art. 51, §2º). Apesar de esta previsão legal, tais informações não se encontram disponíveis no Painel de Acordos de Leniência desenvolvido e mantido pela CGU.[17]

Detalhar os fatos do caso que levaram à imposição de uma sanção e apresentá-los ao público é benéfico por diversas razões. Aumenta a conscientização sobre o alcance e os impactos do suborno transnacional. Contribui para tornar conhecidas práticas ilícitas e, assim, encoraja empresas e governos a adotarem regras e práticas que podem preveni-las. Permite, por fim, um controle externo sobre as condutas das autoridades que firmaram este acordo, gerando maior legitimidade e consistência. Assim, maior transparência dos acordos de leniência pode contribuir para prevenir que casos semelhantes se repitam no futuro ou reduzir os impactos daqueles que vierem a acontecer.[18]

Em outras esferas, organizações da sociedade civil, como a Corruption Watch UK, recomendaram a adoção de regras mais detalhadas com ambição de alcançar maior nível de transparência sobre estes acordos, incluindo *"names and rank of officials and company employees involved in the wrongdoing, amounts paid, how the offence was*

---

[16] DOJ. *Rolls-Royce plc Agrees to Pay $170 Million Criminal Penalty to Resolve Foreign Corrupt Practices Act Case*. Nova York, 17 jan. 2017. Disponível em: https://www.justice.gov/opa/pr/rolls-royce-plc-agrees-pay-170-million-criminal-penalty-resolve-foreign-corrupt-practices-act. Acesso em: 30 mar. 2023.

[17] CGU. *Painel – Acordo de Leniência*. Brasília, s.d. Disponível em: https://app.powerbi.com/view?r=eyJrIjoiZTU2MWI0MjYtY2EzOS00NzYyLTg3MWQtYWE3MmFiMmY0ODM4Ii widCI6IjY2NzhkOWZlLTA5MjEtNDE3ZC04NDExLTVmMWMxOGRlZmJiYiJ9. Acesso em: 30 mar. 2023.

[18] TRANSPARENCY INTERNATIONAL. *Can justice be achieved through settlements?* Berlim, 2015. Disponível em: https://images.transparencycdn.org/images/2015_PolicyBrief1_Settlements_EN.pdf. Acesso em: 30 mar. 2023.

committed and a full analysis of the public interest factors considered when deciding to offer a settlement".[19]

3 Mecanismos de denúncia de irregularidades

Um elemento fundamental para a detecção de casos de corrupção são os mecanismos de denúncia de irregularidades, que incluem não só canais que tornem possível a realização de denúncias sobre indícios de corrupção, mas também proteções e incentivos a denunciantes. Apesar de a Convenção da OCDE não mencionar explicitamente este tema, ele vem sendo avaliado como importante passo no processo de implementação da convenção pelos países signatários. Mais recentemente, a OCDE aprovou em 2009 e atualizou em 2021 as Recomendações para o Combate ao Suborno de Agentes Públicos Estrangeiros em Transações Comerciais Internacionais. Este documento detalha medidas a serem adotadas pelos Estados para garantir a efetividade dos mecanismos de combate ao suborno transnacional previstos na Convenção, incluindo um artigo específico sobre a realização de denúncias (XXI) e outro sobre mecanismos de proteção a denunciantes (XXII).[20]

De forma mais específica, as Recomendações preveem que os Estados devem instituir arcabouços legais e institucionais para possibilitar que qualquer pessoa possa realizar denúncias de corrupção às autoridades competentes de modo confidencial ou anônimo. Devem, ainda, no que diz respeito ao setor privado, proteger e oferecer reparação contra retaliações sofridas por pessoas que, trabalhando no setor privado, denunciam indícios de corrupção.[21]

Nesse sentido, é relevante avaliar o quanto a Lei Anticorrupção contempla a preocupação de se incentivar a realização de denúncias por indivíduos que atuam no setor privado.

---

[19] CORRUPTION WATCH UK. *Out of Court, out of mind: do deferred prosecution agreements and corporate settlements fail to deter overseas corruption*. Londres, mar. 2016, p. 31. Disponível em: https://drive.google.com/file/d/1sLCoenXwiDocwcRwOQ8Jfj_twtK_ZUdd/view. Acesso em: 30 mar. 2023.

[20] OCDE. *Recommendation of the Council for Further Combating Bribery of Foreign Public Officials in International Business Transactions*. Paris, 2021. Disponível em: https://legalinstruments.oecd.org/en/instruments/OECD-LEGAL-0378. Acesso em: 20 mar. 2023.

[21] OCDE. *Recommendation of the Council for Further Combating Bribery of Foreign Public Officials in International Business Transactions*. Paris, 2021. Disponível em: https://legalinstruments.oecd.org/en/instruments/OECD-LEGAL-0378. Acesso em: 20 mar. 2023.

Há apenas uma referência a mecanismos de denúncia na Lei Anticorrupção: o art. 7º, VIII, aponta que a existência de mecanismos e procedimentos de incentivo à denúncia de irregularidades será, juntamente com outros elementos do programa de integridade de empresas, considerado na aplicação de sanções, especialmente para mitigá-las. Este ponto é detalhado no âmbito do Decreto nº 11.129, que aponta a importância de "canais de denúncia de irregularidades, abertos e amplamente divulgados a funcionários e terceiros, e mecanismos destinados ao tratamento das denúncias e à proteção dos denunciantes de boa-fé" (art. 57, X).

Em termos de mecanismos de denúncia de irregularidade no setor privado, de fato, faltam previsões legais sobre o tema no ordenamento brasileiro. No âmbito do setor público, houve avanços recentes com a aprovação da Lei nº 13.964, de 2019, que previu a obrigação de órgãos públicos desenvolverem unidades destinadas ao recebimento de denúncias, além de garantir direitos básicos a 'informantes',[22] como proteção da sua identidade, isenção de responsabilidade civil ou penal em relação ao relato e proteção contra retaliações. De modo semelhante, o Estatuto das Estatais, a Lei nº 13.303, de 2016, também prevê a criação de canais de denúncia e o estabelecimento de mecanismos de proteção a denunciantes (art. 9º, §1º, III e IV).

Na última avaliação do Brasil, realizada em 2014, notou-se, com preocupação, o baixo número de denúncias de suborno transnacional realizadas por cidadãos em geral. Os avaliadores apontaram que isso poderia ser consequência do baixo nível de confiança da população em relação às autoridades públicas responsáveis por investigar esse tipo de irregularidade, assim como pela falta de conscientização da população em relação aos canais de denúncia disponíveis. Também estaria ausente uma consciência mais ampla sobre a importância de se denunciar casos de suborno transnacional.[23]

Foi apontado, ainda, que a ausência de mecanismos de proteção a denunciantes de corrupção no setor privado, assim como uma falta de compreensão generalizada sobre este tema, representava um importante obstáculo à prevenção e à detecção de suborno transnacional no Brasil.

---

[22] Este é o termo utilizado pela legislação para se referir a pessoas que relatam "informações sobre crimes contra a administração pública, ilícitos administrativos ou quaisquer ações ou omissões lesivas ao interesse público".

[23] OCDE. *Phase 3 Report on Implementing the OECD Anti-Bribery Convention in Brazil*. Paris, 2014, p. 62-63. Disponível em: https://www.oecd.org/daf/anti-bribery/Brazil-Phase-3-Report-EN.pdfv. Acesso em: 20 mar. 2023.

Vale notar que as autoridades brasileiras apontaram para a existência de um projeto de lei sobre o tema em discussão no Congresso como sinalização de possíveis avanços, todavia este projeto foi posteriormente arquivado.[24] De fato, não houve grande avanço, no âmbito legislativo, em termos de proposições legislativas tratando de mecanismos de denúncia de irregularidades no setor privado desde 2014.

Este ponto foi reiterado no Relatório de Follow-up aprovado pela OCDE em 2017. Anotou-se que "proteções para *whistleblowers* permanecem não existentes para empregados do setor privado, criando um severo impedimento à detecção de corrupção".[25] Mais uma vez, naquela oportunidade, autoridades brasileiras mencionaram projetos de lei em discussão no Congresso Nacional sobre o tema que não seriam aprovados. No caso, foi mencionado anteprojeto de lei sobre proteção de *whistleblowers* elaborado no âmbito da ENCCLA,[26] além do pacote '10 Medidas contra a Corrupção'. Eventualmente, houve uma tentativa de incluir este anteprojeto de modo integral no escopo daquele pacote, com a criação de um Programa Nacional de Proteção e Incentivo a Relatos de Informações de Interesse Público. No entanto, tal esforço foi rechaçado pelo Plenário da Câmara dos Deputados.[27]

Com relação a outras legislações que tratam de denúncias de irregularidades, a Transparência Internacional Brasil já apontou a falta de clareza sobre a aplicabilidade da Lei nº 13.964, de 2019, ao setor privado:

> as regras parecem ser desenhadas com a administração pública em mente, de modo que fica incerto se e como essas regras devem ser aplicadas no setor privado. Embora a proibição da retaliação também possa ser estendida a organizações privadas, um conjunto mais abrangente de regras dirigidas ao setor privado seria crucial, tendo em vista que muitas vezes as denúncias de irregularidades têm origem em funcionários de empresas privadas.[28]

---

[24] OCDE. *Phase 3 Report on Implementing the OECD Anti-Bribery Convention in Brazil*. Paris, 2014, p. 63. Disponível em: https://www.oecd.org/daf/anti-bribery/Brazil-Phase-3-Report-EN.pdfv. Acesso em: 20 mar. 2023.

[25] OCDE. *Brazil: follow-up to the Phase 3 report & recommendations*. Paris, 2017, p. 5. Disponível em: https://www.oecd.org/corruption/anti-bribery/Brazil-Phase-3-Written-Follow-Up-Report-ENG.pdf. Acesso em: 20 mar. 2023.

[26] Para mais informações sobre esse anteprojeto, inclusive o seu texto completo, cf. http://enccla.camara.leg.br/biblioteca/artigos/whistleblower-1.

[27] G1. *Veja todas as propostas retiradas do pacote anticorrupção pelos deputados*. Brasília, 30 nov. 2016. Disponível em: https://g1.globo.com/politica/noticia/2016/11/veja-propostas-retiradas-do-pacote-anticorrupcao-pelos-deputados.html. Acesso em: 20 mar. 2023.

[28] TRANSPARÊNCIA INTERNACIONAL BRASIL. *Relatório Paralelo da Sociedade Civil sobre a implementação dos Capítulos II (Medidas Preventivas) e V (Recuperação de Ativos) da Convenção*

Mesmo com relação ao setor público, parcela significativa das garantias instituídas por aquela lei encontra-se regulamentada apenas no âmbito do Poder Executivo federal, especialmente pelo Decreto nº 10.153, de 3 de dezembro de 2019, que trata da proteção da identidade do denunciante de ilícito ou de irregularidade praticados contra órgãos e entidades da administração pública federal.

Assim, permanece uma lacuna legal no que se refere aos deveres de empresas estabelecerem canais que possibilitem a realização de denúncias de corrupção e, mais especificamente, de casos de suborno transnacional, assim como assegurem a proteção de denunciantes. Na ausência de previsões legais específicas, o governo federal tem, no entanto, buscado incentivar a adoção de boas práticas, especialmente por meio do Programa Empresa Pró-Ética. Recomenda-se, por exemplo, que empresas disponibilizem canais on-line de fácil acesso para a realização de denúncias, que estes canais sejam acessíveis também para os públicos externos e monitorados com base em análise estatística e que a empresa possua mecanismos adequados para a apuração e para o tratamento destas denúncias.[29]

Mais recentemente, foi apresentado novo projeto de lei que visa instituir o Programa Nacional de Proteção e Incentivo a Relatos de Suspeitas de Irregularidades com alcance tanto ao setor público quanto ao setor privado (PL nº 65/2019). No que se refere às regras para este último, o projeto, que é resultado da iniciativa Unidos contra a Corrupção, exige que todos os entes privados com mais de 50 colaboradores tenham estruturas internas para recebimento, processamento e investigação de denúncias, além de estabelecer obrigações relacionadas à proteção da identidade de denunciantes. Este projeto, no entanto, ainda não avançou na tramitação na Câmara dos Deputados.

4 Conclusão

Grandes empresas têm condições de dar uma importante contribuição para o aprimoramento da integridade empresarial e, mais

---

    das Nações Unidas contra a Corrupção no Brasil. São Paulo, 2022, p. 43. Disponível em: https://comunidade.transparenciainternacional.org.br/implementacao-da-uncac-2022-portugues. Acesso em: 20 mar. 2023.

[29] CGU. *Empresa Pró-Ética 2022-2023: Formulário de Conformidade*. Brasília, 2023. Disponível em: https://www.gov.br/cgu/pt-br/assuntos/etica-e-integridade/empresa-pro-etica/arquivos/2022-2023/formulario-de-conformidade-empresa-pro-etica-2022-2023.pdf. Acesso em: 20 mar. 2023.

especificamente, para o combate ao suborno de agentes de governo no exterior. Essa contribuição deve também ser vista como uma ferramenta de agregação de valor ao seu negócio, através de reforço da sua imagem corporativa e de seu nível de competitividade nos mercados local e externo. Por isso, a preocupação com a prevenção e combate à corrupção não deve se limitar ao seu próprio negócio, mas também ao ecossistema que ela muitas vezes desenvolve em torno de si. De fato, o avanço de programas de integridade em multinacionais não levou, de modo automático, à adoção destes programas por pequenas e médias empresas (PMEs), o que representa um desafio para os próximos 10 anos da LAC.

Como referido, PMEs possuem bastante dificuldade em desenvolver programas robustos de integridade corporativa, devido às limitações impostas pelos custos inerentes ou pela pequena estrutura que possuem. Entretanto, há formas alternativas e criativas que podem auxiliar ou motivar o desenvolvimento de um programa de integridade adaptado às suas características. A grande maioria dessas empresas faz parte do ecossistema de grandes corporações por ser parte de sua cadeia de valor, como seus fornecedores ou agentes. Uma vez que essas corporações ficam expostas indiretamente a eventuais práticas de suborno de agentes no exterior que podem ser praticadas por PMEs, deveriam fornecer um suporte e/ou incentivo para que estas empresas de menor porte desenvolvam seus programas. Entidades de comércio exterior que congregam pequenas e médias empresas poderiam também desenvolver modelos de estruturas e práticas de *compliance* para fornecer material e/ou suporte para que as empresas possam se adequar.

A convenção da OCDE, bem como os marcos legais locais, pode e deve ser utilizada como um guia para o desenvolvimento estruturado de práticas de *compliance* e integridade corporativa. Por isso, faz sentido analisar o quanto estes normativos se adéquam à realidade das empresas e oferecem os incentivos apropriados para que elas implementem programas de integridade. Com relação a um importante elemento destes programas – mecanismos de denúncia de irregularidades –, notou-se, no entanto, que não se encontram adequadamente regulamentados, o que prejudica a realização do potencial de um importante instrumento de detecção da corrupção e de subornos pagos a funcionários públicos estrangeiros. Faltam incentivos, por exemplo, para que entidades privadas instituam esses mecanismos. Nem a LAC, nem outras legislações preveem as proteções necessárias para que denunciantes possam chamar a atenção para indícios de corrupção que venham a descobrir.

De outro lado, verificou-se que a transparência de acordos de leniência ganhou reconhecimento como elemento essencial de qualquer esquema regulatório sobre *non-trial resolutions*, tanto por conferir maior legitimidade a este instrumento quanto por permitir maior conscientização social a respeito do impacto da corrupção transnacional. Apesar dos avanços recentes na legislação brasileira, notou-se que ainda existem deficiências no que se refere à ausência de detalhamento sobre as informações destes acordos que devem ser publicadas e à implementação efetiva de alguns destes avanços. As práticas da CGU também se mostraram aquém daquelas realizadas por congêneres nos Estados Unidos, por exemplo.

Ainda que o presente esforço de avaliação da LAC à luz de recomendações e práticas internacionais tenha se focado apenas em dois aspectos específicos da lei, espera-se que sirva de inspiração para que outros pontos sejam analisados na busca por possíveis aprimoramentos para os próximos 10 anos da LAC.

Referências

CORRUPTION WATCH UK. *Out of Court, out of mind: do deferred prosecution agreements and corporate settlements fail to deter overseas corruption*. Londres, mar. 2016, p. 31. Disponível em: https://drive.google.com/file/d/1sLCoenXwiDocwcRwOQ8Jfj_twtK_ZUdd/view. Acesso em: 30 mar. 2023.

OCDE. *Brazil: Phase 2 Report on the Application of the Convention on Combating Bribery of Foreign Public Officials in International Business Transactions and the 1997 Recommendation on Combating Bribery in International Business Transactions*. Paris, 2007, p. 4. Disponível em: https://www.oecd.org/daf/anti-bribery/anti-briberyconvention/39801089.pdf. Acesso em: 20 mar. 2023.

OCDE. *Phase 3 Report on Implementing the OECD Anti-Bribery Convention in Brazil*. Paris, 2014, p. 63. Disponível em: https://www.oecd.org/daf/anti-bribery/Brazil-Phase-3-Report-EN.pdfv. Acesso em: 20 mar. 2023.

OCDE. *Brazil: follow-up to the Phase 3 report & recommendations*. Paris, 2017, p. 5. Disponível em: https://www.oecd.org/corruption/anti-bribery/Brazil-Phase-3-Written-Follow-Up-Report-ENG.pdf. Acesso em: 20 mar. 2023.

OCDE. *Resolving foreign bribery cases with non-trial resolutions*. Paris, 2019, p. 152. Disponível em: https://www.oecd.org/daf/anti-bribery/Resolving-foreign-bribery-cases-with-non-trial-resolutions.pdf. Acesso em: 30 mar. 2023.

OCDE. *Recommendation of the Council for Further Combating Bribery of Foreign Public Officials in International Business Transactions*. Paris, 2021. Disponível em: https://legalinstruments.oecd.org/en/instruments/OECD-LEGAL-0378. Acesso em: 20 mar. 2023.

TRANSPARÊNCIA INTERNACIONAL BRASIL. *Relatório Paralelo da Sociedade Civil sobre a implementação dos Capítulos II (Medidas Preventivas) e V (Recuperação de Ativos) da Convenção* das Nações Unidas contra a Corrupção no Brasil. São Paulo, 2022, p. 43. Disponível em: https://comunidade.transparenciainternacional.org.br/implementacao-da-uncac-2022-portugues. Acesso em: 20 mar. 2023.

TRANSPARENCY INTERNATIONAL. *Can justice be achieved through settlements?* Berlim, 2015. Disponível em: https://images.transparencycdn.org/images/2015_PolicyBrief1_Settlements_EN.pdf. Acesso em: 30 mar. 2023.

Informação bibliográfica deste texto, conforme a NBR 6023:2018 da Associação Brasileira de Normas Técnicas (ABNT):

FRANCE, Guilherme; COMPAGNO, José Francisco. A Lei Anticorrupção à luz das recomendações internacionais da OCDE: transparência dos acordos de leniência e mecanismos de denúncia. *In*: ZENKNER, Marcelo; KIM, Shin Jae (coord.). *Lei Anticorrupção Empresarial*: perspectivas e expectativas – Edição comemorativa dos 10 anos de vigência da Lei nº 12.846/2013. Belo Horizonte: Fórum, 2023. p. 23-37. ISBN 978-65-5518-541-6.

PARTE II:

ASPECTOS DA EVOLUÇÃO DA LEI Nº 12.846/2013 NA VISÃO DO PODER PÚBLICO

RESOLUÇÕES NEGOCIADAS NA LEI Nº 12.846: UMA ANÁLISE DA EXPERIÊNCIA DO JULGAMENTO ANTECIPADO[1]

MARCELO PONTES VIANNA
RENATO MACHADO DE SOUZA

Introdução

Em 1º de agosto de 2013, a Lei nº 12.846 (conhecida como Lei Anticorrupção – LAC ou Lei da Empresa Limpa – LEL) introduziu um novo regime de responsabilização de pessoas jurídicas no ordenamento jurídico brasileiro. Com efeito, o diploma legal veio robustecer o arcabouço pátrio de combate à corrupção ao determinar a responsabilização objetiva de pessoas jurídicas pela prática de atos lesivos contra a Administração Pública, nacional ou estrangeira.

Todavia, ao contrário do que pode parecer em uma primeira e rasa análise, a norma não tem por simples objetivo aumentar o número de sanções aplicadas a infratores. Trata-se de diploma legal inserido no ramo específico do Direito Administrativo Sancionador, cuja autonomia tem sido inclusive reforçada pelo legislador.[2] Conforme leciona Oliveira

---

[1] O presente trabalho tem propósito acadêmico e expõe a opinião pessoal dos autores sobre o tema, que não necessariamente reflete o entendimento do órgão público em que atuam.
[2] Lei nº 8.429, com as alterações introduzidas pela Lei nº 14.230:
Art. 1º (...)
§4º Aplicam-se ao sistema da improbidade disciplinado nesta Lei os princípios constitucionais do direito administrativo sancionador.

e Grotti, apesar da multiplicidade dos regimes sancionatórios abrangidos pelo Direito Administrativo Sancionador, é possível extrair dele uma funcionalidade principal, "a de incentivar o cumprimento das normas que tutelam as diversas finalidades de interesse público, com as sanções cumprindo uma função instrumental de gestão institucional".[3]

Em outras palavras, defende-se que, como todo ato da Administração, a aplicação de sanções administrativas deve sempre estar associada à implementação de uma política pública. Além dos efeitos retributivo e dissuasório específico, a aplicação de sanções administrativas visa a corrigir e coibir os comportamentos considerados reprováveis e, assim, criar uma estrutura de incentivos para que os administrados atuem de acordo com a forma desejada pelo Estado. A esse respeito, valiosa a lição de Voronoff:

> De modo geral, os modelos sancionatórios administrativos foram e são concebidos e implementados para viabilizar a realização de objetivos e demandas do interesse da sociedade; não para castigar o infrator pelos efeitos danosos de uma conduta moralmente reprovável. É dizer: pune-se na esfera administrativa para que o concessionário assegura a prestação adequada e a contento do serviço público, para que os motoristas respeitem as regras de trânsito e se preserve a ordem no tráfego; para que se freiem ações nocivas no mercado financeiro, assegurando-se a confiança e a lisura das relações ali estabelecidas, já que relevantes ao desenvolvimento nacional.[4]

À luz da Lei nº 12.846, a possibilidade de sancionamento das pessoas jurídicas deve constituir instrumento de promoção de uma cultura de integridade nas relações público-privadas. É por esse motivo que a norma, ao mesmo tempo em que estabelece rigorosa sanções pela prática de atos lesivos, disciplina formas de incentivo para que as pessoas jurídicas que adotem mecanismos de conformidade e prevenção da prática de ilícitos sejam responsabilizadas de forma mais proporcional e, assim, sintam-se motivadas a incorporar regras internas de integridade. É o caso, por exemplo, da previsão constante do inciso VIII, do art. 7º da lei, que determina que se leve em consideração, na

---

[3] OLIVEIRA, José Roberto Pimenta; GROTTI, Dinorá Adelaide Musetti. Direito administrativo sancionador brasileiro: breve evolução, identidade, abrangência e funcionalidades. *Interesse Público – IP*, Belo Horizonte, ano 22, n. 120, p. 83-126, mar./abr. 2020, p. 118 e 119.

[4] VORONOFF, Alice. *Direito Administrativo Sancionador no Brasil*. Belo Horizonte: Fórum, 2018. p. 99 e 100.

dosimetria das sanções, a existência de mecanismos e procedimentos internos de integridade no âmbito da pessoa jurídica.

Dentro da concepção de que a norma tem por objetivo fortalecer uma política pública de promoção de integridade privada, é esperado que o regime sancionatório seja estabelecido de forma a encorajar comportamentos adequados por parte das pessoas jurídicas. No escopo da Lei nº 12.846, o dispositivo que melhor exemplifica esse anseio é justamente a previsão da possibilidade de celebrar acordos de leniência com as pessoas jurídicas responsáveis pela prática de atos lesivos (art. 16).

Ocorre que, apesar de inovador em grande medida, a inserção do acordo de leniência na Lei nº 12.846 acabou por constituir o único meio previsto de solução consensual para as empresas envolvidas num ato de corrupção. E esse meio pressupõe que a pessoa jurídica seja capaz de colaborar de forma substancial com as investigações do Estado, resultando na "obtenção célere de informações e documentos que comprovem o ilícito sob apuração". Nesse sentido, o acordo de leniência, apesar de decorrente de uma solução consensuada, caracteriza-se como instrumento de investigação, esperando-se que dele decorra a chamada "alavancagem investigativa" por parte do Estado.

Todavia, o legislador pareceu ter se olvidado, pelo menos no texto da própria Lei Anticorrupção, das situações em que a pessoa jurídica pode estar disposta a reconhecer sua responsabilidade objetiva pela prática de um ato lesivo já investigado pelo Estado, mas não é capaz de fornecer informações adicionais que sejam úteis para aumentar a capacidade persecutória da Administração Pública. Sendo que, mesmo nesses cenários, é forçoso reconhecer que a pessoa jurídica pode adotar um comportamento que merece encorajamento por parte do Estado.[5] Olhando em perspectiva, parece que é do interesse público reconhecer que é mais desejável que a pessoa jurídica infratora admita sua responsabilidade, encerrando de forma mais célere e efetiva o processo investigatório, do que aquela que litigue ao máximo possível todas as imputações a ela feitas, ainda que materialmente já evidenciadas.

É sob essa ótica e com reconhecimento de um aumento no ordenamento jurídico brasileiro das variadas formas de soluções alternativas ao litígio que se criticava a ausência de outra espécie de

---

[5] Nesse sentido, nos Estados Unidos a doutrina reconhece pacificamente que, na luta contra a prática de atos ilícitos, até mesmo a simples confissão com aceitação de responsabilidade traz, por si só, vantagens para a Administração Pública e para a sociedade. CHEMERINSKY, Erwin; LEVENSOM, Laurie L. *Criminal Procedure*. Adjudication. Nova York: Wolters Kluwer, 2018, p. 141.

modalidade de transação na Lei nº 12.846, além do acordo de leniência. A doutrina tem indicado crítica em igual sentido:

> A Lei Anticorrupção não previu nenhum tipo de acordo 'second best' para todas as outras empresas que quiserem colaborar, mas que forem retardatárias, a exemplo dos Termos de Compromisso de Cessação do CADE (...). Desse modo, no âmbito do Programa de Leniência Anticorrupção, as autoridades envolvidas ficam restritas a apenas um instrumento.[6]

Foi dentro da perspectiva dessa possível lacuna legislativa que, em 22 de julho de 2022, foi editada a Portaria Normativa CGU nº 19, dispondo sobre o procedimento de julgamento antecipado dos processos administrativos de responsabilização de pessoas jurídicas.

Neste artigo, iremos discutir as limitações do acordo de leniência como ferramenta de resolução consensual do processo administrativo de responsabilização e avaliar em que medida o instituto do julgamento antecipado pode constituir medida negocial complementar ao conjunto de procedimentos previstos pela Lei nº 12.846.

Para tanto, esse artigo está estruturado em quatro partes. Na primeira parte apresentaremos as características inerentes ao acordo de leniência e sua evolução ao longo de dez anos de publicação da Lei nº 12.846. Na segunda parte analisamos o crescimento histórico do uso de medidas consensuais de resolução de processos sancionadores no ordenamento jurídico. Em seguida, na terceira parte, abordaremos a dinâmica de coexistência de instrumento de colaboração com outras formas de resolução em diferentes regimes sancionatórios. Na quarta parte, nos debruçamos sobre a regulamentação do julgamento antecipado, seus requisitos e benefícios. Em arremate, buscamos debater eventuais oportunidades de melhoria do instituto.

1 O acordo de leniência como instrumento de investigação

O acordo de leniência materializa possibilidade de transação entre a Administração Pública e a pessoa jurídica, de modo a permitir

---

[6] ATHAYDE, Amanda. *Manual dos Acordos de Leniência no Brasil*. Belo Horizonte: Fórum, 2019. p. 272.

que o ente privado possa se beneficiar da atenuação ou mesmo isenção das sanções aplicáveis. Naturalmente, o benefício só será concedido caso a pessoa jurídica preencha os requisitos legais e regulamentares. Nesse sentido, o Decreto nº 11.129, de 2023, assim regulamentou a previsão constante da Lei:

> Art. 37. A pessoa jurídica que pretenda celebrar acordo de leniência deverá:
> I – ser a primeira a manifestar interesse em cooperar para a apuração de ato lesivo específico, quando tal circunstância for relevante;
> II – ter cessado completamente seu envolvimento no ato lesivo a partir da data da propositura do acordo;
> III – admitir sua responsabilidade objetiva quanto aos atos lesivos;
> IV – cooperar plena e permanentemente com as investigações e o processo administrativo e comparecer, sob suas expensas e sempre que solicitada, aos atos processuais, até o seu encerramento;
> V – fornecer informações, documentos e elementos que comprovem o ato ilícito;
> VI – reparar integralmente a parcela incontroversa do dano causado; e
> VII – perder, em favor do ente lesado ou da União, conforme o caso, os valores correspondentes ao acréscimo patrimonial indevido ou ao enriquecimento ilícito direta ou indiretamente obtido da infração, nos termos e nos montantes definidos na negociação.
> (...)
> Art. 45. O acordo de leniência conterá, entre outras disposições, cláusulas que versem sobre:
> (...)
> IV – a adoção, a aplicação ou o aperfeiçoamento de programa de integridade, conforme os parâmetros estabelecidos no Capítulo V, bem como o prazo e as condições de monitoramento;

A prática tem evidenciado que os acordos de leniência passaram a constituir importante ferramenta de responsabilização de entes privados, trazendo celeridade na imposição de penalidades financeiras que são destinadas aos cofres públicos. A esse respeito, vale destacar que, até março de 2023, a Controladoria-Geral da União já havia celebrado 25 acordos de leniência, com o estabelecimento do pagamento de mais de 18 bilhões de reais por parte das pessoas jurídicas colaboradoras.[7]

---

[7] Dados disponíveis em: https://www.gov.br/cgu/pt-br/assuntos/integridade-privada/acordo-leniencia. Acesso em: 30 mar. 23.

De modo similar, verifica-se um crescimento significativo no número de instaurações de Processos Administrativos de Responsabilização (PARs) que acabam não tendo desfecho por meio do acordo de leniência. A seguir, indicamos os dados referentes ao número total de PARs no âmbito do Poder Executivo federal.

TABELA 1
Processos Administrativo de Responsabilização (2014–2023)

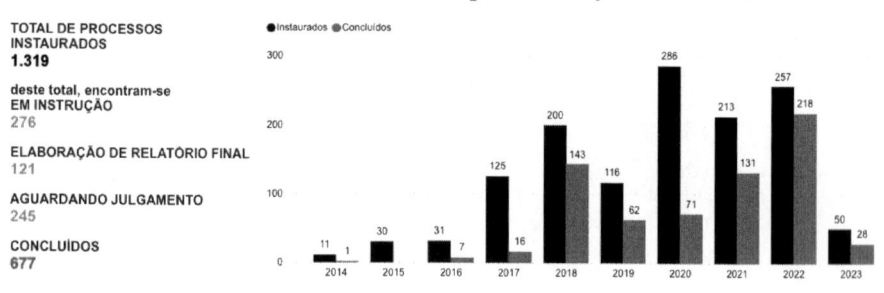

TOTAL DE PROCESSOS INSTAURADOS	1.319
deste total, encontram-se EM INSTRUÇÃO	276
ELABORAÇÃO DE RELATÓRIO FINAL	121
AGUARDANDO JULGAMENTO	245
CONCLUÍDOS	677

Instaurados / Concluídos por ano:

Ano	Instaurados	Concluídos
2014	11	1
2015	30	—
2016	31	7
2017	—	16
2018	200	125
2019	143	116
2020	286	62
2021	213	71
2022	257	131
2023	218	50

(com 28 adicional em 2023)

Fonte: Controladoria-Geral da União.[8]

Já os dados a seguir indicam os números relacionados à imposição de multas com base na Lei nº 12.846/2013.

TABELA 2
Quantitativo de multas aplicadas com base na Lei nº 12.846 (2014–2023)

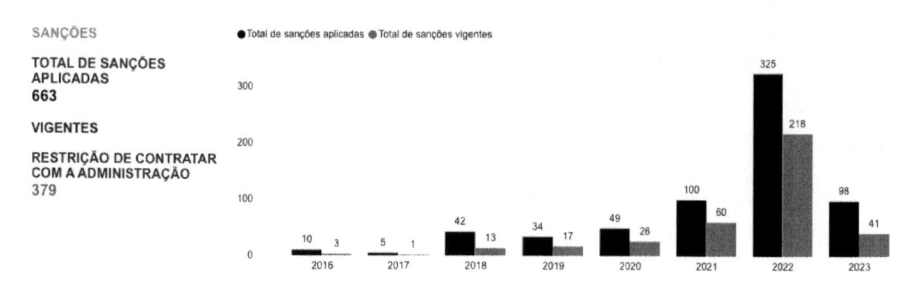

SANÇÕES	
TOTAL DE SANÇÕES APLICADAS	663
VIGENTES	
RESTRIÇÃO DE CONTRATAR COM A ADMINISTRAÇÃO	379

Total de sanções aplicadas / Total de sanções vigentes por ano:

Ano	Aplicadas	Vigentes
2016	10	3
2017	5	1
2018	42	13
2019	34	17
2020	49	26
2021	100	60
2022	325	218
2023	98	41

Fonte: Controladoria-Geral da União.[9]

---

[8] Painel de informações disponível em: https://centralpaineis.cgu.gov.br/visualizar/corregedorias. Acesso em: 30 mar. 23.

[9] *Idem.*

Percebe-se, pela análise dos dados apresentados, que há um número significativo de casos que terminam sem a celebração de acordo de leniência. Tal evidência não surpreende. Na forma estabelecida pela lei, o acordo de leniência constitui meio de resolução excepcional do processo sancionador.

Em verdade, pelos requisitos incorporados na legislação, o acordo de leniência estabelece obrigações para a pessoa jurídica que vão além da simples admissão de sua responsabilidade e do compromisso de pagamento das sanções (atenuadas). Essa é a inteligência do art. 16 da LAC, que determina que o acordo de leniência deve resultar "na identificação dos demais envolvidos na infração, quando couber; e na obtenção célere de informações e documentos que comprovem o ilícito sob apuração".

Nesse sentido, o acordo de leniência da Lei nº 12.846/2013 é, verdadeiramente, um instrumento de investigação e não, simplesmente, meio de resolução consensual do processo administrativo de responsabilização. Esse é o entendimento predominante da doutrina especializada, a saber:

> (...) a Lei Anticorrupção trouxe a figura do acordo de leniência, instrumento de cooperação e transação destinado àquelas empresas que estiverem dispostas a: a) colaborar efetivamente com o esclarecimento das investigações e identificação dos responsáveis; b) ressarcir os prejuízos causados à Administração Pública; e c) adotar políticas de integridade com o objetivo de prevenir a ocorrência de novos atos ilícitos.
> (...)
> O acordo autoriza a redução das penalidades aplicáveis em troca da colaboração com o processo de apuração das infrações, permitindo a identificação dos demais envolvidos e a obtenção de informações e documentos capazes de atestar a prática da conduta ilícita.[10]
> (...) hace falta que la colaboración con el Estado produzca elementos de prueba e informaciones sobre los hechos ilícitos en sí y las demás personas en ellos involucradas.[11]

---

[10] TOJAL, Sebastião Botto de Barros; TAMASAUSKAS, Igor Sant'anna. A Leniência Anticorrupção: Primeiras Aplicações, suas Dificuldades e Alguns Horizontes para o Instituto. *In:* Colaboração Premiada, Revista dos Tribunais, 2018.

[11] MACHADO DE SOUZA, Renato. *La colaboración de personas jurídicas como herramienta de recuperación de activos procedentes de la corrupción*: el paradigma de Estados Unidos y Brasil. Compliance y justicia colaborativa en la prevención de la corrupción. Valencia: Tirant lo Blanch, 2020.

É esse também o entendimento mais recente da jurisprudência do Supremo Tribunal Federal:

> A lógica subjacente ao modelo de justiça negocial que se expande no mundo no combate à macrocriminalidade econômica é a de instituir um rígido regime de colaboração que obriga os signatários a trazer aos autos substrato probatório que permita o aprofundamento das investigações por parte do Estado. Em outras palavras, para além de um mero negócio jurídico bilateral, os Acordos de Leniência apresentam verdadeira natureza de meio de obtenção de prova.
> MS 35435/DF, MS 36496/DF, MS 36526/DF, MS 36173/DF, rel. Min. Gilmar Mendes, julgamento em 26.5.2020.

Assim, é compreensível e esperado que o número de acordos de leniência não acompanhe, necessariamente, o de instauração de PARs que resultam na aplicação de sanções.

Por outro lado, é de se questionar se parte das pessoas jurídicas responsabilizadas nos PARs não estaria disposta a admitir sua responsabilização objetiva pelos atos investigados em troca de uma sanção menos gravosa e uma resolução mais célere do procedimento. Conforme apresentaremos com maior detalhamento no tópico seguinte, são diversas as previsões no ordenamento jurídico de meios de resoluções alternativas a conflitos. O que é resultado, em grande medida, da expectativa da sociedade de resoluções mais céleres e efetivas das diversas formas de litígios existentes.

O questionamento aqui aventado é ainda mais aplicável no caso de processos que responsabilizam pessoas jurídicas. Isso porque muitas vezes o processo é fundamentado em evidências já exaustivamente coletadas e que comprovam a conduta ilícita de pessoas naturais que atuam em benefício ou no interesse da pessoa jurídica. Isto é, em diversos casos, os fatos estão devidamente comprovados, restando muitas vezes para a pessoa jurídica discussões de direito a respeito do enquadramento ou não de sua responsabilidade à luz da Lei nº 12.846.

Na medida em que o entendimento dos órgãos administrativos, notadamente da Controladoria-Geral da União, vai se consolidando com a aplicação da Lei nº 12.846, precedentes vão sendo estabelecidos e, assim, vai sendo reduzida a margem para debates sobre a aplicabilidade da norma, pelo menos na esfera administrativa.

Adicionalmente, não se pode perder de vista que a publicidade de um processo sancionador em curso contra uma pessoa jurídica pode causar danos significativos a sua imagem, com a perda de oportunidades de negócios e mesmo do acesso a créditos financeiros.

Movidos por esse questionamento, apresentamos no tópico seguinte uma evolução do ordenamento jurídico na construção de meios de resolução consensual, no âmbito de processos sancionadores.

2 Uso de medidas alternativas de resolução nos processos sancionadores

É crescente, no Direito brasileiro e no mundo, a busca pela implementação de soluções consensuais, especialmente na esfera sancionadora.[12] A esse respeito, vale indicar que diversos diplomas legais passaram a prever a incorporação de meios de resolução processual que não necessariamente se constituam, ao mesmo tempo, ferramenta de investigação, como é o caso do acordo de leniência da LAC.

Vejamos a previsão constante do art. 11 da Lei nº 13.506/2017, que trata da possibilidade de celebração de termo de compromisso no âmbito do processo sancionador de responsabilidade do Banco Central:

> Art. 11. O Banco Central do Brasil, em juízo de conveniência e oportunidade, devidamente fundamentado, com vistas a atender ao interesse público, poderá deixar de instaurar ou suspender, em qualquer fase que preceda a tomada da decisão de primeira instância, o processo administrativo destinado à apuração de infração prevista neste Capítulo ou nas demais normas legais e regulamentares cujo cumprimento lhe caiba fiscalizar se o investigado assinar termo de compromisso no qual se obrigue a, cumulativamente:
> I – cessar a prática sob investigação ou os seus efeitos lesivos;
> II – corrigir as irregularidades apontadas e indenizar os prejuízos;

---

[12] Machado de Souza e Rodríguez-García explicam as legislações prevendo acordos em sede de processo penal como objeto de convenções internacionais (p. 70 e ss.) e vários países têm, efetivamente, adotado reformas legislativas para possibilitar resoluções consensuais em sistemas de *common law* (p. 100 e ss.) e de *civil law* (p. 121 e ss.). MACHADO DE SOUZA, Renato; RODRÍGUEZ-GARCÍA, Nicolás. *Justicia Negociada y Personas Jurídicas*: la 'modernización' de los sistemas penales en clave norteamericana. Valencia: Tirant lo Blanch, 2022. A OCDE inclui como tema das suas recomendações para combater o suborno a adoção de medidas de justiça consensual. OECD, Recommendation of the Council for Further Combating Bribery of Foreign Public Officials in International Business Transactions. Disponível em: https://legalinstruments.oecd.org/en/instruments/OECD-LEGAL-0378%20. Acesso em: 31 mar. 2023.

III – cumprir as demais condições que forem acordadas no caso concreto, com obrigatório recolhimento de contribuição pecuniária, observado o disposto no art. 10 desta Lei.

O mesmo diploma legal introduziu alterações na Lei nº 6.385/76 a fim de permitir que a Comissão de Valores Mobiliários (CVM) pudesse celebrar termo de compromisso em termos similares, *in verbis*:

> Art. 11 (...)
> §5º A Comissão de Valores Mobiliários, após análise de conveniência e oportunidade, com vistas a atender ao interesse público, poderá deixar de instaurar ou suspender, em qualquer fase que preceda a tomada da decisão de primeira instância, o procedimento administrativo destinado à apuração de infração prevista nas normas legais e regulamentares cujo cumprimento lhe caiba fiscalizar, se o investigado assinar termo de compromisso no qual se obrigue a: (Redação dada pela Lei nº 13.506, de 2017)
> I – cessar a prática de atividades ou atos considerados ilícitos pela Comissão de Valores Mobiliários; e
> II – corrigir as irregularidades apontadas, inclusive indenizando os prejuízos.
> §6º O compromisso a que se refere o parágrafo anterior não importará confissão quanto à matéria de fato, nem reconhecimento de ilicitude da conduta analisada.

Dentre as inovações normativas, a que talvez melhor exemplifique a tendência do Direito brasileiro no caminho da consensualidade é a previsão introduzida na LINDB, por meio da Lei nº 13.655/2018, que passou a prever no seu art. 26 uma forma ampla de celebração de compromisso com a finalidade de solucionar situações contenciosas:

> Art. 26. Para eliminar irregularidade, incerteza jurídica ou situação contenciosa na aplicação do direito público, inclusive no caso de expedição de licença, a autoridade administrativa poderá, após oitiva do órgão jurídico e, quando for o caso, após realização de consulta pública, e presentes razões de relevante interesse geral, celebrar compromisso com os interessados, observada a legislação aplicável, o qual só produzirá efeitos a partir de sua publicação oficial.
> §1º O compromisso referido no caput deste artigo:
> I – buscará solução jurídica proporcional, equânime, eficiente e compatível com os interesses gerais;
> II – (VETADO);

III – não poderá conferir desoneração permanente de dever ou condicionamento de direito reconhecidos por orientação geral;
IV – deverá prever com clareza as obrigações das partes, o prazo para seu cumprimento e as sanções aplicáveis em caso de descumprimento.

Os mencionados instrumentos se distanciam do acordo de leniência previsto pela LAC, na medida em que não exigem do ente privado a apresentação de elementos de informação que possibilitem a alavancagem das investigações por parte do Estado. Trata-se, em grande medida, de meios de resolução que buscam uma maior celeridade processual, através de concessões mútuas das partes. Como regra geral, o ente processado concorda com sua responsabilização e, em contrapartida, o Estado mitiga as sanções aplicáveis.

Essa forma de resolução consensual é benéfica para ambas as partes.[13] O Estado terá uma conclusão rápida de seu processo, com a devida responsabilização do infrator, a garantia do pagamento das sanções e o afastamento da judicialização da matéria.[14] O infrator terá um desfecho célere do caso e poderá ter as sanções aplicáveis reduzidas. Correndo o risco de ser demasiadamente superficial sobre o assunto, pode-se afirmar que esse tipo de resolução, basicamente, confere benefícios no caso de confissão por parte do infrator.

Aspecto importante ao se implementar mecanismo dessa natureza no ordenamento jurídico é assegurar que a resolução consensual simples não traga benefícios da mesma magnitude daqueles provenientes dos outros instrumentos similares ao acordo de leniência. Por um lado, um dos riscos da implementação de resoluções consensuais é a concessão excessiva de benefícios ao infrator, ao ponto de esvaziamento do efeito dissuasório das sanções. De outro lado, também há um risco de perda de incentivos sistêmicos compatíveis com o interesse público caso instrumentos de resolução consensual com objetivos distintos produzam os mesmos benefícios.

Dito de outra forma, o Estado tem que assegurar uma estrutura normativa de incentivos que vise a "premiar" o comportamento desejado

---

[13] CHEMERINSKY, Erwin; LEVENSOM, Laurie L. *Criminal Procedure*. Adjudication. Nova York: Wolters Kluwer, 2018, p. 140 e ss. Ver também HENNING, Peter J.; TASLITZ, Andrew; PARIS, Margaret L.; JONES, Cinthia E.; PODGOR, Ellen S. *Mastering Criminal Procedure*: the adjudicatory stage. Duhram: Carolina Academic Press, 2012, p. 140 e 141.
[14] MACHADO DE SOUZA, Renato; RODRÍGUEZ-GARCÍA, Nicolás. *Justicia Negociada y Personas Jurídicas*: la 'modernización' de los sistemas penales en clave norteamericana. Valencia: Tirant lo Blanch, 2022, p. 38 a 49, apontando vantagens para colaboração não apenas para o interesse público, mas também para vítimas e acusados.

por parte dos entes privados. Ora, no acordo de leniência, a empresa colaboradora vai além da confissão, entregando provas e informações até então desconhecidas por parte do Estado, permitindo ampliação da atividade sancionatória pela prática de atos ilícitos. Por esse motivo, os benefícios a serem concedidos deverão ser significativamente maiores do que os conferidos no caso de resolução consensual simples, baseada apenas na confissão da empresa, sobre os fatos que já são de conhecimento do Estado. Apesar de ambas as soluções serem desejáveis do ponto de vista da efetividade e da eficiência do Estado, é necessário "recompensar" mais o ente privado que assina acordo de leniência, a fim de sustentar adequadamente uma necessária política de incentivo à colaboração efetiva por parte dos infratores.

3 Coexistência de instrumentos de colaboração com meios de resolução alternativos nos processos sancionadores

Pois bem, traçados esses parâmetros, é fácil perceber que a Lei Anticorrupção não previu um sistema mais completo de possibilidades de resolução, ao disciplinar apenas a hipótese de acordo de leniência. Nesse sentido, a LAC acabou não observando modelos já empregados de forma efetiva em outras jurisdições ou mesmo por outros órgãos brasileiros.

Como referência comparada, vale citar as diferentes formas de resolução previstas pelo Departamento de Justiça americano (DOJ) como política de responsabilização criminal de pessoas jurídicas. A esse respeito, transcrevemos a didática explicação apresentada no relatório de análise de implementação pelos Estados Unidos da Convenção da OCDE no combate ao suborno transnacional:

> 265. The Principles for Federal Prosecution of Business Organizations provide that: "in certain instances, it may be appropriate to resolve a corporate criminal case by means other than indictment. Non-prosecution and deferred prosecution agreements, for example, occupy an important middle ground between declining prosecution and obtaining the conviction of a corporation".
> 266. Under a DPA, the DOJ files a charging document with the court, but it simultaneously requests that the prosecution be deferred, that is, postponed, for the purpose of allowing the company to demonstrate

its good conduct. DPAs generally require a defendant to agree to pay a monetary penalty, waive the statute of limitations, cooperate with the government, admit the relevant facts, and enter into certain compliance and remediation commitments, potentially including a corporate compliance monitor. DPAs describe the company's conduct, cooperation, and remediation, if any, and provide a calculation of the penalty pursuant to the U.S. Sentencing Guidelines. If the company successfully completes the term of the agreement (typically three years), the DOJ will then move to dismiss the filed charges.

267. Under an NPA, the DOJ maintains the right to file charges but refrains from doing so to allow the company to demonstrate its good conduct during the term of the NPA. Unlike a DPA, an NPA is not filed in court. In circumstances where an NPA is concluded with a company for FCPA-related offenses, it is made available to the public on the DOJ's website. The requirements to enter an NPA are similar to those of a DPA. If the company complies with the agreement throughout its term, DOJ does not file criminal charges. The Principles of Federal Prosecution provide the possibility for the DOJ to dispose of a matter against a natural person with an NPA. The U.S. authorities explained that the DOJ does not enter into resolutions of any kind (NPAs, DPAs, or guilty pleas) where there is insufficient evidence to prove the case beyond a reasonable doubt at trial.[15]

A prática estadunidense acaba por se valer de um leque amplo de modalidades de resolução de casos de corrupção envolvendo corporações. As modalidades variam em termos de procedimentos, mas, principalmente, em termos de requisitos e benefícios concedidos. Entre os extremos de decidir por não processar uma empresa e obter uma condenação, a justiça norte-americana se vale ainda da proposição de *non-prosecution agreements* (NPAs) and *deferred prosecution agreements* (DPAs), como forma de atenuar sanções para aquelas pessoas jurídicas que acabam por colaborar com as investigações, admitem sua responsabilidade pelos fatos e se comprometem com a implementação de melhorias nas políticas internas de *compliance*. Uma terceira alternativa de resolução se aplica para a empresa que decide se declarar culpada (*guilty plea*), ainda que não consiga colaborar de forma efetiva com as investigações, e acaba por firmar, por exemplo, um *plea agreement*.

---

[15] OCDE. Implementing the OECD Anti-Bribery Convention: Phase 4 Report, United States. Disponível em: https://www.oecd.org/daf/anti-bribery/United-States-Phase-4-Report-ENG.pdf . Acesso em: 30 mar. 23.

Nesse caso, naturalmente, os benefícios concedidos com a resolução são significativamente menores quando comparados com os benefícios da aplicação de DPAs ou NPAs.

Na experiência pátria, uma das referências mais úteis é a legislação que rege a atuação do Conselho Administrativo de Defesa Econômica (CADE). Notoriamente reconhecida como fonte de inspiração para o acordo de leniência introduzido na LAC, a Lei nº 12.529/2011 previu o estabelecimento de um verdadeiro programa de leniência. No âmbito desse programa de leniência, o acordo é o principal instrumento, mas não o único. Além do acordo de leniência, a legislação anticoncorrencial previu ainda outra hipótese de resolução consensual.

Pela natureza dos ilícitos que entram no escopo da legislação anticoncorrencial, o acordo de leniência ali aplicável constitui hipótese bastante restritiva de aplicação. Com efeito, o principal ilícito combatido por esse mecanismo é a formação de cartel. Por ser prática colusiva que depende da atuação concertada de pelo menos dois entes privados, a Lei nº 12.529/2011 estabeleceu que o acordo de leniência só poderia ser firmado por aquele que primeiro o propuser e conseguir, de forma efetiva, indicar elementos de provas que auxiliem na responsabilização dos demais participantes do cartel.

> Art. 86. O Cade, por intermédio da Superintendência-Geral, poderá celebrar acordo de leniência, com a extinção da ação punitiva da administração pública ou a redução de 1 (um) a 2/3 (dois terços) da penalidade aplicável, nos termos deste artigo, com pessoas físicas e jurídicas que forem autoras de infração à ordem econômica, desde que colaborem efetivamente com as investigações e o processo administrativo e que dessa colaboração resulte:
> I – a identificação dos demais envolvidos na infração; e
> II – a obtenção de informações e documentos que comprovem a infração noticiada ou sob investigação.

Uma leitura apressada do diploma legal poderia levar à conclusão de que, uma vez celebrado um acordo de leniência, aos demais integrantes restaria tão somente o caminho da condenação. Nada obstante, já em 2011, o modelo do CADE possibilitava a adoção de meio amplo de resolução alternativa do processo sancionador, que passa pela celebração de um termo de compromisso.

> Art. 85. Nos procedimentos administrativos mencionados nos incisos I, II e III do art. 48 desta Lei, o Cade poderá tomar do representado

compromisso de cessação da prática sob investigação ou dos seus efeitos lesivos, sempre que, em juízo de conveniência e oportunidade, devidamente fundamentado, entender que atende aos interesses protegidos por lei.

§1º Do termo de compromisso deverão constar os seguintes elementos:
I – a especificação das obrigações do representado no sentido de não praticar a conduta investigada ou seus efeitos lesivos, bem como obrigações que julgar cabíveis;
II – a fixação do valor da multa para o caso de descumprimento, total ou parcial, das obrigações compromissadas;
III – a fixação do valor da contribuição pecuniária ao Fundo de Defesa de Direitos Difusos quando cabível.

Na prática, os chamados termos de compromisso de cessação (TCC) têm sido aplicados pelo CADE como meio eficiente de resolução para os processos sancionadores em que os entes privados envolvidos que, mesmo não conseguindo se qualificar para a celebração de um acordo de leniência, admitem sua responsabilidade e concordam com as sanções impostas. Em contrapartida, as penalidades são reduzidas e a Administração se beneficia de um meio mais expedito de responsabilização, com a segurança de que as sanções impostas não serão judicializadas. Aqui, novamente, o aspecto central da legislação é a estruturação de benefícios significativamente menores do que os concedidos no acordo de leniência.

Essa mesma estrutura de diferentes mecanismos alternativos de resolução já foi incorporada no âmbito dos retromencionados processos sancionadores do BACEN e da CVM. Além dos já citados termos de compromisso, a norma aplicável também prevê em tais instituições o uso de mecanismos que se aproximam dos acordos de leniência do CADE e da Lei Anticorrupção.

Lei nº 13.506/2017
Art. 30. O Banco Central do Brasil poderá celebrar acordo administrativo em processo de supervisão com pessoas físicas ou jurídicas que confessarem a prática de infração às normas legais ou regulamentares cujo cumprimento lhe caiba fiscalizar, com extinção de sua ação punitiva ou redução de 1/3 (um terço) a 2/3 (dois terços) da penalidade aplicável, mediante efetiva, plena e permanente cooperação para a apuração dos fatos, da qual resulte utilidade para o processo, em especial:
I – a identificação dos demais envolvidos na prática da infração, quando couber;

II – a obtenção de informações e de documentos que comprovem a infração noticiada ou sob investigação.
(...)
Art. 34. Aos processos administrativos sancionadores conduzidos no âmbito da Comissão de Valores Mobiliários aplica-se, no que couber, o disposto no §3º do art. 19 e nos arts. 21, 22, 24, 25, 29, 30, 31 e 32 desta Lei, observada regulamentação editada pela Comissão de Valores Mobiliários.

4 O julgamento antecipado no Processo Administrativo de Responsabilização.

Regulamentado pela Portaria Normativa nº 19, de 22 de julho de 2022,[16] o julgamento antecipado pressupõe o atendimento a requisitos específicos para sua concessão. Em primeiro lugar, a norma estabelece que, ao apresentar o pedido de julgamento antecipado, a pessoa jurídica deverá admitir sua responsabilidade objetiva pela prática dos atos lesivos investigados, indicando provas e relato detalhados do que for de seu conhecimento.

Tanto em seu requisito de admissão quanto nos outros elementos de seu regulamento, o julgamento antecipado deve ser analisado em perspectiva com o regramento que trata do acordo de leniência. Isso porque o julgamento antecipado se apresenta como alternativa ao caminho do acordo de leniência e, portanto, deve ser diferenciado em requisitos e benefícios.

Seguindo essa lógica, entende-se que a admissão de que trata o julgamento antecipado deverá ser sobre os fatos constantes do processo sancionador. Caso a pessoa jurídica detenha (ou tenha condições de possuir) informações adicionais às já de domínio da Administração Pública, o mais lógico seria a busca pela celebração de acordo de leniência. Desse modo, a pessoa jurídica que tem condições de proporcionar uma alavancagem investigativa poderia gozar de maiores benefícios na redução das sanções.

O segundo requisito previsto pela norma se constitui na assunção de compromisso por parte da pessoa jurídica de obrigações financeiras e dispensa de direitos processuais. Vejamos:

---

[16] Alterada pela Portaria Normativa CGU nº 54, de 2023, que veio a transferir as competências anteriormente exercidas pela Corregedoria-Geral da União para a Secretaria de Integridade Privada da CGU.

Art. 2º Deverão constar do pedido de julgamento antecipado apresentado pela pessoa jurídica:

(...)

II – o compromisso de:

a) ressarcir os valores correspondentes aos danos a que tenha dado causa;
b) perder a vantagem auferida, quando for possível sua estimação;
c) pagar o valor da multa prevista no inciso I do art. 6º da Lei nº 12.846, de 1º de agosto de 2013, acompanhado dos elementos que permitam o seu cálculo e a dosimetria;
d) atender os pedidos de informações relacionados aos fatos do processo, que sejam de seu conhecimento;
e) não interpor recursos administrativos contra o julgamento que defira integralmente a proposta;
f) dispensar a apresentação de peça de defesa; e
g) desistir de ações judiciais relativas ao processo administrativo;

Os compromissos previstos pelas alíneas 'e' a 'g' são intrínsecos a uma modalidade de resolução consensual. Ora, se é desejo das partes a solução do litígio por meio negociado, não faria sentido que a pessoa jurídica resguardasse o direito de rediscutir o mérito do processo por meio de defesa ou recursos administrativos e judiciais.[17]

Por sua vez, os compromissos financeiros merecem análise mais detalhada. Primeiramente, é natural a exigência do compromisso do pagamento de multa, para assegurar o interesse público da solução consensual. De outro lado, poder-se-ia questionar o cabimento de exigir por parte da pessoa jurídica o compromisso de ressarcimento dos danos a que tenha dado causa ou do perdimento da vantagem auferida. No primeiro caso, sabe-se que a Lei nº 12.846 expressamente excluiu do escopo do processo administrativo de responsabilização a quantificação e cobrança do dano causado (art. 6º, §3º, c/c art. 13). Já a perda da vantagem auferida é sanção decorrente da responsabilização judicial da pessoa jurídica (art. 19, I).

Nada obstante, é fácil verificar que os requisitos financeiros do julgamento antecipado seguiram a lógica incorporada na celebração do acordo de leniência, que, com esteio no art. 37 do Decreto nº 11.129, também endereça tais compromissos financeiros.

Para além de guardar simetria com o acordo de leniência, entende-se que o objetivo de celebração do julgamento antecipado também teria por propósito solucionar qualquer outra demanda

---

[17] Fazer comparativo sobre EUA e recurso dos acordos?

passível de ajuizamento contra a pessoa jurídica pelos mesmos fatos. Isso porque, acaso já identificado o dano causado ou a vantagem auferida pela pessoa jurídica em decorrência do ato lesivo, é dever do Estado buscar tais reparações de maneira consensual ou judicialmente. Seria no mínimo uma ação contraditória por parte da Administração Pública optar por uma solução consensual do PAR, deixando em aberta a possibilidade de um ajuizamento de ação civil, na sequência, pelos mesmos fundamentos. Buscou-se, assim, conferir maior segurança jurídica à resolução consensual.

Nesse particular, é importante frisar que as ações judiciais decorrentes da Lei nº 12.846 podem ser ajuizadas não apenas pelo ente lesado, mas também pelo Ministério Público. Assim, é possível aventar a situação em que a pessoa jurídica opte pelo julgamento antecipado e, mesmo endereçando administrativamente todas as possíveis demandas judiciais (ressarcimento do dano e perdimento da vantagem auferida), possa vir a ser acionada em juízo pelo Ministério Público. Nesse cenário, é possível imaginar que caberia ao juiz competente verificar se a transação administrativa teria contemplado todo o alcance jurídico-sancionador, inclusive como forma de evitar que o Estado cobrasse repetidamente demandas de igual natureza.

Bem, se por um lado a Administração endereça no julgamento antecipado todas as medidas administrativas e judiciais, cabe agora analisar quais os benefícios para a pessoa jurídica aderir a tal instrumento.

Da análise do art. 5º da Portaria Normativa em questão, observa-se que a pessoa jurídica que tiver o pedido de julgamento antecipado deferido poderá obter: (i) isenção da publicação extraordinária da decisão condenatória; (ii) atenuação das sanções impeditivas de licitar e contratar com o Poder Público; e (iii) concessão de atenuantes no cálculo da multa, que podem gerar a redução de 4,5% a 2,0% da alíquota aplicável.

A isenção da publicação extraordinária da decisão condenatória é benefício que não pode ser desprezado. Pela sua natureza, tal sanção tem por objetivo atingir a imagem da pessoa jurídica, ao ampliar a publicidade dos fatos e penalidade aplicada. Como verdadeira sanção "vexatória", a publicação extraordinária pode gerar impactos significativos na capacidade de gerar negócios da pessoa jurídica, uma vez que pode desprestigiar sua imagem junto a clientes, fornecedores e parceiros comerciais. Portanto, a exclusão da incidência de tal penalidade cria incentivo importante para a pessoa jurídica aderir ao julgamento antecipado.

De igual sorte ocorre com a atenuação das sanções impeditivas de licitar e contratar. Por força de dispositivo regulamentar (art. 19, parágrafo único, do Decreto nº 11.129) e legal (art. 159 da Lei nº 14.133), sempre que o ato lesivo caracterizar simultaneamente conduta passível de responsabilização pelas normas de licitações e contratos, a pessoa jurídica estará sujeita não apenas às penalidades da Lei nº 12.846, mas também àquelas que a impedem de participar de licitações e firmar contratos públicos. Trata-se de sanções bastante gravosas no caso daquelas empresas que possuem o Estado como seu principal cliente e tomador de serviços. Não é demais dizer que essa penalidade pode ter o condão de reduzir ou mesmo eliminar a fonte de receita da pessoa jurídica.

Assim, é natural que a atenuação da sanção impeditiva seja atraente para a pessoa jurídica que vislumbra pedir o julgamento antecipado. Porém, é importante sublinhar que o julgamento antecipado não isenta tal sanção, diferentemente do que ocorre no caso do acordo de leniência. Na linha do já abordado neste artigo, nos parece clara a intenção de diferenciar em extensão os benefícios concedidos por um instrumento e outro.

O mesmo ocorre no caso da sanção pecuniária. Enquanto o acordo de leniência pode reduzir em até 2/3 o valor da multa aplicável, o julgamento antecipado apenas emite uma política de interpretação das atenuantes aplicáveis no cálculo da sanção. Isto é assim na medida em que a multa, no julgamento antecipado, não é propriamente reduzida. O que a portaria normativa estabelece é que, a depender do momento processual e preenchidos os requisitos, a autoridade julgadora irá conceder determinados valores de alíquotas para algumas das atenuantes. É de se reconhecer que é um atrativo um pouco mais tímido, na medida em que as atenuantes previstas pelo art. 23 do Decreto nº 11.129 poderiam ser aplicáveis mesmo num cenário sem o julgamento antecipado. Nada obstante, a Portaria Normativa ao menos confere segurança jurídica à proponente, na medida em que fixa os percentuais aplicáveis, reduzindo eventual subjetividade de aplicação dos critérios.

Vale reconhecer que, no caso do valor de multa, o acordo de leniência é significativamente mais atrativo, na medida em que a redução de até 2/3 poderá ocorrer mesmo após a incidência de todas as atenuantes previstas pelo julgamento antecipado.

O quadro busca apresentar de forma didática as diferenças entre os requisitos e benefícios do acordo de leniência e do julgamento antecipado.

TABELA 3
Comparativo entre acordo de leniência e julgamento antecipado

Requisitos	Acordo de leniência	Julgamento antecipado
Admissão de responsabilidade	Sim	Sim
Informações de alavancagem investigativa	Sim	Não
Ressarcimento de dano (quando quantificado)	Sim	Sim
Perdimento de vantagem auferida (quando estimável)	Sim	Sim
Benefícios		
Redução da multa	Sim (2/3)	Não (concessão de atenuantes)
Isenção de publicação extraordinária	Sim	Sim
Isenção de sanção impeditiva de contratar e licitar	Sim	Não (atenuação apenas)

Fonte: Elaboração dos autores.

É fácil verificar a preocupação do regulamento em diferenciar de forma substancial os benefícios decorrentes de cada um dos institutos, privilegiando o acordo de leniência com um maior grau de vantagem. É possível que essa abordagem tenha por objetivo estimular que as pessoas jurídicas tenham um comportamento mais colaborativo com o Estado, mas também encorajá-las a adotar medidas investigativas internas, que possibilitem uma melhor compreensão do ato lesivo e sua remediação.

Percebe-se inclusive que a Controladoria-Geral da União teve cautela na cunhagem do instrumento. Independente do nome *iuris* definido no normativo, o julgamento antecipado se aproxima em conteúdo e objetivo de modelos adotados em outras legislações sob o nome de "termos de compromisso" e até mesmo ao tradicional *guilty plea*, amplamente empregado na jurisdição norte-americana.

Nada obstante, a CGU decidiu por não regulamentar de forma explícita um instrumento denominado "termo de compromisso", a despeito de se vislumbrar permissivo legal nesse sentido, a teor da disposição do art. 26 da LINDB.

Talvez a cautela não só no nome, mas também nos benefícios (todos eles estabelecidos dentro dos limites legais), tenha decorrido de uma abordagem incremental na regulamentação. O julgamento antecipado pode constituir a primeira experiência de um novo modelo de resolução consensual, que virá a ser moldado e reformulado a partir da experiência concreta.[18]

É possível que existam pessoas jurídicas ainda receosas de aderirem a um instituto que, apesar de ter natureza consensual, traz consigo a denominação de uma condenação. Ainda que se possa argumentar que o sancionamento decorreu de espécie de acordo, haverá algum esforço por parte da pessoa jurídica para esclarecer à sociedade que o julgamento antecipado constitui espécie de atuação colaborativa com a administração. Nesse particular, a simples mudança de denominação do instituto parece poder conferir uma maior atratividade à sua adesão.

Nada obstante, de acordo com dados da CGU, desde a entrada em vigor da Portaria Normativa, em 1º de agosto de 2022, 13 processos, de um total de 31 sanções, foram concluídos com base em pedidos de julgamento antecipado. Apesar de ser ainda cedo para uma análise dos efeitos do instituto, os números iniciais indicam alta possibilidade de o instrumento se tornar um importante mecanismo de aumento de efetividade dos processos administrativos de responsabilização.

Conclusão

É possível observar que há uma crescente aplicação de meios alternativos de resolução de conflitos no âmbito de processos administrativos sancionadores. Essa prática decorre da percepção de que, em diversos casos, há convergência de entendimento entre a Administração e o infrator de que ambas as partes podem se beneficiar de uma responsabilização mais célere e efetiva. Por meio dessas ferramentas, o Estado alcança os desejáveis efeitos decorrentes da sanção, quais sejam, retribuição, reabilitação do infrator, prevenção geral e específica. Tais efeitos são mais eficientes, na medida em que se reduz a duração do processo, gerando economia de recursos e afastando a possibilidade de judicialização da matéria. Em contrapartida, o infrator se beneficia de sanções atenuadas.

---

[18] Vale citar que a Medida Provisória nº 1.154, de 1º de janeiro de 2023, que estabelece a organização básica dos órgãos que compõem a Administração que se iniciou em 2023, trouxe expressamente a possibilidade de a CGU celebrar "termo de compromisso" com pessoas jurídicas (art. 49, §1º, III).

Do exame da experiência de outras estruturas normativas sancionadoras, percebe-se que a Lei Anticorrupção poderia se beneficiar do uso de meio alternativo de resolução do PAR que não seja a celebração de acordos de leniência. Conforme visto nas experiências do CADE, CVM e BACEN e, até mesmo nos Estados Unidos, o uso de instrumentos genericamente conhecidos como "termos de compromisso" (no caso norte-americano, ainda que de forma bastante superficial, poder-se-ia afirmar que o paralelo seria o *guilty plea*) não concorre com a aplicação de acordos de colaboração (genericamente chamados aqui de "acordos de leniência").

Ao contrário, a previsão de instrumentos com natureza de termos de compromisso confere completude a um amplo sistema de resoluções e auxilia, de forma racional, na configuração de uma estrutura normativa de incentivos para os entes privados. Nessa estrutura, os entes privados devem ser "recompensados" na medida proporcional em que sua conduta se aproxime mais do comportamento desejável. Assim, para os entes privados que, reconhecendo sua responsabilidade pela prática do ilícito, colaboram de forma efetiva e auxiliam o Estado na ampliação de sua capacidade investigativa, restaria a concessão dos maiores benefícios. Em escala proporcionalmente reduzida, seriam concedidos benefícios menores para os entes privados que admitem sua responsabilidade, se comprometem com o pagamento das penalidades, mas não têm condições de colaborar de forma efetiva com o Estado.

Da análise procedida, defendemos que o estabelecimento do julgamento antecipado constituiu importante incremento da instrumentalização da Lei nº 12.846. Entende-se que se trata de modalidade de resolução consensual em sintonia com a prática brasileira e internacional mais moderna, em regimes sancionatórios de pessoas jurídicos.

É forçoso reconhecer, todavia, que o instituto foi regulamentado ainda de forma tímida sob alguns aspectos. A denominação "julgamento antecipado" acaba por transmitir uma ideia de condenação, ao invés da efetiva transação que seu conteúdo pressupõe. A modificação do nome do instituto poderia torná-lo mais atraente para pessoas jurídicas que buscam a melhoria de sua integridade por meio do caminho da remediação e colaboração com o Estado, com a consequente redução da imagem negativa que um "processo julgado com condenação" gera em comparação com a "assunção de um compromisso".

Ao longo dos dez anos de implementação da Lei nº 12.846, foi possível observar que a Administração Pública tem buscado uma regulamentação incremental, que vai evoluindo conforme a experiência de aplicação da norma e vai se consolidando a partir de diferentes situações concretas. O julgamento antecipado parece ser uma dessas experiências com potencial para se consolidar e se ajustar de forma benéfica, caso se mantenha fiel ao propósito da norma de fomentar uma contínua melhoria na integridade privada.

Referências

ATHAYDE, Amanda. *Manual dos Acordos de Leniência no Brasil*. Belo Horizonte: Fórum, 2019.

CHEMERINSKY, Erwin; LEVENSOM, Laurie L. *Criminal Procedure*. Adjudication. Nova York: Wolters Kluwer, 2018.

HENNING, Peter J.; TASLITZ, Andrew; PARIS, Margaret L.; JONES, Cinthia E.; PODGOR, Ellen S. *Mastering Criminal Procedure*: the adjudicatory stage. Duhram: Carolina Academic Press, 2012.

MACHADO DE SOUZA, Renato. *La colaboración de personas jurídicas como herramienta de recuperación de activos procedentes de la corrupción*: el paradigma de Estados Unidos y Brasil. *Compliance y justicia colaborativa en la prevención de la corrupción*. Valencia: Tirant lo Blanch, 2020.

MACHADO DE SOUZA, Renato; RODRÍGUEZ-GARCÍA, Nicolás. *Justicia Negociada y Personas Jurídicas*: la 'modernización' de los sistemas penales em clave norteamericana. Valencia: Tirant lo Blanch, 2022.

OCDE. Implementing the OECD Anti-Bribery Convention: Phase 4 Report, United States. Disponível em: https://www.oecd.org/daf/anti-bribery/United-States-Phase-4-Report-ENG.pdf. Acesso em: 30 mar. 2023.

OECD, Recommendation of the Council for Further Combating Bribery of Foreign Public Officials in International Business Transactions. Disponível em: https://legalinstruments.oecd.org/en/instruments/OECD-LEGAL-0378%20. Acesso em: 31 mar. 2023.

OLIVEIRA, José Roberto Pimenta; GROTTI, Dinorá Adelaide Musetti. Direito administrativo sancionador brasileiro: breve evolução, identidade, abrangência e funcionalidades. *Interesse Público – IP*, Belo Horizonte, ano 22, n. 120, p. 83-126, mar./abr. 2020.

TOJAL, Sebastião Botto de Barros; TAMASAUSKAS, Igor Sant'anna. A Leniência Anticorrupção: Primeiras Aplicações, suas Dificuldades e Alguns Horizontes para o Instituto. *In:* Colaboração Premiada, Revista dos Tribunais, 2018.

VORONOFF, Alice. *Direito Administrativo Sancionador no Brasil*. Belo Horizonte: Fórum, 2018.

Informação bibliográfica deste texto, conforme a NBR 6023:2018 da Associação Brasileira de Normas Técnicas (ABNT):

VIANNA, Marcelo Pontes; SOUZA, Renato Machado de. Resoluções negociadas na Lei nº 12.846: uma análise da experiência do julgamento antecipado. *In*: ZENKNER, Marcelo; KIM, Shin Jae (coord.). *Lei Anticorrupção Empresarial*: perspectivas e expectativas – Edição comemorativa dos 10 anos de vigência da Lei nº 12.846/2013. Belo Horizonte: Fórum, 2023. p. 41-63. ISBN 978-65-5518-541-6.

APLICAÇÃO DO PRINCÍPIO DO *NE BIS IN IDEM* À HIPÓTESE DE CUMULATIVIDADE DE AÇÕES JUDICIAIS E/OU PROCESSOS ADMINISTRATIVOS

FÁBIO RAMAZZINI BECHARA
FERNANDO MEDICI GUERRA MARTINS
JOVACY PETER FILHO
LUÍS FERNANDO DE MORAES MANZANO

1 Introdução

A Lei nº 12.846/2013,[1] denominada Lei Brasileira Anticorrupção, que neste ano comemora 10 anos de vigência, foi aprovada muitos anos depois da Convenção das Nações Unidas contra a Corrupção, sendo que um dos fatores que impulsionou a sua aprovação foram as manifestações populares de junho de 2013. Isso porque as manifestações elegeram, dentre outras agendas, como a melhoria na saúde e na educação, o enfrentamento da corrupção no país.

O governo federal e o Congresso Nacional, à época, articularam a aprovação de alguns projetos de lei que estavam parados há anos, dentre os quais vale destacar aqueles que resultaram no texto da Lei nº 12.846/2013 e da Lei nº 12.850/2013.

---

[1] Disponível em: https://www.planalto.gov.br/ccivil_03/_ato2011-2014/2013/lei/l12846.htm.

Corrupção, lavagem de dinheiro e crime organizado, independentemente do enquadramento tipológico, se infração penal, administrativa ou civil, são fenômenos que avançaram na agenda internacional de forma simétrica, com influências recíprocas no plano regulatório, cujas diferentes respostas dialogam entre si.

Especificamente, a Lei nº 12.846/2013 dispõe sobre a responsabilização objetiva administrativa e civil pela prática de atos contra a Administração Pública, nacional ou estrangeira, imputável às sociedades empresárias e às sociedades simples, personificadas ou não, independentemente da forma de organização ou modelo societário adotado, bem como a quaisquer fundações, associações de entidades ou pessoas, ou sociedades estrangeiras, que tenham sede, filial ou representação no território brasileiro, constituídas de fato ou de direito, ainda que temporariamente.

A Lei nº 12.846/2013 se soma a outros diplomas legais que tutelam o interesse público e os princípios gerais da administração, dentre os quais nos interessa mais de perto a Lei nº 8.429/1992 (Lei de Improbidade Administrativa), com a qual possui relação de simetria entre as condutas puníveis e as penas cominadas.

Vale ressaltar que a lei reconhece dois regimes de responsabilidade civil e administrativa, às pessoas jurídicas e às pessoas físicas. Enquanto a responsabilidade das pessoas jurídicas é de natureza objetiva, a responsabilidade das pessoas físicas é de natureza subjetiva, restrita aos dirigentes e administradores das empresas.

Para além do processo de responsabilidade administrativa (PAR), regulado no artigo 6º, a lei possibilita que a União, os Estados, o Distrito Federal, os Municípios e o Ministério Público ajuízem ação com vistas à aplicação das seguintes sanções às pessoas jurídicas infratoras: perdimento dos bens, direitos ou valores que representem vantagem ou proveito direta ou indiretamente obtidos da infração, ressalvado o direito do lesado ou de terceiro de boa-fé; suspensão ou interdição parcial de suas atividades; dissolução compulsória da pessoa jurídica; proibição de receber incentivos, subsídios, subvenções, doações ou empréstimos de órgãos ou entidades públicas e de instituições financeiras públicas ou controladas pelo Poder Público, pelo prazo mínimo de um ano e máximo de cinco. Mais adiante, o artigo 20 apresenta a possibilidade de aplicação das sanções administrativas do artigo 6º da lei, nas ações ajuizadas pelo Ministério Público, desde que haja omissão das autoridades competentes para promover a adequada responsabilização administrativa.

O problema de pesquisa a ser enfrentado parte da seguinte situação hipotética: um determinado ato ilícito, juridicamente enquadrado nas Leis nº 12.846/2013 e nº 8.429/1992, que tenha gerado dano aos erários públicos federal, estadual e municipal, pode acarretar múltiplas respostas em diferentes instâncias, sejam administrativas, civis ou penais, nas esferas federal, estadual e municipal, instrumentalizadas em diversas ações judiciais e processos administrativos, voltados à responsabilização de pessoas jurídicas e pessoas físicas, compreendidos os dirigentes, administradores e também os agentes públicos.

A relevância do problema descrito decorre do reconhecimento do modelo brasileiro de *accountability* como horizontal, fragmentado e sobreposto, o que potencializa o risco de violação do *ne bis in idem*, seja pelo excesso de punição, economicidade, e, principalmente, em razão da insegurança jurídica. O incremento do conflito é igualmente incentivado pela tese de que as instâncias no Brasil são independentes.

Portanto, a pergunta a ser respondida é: em que medida a multiplicidade de respostas descrita é compatível com o princípio do *"ne bis idem"*?

Para responder a essa pergunta, propomos uma análise dividida em duas partes. Na primeira parte, analisaremos as características do modelo brasileiro de *accountability*, com particular recorte sobre a sua horizontalidade, o que torna o sistema de controle e enfrentamento da corrupção disfuncional, competitivo e imprevisível. Na segunda parte analisaremos o conteúdo do princípio do *"ne bis in idem"* e os seus efeitos, com o objetivo de identificar possíveis fatores que possam auxiliar uma eventual distensão decorrente da multiplicidade de respostas já destacada anteriormente.

Utilizaremos como referencial teórico para a construção das respostas a tese de doutorado de Luis Fernando de Moraes Manzano, na Faculdade de Direito da Universidade de São Paulo, no ano de 2022, sob o título: "Racionalização do Sistema Punitivo Brasileiro no Enfrentamento à Corrupção e Mitigação da Independência das Esferas Punitivas pela Garantia Processual do *ne bis in idem*".

2 Sistema brasileiro de *accountability* e horizontalidade

Para os fins deste artigo, *accountability* pode ser definido como um processo de controle de decisões e ações políticas que busca garantir a legitimidade do exercício democrático do poder político e a inclusão dos cidadãos.²

Cabe notar, inclusive, que o termo *accountability* é de difícil tradução para a língua portuguesa, já que abarca conceitos polissêmicos acerca destas questões. De todo modo, a literatura indica que ele apresenta quatro pressupostos fundamentais: (1) a responsabilidade de governos e do serviço público perante os cidadãos, que está associada ao desenvolvimento democrático; (2) o escopo da *accountability*, que não deve se limitar à conformidade burocrática, mas também à qualidade dos serviços prestados e à justiça na distribuição dos benefícios; (3) a abrangência da *accountability* para todos os agentes investidos em funções públicas, incluindo burocratas e políticos eleitos; e (4) a importância da participação qualificada da sociedade civil organizada para o desenvolvimento da prática democrática.³

Visando tais objetivos, são estabelecidas regras, arenas, instituições, práticas e outros mecanismos institucionais, sendo crucial que governantes e mandatários possam ser responsabilizados por suas ações e omissões. Tudo isso se opera por meio de controles administrativos, eleitorais, sociais, parlamentares e midiáticos.⁴

Há diversas maneiras de classificar as ações de *accountability*, porém a abordagem mais comum na literatura é apresentada por Guilhermo O'Donnel, que divide o termo em duas dimensões: vertical e horizontal.⁵

A concepção da dimensão vertical do termo estaria baseada no controle político exercido pela população, que poderia ser realizado por meio de eleições, plebiscitos, referendos, pressões sociais, pela sociedade civil organizada e pela mídia.⁶

---

[2] FILGUEIRAS, Fernando. Além da transparência: *accountability* e política da publicidade. *Lua Nova*, São Paulo, n. 84, p. 65-94, 2011. Disponível em: http://www.scielo.br/scielo.php?script=sci_arttext&pid=S0102-64452011000300004&lng=en&nrm=iso. Acesso em: 7 dez. 2021. https://doi.org/10.1590/S0102-64452011000300004, p. 67.

[3] MARTINS, Fernando Medici Guerra. *Accountability Horizontal no Sistema Brasileiro:* Análise e Perspectivas. Curitiba: Juruá, 2022. ISBN 978652630026.

[4] FGV-EAESP/GVPESQUISA. ABRUCIO, Fernando; LOUREIRO, Maria Rita. *Finanças públicas, democracia e instrumentos de accountability*. Relatório de pesquisa, 2004. Disponível em: http://bibliotecadigital.fgv. br/dspace/handle/10438/3104. Acesso em: 6 dez. 2020.

[5] O'DONNEL, Guilhermo. *Accountability horizontal e novas poliarquias*. 2008. Traduzido por Clarice Cohn e Alvaro Augusto Comin. Disponível em: http://www.scielo.br/scielo.php?pid=S0102-6445199800020 0003&script=sci_arttext&tlng=pt#nt. Acesso em: 15 abr. 2022.

[6] O'DONNEL, Guilhermo. *Accountability horizontal e novas poliarquias*. 2008. Traduzido por Clarice Cohn e Alvaro Augusto Comin. Disponível em: http://www.scielo.br/scielo.

Por outro lado, a dimensão horizontal do sistema de *accountability* abrange a distribuição das responsabilidades, funções e disposição para realizar o acompanhamento, bem como a fiscalização e punição de ações ou omissões ilícitas por parte de instituições e agentes estatais.[7]

Nota-se ainda que tais instituições e agentes mencionadas constituem um sistema. Eles interagem com elementos internos e externos, tais como agentes políticos, outras instituições (como órgãos e poderes nacionais e internacionais), especialistas e agentes imputados por práticas ilícitas, entre outros.[8]

Ludwig von Bertalanffy, ao propor a Teoria Geral dos Sistemas, esclarece que sistemas têm seu funcionamento estabelecido tanto pelas suas partes integrantes como por processos e dinâmicas internas e externas. Sendo assim, uma mera análise de cada elemento de um sistema seria insuficiente para explicar seu funcionamento, pois não abarcaria os efeitos das interações que eles têm entre si e com os elementos externos.[9]

Neste sentido, seria crucial entender as dinâmicas sistêmicas para poder compreender o sistema como um todo, principalmente processos inter-relacionados de retroalimentação ou *feedback*. Sendo assim, alterações em subpartes dos sistemas podem exercer fortes influências sobre outras, ainda que indiretamente.[10]

Trazendo tais conceitos para o estudo do sistema brasileiro de *accountability*, que se caracteriza pela horizontalidade, nota-se que tais interações ocorrem por meio de uma ecologia processual entre as diferentes instituições, estabelecida com base em atribuições, competências, práticas e pela disputa política entre diferentes agentes. De acordo com Aranha e Filgueiras, estes seriam os principais fatores para realizar sua análise: 1) a fluidez e sequenciamento dos processos internos; 2) a percepção dos agentes acerca das interações institucionais; 3) a presença de metas organizacionais comuns; 4) o uso e controle da

---

php?pid=S0102-6445199800020 0003&script=sci_arttext&tlng=pt#nt. Acesso em: 15 abr. 2022.

[7] PIERDONÁ, Zélia Luiza; FRANCISCO, José Carlos; SILVA, Patrícia Schoeps da. Atuação do Supremo Tribunal Federal e do Conselho Nacional de Justiça para o *accountability* do Poder Judiciário. *Cadernos de Direito Actual*, Compostela – Espanha, v. 12, n. 12, p. 261-274, dez. 2019.

[8] ARANHA, Ana Luiza; FILGUEIRAS, Fernando. Instituições de *accountability* no Brasil: mudança institucional, incrementalismo e ecologia processual. *Cadernos ENAP*, Brasília, n. 44, p. 13, 2016.

[9] BERTALANFFY, Ludwig von. *General System Theory*. Foundations, Development, Applications. New York: George Braziller, 1968.

[10] KAHN, Robert L.; KATZ, Daniel. *Psicologia Social das Organizações*. 3. ed. São Paulo: Atlas, 1987.

informação; 5) a resposta a conjunturas e demandas internas; e 6) a resposta a conjunturas e demandas externas.[11]

Sem dúvida, verificar todos estes fatores pode ser uma tarefa complexa. Por exemplo, apenas nos quadros da ENCCLA (Estratégia Nacional de Combate à Corrupção e à Lavagem de Dinheiro) existem mais de 90 instituições que atuam de alguma forma com atividades de *accountability*, notadamente em seu modo horizontal.[12]

Ademais, a literatura aponta que as instituições de *accountability* tendem a atuar de forma isolada, com baixos graus de coordenação e cooperação. Tal situação prejudicaria em grande medida a realização de importantes políticas públicas de enfrentamento à corrupção, aos crimes políticos e aos crimes econômicos.[13]

Isto só se agrava quando se nota o fato de que ações unilaterais raramente produzem bons resultados em face da complexa rede de interesses públicos e privados envolvidos neste tipo de criminalidade. Tal situação só pode ser enfrentada por ações em rede que demandam relações interorgânicas por meio de iniciativas de cooperação e coordenação.[14]

Ressalta-se que o cenário não decorre de escolhas individuais dos agentes, mas de problemas decorrentes dos incentivos gerados pelo desenho institucional do sistema, principalmente em razão dos seguintes problemas: obstáculos de tempo, obstáculos de linguagem, delimitação imprecisa de atribuições e competências, raro compartilhamento de provas, vaidade institucional e ausência de uma estratégia comum.[15] [16]

---

[11] ARANHA, Ana Luiza; FILGUEIRAS, Fernando. Instituições de *accountability* no Brasil: mudança institucional, incrementalismo e ecologia processual. *Cadernos ENAP*, Brasília, n. 44, p. 45, 2016.

[12] ESTRATÉGIA NACIONAL DE COMBATE À CORRUPÇÃO E À LAVAGEM DE DINHEIRO. Estrutura. Brasília. Disponível em: http://enccla.camara.leg.br/quem-somos/gestao. Acesso em: 1 jul. 2022.

[13] FLORÊNCIO FILHO, Marco Aurélio; ZANON, Patricie Barricelli. Arranjo Institucional no Âmbito da ENCCLA: Estratégia Nacional de Combate à Corrupção e Lavagem de Dinheiro. *Delictae*, v. 5, n. 5, p. 201-235, 2018.

[14] BITTENCOURT NETO, Eurico. A Administração Pública concertada. *In*: BITTENCOURT NETO, Eurico; GOMES, Carla Amado; NEVES, Ana Fernanda. *A Prevenção da Corrupção e Outros Desafios à Boa Governação da Administração Pública*. Lisboa: Instituto de Ciências Jurídico-Políticas do Centro de Investigação de Direito Público, 2018. ISBN: 978-989-8722-32-4, p. 18-20.

[15] MACHADO, Maíra Rocha; PASCHOAL, Bruno. Monitorar, investigar, responsabilizar e sancionar: a multiplicidade institucional em casos de corrupção. *Novos Estudos*: Dossiê corrupção, São Paulo, v. 35, n. 104, p. 33, mar. 2016.

[16] ARANHA, Ana Luiza; FILGUEIRAS, Fernando. Instituições de *accountability* no Brasil: mudança institucional, incrementalismo e ecologia processual. *Cadernos ENAP*, Brasília, n. 44, p. 13, 2016.

Estes fatores geram gargalos de controle que só podem ser plenamente resolvidos por complexas soluções que enderecem tanto a questões internas de cada instituição como entraves sistêmicos e elementos externos ao sistema (como agentes políticos, órgãos internacionais, demandas sociais e organizações não governamentais, entre outros).[17]

Nota-se ainda que se verificam iniciativas isoladas de cooperação e coordenação entre atores do sistema brasileiro de *accountability*, o que parece indicar a mera realização de ações coordenadas pontuais, sem uma visão sistêmica, o que não é suficiente para resolver este cenário.[18]

Isso torna ainda mais evidente o quão disperso e complexo é o sistema brasileiro de *accountability*, dado o grande número de instituições e agentes envolvidos, o que leva a inúmeros tipos de dificuldades, entre eles punições excessivas ou duplicadas sobre determinados infratores, como será discutido no próximo tópico.

3 Princípio do *"ne bis in idem"*

Segundo Luis Fernando de Moraes Manzano,[19] no Brasil, o princípio do *ne bis in idem* não tem previsão expressa na Constituição Federal,[20] mas acaba por ingressar no ordenamento jurídico por força do art. 5º, §2º, da Carta Magna, c.c. o art. 8º, inc. 4º do Decreto nº 678, de 6 de novembro de 1992 (Convenção Americana de Direitos Humanos),

---

[17] O'DONNEL, Guilhermo. *Accountability horizontal e novas poliarquias*. 2008. Traduzido por Clarice Cohn e Alvaro Augusto Comin. Disponível em: http://www.scielo.br/scielo.php?pid=S0102-6445199800020 0003&script=sci_arttext&tlng=pt#nt. Acesso em: 15 abr. 2022.

[18] Dentre as iniciativas mais bem-sucedidas, é possível elencar: 1) Memorando de Entendimentos entre o CADE e a PG-J/MPSP nº 29/2019; 2) Memorando de Entendimentos nº 1/2016 entre o CADE e o Grupo de Combate a Cartéis da Procuradoria da República em São Paulo; 3) Acordo de Cooperação Técnica – AGU, CGU, TCU e MJSP (coordenação do STF) para realização de Acordos de Leniência e atuação em processos penais; 4) a Estratégia Nacional de Combate à Corrupção e à Lavagem de Dinheiro; e 5) o Acordo de Cooperação Técnica nº 1 AGU e CGU visando realização conjunta de Acordos de Leniência.

[19] MANZANO, Luís Fernando de Moraes. Racionalização do Sistema Punitivo brasileiro no enfrentamento à corrupção – São Paulo. Tese (Doutorado – Programa de Pós-Graduação em Direito Processual) – Faculdade de Direito, Universidade de São Paulo, 2021, p. 104 e seguintes.

[20] MAIA, Rodolfo Tigre. O princípio do *ne bis in idem* e a Constituição brasileira de 1988. *Boletim Científico da Escola Superior do Ministério Público da União*. Brasília, v. 4, n. 16, p. 11-75, jul./set. 2005, p. 12.

do art. 14.7 do Decreto nº 592, de 6 de julho de 1992 (Pacto de Direitos Civis e Políticos da Organização das Nações Unidas – ONU), e do art. 20 do Decreto nº 4.388, de 25 de setembro de 2002 (Estatuto de Roma).

Alguns autores, à míngua de previsão constitucional expressa, buscaram um fundamento constitucional para o *ne bis in idem* a fim de limitar o espectro de abrangência do princípio da independência das esferas punitivas. Nessa empreitada, doutrinadores brasileiros e espanhóis encontraram, na noção de equidade,[21] nos princípios da liberdade e da segurança jurídica,[22] na coisa julgada,[23] no devido processo legal,[24] na proporcionalidade[25] e na proibição do excesso,[26] fundamentos constitucionais do *ne bis in idem* como um dos mecanismos de contenção do poder punitivo estatal.[27]

---

[21] MAIA, Rodolfo Tigre. O princípio do *ne bis in idem* e a Constituição brasileira de 1988. *Boletim Científico da Escola Superior do Ministério Público*, Brasília, v. 4, n. 16, p. 11-75, jul./set. 2005, p. 27.

[22] TORRADO, Maria Lourdes Ramírez. *El principio non bis in idem en el ámbito ambiental administrativo sancionador*. Tesis (Doctoral) – Universidad Carlos III de Madrid. Orientador: Agustín de Asís Roig. Getafe, set. 2008. Disponível em: http://e-archivo.uc3m.es/bitstream/10016/7587/1/marialourdes_ramirez_tesis.pdf. Acesso em: 14 abr. 2020.

[23] NIETO GARCÍA, Alejandro. *Derecho Administrativo Sancionador*. 4. ed. Madri: Tecnos, 2005, p. 474.

[24] OSÓRIO, Fábio Medina. *Direito administrativo sancionador*. 6. ed. São Paulo: RT, 2019, p. 306.

[25] COSTA, Helena Regina Lobo da. *Direito Penal Econômico e Direito Administrativo Sancionador: ne bis in idem* como medida de política sancionadora integrada. Tese (livre-docência em Direito) – Departamento de Direito Penal, Medicina Forense e Criminologia da Faculdade de Direito, Universidade de São Paulo – Fadusp. São Paulo, 2013, conclusão n. 17, p. 237.

[26] ARÊDES, Sirlene Nunes. *Ne bis in idem*: direito fundamental constitucional aplicável na relação entre as esferas penal e administrativa geral no direito brasileiro. *Direito, Estado e Sociedade*, Belo Horizonte, n. 52, p. 204-240, jan./jun. 2018, p. 230. No sentido de *proibição de arbitrariedade*, ver: SOTOMAYOR, Lucía Alarcón. *La garantía non bis in idem y el procedimiento administrativo sancionador*. Madri: Iustel, 2008, p. 25 e ss.

[27] "A teoria da unidade do poder punitivo estatal levou diversos países europeus, especialmente nas três últimas décadas, a desenvolverem nova leitura da tradicional teoria da autonomia e independência das instâncias penal e administrativa. [...] não é possível diferenciar, materialmente, essas infrações e sanções. A identidade do poder punitivo advém da aplicação da pena, de forma que a previsão normativa abstrata de sua aplicação e execução importa o exercício deste poder. [...] A teoria da unidade do poder punitivo é o principal fundamento para a aplicação da vedação de *bis in idem* na relação entre as esferas penal e administrativa, por rejeitar que a mesma pessoa seja punida em ambas as instâncias pelos mesmos fatos e sob o mesmo fundamento" (Art. cit., p. 204-205). Nas três últimas décadas, "doutrina e jurisprudência de países europeus abrandaram os efeitos da tradicional teoria da autonomia e independência das instâncias, a fim de submeter a instância administrativa punitiva a princípios constitucionais tradicionalmente aplicados pelo Direito Penal". A ideia de transposição "matizada" de garantias do processo penal para o processo administrativo sancionador (base da teoria do poder punitivo estatal único) é criticada por Helena Regina Lobo da Costa, para quem, sem negar que "a compreensão aqui adotada acaba por chegar a resultados jurídicos muito semelhantes

A garantia do *ne bis in idem* compreende dois significados: o primeiro, segundo o qual ninguém pode ser processado duas vezes pelo mesmo fato; e o segundo, que expressa que ninguém pode ser punido duas vezes pela mesma conduta. Apresenta-se, pois, sob duas vertentes: uma vertente processual e outra material. A vertente processual do *ne bis in idem*, ao seu turno, abarca o direito de não ser indiciado e de não ser processado duas vezes pelo mesmo fato.

O Brasil, contudo, reconheceu as jurisdições obrigatórias da Corte Internacional de Justiça (CIJ), da Corte Interamericana de Direitos Humanos (CIDH) e do Tribunal Internacional Penal (TIP). E, pela promulgação do Decreto nº 592, de 6 de julho de 1992, do Decreto nº 678, de 6 de novembro de 1992, e do Decreto nº 4.388, de 25 de setembro de 2002, incorporou o Pacto Internacional de Direitos Civis e Políticos (PIDCP) das Nações Unidas, a Convenção Americana de Direitos Humanos e o Estatuto de Roma ao ordenamento jurídico interno.

Em 2018, foi aprovada a Lei nº 13.655, de 25 de abril de 2018, que incluiu no Decreto-Lei nº 4.657, de 4 de setembro de 1942 (Lei de Introdução às Normas do Direito Brasileiro), disposições sobre a segurança jurídica e eficiência na criação e na aplicação do direito público e, entre outras disposições, acrescentou o art. 22, §3º.[28]

Sanções da mesma espécie impostas em diferentes processos sancionatórios instaurados perante um mesmo poder ferem o *ne bis in idem*, inclusive em sua vertente processual, que se antecipa à punição para evitar, em favor do acusado, o constrangimento e o custo do processo sancionatório dúplice.

A proibição contra a instauração de múltiplos processos sancionatórios não constitui apenas uma garantia ao réu, evitando-lhe o custo de várias defesas e o constrangimento das múltiplas acusações, mas, também, garante maior efetividade ao processo, evitando decisões conflitantes e sustentando eficiência ao aparelho punitivo estatal.

à tese do *ius puniendi* único", o processo administrativo sancionador deve extrair seus pilares da Constituição Federal, e não emprestar diretamente o regime jurídico do processo penal, "matéria extremamente controvertida" (COSTA, Helena Regina Lobo da. *Direito Penal Econômico e Direito Administrativo Sancionador: ne bis in idem* como medida de política sancionadora integrada. Tese (livre-docência em Direito) – Departamento de Direito Penal, Medicina Forense e Criminologia, da Faculdade de Direito, Universidade de São Paulo – Fadusp. São Paulo, 2013, p. 173-178).

[28] Art. 22. Na interpretação de normas sobre gestão pública serão considerados os obstáculos e as dificuldades reais do gestor e as exigências das políticas públicas a seu cargo, sem prejuízo dos direitos dos administrados. [...] §3º. As sanções aplicadas ao agente serão levadas em conta na dosimetria das demais sanções de mesma natureza e relativas ao mesmo fato.

Em sua vertente processual, o *ne bis in idem* veda a instauração de processos judiciais sancionatórios, de caráter penal ou não penal, antecipando a garantia contra múltiplas punições. Se, também, evita a concomitante ou subsequente instauração de outros processos sancionatórios perante os demais Poderes é questão que deve ser analisada à luz do princípio federativo e do princípio [constitucional] da separação de poderes que constitui, inclusive, cláusula pétrea.[29] Dessa maneira, o princípio do *ne bis in idem*, em sua vertente processual, opera não somente em relação a demandas idênticas, mas, também, entre causas semelhantes, concomitantes ou sucessivas; e, em sua vertente material, contra múltiplas punições.

Em síntese, segundo Manzano, o *princípio universal* do *ne bis in idem* desdobra-se, na verdade, em duas regras: i) a da proibição contra múltiplos processos punitivos; e ii) a da proibição contra múltiplas punições, pelo mesmo fato.[30] Afinal, o exercício do *jus puniendi* pelo Estado-juiz impede a imposição de pena em outro processo judicial punitivo, qualquer que seja a sua natureza, por força da vertente material do *ne bis in idem*, cuja incidência deve ser antecipada para impedir a instauração do segundo processo punitivo, com fundamento na vertente processual da mesma garantia.

Se, a despeito da violação da garantia do *ne bis in idem*, é possível ou não a instauração e a tramitação, concomitante ou subsequente, de um processo judicial e outro processo sancionador não judicial sobre um mesmo fato, contra o mesmo agente, é questão que deve ser analisada à luz do princípio constitucional da separação de poderes e das competências constitucionais.

Conforme já mencionado, a Constituição da República Federativa do Brasil não previu expressamente o *ne bis in idem*, tampouco ele foi expresso pelo Código de Processo Penal e pelo Código de Processo Civil. Outrossim, o Estado não pode invocar o seu direito interno para descumprir obrigação internacional, sob pena de sanções internacionais. A Constituição Federal é mero fato, expressão da vontade. A questão, portanto, cinge-se não à supremacia do Direito Internacional sobre o

---

[29] BRASIL (Constituição, 1988). *Constituição da República Federativa do Brasil de 1988*. Disponível em: https://www.stf.jus.br/arquivo/cms/legislacaoConstituicao/anexo/CF.pdf (arts. 2º e 60, §4º, inc. III).

[30] Keity Saboya fala da "tríplice dimensão" do *ne bis in idem*: processual, material e *transversal*, esta última relacionada "à impossibilidade de sobreposição de sanção administrativa e sanção penal pela mesma conduta objetivada juridicamente e com os mesmos fins." (SABOYA, Keity. *Ne bis in idem* – história, teoria e perspectivas. Rio de Janeiro: Lúmen Juris, 2014, p. 167).

Direito Interno, mas à sua coercitividade ou efetividade na ordem jurídica interna, segundo a teoria da responsabilidade internacional do Estado.

Ressalvada essa ótica, atualmente, a perseverar a orientação vigente no Excelso Pretório, impende reconhecer que o *ne bis in idem* integra o ordenamento jurídico brasileiro e tem hierarquia de norma supralegal.

4 A aparente oposição entre o princípio do *ne bis in idem* e a independência de instâncias

Conforme sustenta Luís Fernando de Moraes Manzano,[31] de um modo geral, existe uma relação de tensão entre princípios que atribuem poderes ao Estado e direitos fundamentais que protegem os cidadãos. Em busca de uma solução para esse aparente conflito de normas, analisa-se, inicialmente, a natureza de cada uma delas, para, em seguida, examinar como se relacionam.

A harmonização entre o princípio constitucional da independência das esferas punitivas e o princípio supralegal do *ne bis in idem* não se resume à mera análise da hierarquia formal e vertical entre as normas jurídicas, mas demanda o manejo de outras normas que operam como mecanismos, modos ou critérios de resolução de antinomias entre princípios e regras, chamadas *normas de segundo grau*, *metanormas* ou *postulados*.

Nessa tarefa, preconiza-se a necessidade de recorrer ao *postulado da coerência* como complementação ao da hierarquia (entendida como relação estática e linear entre duas fontes normativas, uma em cima e outra embaixo), ao *postulado da proibição de excesso* (no contexto em que os direitos fundamentais agasalhados pelo *ne bis in idem* estejam sendo atingidos pelo princípio da independência das esferas punitivas) e ao *postulado da proporcionalidade*.[32]

O *postulado da coerência* atua no plano da eficácia – explica Humberto Ávila – e busca conferir o máximo de consistência e completude ao ordenamento jurídico, mas admite fazê-lo em diversos

---

[31] MANZANO, Luís Fernando de Moraes. Racionalização do Sistema Punitivo brasileiro no enfrentamento à corrupção – São Paulo. Tese (Doutorado – Programa de Pós-Graduação em Direito Processual) – Faculdade de Direito, Universidade de São Paulo, 2021, p. 142 e ss.

[32] ÁVILA, Humberto. *Teoria dos princípios:* da definição à aplicação dos princípios jurídicos. 19. ed. São Paulo: Malheiros, 2019, p. 170.

graus ao propor um modelo complementar de hierarquia das normas que não seja apenas linear, simples e não gradual, mas, sim, de sistematização circular (as normas superiores e inferiores atuam simultaneamente umas sobre as outras), complexa (não há apenas uma relação vertical de hierarquia, mas várias relações horizontais, verticais e entrelaçadas entre as normas) e gradual (as normas inferiores "promovem mais ou promovem menos" e as superiores são "mais compatíveis ou menos compatíveis" com aquelas ou, por outro lado, as normas superiores "suportam mais ou suportam menos" as inferiores).[33]

No entrelaçamento entre o princípio constitucional da independência das esferas punitivas e o princípio supralegal do *ne bis in idem*, o manejo do postulado da coerência não refuta pura e simplesmente a eficácia da norma infraconstitucional, mas, diferentemente, ao reconhecer que uma e outra se relacionam reciprocamente, busca conferir-lhes maior grau de completude e consistência possível, com suporte na fundamentação.

O *postulado da proibição de excesso* indica que a aplicação de uma norma – princípio ou regra – não pode implicar a impossibilidade de aplicação de outra norma – princípio ou regra –, e está presente "em qualquer contexto em que um direito fundamental esteja sendo restringido".[34]

A utilização do postulado da proibição do excesso faz com que a preservação do valor "tutela do patrimônio público" não possa acarretar o aniquilamento dos "direitos fundamentais implicados", qualquer que seja a norma (princípio ou regra) e sua hierarquia (constitucional ou infraconstitucional) que vise a assegurar os valores ponderados (tutela do patrimônio público e direitos fundamentais implicados). Em outras palavras, o poder punitivo estatal somente pode ser exercido dentro dos limites que o tornem compatível com a dignidade da pessoa humana, a justiça, a segurança jurídica, a proibição do excesso e a presunção de inocência. Vale dizer, "nenhuma medida pode restringir excessivamente um direito fundamental, sejam quais forem as razões que a motivem".[35]

Por fim, o *postulado da proporcionalidade* busca um equilíbrio entre a promoção de um fim e a restrição de um direito, de tal sorte que se possa proceder a três exames fundamentais: i) o da adequação (a multiplicação de esferas punitivas promove a tutela do patrimônio público contra os atos de improbidade administrativa de maneira

---

[33] ÁVILA, Humberto. *Teoria dos princípios...* Op. cit., p. 166-175.
[34] ÁVILA, Humberto. *Teoria dos princípios...* Op. cit., p. 188.
[35] ÁVILA, Humberto. *Teoria dos princípios...* Op. cit., p. 190.

mais eficaz?); ii) o da necessidade (há outro meio menos restritivo dos direitos fundamentais afetados pela supressão do *ne bis in idem*?); e iii) o da proporcionalidade em sentido estrito (as vantagens obtidas pela promoção do fim correspondem às desvantagens provocadas pela adoção do meio?).

A aplicação do postulado da proporcionalidade busca uma medida de justiça na relação de causalidade entre meio e fim. *In casu*, a restrição dos direitos fundamentais implicados com a supressão do *ne bis in idem* e a repressão dos atos atentatórios contra o patrimônio público. Cumpre compatibilizar o art. 37, §4º, da Constituição Federal de 1988 – expressão do princípio da independência das esferas punitivas – com o princípio do *ne bis in idem*.

Se o ato de improbidade administrativa não configura crime, é cabível a ação de improbidade administrativa, com vistas à suspensão dos direitos políticos, à perda da função pública, à indisponibilidade dos bens e ao ressarcimento do erário, na forma e gradação previstas na Lei de Improbidade Administrativa, tal como dispõe o art. 37, §4º, da Constituição Federal de 1988.

Por outro lado, se o ato de improbidade administrativa configura crime, dois caminhos se abrem: i) a promoção da ação penal, com vistas à suspensão dos direitos políticos e à perda da função pública, efeitos da condenação criminal previstos, respectivamente, no art. 15, inc. III, da Lei Maior, e no art. 92, inc. I, alínea "a", do Código Penal e, paralelamente, a propositura da ação civil pública, para assegurar o ressarcimento ao erário; ii) o ajuizamento da ação de improbidade administrativa com vistas à suspensão dos direitos políticos, à perda da função pública e ao ressarcimento do erário, que pode ser assegurado pela indisponibilidade de bens. Note-se que o exercício da segunda via, a do ajuizamento da ação civil punitiva, não impede o aforamento da ação penal, tal como dispõe o texto constitucional, cabendo ao final a compensação de penas da mesma espécie. Porém, o oferecimento da ação penal obsta a instauração, concomitante ou sucessiva, da ação civil punitiva.

Em síntese, uma via não exclui a outra, mas ambas não podem ser percorridas concomitante ou sucessivamente, sob pena de violação à garantia processual do *ne bis in idem*, ressalvada a possibilidade de compensação de penas se a causa cível for instaurada e concluída antes, por uma questão de proporcionalidade. Por qualquer via, resultam asseguradas as medidas punitivas e ressarcitórias previstas no dispositivo constitucional.

O manejo dos *postulados da coerência, da proibição de excesso* e *da proporcionalidade*, a aplicação do princípio da independência das esferas punitivas não afasta a incidência do *ne bis in idem*.

Portanto, é correto concluir que o princípio constitucional da independência das esferas punitivas não é absoluto e merece uma releitura à luz do princípio supralegal do *ne bis in idem*, pelo manejo dos postulados da coerência, da proibição de excesso e da proporcionalidade.

5 Cumulação punitiva e prejudicialidade entre a ação civil pública empresarial e ação civil pública contra pessoa física por ato de improbidade administrativa: aplicação do princípio do *ne bis in idem*

Quando se fala em processos punitivos, de acordo com a observação feita por Luis Fernando de Moraes Manzano,[36] em geral tem-se em vista: o processo penal (que é punitivo por natureza), outros processos judiciais punitivos não penais (como é o caso do processo civil instaurado a partir da ação de improbidade administrativa); o processo administrativo sancionatório, que envolve o processo administrativo-disciplinar (e podem ser instaurados no âmbito da Administração Pública direta ou indireta, por seus diversos órgãos federais, estaduais e municipais); o processo político (de *impeachment*, por crime de responsabilidade); e o processo de contas (instaurado pelos Tribunais de Contas). Importante esclarecer que os *processos punitivos judiciais* se distinguem dos *processos punitivos não judiciais*, sendo que esses últimos compreendem o processo administrativo sancionador (geral e disciplinar), o processo político e o de contas.

A noção de prejudicialidade tem origem no Direito romano, que utilizava os termos *actio praeiudicialis, exceptio praeiudicialis, quaestio praeiudicialis* e *praeiudicium* para designar as diversas naturezas jurídicas

---

[36] MANZANO, Luís Fernando de Moraes. Racionalização do Sistema Punitivo brasileiro no enfrentamento à corrupção – São Paulo. Tese (Doutorado – Programa de Pós-Graduação em Direito Processual) – Faculdade de Direito, Universidade de São Paulo, 2021, p. 173 e seguintes. Como observado pelo autor, "ações punitivas compreendem ações *judiciais* e *não judiciais* punitivas. *Ação judicial punitiva* é aquela que busca a satisfação da pretensão punitiva do Estado mediante aplicação de sanção, enquanto manifestação de parcela da soberania estatal" (p. 207).

ligadas ao instituto (ação, exceção, questão e processo).[37] A prejudicialidade é um fenômeno processual ligado a relações entre demandas e "consiste em um liame de dependência entre duas causas, entre duas questões ou entre dois pontos, de modo que o julgamento da causa (ou questão, ou ponto) prejudicial influirá no teor do julgamento dos demais. Por isso é que uma se chama *prejudicial* e a outra, *prejudicada*".[38]

Rigorosamente, duas soluções seriam possíveis: ou se entende que a prejudicialidade que se manifesta entre duas causas punitivas de matizes diversos é homogênea, posto que regidas por um mesmo ramo do Direito (o que não nos parece razoável, ante a impossibilidade de reuni-las num só processo); ou se concebe a possibilidade de existência de conexão por prejudicialidade heterogênea, tal como ocorre entre causas punitivas de matizes diversos. Evidentemente que o fenômeno da prejudicialidade não se resume ao de interferência entre competências porque tal visão excluiria as hipóteses de prejudicialidade interna e de ponto prejudicial. O que se afirma, porém, é que na hipótese de multiplicidade de ações judiciais punitivas há, também, prejudicialidade.

A prejudicialidade pode versar sobre a ação, o processo e o mérito; pode ser prejudicial da ação, do processo e de mérito.[39] É inegável, portanto, a possibilidade de todas essas categorizações: como precedente, como meio de prova, como ação ou exceção.

Para o enquadramento processual do *ne bis in idem* nas ações punitivas, interessa examinar as seguintes possíveis situações, todas elas referentes ao mesmo fato: i) ação penal em andamento e posterior propositura de ação não penal punitiva; ii) ação não penal punitiva em andamento e posterior propositura da ação penal; iii) sentença penal transitada em julgado e propositura de ação não penal punitiva; iv) sentença não penal punitiva transitada em julgado e propositura de ação penal; e, por fim, v) ações não penais punitivas, não idênticas (por exemplo, ação da LIA e ação da LAC), concomitantes e sucessivas. E neste estudo focaremos a última possibilidade.

A ação civil pública empresarial e a ação civil pública contra pessoa física por ato de improbidade administrativa são ações civis punitivas.

---

[37] MENESTRINA, Francesco. *La pregiudiciale nel processo civile*. Milano: Dott. A. Giuffrè, 1963, p. 6.

[38] DINAMARCO, Cândido Rangel; BADARÓ, Gustavo Henrique Righi Ivahy; CARRILHO LOPES, Bruno Vasconcelos. *Teoria geral do processo*. 32. ed. São Paulo: Revista dos Tribunais, 2020, p. 370.

[39] Nesse sentido, ver: CHIOVENDA, Giuseppe. *Istituzioni di Diritto Proessuale Civile*. Napoli, Italy: Jovene, 1933, p. 357-358; TORNAGHI, Hélio. Questões prejudiciais. *Instituições de Processo Penal*. 2. ed. São Paulo: Saraiva, v. 4, 1978, p. 329.

Enquanto a primeira volta-se à responsabilização das pessoas jurídicas, a segunda busca a responsabilização das pessoas físicas. A omissão da Lei nº 12.846/2013 quanto à possibilidade de responsabilização autônoma da pessoa física criou um ambiente de insegurança jurídica ao permitir a concorrência de dois diplomas legais distintos.

O mesmo ocorre com o acordo de leniência celebrado no âmbito da defesa do patrimônio público contra atos de corrupção. Isso porque a Lei nº 12.846/2013, também conhecida como Lei Anticorrupção (LAC), ao estatuir a responsabilidade objetiva administrativa e civil das pessoas jurídicas pela prática de atos contra a Administração Pública, não compreendeu a responsabilidade penal das pessoas jurídicas e a responsabilidade administrativa, civil e penal das pessoas físicas (arts. 1º, *caput*, e 2º), colocando em xeque a atratividade, a previsibilidade e a efetividade do acordo.[40] Além disso, ao afetar a iniciativa do acordo de leniência à "autoridade máxima de cada órgão ou entidade pública" (art. 16, *caput*) e eleger, no âmbito do Poder Executivo federal, a CGU como órgão competente para a celebração dos acordos de leniência (art. 16, §10), não abarcou o MP, titular exclusivo da ação penal pública e colegitimado à propositura da ação de improbidade administrativa.

E não menos importante: ao prescrever a reparação integral do dano como requisito à celebração do acordo de leniência (art. 16, §3º), a LAC elevou a complexidade do acordo de leniência, na medida em que, diferentemente da Lei Antitruste, agregou a finalidade compensatória ao escopo de: i) identificação dos demais envolvidos na infração; e ii) obtenção célere de informações e documentos que comprovem o ato ilícito sob apuração. Com isso, envolveu interesses tutelados por outros órgãos públicos, notadamente a AGU e o TCU na esfera federal, despertando a necessidade de serem chamados como atores para a negociação do pacto, agravando o problema da atratividade, previsibilidade e efetividade do acordo de leniência, ante a inexistência de um "balcão único" para as negociações.

A necessidade de atuação conjunta com a AGU na negociação dos acordos de leniência anticorrupção foi disciplinada pela Portaria Interministerial CGU/AGU nº 2.278/2016. O TCU firmou posicionamento

---

[40] A possibilidade de adesão de pessoas físicas (dirigentes, administradores e empregados que tenham concorrido para a prática do ato ilícito) nos acordos de leniência da Lei Anticorrupção (LAC) foi destacada na Nota Técnica nº 1/2020, da 5ª Câmara de Coordenação e Revisão (CCR) do Ministério Público Federal (MPF), que contemplou, inclusive, orientações a respeito de acordos com repercussões criminais, incluindo aspectos relativos à necessidade de homologação judicial, competência, forma, normativa aplicável, entre outros. A questão, porém, ainda padece da edição de lei.

institucional por meio da já revogada IN nº 74/2015, que condicionou a eficácia dos acordos de leniência à homologação desse Tribunal sob os seguintes fundamentos: "[...] por não afastar a reparação de danos ao erário, nos termos do art. 16, §3º, da Lei nº 12.846/2013, a celebração de acordos de leniência por órgãos e entidades da administração pública federal é ato administrativo sujeito à jurisdição do TCU quanto a sua legalidade, legitimidade e economicidade [...]." Sem dúvida alguma, o requisito da reparação do dano introduziu no acordo de leniência anticorrupção a complexa questão sobre o cálculo do dano, em cuja direção o TCU tem desenvolvido aprofundados estudos.

É preciso lembrar, todavia, que o *ne bis in idem*, desde a sua origem, é um princípio do processo penal que a jurisprudência da Corte Europeia de Direitos Humanos estendeu aos processos punitivos em geral, a fim de depor o rótulo que certos Estados apõem aos ilícitos por eles definidos, de modo a evitar não apenas a burla de etiquetas, mas, também, a dupla imputação e punição pelos mesmos fatos.

É possível que o indivíduo, por um ato ímprobo, responda a uma ação penal, a uma ação por improbidade administrativa e a um processo por falta disciplinar contra a Administração Pública, em razão do mesmo suporte fático, em sua perspectiva naturalística, com variações irrelevantes de tipologia abstrata do comportamento proibido. Pode-se impedir o trâmite das ações não penais concomitantes ou sucessivas, com fundamento nas regras de prevalência da esfera penal e no *ne bis in idem*?

Entendemos que o *ne bis in idem* só atua nas ações punitivas, e não em ações de caráter compensatório (ressarcitório, reparatório ou indenizatório). Assim, por exemplo, no caso de sobreposição entre ação penal e ação de improbidade administrativa, é possível invocar a garantia, o mesmo não ocorrendo entre a ação penal e a *actio civis ex delicto*, e a ação penal e a ação civil pública para reparação do dano ao erário público.

Assim, se o ato de improbidade administrativa não configura crime, a ação da LIA é cabível com vistas à suspensão dos direitos políticos, à perda da função pública, à indisponibilidade dos bens e ao ressarcimento de erário, na forma e gradação previstas na Lei de Improbidade Administrativa, tal como dispõe o art. 37, §4º, da Constituição Federal, situação similar em relação à improbidade empresarial prevista na LAC.

Se o princípio constitucional da independência das esferas punitivas não é absoluto, o art. 37, §4º, da Constituição Federal merece uma releitura, de forma a harmonizá-lo com a garantia universal do *ne bis in idem*, a fim de salvaguardar os direitos constitucionais implicados.

6 Conclusão

O artigo respondeu à pergunta proposta na introdução, notadamente identificar a forma pela qual a multiplicidade de respostas a um ato de corrupção se compatibiliza com o princípio do *ne bis idem*.

O *ne bis in idem* entre causas punitivas pode ser entendido como condição específica da ação punitiva ou como pressuposto processual objetivo-negativo, impedindo o recebimento de nova ação punitiva ou a instauração e o desenvolvimento válido de outra relação jurídico-processual punitiva.

O sistema de brasileiro de *accountability* é caracterizado pela horizontalidade, cujo regime de competências fragmentado e paralelo potencializa o risco de excesso de punição e conflito. O princípio constitucional da independência das instâncias é uma das manifestações desta horizontalidade, cujo desafio mais relevante é a sua harmonização com o *ne bis in idem*.

A harmonização do princípio da independência das esferas punitivas com o princípio do *ne bis in idem* pressupõe que a máxima aplicação daquele não acarrete o aniquilamento deste, bem como dos direitos albergados pela garantia universal.

A vedação à multiplicidade de processos por um mesmo fato não esvazia o conteúdo da norma contida no art. 37, §4º, da Constituição Federal,[41] tampouco deixa a descoberto os valores que ela visa resguardar.

Nesse sentido, considerando a situação hipotética proposta na introdução,[42] bem como a necessária limitação recíproca entre as

---

[41] "Art. 37. [...]
§4º. Os atos de improbidade administrativa importarão a suspensão dos direitos políticos, a perda da função pública, a indisponibilidade dos bens e o ressarcimento ao erário, na forma e gradação previstas em lei, sem prejuízo da ação penal cabível" (BRASIL. *Constituição da República Federativa do Brasil de 1988... Op. cit.*).

[42] O problema de pesquisa a ser enfrentado parte da seguinte situação hipotética: um determinado ato ilícito, juridicamente enquadrado nas Leis nºs 12.846/2013 e 8.429/1992, que tenha gerado dano aos erários públicos federal, estadual e municipal, pode acarretar múltiplas respostas em diferentes instâncias, sejam administrativas, civis ou penais, nas esferas federal, estadual e municipal, instrumentalizadas em diversas ações judiciais e processos administrativos, voltados à responsabilização de pessoas jurídicas e pessoas físicas, compreendidos os dirigentes, administradores e também os agentes públicos.

múltiplas respostas à mesma situação de fato, enquanto efeito da aplicação do *ne bis in idem*, tem-se como imperativo verificar não somente os sujeitos, se pessoas físicas e/ou jurídicas, mas principalmente as condutas imputadas e a natureza das sanções aplicáveis.

Em síntese: de um lado é desejável que as instituições aperfeiçoem os modelos e métodos de coordenação e articulação prévia, bem como a legislação no mesmo sentido, com vistas à construção de um balcão único; por outro lado, o reconhecimento e a aplicação do princípio do *ne bis in idem*, como pressuposto processual objetivo negativo nas ações punitivas, constituem a solução jurídica mais adequada para compatibilizar a multiplicidade de respostas simultâneas, controlar o risco de excesso e gerar mais segurança jurídica.

Referências

ARANHA, Ana Luiza; FILGUEIRAS, Fernando. *Instituições de accountability no Brasil:* mudança institucional, incrementalismo e ecologia processual. *Cadernos ENAP*, Brasília, n. 44, 2016.

ARÊDES, Sirlene Nunes. *Ne bis in idem*: direito fundamental constitucional aplicável na relação entre as esferas penal e administrativa geral no direito brasileiro. *Direito, Estado e Sociedade*, Belo Horizonte, n. 52, jan./jun. 2018.

ÁVILA, Humberto. *Teoria dos princípios:* da definição à aplicação dos princípios jurídicos. 19. ed. São Paulo: Malheiros, 2019.

BERTALANFFY, Ludwig von. *General System Theory*. Foundations, Development, Applications. New York: George Braziller, 1968.

BITTENCOURT NETO, Eurico. A Administração Pública concertada. *In*: BITTENCOURT NETO, Eurico; GOMES, Carla Amado; NEVES, Ana Fernanda. *A Prevenção da Corrupção e Outros Desafios à Boa Governação da Administração Pública*. Lisboa: Instituto de Ciências Jurídico-Políticas Centro de Investigação de Direito Público, 2018. ISBN: 978-989-8722-32-4.

BRASIL (Constituição, 1988). *Constituição da República Federativa do Brasil de 1988*. Disponível em: https://www.stf.jus.br/arquivo/cms/legislacaoConstituicao/anexo/CF.pdf.

CHIOVENDA, Giuseppe. *Istituzioni di Diritto Proessuale Civile*. Napoli, Italy: Jovene, 1933.

COSTA, Helena Regina Lobo da. *Direito Penal Econômico e Direito Administrativo Sancionador*: *ne bis in idem* como medida de política sancionadora integrada. Tese (livre-docência em Direito) – Departamento de Direito Penal, Medicina Forense e Criminologia da Faculdade de Direito, Universidade de São Paulo – Fadusp. São Paulo, 2013, conclusão n. 17.

DINAMARCO, Cândido Rangel; BADARÓ, Gustavo Henrique Righi Ivahy; CARRILHO LOPES, Bruno Vasconcelos. *Teoria geral do processo*. 32. ed. São Paulo: Revista dos Tribunais, 2020.

ESTRATÉGIA NACIONAL DE COMBATE À CORRUPÇÃO E À LAVAGEM DE DINHEIRO. *Estrutura*. Brasília, Disponível em: http://enccla.camara.leg.br/quem-somos/gestao. Acesso em: 1 jul. 2022.

FGV-EAESP/GVPESQUISA. ABRUCIO, Fernando; LOUREIRO, Maria Rita. *Finanças públicas, democracia e instrumentos de accountability*. Relatório de pesquisa, 2004. Disponível em: http://bibliotecadigital.fgv. br/dspace/handle/10438/3104. Acesso em: 6 mar. 2023.

FILGUEIRAS, Fernando. Além da transparência: accountability e política da publicidade. *Lua Nova*, São Paulo, n. 84, p. 65-94, 2011. Disponível em: http://www.scielo.br/scielo.php?script=sci_arttext&pid=S0102-64452011000300004&lng=en&nrm=iso. Acesso em: 7 mar. 2023. https://doi.org/10.1590/S0102-64452011000300004.

FLORÊNCIO FILHO, Marco Aurélio; ZANON, Patricie Barricelli. Arranjo Institucional no Âmbito da Enccla: Estratégia Nacional de Combate à Corrupção e Lavagem de Dinheiro. *Delictae*, v. 5, n. 5, p. 201-235, 2018.

KAHN, Robert L.; KATZ, Daniel. *Psicologia Social das Organizações*. 3. ed. São Paulo: Atlas, 1987

MACHADO, Maíra Rocha; PASCHOAL, Bruno. Monitorar, investigar, responsabilizar e sancionar: A multiplicidade institucional em casos de corrupção. *Novos Estudos:* Dossiê corrupção, São Paulo, v. 35, n. 104, p. 33, mar. 2016.

MAIA, Rodolfo Tigre. O princípio do *ne bis in idem* e a Constituição brasileira de 1988. *Boletim Científico da Escola Superior do Ministério Público da União*, Brasília, v. 4, n. 16, p. 11-75, jul./set. 2005.

MANZANO, Luís Fernando de Moraes. *Racionalização do Sistema Punitivo brasileiro no enfrentamento à corrupção* – São Paulo. Tese (Doutorado – Programa de Pós-Graduação em Direito Processual) – Faculdade de Direito, Universidade de São Paulo, 2022.

MARTINS, Fernando Medici Guerra. *Accountability Horizontal no Sistema Brasileiro:* Análise e Perspectivas. Curitiba: Juruá, 2022. ISBN 978652630026.

MENESTRINA, Francesco. *La pregiudiciale nel processo civile*. Milano: Dott. A. Giuffrè, 1963.

NIETO GARCÍA, Alejandro. *Derecho Administrativo Sancionador*. 4. ed. Madri: Tecnos, 2005.

O'DONNEL, Guilhermo. *Accountability horizontal e novas poliarquias*. 2008. Traduzido por Clarice Cohn e Alvaro Augusto Comin. Disponível em: http://www.scielo.br/scielo.php?pid=S0102-6445199800020 0003&script=sci_arttext&tlng=pt#nt. Acesso em: 15 mar. 2023.

OSÓRIO, Fábio Medina. *Direito administrativo sancionador*. 6. ed. São Paulo: RT, 2019.

PIERDONÁ, Zélia Luiza; FRANCISCO, José Carlos; SILVA, Patrícia Schoeps da. Atuação do Supremo Tribunal Federal e do Conselho Nacional de Justiça para o accountability do Poder Judiciário. *Cadernos de Dereito Actual*, Compostela – Espanha, v. 12, n. 12, p. 261-274, dez. 2019.

SABOYA, Keity. *Ne bis in idem*: história, teoria e perspectivas. Rio de Janeiro: Lúmen Juris, 2014.

SOTOMAYOR, Lucía Alarcón. *La garantía* non bis in idem *y el procedimiento administrativo sancionador*. Madri: Iustel, 2008.

TORRADO, Maria Lourdes Ramírez. *El principio non bis in idem en el ámbito ambiental administrativo sancionador*. Tesis (Doctoral) – Universidad Carlos III de Madrid. Orientador: Agustín de Asís Roig. Getafe, set. 2008. Disponível em: http://e-archivo.uc3m.es/bitstream/10016/7587/1/marialourdes_ramirez_tesis.pdf. Acesso em: 14 abr. 2020.

TORNAGHI, Hélio. Questões prejudiciais. *Instituições de Processo Penal*. 2. ed. São Paulo: Saraiva, v. 4, 1978.

Informação bibliográfica deste texto, conforme a NBR 6023:2018 da Associação Brasileira de Normas Técnicas (ABNT):

BECHARA, Fábio Ramazzini; MARTINS, Fernando Medici Guerra; PETER FILHO, Jovacy; MANZANO, Luís Fernando de Moraes. Aplicação do princípio do *ne bis in idem* à hipótese de cumulatividade de ações judiciais e/ou processos administrativos. In: ZENKNER, Marcelo; KIM, Shin Jae (coord.). *Lei Anticorrupção Empresarial:* perspectivas e expectativas – Edição comemorativa dos 10 anos de vigência da Lei nº 12.846/2013. Belo Horizonte: Fórum, 2023. p. 65-85. ISBN 978-65-5518-541-6.

SISTEMA DE IMPROBIDADE ADMINISTRATIVA E LEI ANTICORRUPÇÃO EMPRESARIAL: UM NECESSÁRIO E IMPRESCINDÍVEL DIÁLOGO

FERNANDA PAIVA CARVALHO
RODRIGO FONTENELLE DE ARAÚJO MIRANDA

1 Introdução

Um dos primeiros compromissos assumidos pelo Brasil no fomento de políticas de combate à corrupção decorreu da adoção da Convenção sobre o Combate da Corrupção de Funcionários Públicos Estrangeiros em Transações Comerciais Internacionais da Organização de Cooperação e Desenvolvimento Econômico – OCDE, internalizada por meio do Decreto nº 3.678, de 30 de novembro de 2000.[1]

A Lei nº 12.846, de 1º de agosto de 2013,[2] também conhecida como Lei Anticorrupção – LAC, teve como desiderato suprir a lacuna até então existente no sistema jurídico brasileiro sobre a responsabilização

---

[1] Logo em seguida, outros tratados na área de combate à corrupção também foram assinados pelo Brasil, a exemplo da Convenção Interamericana contra a Corrupção, da Organização dos Estados Americanos (OEA), internalizada pelo Decreto nº 4.410/2002; a Convenção de Palermo (Decreto nº 5.015/2004); e a chamada Convenção de Mérida (Decreto nº 5.687/2006). Para mais informações sobre os tratados internacionais que versam sobre corrupção, confira o site das Nações Unidas: https://www.unodc.org/lpo-brazil/pt/corrupcao/marco-legal.html.

[2] BRASIL. Presidência da República. Casa Civil. Lei nº 12.846, de 1º de agosto de 2013. Dispõe sobre a responsabilização administrativa e civil de pessoas jurídicas pela prática

administrativa e civil de pessoas jurídicas que praticam atos ilícitos em desfavor da Administração Pública nacional e estrangeira, sobretudo no que se refere aos atos de corrupção e fraude em licitações e contratos administrativos.

Referido normativo, mesmo prevendo sanções específicas para as pessoas jurídicas que praticarem algumas das condutas nela previstas, não exclui a possibilidade de condenação destas por atos de improbidade administrativa. Desta feita, torna-se imprescindível um maior diálogo entre a LAC e a Lei nº 8.429, de 2 de junho de 1992,[3] sobretudo considerando o princípio do *ne bis in idem*, introduzido pela Lei nº 14.230, de 25 de outubro de 2021, que previu mitigações quando as condutas ímprobas apuradas tiverem sido cometidas por pessoas jurídicas já condenadas à luz da Lei Anticorrupção.

O art. 37, §4º, da Constituição Federal prevê a tutela da probidade administrativa e serve como fundamento constitucional para a Lei de Improbidade – LIA e todas as demais normas que se propõem a enfrentar a corrupção. Deste modo, para o desempenho de ações de combate à corrupção, as estratégias legais de contenção de práticas ilícitas, sejam preventivas ou repressivas, são multidisciplinares e permeiam as esferas penais, cíveis e do próprio Direito Administrativo Sancionador.[4]

Esse artigo se propõe a discutir sobre a multiplicidade institucional no combate à corrupção, à luz das novas regras introduzidas na LIA, por meio da Lei nº 14.230, que tratam expressamente, e de forma inovadora, do princípio do *bis in idem* dentro da esfera de responsabilização administrativa.

Nesta esteira, almeja-se estreitar o diálogo entre a LIA e a LAC ao trazer um panorama das normas e suas inovações, aprofundar o conceito de *ne bis in idem* e seu fundamento legal, entender o aparente conflito das normas e, por fim, apresentar iniciativas coordenadas que vêm sendo tomadas, no âmbito do Direito consensual, sobretudo no

---

de atos contra a administração pública, nacional ou estrangeira, e dá outras providências. Diário Oficial da União, Brasília, 2 ago. 2013.

[3] BRASIL. Presidência da República. Casa Civil. Lei nº 8.429, de 2 de junho de 1992. Dispõe sobre as sanções aplicáveis em virtude da prática de atos de improbidade administrativa, de que trata o §4º do art. 37 da Constituição Federal; e dá outras providências (Redação dada pela Lei nº 14.230, de 25.10.2021). Diário Oficial da União, Brasília, 3 ago. 1992.

[4] GUSHY MOTA AZEVEDO, J. Combate à corrupção e instrumentos de solução negociada / The fight against corruption and negotiated solution instruments. *Revista Científica do CPJM*, [S. l.], v. 1, n. 4, p. 83, 2022. Disponível em: https://rcpjm.cpjm.uerj.br/revista/article/view/97. Acesso em: 14 mar. 2023.

Estado de Minas Gerais, de forma a conciliar a aplicação dos normativos em um cenário de políticas integradas de combate à corrupção.

Pretende-se, por fim, superar eventuais entraves legais em prol de uma política de combate à corrupção mais efetiva e harmoniosa, em respeito aos princípios da segurança jurídica, proporcionalidade e devido processo legal.

2 Lei de Improbidade Administrativa e Lei Anticorrupção – histórico e inovações

Segundo dados da Transparência Internacional, entre 2012 e 2022, o Brasil perdeu 5 pontos no Índice de Percepção da Corrupção e caiu 25 posições, saindo da 69ª para a 94ª colocação (num total de 180 países avaliados), encontrando-se abaixo da média global (43 pontos), da média regional para América Latina e Caribe (43 pontos), da média dos BRICS (39 pontos) e ainda mais distante da média dos países do G20 (53 pontos) e da OCDE (66 pontos).[5]

Considerando a política de combate à corrupção delineada pelos organismos internacionais, sobretudo no âmbito da Convenção Interamericana contra a Corrupção, da Convenção sobre o Combate à Corrupção de Funcionários Públicos Estrangeiros em Transações Comerciais Internacionais e da Convenção das Nações Unidas contra a Corrupção, tratados dos quais o Brasil se tornou signatário, a construção de um arcabouço jurídico com o objetivo basilar de combater a corrupção, nas últimas décadas, se deu em caráter especial com a edição da Lei de Improbidade Administrativa – LIA (Lei nº 8.429/1992) e da Lei Anticorrupção (Lei nº 12.846/2013).[6]

---

[5] O Índice de Percepção da Corrupção (IPC) agrega dados de diversas fontes que fornecem as percepções do setor privado e de especialistas acerca do nível de corrupção no setor público. Para mais informações sobre a metodologia e *ranking*, confira o sítio eletrônico: https://comunidade.transparenciainternacional.org.br/indice-de-percepcao-da-corrupcao-2022 Acesso em: 13 mar. 2023.

[6] QUEIROZ, Ronaldo Pinheiro de. Responsabilização Judicial da pessoa jurídica na Lei nº Anticorrupção. *In*: SOUZA, J. M.; QUEIROZ, R.P. de (org.). *Lei Anticorrupção*. Salvador: Juspodivm, 2015. Segundo Queiroz, a legislação que aborda temas afetos à corrupção no Brasil é vasta, em diferentes perspectivas e finalidades, podendo-se citar as principais normas em vigor: Código Penal Brasileiro, Lei do *Impeachment* (Lei nº 1.079/1950); Lei da Ação Popular (Lei nº 4.717/65); Código Eleitoral (Lei nº 4.737/1965); Crimes de Prefeitos (Decreto-Lei nº 201/67); Regime Jurídico dos Servidores Públicos Federais (Lei nº 8.112/90); Lei de Inelegibilidades (Lei Complementar nº 64/90); Lei de Improbidade Administrativa (Lei nº 8.429/1992); Lei de Licitações (Lei nº 8.666/93); Lei Geral das Eleições (Lei

A Lei de Improbidade tem como fundamento o disposto no art. 37, §4º,[7] da Constituição, que elencou as sanções em decorrência da prática de atos ímprobos, com vistas a atender aos anseios da sociedade no combate à corrupção, assim como aos eventuais abusos praticados pelos agentes públicos.

Referido estatuto visa coibir uma série de condutas que se reconhecem como imorais, ilegais, desleais com a Administração Pública, assim como aquelas que geram prejuízo ao patrimônio público e social, as quais foram agrupadas em três categorias, quais sejam, atos que importam enriquecimento ilícito, atos que ocasionam dano ao erário e atos que atentam contra os princípios da Administração Pública.[8]

Dentre os sujeitos ativos, relevam-se, para os fins deste trabalho, aqueles que, mesmo não sendo agente público, induzam ou concorram à prática dolosa do ato de improbidade, conforme preceitua o art. 3º da LIA.

É reconhecido pela doutrina e jurisprudência que o terceiro infrator, a que se refere o art. 3º da supracitada Lei, pode ser uma pessoa jurídica, desde que atue em coautoria com um agente público, conforme se infere dos verbos "induzir" ou "concorrer".[9] Destarte, admite-se a condenação de pessoas jurídicas por atos de improbidade, aplicando-lhes as penalidades que sejam compatíveis com sua natureza jurídica, tais como o ressarcimento integral do dano, perda dos bens ou valores acrescidos ilicitamente ao patrimônio, multa civil e demais penas restritivas, de proibição de contratar com o Poder Público ou receber benefícios ou incentivos fiscais ou creditício.

---

nº 9.504/1997); Lei de Lavagem de Dinheiro (Lei nº 9.613/1998); Lei de Compra de Votos (Lei nº 9.840/1999); Lei de Responsabilidade Fiscal (Lei Complementar nº 101/2000); Lei da Ficha Limpa (Lei Complementar nº 135/2000); Lei da Ficha Limpa (Lei Complementar nº 135/2010); Lei de Acesso à Informação (Lei nº 12.527/2011); Lei de Conflito de Interesses na Administração Pública Federal (Lei nº 12.813/2013) e Lei Anticorrupção (Lei nº 12.846/2013).

[7] Art. 37, §4º. Os atos de improbidade administrativa importarão a suspensão dos direitos políticos, a perda da função pública, a indisponibilidade dos bens e o ressarcimento ao erário, na forma e gradação previstas em lei, sem prejuízo da ação penal cabível.

[8] As condutas ditas como ímprobas estão descritas nos arts. 9º, 10, 10-A e 11 da Lei nº 8.429/1992.

[9] "(...) Considerando que as pessoas jurídicas podem ser beneficiadas e condenadas por atos ímprobos, é de se concluir que, de forma correlata, podem figurar no polo passivo de uma demanda de improbidade, ainda que desacompanhada de seus sócios." (REsp 970.393/CE, Rel. Ministro Benedito Gonçalves, Primeira Turma, julgado em 21.6.2012, DJe 29.06.2012). Vide também STJ, REsp: 1535649 MA 2015/0130081-7, Relator: Ministra Regina Helena Costa, DJ 02.12.2016.

Mister assinalar que, com o advento da Lei nº 14.230/2021, não mais configura sujeito ativo aquele terceiro que tenha meramente se beneficiado do ato ímprobo, direta ou indiretamente, sem que tenha induzido ou participado do mesmo.[10]

De acordo com Ferreira, os Tribunais Superiores levaram mais de dez anos, desde a publicação da LIA, em 1992, para consolidar o entendimento de que as sanções de improbidade poderiam concorrer concomitantemente com as ações de responsabilidade a que se refere a Lei nº 1.079/1950, assim como que o procedimento previsto na referida Lei não possui natureza criminal e, em vista disso, a competência originária para processar as ações seria dos juízes de primeira instância.[11] [12]

A Lei nº 14.230/2021 introduziu no art. 1º da LIA o conceito de sistema de responsabilização por atos de improbidade administrativa, o que revela o intuito de reconhecer e coordenar as diversas legislações que se inserem nesse sistema de tutela da probidade no setor público.[13]

Na mesma linha, a reforma da Lei de Improbidade, de forma inovadora, consagrou expressamente princípios constitucionais do Direito Administrativo Sancionador.[14] Segundo Osório, referida alteração visa consagrar a aplicação dos direitos fundamentais aos réus e acusados em geral, evitando abusos no processamento das ações de improbidade

---

[10] Art. 3º As disposições desta Lei são aplicáveis, no que couber, àquele que, mesmo não sendo agente público, induza ou concorra dolosamente para a prática do ato de improbidade (Redação dada pela Lei nº 14.230, de 2021).

[11] FERREIRA, Vivian Pereira. When Institutional Multiplicity Backfires: the Battle Over the Jurisdiction to Prosecute Politicians for Administrative Improbity in Brazil. *Revista Direito GV*, São Paulo, v. 17, n. 2, p. 17. e2130, maio/ago. 2021. Disponível em: https://doi.org/10.1590/2317-6172202130. De acordo com a autora, a implementação da Lei de Improbidade tem sido um desafio pela então incerteza procedimental quanto ao foro competente e em face da deficiência em respostas oportunas e eficientes em relação às questões processuais aduzidas pelos processados, considerando ainda a complexidade do contexto institucional e político brasileiro.

[12] STF, ADI nº 2.797; ADI nº 2.860, Plenário, *Dje* 15.09.2005 / STJ, Rcl, n. 2.723/SP, Corte Especial, *Dje* 15.10.2008.

[13] JUSTEN FILHO, Marçal. *Reforma da Lei de Improbidade Administrativa comentada e comparada*. 1. ed. São Paulo: Forense. 2022. Confira-se o que dispõe o art. 1º, *caput*, da Lei nº 8.429, de 1922, com a redação dada pela Lei nº 14.230/21: Art. 1º O sistema de responsabilização por atos de improbidade administrativa tutelará a probidade na organização do Estado e no exercício de suas funções, como forma de assegurar a integridade do patrimônio público e social, nos termos desta Lei.

[14] Art. 1º (...) §4º Aplicam-se ao sistema da improbidade disciplinado nesta Lei os princípios constitucionais do direito administrativo sancionador (Redação dada pela Lei nº 14.230, de 2021).

e garantindo o direito à ampla defesa, ao contraditório e presunção de inocência.[15]

Entre as alterações mais centrais da nova Lei de Improbidade reside a exigência de dolo para que reste configurada a própria tipicidade do ato ímprobo. Eliminou-se assim, do âmbito de reprovabilidade da norma, a modalidade culposa, decorrente de negligência, imprudência ou imperícia da conduta praticada pelo agente público.

Outrossim, somente poderão ser punidos aqueles que tiverem "a vontade livre e consciente de alcançar o resultado ilícito tipificado nos arts. 9º, 10 e 11, não bastando a voluntariedade do agente", conforme estabelece o art. 1º, §2º, da nova lei.[16]

A LAC, por sua vez, dispõe sobre a responsabilização objetiva administrativa e civil de pessoas jurídicas pela prática de atos lesivos que atentem contra o patrimônio público nacional ou estrangeiro, contra princípios da Administração Pública ou contra os compromissos internacionais assumidos pelo Brasil.

O principal objetivo do referido estatuto foi suprir a lacuna então existente no ordenamento jurídico brasileiro no que concerne à responsabilização de pessoas jurídicas pela prática de atos ilícitos contra a Administração Pública, por atos de corrupção, assim como para dar efetividade aos compromissos internacionais assumidos pelo país no enfrentamento da corrupção.[17]

As pessoas jurídicas são responsabilizadas de forma objetiva, independente, portanto, da demonstração de dolo ou culpa. Ao passo que os dirigentes e administradores, consoante o prescrito no artigo 3º, §2º, da LAC, "somente serão responsabilizados por atos ilícitos na medida da sua culpabilidade". A responsabilidade, de acordo com o artigo 3º, *caput*, do aludido diploma se estenderá a qualquer pessoa natural que atue como autora, coautora ou partícipe do ilícito.

---

[15] OSÓRIO, Fabio Medina. *Direito Administrativo Sancionador*. 8. ed. rev. e atual. São Paulo: Revista dos Tribunais, 2022, p. 104. O autor defende que a alusão ao Direito Administrativo Sancionador reconhece um caráter repressivo à norma, sem que ostente natureza penal às sanções cominadas nos processos de improbidade, reconhecendo o seu caráter materialmente administrativo.

[16] JUSTEN FILHO, *op. cit.*, 2022, p. 5. Segundo doutrina de Marçal Justen Filho "o dolo se configura não apenas como a vontade livre de praticar um ato subsumível à tipificação material prevista em lei. É indispensável a consciência quanto à ilicitude e a vontade de produzir o resultado reprovado pela ordem jurídica".

[17] Nesse sentido, podemos citar os compromissos internacionais assumidos com a OCDE, por meio do Decreto nº 3.678, 30.11.2000, pela Convenção Interamericana de Combate à Corrupção (Decreto nº 4.410, 7.10.2002) e pelo Tratado de Mérida-Convenção das Nações Unidas contra a Corrupção (Decreto nº 5.687, 31.1.2006).

É cediço na doutrina pátria que a LAC inaugura um marco legal relevante e de mudança de paradigma no enfrentamento à corrupção no país, reforçando um sistema de combate à corrupção e *compliance* e estabelecendo assim um novo padrão ético no relacionamento entre os entes privados e o Poder Público.[18]

Sobre a dupla tipificação do mesmo fato, em ambas as legislações, Fortini e Shermam[19] destacam, a título exemplificativo, a conduta tipificada no art. 10, inciso VIII, da Lei de Improbidade Administrativa, segundo o qual constitui ato de improbidade administrativa que causa dano ao erário: "frustrar a licitude de processo licitatório ou de processo seletivo para celebração de parcerias com entidades sem fins lucrativos, ou dispensá-los indevidamente". Sugerem, em contraponto, a conduta descrita no art. 5º, inciso IV, alínea "d", da Lei Anticorrupção, segundo a qual constitui ato de corrupção "fraudar licitação pública ou contrato dela decorrente".[20]

Neste contexto, as autoras observam:

> Suponhamos que uma pessoa jurídica atue em conluio com um agente público visando manipular o resultado de um processo licitatório. Qual regime legal incidirá, o da Lei de Improbidade Administrativa ou o da Lei Anticorrupção, haja vista que a conduta realizada é tipificada em ambas as leis?
> A busca por uma resposta deve levar em consideração a natureza dos sujeitos ativos visados por cada lei, bem como o tipo de responsabilização incidente. Nesse ponto, a Lei de Improbidade Administrativa se assenta sobre a responsabilidade subjetiva, ou seja, demanda a demonstração de culpa, em sentido amplo, para que a penalização tenha lugar. Por outro lado, a Lei Anticorrupção estabelece a responsabilidade objetiva,

---

[18] DI BLASI, Gabriel. Lei Anticorrupção: uma ferramenta eficaz? Uma nova etapa nas relações entre empresas e entes públicos. Disponível em: https://www.jota.info/coberturas-especiais/as-claras/lei-anticorrupcao-uma-ferramenta-eficaz-29082017. Acesso em: 14 mar. 2023.

[19] FORTINI, Cristiana; SHERMAM, Ariane. Corrupção: causas, perspectivas e a discussão sobre o princípio do *bis in idem*. *Revista de Investigações Constitucionais*, Curitiba, vol. 5, n. 2, p. 103, maio/ago. 2018. DOI: 10.5380/rinc. v5i2.57614.

[20] GUERRA, Daniel; GONÇALVES, Felipe de Oliveira. Improbidade e anticorrupção: é possível cumular as suas sanções? *Revista Consultor Jurídico*, set. 2021. Disponível em: https://www.conjur.com.br/2021-set-03/guerra-goncalves-improbidade-administrativa-anticorrupcao. Acesso em: 20 jul. 2022. No mesmo sentido, a conduta contida no art. 5º, inciso I, "prometer, oferecer ou dar, direta ou indiretamente, vantagem indevida a agente público, ou a terceira pessoa a ele relacionada", por envolver expressamente agente público na sua tipicidade, assemelha-se com outras condutas ímprobas descritas pela LIA, especialmente aquelas que importam enriquecimento ilícito do agente, conforme previsão em seu art. 10.

que é mais gravosa, uma vez que prescinde da culpa e exige apenas a demonstração do nexo causal.

Além do tipo de responsabilidade cominada em cada lei é importante visualizar, também, as sanções definidas em cada um dos diplomas, em especial, aquelas de natureza judicial.

Outra alteração relevante na LIA foi a previsão de que, se houver reconhecimento de envolvimento de pessoas jurídicas em ato de improbidade, com base na LAC, ficam afastadas as penalidades sob a perspectiva da Lei de Improbidade, com vistas a evitar dupla punição de empresas pelo mesmo fato. Senão confiram-se todas as principais inovações legislativas sobre o tema trazidas pela Lei nº 14.230, de 2021:

> Art. 3º As disposições desta Lei são aplicáveis, no que couber, àquele que, mesmo não sendo agente público, induza ou concorra dolosamente para a prática do ato de improbidade.
> (...) §2º: As sanções desta Lei não se aplicarão à pessoa jurídica, caso o ato de improbidade administrativa seja também sancionado como ato lesivo à administração pública de que trata a *Lei nº 12.846, de 1º de agosto de 2013*. (NR)

> Art. 12. Independentemente do ressarcimento integral do dano patrimonial, se efetivo, e das sanções penais comuns e de responsabilidade, civis e administrativas previstas na legislação específica, está o responsável pelo ato de improbidade sujeito às seguintes cominações, que podem ser aplicadas isolada ou cumulativamente, de acordo com a gravidade do fato:
> (...) §7º: As sanções aplicadas a pessoas jurídicas com base nesta Lei e na *Lei nº 12.846, de 1º de agosto de 2013*, deverão observar o princípio constitucional do non bis in idem.

> Art. 17-C. A sentença proferida nos processos a que se refere esta Lei deverá, além de observar o disposto *no art. 489 da Lei nº 13.105, de 16 de março de 2015* (Código de Processo Civil): *(Incluído pela Lei nº 14.230, de 2021)*
> (...) V – considerar na aplicação das sanções a dosimetria das sanções relativas ao mesmo fato já aplicadas ao agente; *(Incluído pela Lei nº 14.230, de 2021)*

> Art. 21. A aplicação das sanções previstas nesta lei independe:
> (...) §5º Sanções eventualmente aplicadas em outras esferas deverão ser compensadas com as sanções aplicadas nos termos desta Lei. (grifos nossos)

Nota-se que o art. 12, §7º, dispõe expressamente sobre a vedação de *non bis idem* na aplicação de sanções às pessoas jurídicas no âmbito do processo de corrupção previsto pela LAC e pela LIA. Lado outro, a LAC prevê expressamente, em seu art. 30,[21] que a aplicação das sanções previstas naquele estatuto não afasta os processos de responsabilização e aplicação de penalidades decorrentes do cometimento de ato de improbidade administrativa.

Neste ponto, parte da doutrina enfatiza a dificuldade no que toca à aplicação de penalidades semelhantes ao mesmo infrator em instâncias distintas, tendo em vista que, enquanto a Lei de Improbidade não reconhece mais a infração culposa, a Lei Anticorrupção prevê a responsabilidade objetiva por condutas previstas nos incisos do seu art. 5º contra a Administração Pública nacional ou estrangeira.[22]

Consoante lições de Martins Junior,[23] a LAC regulamenta a responsabilidade objetiva de pessoas jurídicas de forma inovadora, porquanto não tem como esteio o risco da atividade, sendo que para a sua incidência faz-se irrelevante perquirir se o ato lesivo decorreu de uma política institucional da empresa ou de excesso ou desvio de poder de seus dirigentes ou empregados.

Nessa senda, a adoção de mecanismos de *compliance*, a exemplo da implementação de programa de integridade e aplicação efetiva de código de ética e de conduta nas empresas, é fator a ser considerado na aplicação das sanções, todavia não serve para afastar a responsabilidade pelo ato ilícito incorrido.[24]

Em relação ao processo administrativo de responsabilização, temos que a multa é a pena principal, em conjunto com a publicação extraordinária da decisão condenatória, nos termos do art. 6º da LAC. Assim como na LIA, instituiu-se como umas das penas pelo cometimento

---

[21] Art. 30, da Lei nº 12.846/2013. A aplicação das sanções previstas nesta Lei não afeta os processos de responsabilização e aplicação de penalidades decorrentes de:
I – ato de improbidade administrativa
II – atos ilícitos alcançados pela Lei nº 8.666, de 21 de junho de 1993, ou outras normas de licitações e contratos da administração pública, inclusive no tocante ao Regime Diferenciado de Contratações Públicas – RDC instituído pela Lei nº 12.462, de 4 de agosto de 2011.
[22] FORTINI; SHERMAM, *op. cit.*, 2018, p. 102.
[23] MARTINS JUNIOR, Wallace Paiva. Comentários ao art. 30. In: DI PIETRO, Maria Sylvia Zanella; MARRARA, Thiago. *Lei Anticorrupção comentada*. 3. ed. Belo Horizonte: Fórum, 2021. p. 341. ISBN 978-65-5518-064-0
[24] *Idem*.

de atos de improbidade, em quaisquer das suas modalidades, a multa cível.[25]

Conforme assinala Fortini, a dupla incidência de sanções da mesma natureza, sobre a mesma conduta, pode representar não só uma punição desproporcional, mas contrária ao próprio interesse público.[26][27]

Outrossim, uma vez identificada coautoria entre agente público e pessoa jurídica, nos termos do art. 3º da LIA, considerando a natureza distinta das responsabilidades previstas nos estatutos em referência, Fortini e Sherman, em uma análise inicial, anterior às alterações promovidas pela Lei nº 14.230/21, sugerem que a presença do agente público ensejaria a aplicação da Lei nº 8.429/1992, cujo regime tem como finalidade precípua prevenir atos de improbidade praticados por pessoas físicas.[28]

Na mesma medida, as autoras assuntam a possibilidade de responsabilização do agente público sob o enfoque da Lei de Improbidade e da pessoa jurídica que induziu ou participou da infração com espeque na Lei Anticorrupção, em deferência ao critério da especialidade.[29]

---

[25] No âmbito judicial, Fortini assim ressalta sobre a coincidência de penalidades entre a LIA e a LAC: "O art. 12 da Lei de Improbidade estipula como sanções para as diferentes condutas rechaçadas, entre outras, a perda dos bens ou valores acrescidos ilicitamente ao patrimônio, o ressarcimento integral do dano, a multa civil e a proibição de contratar com o poder público ou receber benefícios ou incentivos fiscais ou creditícios.
Essas sanções são muito semelhantes àquelas cominadas no art. 19 da Lei Anticorrupção, atinente ao processo judicial de responsabilização, em especial, a de perdimento dos bens, direitos ou valores que representem vantagem ou proveito direta ou indiretamente obtidos da infração, ressalvado o direito do lesado ou de terceiro de boa-fé, e a proibição de receber incentivos, subsídios, subvenções, doações ou empréstimos de órgãos ou entidades públicas e de instituições financeiras públicas ou controladas pelo poder público".

[26] FORTINI, op. cit., 2018, p. 107. Diferente a situação quando a mesma esfera – administrativa ou judicial – pretende exercer duplo juízo, proveniente de autoridades distintas em momentos diversos. Assim, segundo entendemos, a aplicação de pena judicial em dado momento por ofensa à probidade, seguida de nova sanção judicial pelo mesmo fato, não pode prosperar. Imaginar que uma empresa responda judicialmente em face de determinado comportamento inaceitável à luz do art. 5º da Lei nº 12.846/13 e esse mesmo comportamento venha a ser novamente, após aplicadas as punições, objeto de nova demanda agora com base na Lei nº 8.429/92 parece desproporcional, ainda que a essa conclusão se chegue segundo dispõe o art. 30 da Lei Anticorrupção. Excessos punitivos, agravados quando as sanções são de mesma natureza, como ocorre com a multa duplamente referenciada nas duas leis, não podem ser enaltecidos porque sequer prestigiam o interesse público.

[27] Sobre a inconveniência do excesso de punição, recomenda-se o artigo FORTINI, Cristiana. Excesso de punição a atos de corrupção não favorece interesse público. Conjur, 2017. Disponível em: http://www.conjur.com.br/2017-ago-10/interesse-publico-excesso-punicao-atos-corrupcao- nao-favorece-interesse-publico. Acesso em: 13 set. 2017.

[28] FORTINI, op. cit., 2018, p. 108.

[29] Idem.

Por conseguinte, Guerra defende que a LIA apresenta um "elemento especializante", concernente à participação do agente público no ato ilícito. Com efeito, o particular que induzir ou concorrer para a consumação de um ato infracional em concorrência ou coautoria com um agente público deveria se submeter às sanções daquele estatuto, em corolário ao princípio da especialidade. Ao passo que, se o ato ilícito não contar com a participação de um agente público, a pessoa jurídica se sujeitaria às sanções previstas na Lei Anticorrupção.[30] [31]

Segundo Ferraz, a definição do polo passivo da Lei Anticorrupção, que não contempla agentes públicos, aliada à semelhança do bem jurídico tutelado, qual seja a ética e probidade no serviço público, induz ao entendimento segundo o qual a LAC corresponderia a uma lei de improbidade empresarial, que teria como fundamento constitucional de validade o mesmo da lei de improbidade administrativa, o art. 37, §4º, da Constituição Federal.

Trazidos os pontos de maior dissonância entre ambas as legislações, passemos para uma breve análise sobre o *bis in idem*, e seu fundamento legal no ordenamento pátrio.

3 Princípio do *ne bis in idem*

3.1 Previsão normativa

O princípio *ne bis in idem* foi consagrado no Direito brasileiro quando da adoção da Convenção Americana sobre Direitos Humanos, conhecida como Pacto de São José da Costa Rica, de 22 de novembro de 1969, que assim preceitua:

---

[30] GUERRA, *op. cit.*, 2021. Segundo o autor, essa é a solução que melhor respeita a *mens legis* de ambos os diplomas, sem vulnerar garantias básicas dos administrados. Inúmeros doutrinadores se posicionam. Nesse sentido, cita alguns: *In*: DI PIETRO, Maria Sylvia Zanella; MARRARA, Thiago (coord.). *Lei Anticorrupção comentada*. 2. ed. Belo Horizonte: Fórum, 2018. p. 332. FORTINI, Cristiana. Excesso de punição a atos de corrupção não favorece interesse público. *Conjur*. Disponível em: http://www.conjur.com.br/2017-ago-10/interesse-publico-excesso-punicao-atos-corrupcao-nao-favoreceinteresse-publico.

[31] JUSTEN FILHO, *op. cit.*, 2022, p. 226. No mesmo sentido, Marçal defende que a LIA seria especial na repressão de condutas ímprobas de agente públicos, ao passo que a LAC seria lei especial de repressão de condutas corruptas praticadas por empresas privadas.

[31] FERRAZ, Luciano. Reflexões sobre a Lei nº 12.846/2013 e seus impactos nas relações público-privadas: Lei de Improbidade Empresarial e não Lei Anticorrupção. *Revista Brasileira de Direito Público – RBDP*, Belo Horizonte, ano 12, n. 47, p. 35-36, out./dez. 2014. Disponível em: https://www.editoraforum.com.br/wp-content/uploads/2015/05/lei-anticorrupcao-artigo-luciano-ferraz.pdf. Acesso em: 13 nov. 2022.

Artigo 8º – Garantias judiciais 2. Toda pessoa acusada de um delito tem direito a que se presuma sua inocência, enquanto não for legalmente comprovada sua culpa. Durante o processo, toda pessoa tem direito, em plena igualdade, às seguintes garantias mínimas: (...) 12. O acusado absolvido por sentença transitada em julgado não poderá ser submetido a novo processo pelos mesmos fatos.

Já o Pacto Internacional sobre Direitos Civis e Políticos (promulgado pelo Decreto nº 591, de 06.07.1992) prevê na cláusula 7ª, do art. 14, que "ninguém poderá ser processado ou punido por um delito pelo qual já foi absolvido ou condenado por sentença passada em julgado, em conformidade com a lei e com os procedimentos penais de cada país".

A independência entre as instâncias penal e administrativa tem sido pacificamente aceita pela doutrina e jurisprudência pátria, apenas se admitindo a repercussão nesta quando aquela conclui pela inexistência do fato ou pela negativa de autoria.[32] [33]

Conforme observa Osório,[34] no Brasil prevalece o entendimento de que referido princípio teria aplicação circunscrita, sob o argumento de que os fatos assumem perspectivas normativas distintas assim como valorações autônomas, considerando a independência entre as instâncias punitivas e o princípio da separação de poderes.

Parte da doutrina entende, lado outro, que a Convenção Americana sobre Direitos Humanos não possui aplicabilidade restrita à esfera penal, de modo que eventual provimento judicial quanto às infrações penais impediria que demais autoridades estatais se manifestassem em relação aos fatos já discutidos no bojo da ação penal.[35]

---

[32] Nesse sentido, confira-se MARQUES, Silvio Antônio. *Improbidade Administrativa*: ação civil e cooperação jurídica internacional. São Paulo: Saraiva, 2010, p. 126. MELLO, Rafael Munhoz. *Princípios constitucionais de direito administrativo sancionador*. As sanções administrativas à luz da Constituição Federal de 1988. São Paulo: Malheiros Editores, 2007. p. 213-217. LIVIANU, Roberto. *Corrupção e direito penal*: um diagnóstico da corrupção no Brasil. São Paulo: Quartier Latin e Coimbra editora, 2007, p. 194.

[33] MELLO, Rafael, *op. cit.*, 2007, p. 217. Rafael Mello cita acórdãos do STF e do STJ para afirmar que "a jurisprudência dominante (...) ressalt[a] a absoluta independência entre as esferas administrativas e penal".

[34] OSÓRIO, *op. cit.*, p. 320-321, 2022.

[35] ARÊDES, Sirlene Nunes. *Ne bis in idem*: direito fundamental constitucional aplicável na relação entre as esferas penal e administrativa geral no direito brasileiro. *Direito, Estado e Sociedade*, n. 52, jan./jun. 2018. Disponível em: https://revistades.jur.puc-rio.br/index.php/revistades/article/view/818/500. Acesso em: 21 jan. 2023.

Nesse sentido, Keith Saboya[36] defende que o princípio do *ne bis in idem* deveria ser alçado a princípio geral do Direito e garantia fundamental do processado, de modo a afastar a imposição de uma "pluralidade de consequências jurídicas derivadas de uma só conduta e sob os mesmos fundamentos", tendo em vista a unidade do *jus puniendi* do estatal.[37]

Conforme referenciado no capítulo anterior, reitera-se que o art. 12, em seu §7º, prevê de forma exordial no microssistema de tutela da probidade administrativa, que as sanções aplicadas a pessoas jurídicas com base naquela LIA e na LAC devem observar o princípio do *non bis in idem*.

3.2 Independência de instâncias como fundamento para múltipla incidência sancionatória

O princípio da independência entre as instâncias decorre da garantia basilar da separação dos poderes, consoante leciona Sirlene Nunes Arêdes, "firmou-se como mecanismo de garantia das pessoas contra a arbitrariedade dos detentores do poder e como mecanismo de contenção do poder". Nessa esteira, aduz que "sua utilização para limitar a aplicabilidade de direitos fundamentais, como ocorre no direito brasileiro, é contrária à finalidade para a qual o princípio foi concebido".[38]

A ideia de que a independência das instâncias, sobretudo no que toca às instâncias administrativa e penal, afastaria a aplicação do

---

[36] Maíra Rocha Machado, *op. cit.*, 2019, *apud* SABOYA, Keity. *Ne bis in idem. História, Teoria e Perspecttvus*. Rio de Janeiro: Lumen Juris, 2014, p. 153-155.

[37] SILVA, Paulo Roberto Coimbra. O princípio *ne bis in idem* e sua vertente substancial na repressão ao ilícito fiscal. *Revista Interesse Público*, Belo Horizonte, ano 9, n. 44, p. 293 e ss., jul./ago. 2007. Nesta esteira, o autor leciona que "ainda que exista mais de uma norma sancionadora aplicável a um único ilícito, independentemente de sua natureza jurídica ou instância punitiva (se administrativa ou judicial), se as sanções nelas prescritas forem destinadas a exercer a mesma função preponderante, seja ela punitiva ou ressarcitória, não poderá ocorrer cumulação. [...] A cumulação de sanções repressivas, por sua vez, também não supera o crivo imposto pelo princípio do *ne bis in idem*, porquanto a duplicidade (ou multiplicidade) de manifestações das potestades punitivas do Estado, sejam administrativas e/ou judiciais, em decorrência da prática de um mesmo ilícito, subsumível a diferentes normas punitivas de idêntica ou diferente natureza jurídica, inegavelmente enseja uma plúrima valorização e punição de um único fato reprovável".

[38] ARÊDES, Sirlene Nunes. *Ne bis in idem*: direito fundamental constitucional aplicável na relação entre as esferas penal e administrativa geral no direito brasileiro. *Direito, Estado e Sociedade*, [S. l.], n. 52, p. 204-240, jan./jun. 2018. p. 223.

ne bis in idem tem sido amplamente admitida pela jurisprudência e doutrina pátria.[39]

De acordo com Machado, a independência das instâncias centra-se em três pilares, quais sejam, a possibilidade de acumulação de sanções, a não comunicabilidade das normas e a possibilidade de que uma instância não tenha que aguardar o deslinde do processo da outra.[40]

Com efeito, afirma a autora que um cenário de "multiplicidade institucional", em que diversas instituições com competências concorrentes e/ou complementares exercem as funções de monitorar, investigar, responsabilizar e sancionar – de modo concomitante ou sucessivo – pessoas físicas e jurídicas por atos de corrupção, pode levar a decisões inconsistentes e a situações de retrabalho e desperdício de recursos públicos ao mesmo tempo em que minimiza chances de captura de um ou mais órgãos.[41]

De um lado, referida multiplicidade normativa e institucional tem sido reconhecida como relevante avanço no combate à corrupção, seja reduzindo o risco de falhas e omissões ao longo dos processos de investigação e responsabilização, aumentando os recursos disponíveis ou mesmo fortalecendo a performance institucional dos atores públicos envolvidos.[42]

---

[39] ARAÚJO, Valter Shuenquener de. O princípio da interdependência das instâncias punitivas e seus reflexos no Direito Administrativo Sancionador. *Revista Jurídica da Presidência*, Brasília, v. 23, n. 131, p. 629-653, out. 2021/jan. 2022. http://dx.doi.org/10.20499/2236-3645.RJP2022v23e131-1875. De acordo com o autor, o Supremo Tribunal Federal (STF) já consagrou, em diversas ocasiões, a autonomia entre os processos administrativos sancionatórios e as sentenças judiciais, tendo destacado, por exemplo, que as decisões emanadas do Poder Judiciário "não condicionam o pronunciamento censório da Administração Pública", eis que as sanções penais e administrativas configuram "respostas autônomas do Estado à prática de ilícitos" (BRASIL, 2006). Segundo esta orientação, o exercício do poder disciplinar não está sujeito ao prévio encerramento de ações penais ou cíveis (BRASIL, 1994), sendo plenamente possível que ambas sejam deflagradas paralelamente ao processo administrativo sancionador (BRASIL, 2010a). Com efeito, inclusive nos casos em que a infração disciplinar também é capitulada como crime, a aplicação da sanção disciplinar independe da condenação penal (BRASIL, 2015). Nesse particular, o STF e o STJ também assentaram a ausência de obrigatoriedade de decisão judicial em ação de improbidade administrativa para a aplicação da sanção de demissão em processo administrativo disciplinar (BRASIL, 2016).

[40] MACHADO, Maíra Rocha. Independência como indiferença: *ne bis in idem* e múltipla incidência sancionatória em casos de corrupção. *Direito, Estado e Sociedade*, [S.l.], n. 55, p. 285, 2019.

[41] MACHADO, Maíra Rocha; PASCHOAL, Bruno. Monitorar, Investigar, Responsabilizar e Sancionar a multiplicidade institucional em casos de corrupção. *Novos Estudos Cebrap*, 104, p. 13, mar. 2016. http://dx.doi.org/10.25091/S0101-3300201600010001.

[42] CARSON, Lindsey D.; PRADO, Mariana Mota. Using institutional multiplicity to address corruption as a collective action problem: Lessons from the Brazilian case. *Quarterly Review of Economics and Finance*, v. 62, p. 56-65, 2016, p. 59. "Corruption is a complex,

Nada obstante, nota-se que a análise acerca do custo-benefício de um arranjo institucional com mais ou menos sombreamento deve ser individualizada e levar em consideração questões orçamentárias, competências e as necessidades das políticas de combate à corrupção à luz das peculiaridades do país ou sociedade.[43]

Lado outro, a implementação dos acordos de leniência, nos últimos anos, colocou luz nos desafios da cooperação entre as entidades envolvidas. Nesse sentido, lecionam e Fernandes e Mendes:

> (...) sobretudo no âmbito dos desdobramentos da Operação Lava Jato, passaram a evidenciar que as sobreposições desses múltiplos regimes impõem desafios de cooperação institucional entre as diversas entidades que, sob diferentes enfoques, buscaram a implementação de programas de leniência próprios, tais como a Advocacia-Geral da União (AGU), a Controladoria-Geral da União (CGU), o Conselho Administrativo de Defesa Econômica (CADE), o Ministério Público Federal (MPF) e o Tribunal de Contas da União (TCU).
> Essas experiências demonstram que a implementação da LAC tem se desdobrado a partir de intricadas redes de sobreposições, redundâncias e conflitos entre esses atores estatais, cujas fricções, ao fim e ao cabo, redefinem profundamente as disciplinas legais abstratamente concebidas. Os pontos cegos dos regimes de leniência se tornam ainda mais evidentes nas raras situações em que empresas investigadas buscaram simultaneamente diversas autoridades administrativas para a colaboração, sem que seja possível identificar a exata extensão das garantias de imunidade.
> A constatação de episódios de descoordenação institucional entre os múltiplos atores responsáveis pela aplicação da LAC tem sido amplamente criticada pela doutrina nos últimos anos. A maioria dos estudos disponíveis adota abordagens de *design* ou modelagem institucional, discutindo a estrutura ótima de compartilhamento de competências e de coordenação entre as agências incumbidas do combate à corrupção, ou examinam a atuação concreta das autoridades públicas a partir da lente teórica de redes de *accountability*.[44]

---

secretive activity and therefore presents unique challenges to accountability institutions. As such, functional overlap may be the best mechanism to ensure that corruption, whether entrenched or opportunistic, is ultimately exposed and sanctioned. Institutional multiplicity could reduce the risk of failures in each step of the corruption accountability process, increase the resources available and/or enhance institutional performance".

[43] CARSON; PRADO, *op. cit.*, 2016, p. 63.
[44] FERNANDES, Victor Oliveira; MENDES, Gilmar Ferreira. Acordos de leniência e regimes sancionadores múltiplos. *Jota*, 13 de abril de 2021. Disponível em: https://www.jota.info/

Machado ressalta que comumente estatutos que combatem a corrupção preveem o dever de comunicar procedimento administrativo instaurado ao Ministério Público, a exemplo do que dispõe o art. 15 da LIA, assim como o art. 15 da LAC. Todavia, aludida comunicação funciona como mero aviso, sem qualquer interação sobre os resultados dos respectivos procedimentos, o que "favorece uma leitura da interação entre as esferas marcada pela ideia de indiferença".[45][46][47]

A independência entre as instâncias penal e da improbidade encontra respaldo na própria dicção do §4º, do art. 37, da Constituição Federal. Com efeito, os fatos que atraem a incidência da LIA podem também ensejar a aplicação das penas e sanções previstas no Código Penal, na seção de crimes contra a Administração Pública; na Lei de Licitações e Contratos Administrativos (Lei nº 14.133/2021), que tipifica os crimes em licitações e contratos administrativos, nos diplomas que dispõem sobre os crimes de responsabilidade (Lei nº 1.079/1950 e Decreto-lei nº 201/1967), dentre outros.

Nesse ponto, oportuno gizar que a redação atual da LIA prevê que as decisões nas esferas cível e criminal que reconheçam a ausência de autoria ou materialidade repercutem na ação de improbidade, da mesma forma que a absolvição em segunda instância, em que discuta os mesmos fatos, impede o trâmite da ação de improbidade, havendo comunicação com todos os fundamentos de absolvição.

Relevante notar que tais critérios de comunicabilidade entre as instâncias criminal e de improbidade foram introduzidos a partir da Lei nº 14.230/2021, pelo que antes vigorava a redação do art. 12 da LIA, segundo a qual "independentemente das sanções penais, civis e

---

especiais/acordos-de-leniencia-e-regimes-sancionadores-multiplos-13042021. Acesso em: 16 mar. 2023.

[45] MACHADO, *op. cit.*, 2019, p. 273-274. A autora cita ainda ressalva feita por Marques no sentido de que o intercâmbio de provas emprestadas exige que não sejam apenas comunicados dos procedimentos, mas que também acompanhem o desenvolvimento da instrução probatória das outras instâncias, o que mitigaria citada indiferença entre programas sancionatórios que tramitem concomitantemente.

[46] *Idem*. Assevera Machado (2019) que "conceber a independência como indiferença funciona como um bloqueio à reflexão jurídica sobre como diferentes programas jurídicos sancionatórios devem interagir e se relacionar quando incidentes sobre um mesmo fato".

[47] Art. 15, LIA. A comissão processante dará conhecimento ao Ministério Público e ao Tribunal ou Conselho de Contas da existência de procedimento administrativo para apurar a prática de ato de improbidade.
Parágrafo único. O Ministério Público ou Tribunal ou Conselho de Contas poderá, a requerimento, designar representante para acompanhar o procedimento administrativo.
Art. 15, LAC. A comissão designada para apuração da responsabilidade de pessoa jurídica, após a conclusão do procedimento administrativo, dará conhecimento ao Ministério Público de sua existência, para apuração de eventuais delitos.

administrativas previstas na legislação específica, está o responsável pelo ato de improbidade sujeito às seguintes cominações, que podem ser aplicadas isolada ou cumulativamente, de acordo com a gravidade do fato".[48]

Osório[49] aduz que o disposto no art. 12, §4º, da LIA permite a repercussão da sentença absolutória penal na responsabilização por improbidade tão somente quando ambos os processos possuírem os mesmos elementos probatórios e idêntica descrição fática, não se operando nos casos, por exemplo, que "o juiz proclama dúvidas sobre a autoria dos fatos".

Segundo o autor, diante da centralização da tutela do patrimônio público no âmbito do Ministério Público, que incluiu as áreas de improbidade e repressão penal, entendeu-se pela uniformização das decisões quando os mesmos fatos estiverem sendo objeto de investigação.[50]

Nada obstante, nos parece que aludido dispositivo autoriza a comunicação com todos os fundamentos de absolvição penal, inclusive quando houver dúvida quanto à existência do crime e/ou autoria, ou quando inexistir prova suficiente para a condenação, conforme prevê o art. 386, incisos V, VI e VII, do CPP.[51]

Referida alteração legislativa parece conferir prevalência ao Direito Penal em detrimento do Direito Extra Penal, seja na seara judicial ou administrativa, a princípio, por conformar instância sancionatória mais gravosa, e na mesma medida um rito procedimental mais rigoroso na proteção nos direitos fundamentais dos acusados.[52]

---

[48] MEDEIROS, Alice Silveira de. *Ne bis in idem versus* independência entre as instâncias: conflito real ou putativo? *Revista Eurolatinoamericana de Derecho Administrativo*, Santa Fe, vol. 8, n. 2, p. 148, jul./dic. 2021. DOI 10.14409/redoeda.v8i2.10670.

[49] OSÓRIO, *op. cit.*, 2022, p. 324.

[50] OSÓRIO, *op. cit.*, 2022, p. 347. Segundo Fabio Medina, "No contexto da Nova Lei de Improbidade Administrativa, uma ação penal que resulte em Decreto absolutório poderá repercutir na esfera de improbidade, desde que esta última contenha os mesmos fatos e os mesmos fundamentos. Basicamente, se a descrição fática se reproduzir na improbidade, e as mesmas provas se reproduzirem numa e outra esfera, a decisão penal estenderá seus efeitos sobre a improbidade".

[51] Art. 386. O juiz absolverá o réu, mencionando a causa na parte dispositiva, desde que reconheça:
(...) V – não existir prova de ter o réu concorrido para a infração penal; (Redação dada pela Lei nº 11.690, de 2008)
VI – existirem circunstâncias que excluam o crime ou isentem o réu de pena (arts. 20, 21, 22, 23, 26 e §1º do art. 28, todos do Código Penal), ou mesmo se houver fundada dúvida sobre sua existência; (Redação dada pela Lei nº 11.690, de 2008)
VII – não existir prova suficiente para a condenação. (Incluído pela Lei nº 11.690, de 2008)

[52] OSÓRIO, 2022, *op. cit.*, p. 355.

Dessa forma, importante destacar que a interferência do juízo penal absolutório sobre as ações de improbidade deve passar por um crivo criterioso, de forma que reste confirmada a identidade fática e probatória em ambos os processos.

Pelo exposto, com a independência das instâncias no caso de tutela da probidade, por ter assento constitucional (art. 37, §4º) e por ser regulamentada como ilícito de peculiar gravidade, faz-se necessário que o princípio do *ne bis in idem* tenha contornos próprios nessa seara, o que exige que sua aplicação seja atenuada.[53]

Para tanto, considerando que as advocacias públicas detêm legitimidade ativa na propositura das ações de improbidade, de forma concorrente com o Ministério Público, o alinhamento institucional e o compartilhamento de provas são imprescindíveis para o funcionamento eficiente e coeso do sistema sancionador.[54]

Segundo Osório referida inovação legislativa decorre de um compromisso político com valores da coerência e unicidade do ordenamento jurídico em relação ao Direito Administrativo Sancionador, "à luz dos postulados de segurança jurídica e racionalidade estatal".[55]

Por fim, convém enfatizar que a teoria da independência das instâncias não se limita às instâncias penal e administrativa. A previsão legislativa de outras instâncias punitivas, exercidas por distintas autoridades competentes para processar e punir fatos previstos na competência de outras esferas, multiplica o exercício do poder punitivo estatal.[56] A ideia da independência de instâncias como permissão para

---

[53] *Idem.*

[54] A nova redação atribuída ao art. 17 da LIA, pela Lei nº 14.230/21, que restringia ao Ministério Público a legitimidade para instaurar ações de improbidade foi declarada inconstitucional. O Supremo Tribunal Federal (STF), em julgamento das Ações Diretas de Inconstitucionalidade (ADIS) nºs 7.042 e 7.043, decidiu que entes públicos que tenham sofrido prejuízos em razão de atos de improbidade também estão autorizados a propor ação e celebrar acordos de não persecução civil em relação a esses atos. Sendo assim, por maioria de votos, o Plenário declarou inválidos dispositivos da Lei nº 14.230/2021 que conferiam ao Ministério Público (MP) legitimidade exclusiva para a propositura das ações por improbidade. Para acessar o inteiro teor das ADIs citadas, confira no site do Supremo Tribunal Federal: https://portal.stf.jus.br/noticias/verNoticiaDetalhe.asp?idConteudo=493313&ori=1. Acesso em: 14 fev. 2023.

[55] OSÓRIO, *op. cit.*, 2022, p. 322.

[56] *Idem.*

a reincidente punição da mesma conduta, conforme ressaltado por Machado, pode ser mitigada quando se amplia o alcance do *ne bis in idem* para além da esfera penal, de modo a incidir sobre a atuação sancionatória estatal de forma geral.[57]

Nesse sentido, defende-se que a regra da independência das instâncias deve ser ponderada quando da aplicação da LAC e LIA, quando uma pessoa jurídica estiver sendo investigada e/ou processada por uma mesma conduta ilícita, sobretudo à vista da inclusão expressa da regra do *ne bis in idem* pela Lei nº 14.230/2021, no art. 12, §7º, da Lei de Improbidade.[58]

4 Um diálogo possível entre LAC e LIA na responsabilização das pessoas jurídicas por atos corruptos

Após inúmeras divergências na doutrina e na jurisprudência pátrias, no que concerne à possibilidade de autocomposição no âmbito da Lei de Improbidade Administrativa, a Lei nº 13.964, de 24 de dezembro de 2019, conhecida como Pacote Anticrime, alterou o §1º do artigo 17 da LIA, com o propósito de revogar a proibição expressa de transação e inserir o instituto do Acordo de Não Persecução Cível.[59]

Nas últimas duas décadas, nota-se acentuada inclinação – legislativa, doutrinária e jurisprudencial – de superação da vedação de acordos consensuais como corolário do princípio da indisponibilidade,

---

[57] MACHADO, *op. cit.*, 2019, p. 286.
[58] MEDEIROS, *op. cit.*, 2021, p. 142.
[59] MOURÃO, Maximiliano dos Reis; MATTARAIA, Fabiana de Paula Lima Isaac; SILVEIRA, Sebastião Sérgio da. A aplicabilidade do acordo de não persecução cível em matéria de improbidade administrativa. *Revista Reflexão e Crítica do Direito*, v. 9, n. 1, p. 322, jan./jun. 2021. ISSN 2358-7008.

considerando que por vezes a solução litigiosa não corresponde àquela que melhor atende ao interesse público.[60] [61] [62]

A sanção administrativa, sob a perspectiva de um caráter repressivo, vem se mostrando insuficiente para reprimir práticas corruptas no âmbito da Administração Pública e dos particulares que com ela se relacionam. Nesse contexto, propostas negociais vêm se mostrando mais céleres e eficazes, conforme afirmam Carlos Ari Sundfeld e Jacinto Arruda:

> No Direito contemporâneo, com o aumento da complexidade regulatória, cada vez mais se ampliam os meios postos à disposição dos reguladores para conduzir os comportamentos dos regulados na direção do interesse público. Castigar é só um desses meios – aliás, um velho meio. Mas a punição não é um fim em si mesmo: é simples instrumento de regulação, para obter os fins desejados. Como os mesmos fins muitas vezes são atingíveis de modo mais rápido, mais barato, mais certo – e mesmo de modo mais justo – com a utilização de meios alternativos, cada vez mais o Direito os vem valorizando.[63]

---

[60] PALMA, Juliana Bonacorsi de. *Sanção e acordo na administração pública*. São Paulo: Malheiros, 2015. p. 174-175. Segundo a autora, parte da doutrina defende postura refratária à consensualização na seara pública, na medida em que "segundo o princípio da indisponibilidade do interesse público, à administração pública seria defeso adotar instrumentos consensuais para satisfação das finalidades públicas". No mesmo sentido, Onofre Alves Batista Júnior adverte que, "pelo menos sob o ponto de vista mais tradicional, as formas consensuais são vistas como alternativas inadequadas à atuação estatal a ser desenvolvida por mecanismos autoritários, uma vez que os interesses públicos são indisponíveis". BATISTA JÚNIOR, Onofre Alves. *Transações administrativas*: um contributo ao estudo do contrato administrativo como mecanismo de prevenção e terminação de litígios e como alternativa à atuação administrativa autoritária, no contexto de uma administração pública mais democrática. São Paulo: Quartier Latin, 2007. p. 509.

[61] FREITAS, Juarez. Direito administrativo não adversarial: a prioritária solução consensual de conflito. *Revista de Direito Administrativo*, Rio de Janeiro, v. 276, p. 25-46, dez. 2017. Disponível em: http://bibliotecadigital.fgv.br/ojs/index.php/rda/article/view/72991. Acesso em: 29 set. 2020. Sobre acordos consensuais que envolvem a Administração Pública, leciona Juarez Freitas: "Todavia, os acordos prudentes e idôneos se ajustam sobejamente ao Direito Administrativo, quando consubstanciam: (a) compromissos eficientes e eficazes, prestimosos à implementação das políticas públicas, em tempo útil; (b) compromissos promotores da probidade; (c) compromissos que não invadem a esfera do indisponível; (d) compromissos de comprovados benefícios sistêmicos líquidos, com avaliação prévia de impactos multidimensionais".

[62] HOHMANN, Ana Carolina. As alterações da LINDB e as novas perspectivas do controle da Administração Pública. *Revista de Direito Administrativo e Infraestrutura*, v. 14, p. 305-340, jul./set. 2020. A autora ensina que "(...) Em uma realidade que demanda respostas céleres e concretas, a concepção clássica do direito administrativo, estática e conservadora, não tem mais lugar, sendo bem-vinda a alteração da concepção de institutos e as inovações trazidas pelas alterações na LINDB, consentâneas com o momento atual".

[63] SUNDFELD, Carlos Ari; CÂMARA, Jacintho Arruda. Acordos substitutivos nas sanções regulatórias. *Revista de Direito Público da Economia – RDPE*, Belo Horizonte, ano, v. 9, p. 133-151.

Sobre a harmonização da noção de indisponibilidade do interesse público com a consensualização do Direito Administrativo, em aprofundando trabalho sobre o tema, reconhecendo a complexidade dos direitos objetos dos acordos, De Paula e Faria defendem que o interesse público deve ser identificado e sopesado pela Administração diante das peculiaridades do caso concreto, de acordo com parâmetros jurídicos que servem como fundamento de validade das decisões administrativas consensuais, tais como o dever de publicidade e motivação, sujeição à legalidade estrita e segurança jurídica.[64][65][66]

---

[64] DE PAULA, Ana Paula Guimarães; FARIA, Luísa Campos. *Acordo de não Persecução Cível*: desafios e perspectivas. 14. ed. Brasília: Revista Defensoria Pública da União, 2020. p. 87. Segundo as autoras, (...) Além dessa questão do arbitramento de conflitos de interesses públicos abstratos, a harmonização da indisponibilidade e da consensualização perpassa, também, pela devida observância da decisão administrativa consensual a alguns parâmetros jurídicos. No total, defendesse a existência de seis *standards* de validade dos acordos administrativos de acordo com o princípio da indisponibilidade do interesse público: (i) a submissão da atividade administrativa à legalidade e as condicionantes que isso impõe à realização de acordos; (ii) a necessidade de tratamento isonômico dos particulares com quem a administração realiza esses acordos; (iii) o respeito ao princípio da publicidade; (iv) o dever de motivação dos atos administrativos; (v) a moralidade na atuação dos agentes públicos envolvidos na negociação dos acordos e (vi)a observância ao postulado da segurança jurídica

[65] Nessa esteira, Diogo de Figueiredo Moreira Neto aduz que "a Administração Pública, no âmbito do Direito Administrativo, jamais cogita de negociar o interesse público, mas, sim, de negociar os modos de atingi-lo com maior eficiência".

[66] CARVALHO, Raquel Melo Urbano de. Direito Sancionador: a não previsão do consenso na legislação. Como fazer? 2021. Disponível em: https://direitoadministrativoparatodos.com/direito-sancionador-a-nao-previsao-do-consenso-na-legislacao-como-fazer/. Acesso em: 15 fev. 2023. Nesse ponto, transcrevemos relevante lição da ilustre professora Raquel Carvalho sobre a cautela e rigor inerentes à legalidade dos acordos consensuais no âmbito do Direito Sancionador: "Cumpre, além de uma cautelosa normatização da matéria, com previsão inicial em diploma legal e operacionalização do instituto em Resoluções ou Portarias ou Decretos, evitar a captura do interesse público primário por interesses privados ou governamentais transitórios. A seriedade, firmeza, honestidade e capacidade técnica são exigidas com muito mais rigor dos envolvidos na celebração dos acordos que afastam a incidência de sanções e que, sem sacrifício das finalidades públicas, busquem como as realizar da melhor forma possível. Não se admitem desvios de legalidade, cumpre atentar à razoabilidade do consenso tendo em vista os limites postos ao exercício da negociação cabível tendo em mira os fins que seriam alcançados com a sanção, além de ser indispensável assegurar publicidade mínima e motivação suficiente como mecanismos de transparência que permitam o controle efetivo da juridicidade.
Somente se alcançará sucesso se houver conceituação clara e objetiva das figuras jurídicas que poderão ser aplicadas para substituir a sanção, sem excluir integralmente a possibilidade da sua aplicação na hipótese de descumprimento das regras do acordo. A quem aplicar a forma alternativa de alcançar o interesse público cabe uma operacionalização responsável que evite um desempenho institucional aleatório, sem preocupação com as situações em que cada um se adequa com maior potencial de efetividade. É preciso clareza quanto ao papel de cada figura jurídica, de cada entidade competente para adotá-la e da participação dos interessados. Além de alinhar as diretrizes de cada atividade negocial em seara tão complexa como a sancionatória, é indispensável

O marco legal que consignou a mudança de paradigma ocorreu com a edição da Lei nº 9.307/2015, alterada pela Lei nº 13.129/2015, que passou a prever, em seu art. 1º, §1º, a possibilidade de que a Administração Pública recorra à via arbitral para "dirimir litígios relativos a direitos patrimoniais disponíveis".[67]

Em interpretação sistemática, entende-se pela legitimidade da pessoa jurídica lesada, que detém interesse no deslinde do feito, conjuntamente com os respectivos Ministérios Públicos, ao passo que torna-se mais suscetível a defesa do interesse público.[68] [69]

Uma proposta que nos parece factível, de modo a evitar o *bis in idem*, e em deferência ao art. 21, §5º, da LIA, que prevê que sanções eventualmente aplicadas em outras esferas deverão ser compensadas com as sanções de improbidade, seria a negociação conjunta das condutas das pessoas jurídicas que incidirem nos atos lesivos descritos no art. 5º, da LAC, no âmbito do acordo de não persecução cível, quando não estiverem sendo objeto de acordo de leniência.

Por conseguinte, entendemos que, à luz das alterações introduzidas pela Lei nº 14.230/2021, a negociação nos acordos promovida pelas respectivas advocacias públicas do ente a que pertence o órgão ou entidade lesada, ou até mesmo pelo Ministério Público, poderia englobar os ilícitos e eventuais penas aplicáveis no âmbito do processo administrativo de responsabilização de pessoas jurídicas e nos processos punitivos por infrações à legislação de licitação.

Se não for possível compor no mesmo acordo, é de extrema relevância que as autoridades envolvidas no PAR assim como no ANPC consigam alinhar previamente eventual compensação de penas, além da comunhão de provas e comunicabilidade entre os resultados alcançados.

---

planejar a atuação dos diversos órgãos e entidades com competência normativa, mesmo porque acordos e multiplicidade de novos atos e novos modelos não podem se tornar uma verdadeira panaceia nem espetáculo excessivo, ineficiente e lamentável do século XXI".

[67] DE PAULA; FARIA, *op. cit.*, 2020, p. 87.

[68] DE PAULA; FARIA, *op. cit.*, 2020, p. 82. As autoras ressaltam que, "Quanto à legitimidade ativa, não há previsão expressa de quem seria a entidade competente para a celebração desses Acordos, de modo que a interpretação mais razoável parece ser aquela que estende à pessoa jurídica interessada – ou seja, aquela lesada pela prática – e ao Ministério Público a prerrogativa para tanto, já que ambos os sujeitos possuem legitimidade para a propositura dessas demandas".

[69] O Supremo Tribunal Federal (STF), em sede da ADI nº 7.043, decidiu que entes públicos que tenham sofrido prejuízos em razão de atos de improbidade também estão autorizados a propor ação assim como a celebrar acordos de não persecução civil em relação a esses atos.

Assim sendo, as multas que possam decorrer da Lei Anticorrupção, por vezes processadas e julgadas com as infrações contratuais por ventura perpetradas pela pessoa jurídica, quando o fato for comum, conforme preceitua o art. 159, da Lei nº 14.133/2021, poderiam ser negociadas em conjunto no âmbito do acordo de não persecução.[70]

A recém-publicada lei de licitações prevê ainda, em seu art. 155, XII, c/c art. 156, §5º, a aplicação da sanção de inidoneidade para licitar ou contratar com as empresas contratadas que praticarem os atos lesivos descritos no art. 5º da LAC. Convém ressaltar que a sanção de inidoneidade pode ser acompanha da sanção de multa prevista no art. 156, inciso II, da Lei nº 14.133/2021, que pode ser aplicada de forma cumulativa com as demais sanções previstas pelo mencionado diploma.[71]

Isso porque a instauração de procedimentos apartados na esfera de responsabilização administrativa em face de pessoas jurídicas pode gerar decisões contraditórias, assim como onerar a empresa investigada e/ou processada com punições múltiplas da mesma natureza que recaiam sobre os mesmos fatos.

Neste contexto, o mecanismo de detração entre penalidades previstas na LIA e na LAC (e eventualmente na lei de licitações), tendo em vista a incidência sobre os mesmos fatos cometidos por um mesmo investigado/processado, garante a aplicação do *ne bis in idem*, princípio expressamente consagrado pela nova lei de improbidade, conferindo maior uniformidade às sanções administrativas.

Quanto às penalidades eventualmente cominadas em âmbito judicial, considerando a participação do Ministério Público e da advocacia pública no âmbito do acordo, a quitação dos compromissos

---

[70] Isso porque o processamento e o julgamento de infrações contratuais têm sido feitos em conjunto com o processo de responsabilização, quando a empresa houver praticado um fato que também configure ato lesivo, a que se refere o art. 5º da Lei nº 12.846/2013. Confira-se como dispõe a Lei nº 14.133, de 1º de abril de 2021: "Art. 159. Os atos previstos como infrações administrativas nesta lei ou em outras leis de licitações e contratos da Administração Pública que também sejam tipificados como atos lesivos na Lei nº 12.846, de 1º de agosto de 2013, serão apurados e julgados conjuntamente, nos mesmos autos, observados o rito procedimental e a autoridade competente definidos na referida Lei".

[71] Art. 156. Serão aplicadas ao responsável pelas infrações administrativas previstas nesta Lei nº as seguintes sanções:
I – advertência;
II – multa;
III – impedimento de licitar e contratar;
IV – declaração de inidoneidade para licitar ou contratar.
(...)
§7º As sanções previstas nos incisos I, III e IV do *caput* deste artigo poderão ser aplicadas cumulativamente com a prevista no inciso II do *caput* deste artigo.

neles firmados preveniria a responsabilização no âmbito judicial também pelas condutas previstas na LAC.

Isso porque a Lei Anticorrupção adota duas formas independentes de se processar e eventualmente punir atos considerados lesivos à Administração Pública: pela via administrativa e pela via judicial de modo a assegurar que empresas estejam sujeitas a duas punições distintas caso desafiem o sistema.

Nesse sentido, Machado assinala que no centro da discussão sobre "a ampliação do alcance do *ne bis in idem* para o conjunto de programas jurídicos sancionatórios incidentes sobre as mesmas pessoas e fatos" residem não só as garantias individuais dos processados/investigados, mas também a eficiência da alocação dos recursos públicos, financeiro e humano.[72]

Entendemos que tal proposta aumenta a segurança jurídica, tornando eventual adesão ao acordo mais atrativa, sem contar o ressarcimento mais célere do dano ao órgão/entidade lesado e o arquivamento de processos que investiguem concomitante o mesmo fato.

A possibilidade de antecipar o cabimento, as condições de negociação e os possíveis benefícios do acordo favorece sobremaneira a delação dos ilícitos em sede dos acordos de leniência.[73] Dessa forma, garante-se economia e eficiência processual, harmonia na dosimetria das penas e proporcionalidade no apenamento de pessoas jurídicas infratoras.

A Portaria Normativa AGU nº 18, que entrou em vigor em 1º de agosto de 2021,[74] regulamenta o acordo de não persecução cível – ANPC – em matéria de improbidade administrativa no âmbito da Advocacia-Geral da União – AGU e da Procuradoria-Geral Federal.

Conforme prevê aludida Portaria Normativa da AGU, o ANPC tal como inserido no artigo 17, §1º, da Lei nº 8.429/1992, tem natureza sancionatória e reparatória e poderá ser realizado extrajudicialmente ou no curso da ação judicial quando a solução consensual for a medida mais viável para acelerar a devolução de valores desviados. O acordo poderá abranger todos os atos tipificados como ato de improbidade administrativa e poderá ser celebrado pelas pessoas físicas e jurídicas responsáveis por sua prática.

---

[72] MACHADO, *op. cit.*, 2019, p. 288.
[73] MENDES; FERNANDES, *op. cit.*, 2021.
[74] Publicado em: 19.07.2021 | Edição: 134 | Seção: 1 | Página: 7. Disponível em: https://www.in.gov.br/en/web/dou/-/portaria-normativa-agu-n-18-de-16-de-julho-de-2021-332609935.

O art. 4º da Portaria dispõe que, se os fatos que forem objeto da proposta de acordo também configurarem atos lesivos descritos no art. 5º da Lei nº 12.846/2013 e forem identificados elementos que indiquem a possibilidade de celebração de acordo de leniência, bem como a iniciativa negocial tomada pelos envolvidos nesses fatos, a proposta deverá ser encaminhada ao Departamento de Patrimônio Público e Probidade da PGF para avaliação, em conjunto com a Diretoria de Acordos de Leniência da Secretaria de Combate à Corrupção da Controladoria-Geral da União – CGU.

Esse dispositivo consolida a relação de cooperação entre a AGU e a CGU no microssistema de combate à corrupção. Nesse ponto, importante notar que a Portaria foi editada anteriormente às alterações da nova lei de improbidade, não tratando de forma expressa sobre a possibilidade do acordo abarcar eventuais penas decorrentes do processo administrativo de responsabilização de pessoas jurídicas, o que poderia se vislumbrar no atual cenário legislativo.[75]

O acordo de não persecução, ou mesmo um procedimento administrativo que considere de forma abrangente as diversas legislações que reprimem determinadas condutas tidas como corruptas, promove um ambiente de maior segurança jurídica, não litigioso, e de diálogo entre a Administração Pública e o administrado acerca da pretensão punitiva, sua validade e as consequências jurídicas em face do ato ilícito perpetrado.[76]

Dentre as novidades previstas pela Lei nº 14.230/2021, releva-se a possibilidade de que o ANPC disponha sobre cláusulas que determinem a adoção de mecanismos e procedimentos internos de integridade, auditoria, incentivo à denúncia e aplicação efetiva das políticas de integridade (art. 17-B, §6º, da LIA), em consonância com o desiderato proposto pela LAC, de fomentar a ética e a integridade nas empresas infratoras.[77]

Ressalta-se ainda que o ANPC pressupõe o total ressarcimento do dano e a reversão à pessoa jurídica lesada (art. 17-B, da LIA), ao passo que o processo de responsabilização no âmbito administrativo se limita

---

[75] Disponível em: https://www.in.gov.br/web/dou/-/portaria-normativa-agu-n-18-de-16-de-julho-de-2021-332609935.

[76] MEDAUR, Odete; SCHIRATO, Vitor Rhein (coord.). *Os Caminhos do Ato Administrativo*. São Paulo: Revista dos Tribunais, 2011, p. 299.

[77] Nos termos do art. 7º, inciso VIII da LAC, consta que, para a aplicação das sanções nela previstas, serão considerados "a existência de mecanismos e procedimentos internos de integridade, auditoria e incentivo à denúncia de irregularidades e a aplicação efetiva de códigos de ética e de conduta no âmbito da pessoa jurídica" (BRASIL, 2013).

à cobrança de multa, de forma que entendemos se mostrar vantajosa a aderência da entidade lesada no acordo, e eventual arquivamento do respectivo PAR.

Oportuno ressaltar que a Lei nº 13.140/2015, que regulamenta a mediação entre particulares como meio de solução de controvérsias e sobre a autocomposição de conflitos no âmbito da Administração Pública, prevê que os entes federados poderão criar câmaras de prevenção e resolução administrativa de conflitos, no âmbito dos respectivos órgãos da Advocacia Pública.[78]

Ainda na esfera federal, a CGU e a AGU publicaram em conjunto a Portaria Interministerial CGU/AGU nº 2.278/2016, que definiu os procedimentos para a celebração do acordo de leniência (atualmente, Portaria Conjunta nº 4/2019). Assim, quando a celebração do Acordo de Leniência Anticorrupção envolve simultaneamente ambos os ministérios, o alcance dos benefícios vem se mostrando mais expressivo, porquanto recai sobre as sanções decorrentes da responsabilização administrativa e judicial.[79]

Conforme asseveram Fernandes e Mendes,[80] a participação da AGU nos acordos também reverberou em outros regimes de responsabilidade judicial dos quais o órgão é titular, como nas hipóteses de condutas também reprimidas pela Lei de Improbidade Administrativa.

Importante notar que na esfera federal, nos últimos anos, em decorrência da operação Lava Jato, observou-se a atuação institucional múltipla de várias instâncias de controle, tal como a CGU, a AGU, o Ministério Público Federal – MPF e o Tribunal de Contas da União – TCU, o que ocasionou alguns conflitos jurídicos de competência, assimetria no compartilhamento de informações e nos benefícios conferidos, que

---

[78] Art. 32. A União, os Estados, o Distrito Federal e os Municípios poderão criar câmaras de prevenção e resolução administrativa de conflitos, no âmbito dos respectivos órgãos da Advocacia Pública, onde houver, com competência para: [...] §3º Se houver consenso entre as partes, o acordo será reduzido a termo e constituirá título executivo extrajudicial.

[79] Nesse sentido, vale destacar que as penalidades administrativas e judiciais estão previstas na Lei Anticorrupção, em seus artigos 6º e 19.

[80] MENDES; FERNANDES, op. cit., 2021. Os autores ressaltam que "Os arts. 2º e 12 da referida Portaria Conjunta deixam claro que a celebração conjunta do acordo de leniência poderá abranger a atenuação de sanções previstas na Lei nº Anticorrupção, na Lei nº 8.666/1993 e ainda na própria Lei de Improbidade Administrativa. Em outras palavras, a cooperação entre CGU e AGU permitiu que os Acordos de Leniência Anticorrupção desdobrassem seus efeitos tanto no regime de responsabilidade administrativa da Lei nº 12.846/2013 quanto sobre os múltiplos regimes de responsabilidade judicial, que são titularizados pela AGU".

reduziram de forma considerável a atratividade na adesão aos acordos de leniência celebrados com o Poder Público.[81]

A título exemplificativo, podemos citar a atuação do TCU nos acordos de leniência celebrados pela AGE/CGU, considerando que a sua celebração em si não esgota o dever jurídico de reparação integral do dano ao erário, conforme apregoa o art. 16, §3º, da LAC, podendo a Corte de Contas apurar eventuais danos sobressalentes.[82]

Nada obstante, mister reconhecer que existe uma sobreposição fática entre os ilícitos admitidos pelas empresas colaboradoras perante a CGU/AGU e o objeto de apuração do controle externo, sendo assim, torna-se relevante a colaboração institucional de modo que o objeto da celebração dos acordo não seja alvo da atuação sancionadora do TCU, com fulcro na Lei nº 8.443/1992.

Isso porque, embora a sanção de inidoneidade aplicada com base na Lei nº 8.443/1992 não esteja contemplada expressamente na LAC, a aplicação desta penalidade pelo TCU resulta em ineficácia da cláusula que prevê a isenção ou a atenuação das sanções administrativas estabelecidas na lei de licitações, sob pena de esvaziar o conteúdo da norma contida no art. 17 da Lei nº 12.846/2013.

Nesse ponto, ressaltamos a inovação legislativa da LIA, que expressamente consigna em seu artigo 17-B, §3º, a colaboração do Tribunal de Contas competente no âmbito da celebração do ANPC, que se manifestará sobre a apuração do valor do dano a ser ressarcido.[83]

---

[81] MENDES; FERNANDES, op. cit., 2021. Nesse sentido, os autores ressaltam que o TCU e o MPF, "têm apresentado nos últimos anos profundos desentendimentos com a CGU/AGU, principalmente no que se refere às condições de celebração dos acordos da LAC. Mesmo que o art. 17 da Lei não houvesse contemplado aquelas entidades como partes desses negócios jurídicos, o MPF apenas passou a celebrar acordos de leniência isoladamente, enquanto o TCU passou a exigir adaptações nos termos e condições de acordos celebrados com a CGU/AGU, bem como a aplicar sanções que poderiam, ao menos em tese, esvaziar a colaboração travada pelas empresas signatárias com outras autoridades públicas".

[82] Idem.

[83] Art. 17-B. O Ministério Público poderá, conforme as circunstâncias do caso concreto, celebrar acordo de não persecução civil, desde que dele advenham, ao menos, os seguintes resultados: (...)
§3º Para fins de apuração do valor do dano a ser ressarcido, deverá ser realizada a oitiva do Tribunal de Contas competente, que se manifestará, com indicação dos parâmetros utilizados, no prazo de 90 (noventa) dias. (Incluído pela Lei nº 14.230, de 2021) (Vide ADI nº 7.236).

4.1 A experiência de Minas Gerais

Em Minas Gerais, a Lei Complementar nº 151, de 17.12.2019, que dispõe sobre a estrutura orgânica da AGE/MG, instituiu a Câmara de Prevenção e Resolução Administrativa de Conflitos (CPRAC), com vistas a promover novas soluções de controvérsias administrativas ou judiciais que envolvam a Administração Pública Estadual, sejam elas entre seus próprios órgãos ou entidades, sejam em relação a particulares ou outros entes federados.

Outrossim, consoante lições de Castro, por meio de mecanismos de desjudicialização busca-se aproximar a atuação contenciosa e consultiva das advocacias públicas, com vistas a reduzir a litigiosidade e otimizar a solução das controvérsias.[84]

No âmbito dos cinco acordos de leniência firmados pelo Estado de Minas Gerais nos últimos anos,[85] conforme as previsões constantes na Lei nº 8.429/1992, Lei nº 12.846/2013, no Decreto Estadual nº 46.782/2015 e na Resolução Conjunta CGE/AGE nº 04/2019, para além da atuação conjunta e colaborativa entre a Advocacia-Geral do Estado – AGE e a Controladoria-Geral do Estado – CGE, desde a negociação até a celebração do acordo, todos eles contaram com a participação de membros do Ministério Público do Estado de Minas Gerais – MPMG.[86]

Oportuno observar que não há previsão expressa acerca da competência dos Ministérios Públicos para celebração dos acordos de leniência, uma vez que a Medida Provisória 703/2015, que alterava o art. 16 da LAC, não foi convertida em lei, e sendo assim, a participação do

---

[84] CASTRO, Sérgio Pessoa de Paula. A desjudicialização como valor fundamental da advocacia pública. *Consultor Jurídico*, 16 fev. 2021. Disponível em: https://www.conjur.com.br/2021-fev-16/sergio-castro-desjudicializacao-advocacia-publica. Acesso em: 3 mar. 2023. Para um estudo sobre a necessidade de uma mudança cultural para se alcançar a solução consensual das controvérsias, ver: CASTRO, Sérgio Pessoa de Paula. A arbitragem e a administração pública – pontos polêmicos. *In*: CASTRO, Sérgio Pessoa de Paula; BATISTA JÚNIOR, Onofre Alves. *Tendências e perspectivas do Direito Administrativo*: uma visão da escola mineira. Belo Horizonte: Fórum, 2012, p. 199-210.

[85] As informações sobre os acordos de leniência firmados, ressalvadas aquelas cobertas por sigilo, estão disponíveis publicamente no sítio eletrônico da Controladoria-Geral do Estado. Confira-se: https://cge.mg.gov.br/projetos-especiais/acordo-de-leniencia. Acesso em: 27 fev. 2023.

[86] Sobre o tema, Osório (2020, p. 42) assevera que "se o Ministério Público possui a legitimidade para atuar como defensor do patrimônio público (súmula 329 do STJ), bem como para propor a ação civil pública, mostra-se aconselhável que possa participar, conjuntamente com a CGU e com os demais legitimados, do processo de negociação dos acordos de leniência, mormente se considerarmos os potenciais efeitos penais que podem decorrer de tal modalidade de transação".

órgão ministerial foi fruto de cooperação interinstitucional e voluntária no âmbito do microssistema anticorrupção estadual.

Nesse sentido, o Advogado-Geral do Estado e o Controlador-Geral do Estado, em artigo publicado em 2022, exaltam a relevância da referida colaboração para o êxito das tratativas e acordos celebrados:

> A cooperação interinstitucional é fundamental ao êxito das tratativas, e a experiência prática do acordo de leniência firmado, contando também com a participação de membros do Parquet, comprova essa premissa. De um lado, porque propiciou a troca de informações, *know-how* e experiências entre CGE/MG, AGE/MG e MPMG, algo extremamente útil aos seus misteres institucionais e no deslinde da celebração do acordo. De outro, porque a presença do MPMG trouxe segurança jurídica ao conglomerado empresarial, na medida em que inspirou a legítima convicção de que, assegurada a confidencialidade das informações, os ilícitos seriam apurados e sancionados nas esferas administrativa, cível e criminal, com benefícios de previsibilidade penalizatória ao conglomerado e a seus colaboradores.
> Uma vez que tanto a AGE quanto o MPMG possuem competência para a adoção de medidas judiciais de responsabilização dos envolvidos, a presença na mesma mesa de todos os entes estatais legitimados potencializou a obtenção de resultados mais expressivos para todas as partes, tendo também sido firmado acordo de não persecução cível entre os colaboradores e os membros do Ministério Público. Ademais, haja vista que é requisito do acordo a criação e/ou o aperfeiçoamento do programa de integridade das entidades, será possível ao conglomerado concorrer nos certames licitatórios estaduais, aprimorar seu programa interno de compliance e integridade (anticorrupção), e preservar suas finalidades, além da empresarial, a social, como empresa conforme, contributiva para a geração de empregos e contribuinte na arrecadação tributária do Estado.[87]

Nos acordos celebrados, os valores pagos a título de ressarcimento ao erário são destinados aos entes lesados; a multa administrativa destinada ao Tesouro Estadual e os valores pagos a título de dano moral coletivo revertidos em favor do Fundo Especial do Ministério Público do Estado de Minas Gerais – FUNEMP, conforme estabelecido

---

[87] MIRANDA, Rodrigo Fontenelle de Araújo; CASTRO, Sérgio Pessoa de Paula. A atuação institucional concertada em prol do combate à corrupção e da justiça consensual, mais célere e eficaz: a atuação conjunta da Advocacia-Geral do Estado (AGE/MG) e da Controladoria-Geral do Estado (CGE/MG) no contexto dos acordos de leniência. *Controle em foco – Revista do MPC-MG*, Belo Horizonte, v. 1, n. 3, p. 113-116, jan./jun. 2022.

nos ANPCs, que compõem a negociação do acordo, como forma de garantir maior segurança jurídica para as empresas punidas e ampliar os incentivos à assinatura dos acordos.

Merece também destaque a parceria dos referidos órgãos estaduais na assinatura do acordo de quase R$21 milhões com empresa de grupo português envolvida no escândalo de corrupção da Hidroex, na Operação Aequalis, em que se apuraram desvios de recursos públicos na construção do Complexo Cidade das Águas, em Frutal.[88]

O Termo de Ajustamento de Conduta assinado pelo MPMG, através do Grupo especial de Promotores de Justiça de Defesa do Patrimônio Público, com a interveniência da AGE e da CGE, fixou que parte do recurso, referente ao ressarcimento da lesão a erário, seria destinado ao tesouro estadual, parte do recurso pago a título de danos morais coletivos revertidos integralmente para o custeio de projetos a cargo da UEMG – Frutal, e o remanescente em multa civil, a título de transferência não onerosa. Além disso, os integrantes da empresa também renunciaram ao direito de contratar com o Poder Público ou receber benefícios ou incentivos fiscais ou creditícios pelo prazo de 10 (dez) anos.[89]

O TAC previu, em sua cláusula sexta,[90] elogiável excerto, referente à compensação da pena de multa civil aplicada, em caso de condenação da empresa compromissária em sede de processo de responsabilização, regulado pela LAC, e consequente aplicação da multa. Consigna-se que o presente acordo foi firmado em 2020, antes mesmo das inovações da LIA, introduzidas pela Lei nº 14.230/21 (art. 21, §5º), que dispõe sobre a detração de penas aplicadas em outras esferas, refletindo a maturidade institucional na atuação em rede no combate à corrupção no Estado de Minas Gerais.

---

[88] O TAC foi firmado no bojo da ação de Improbidade Administrativa nº 0064199-98.2016.8.13.0271. Para mais detalhes sobre a operação e o TAC, consulte o site da CGE, https://cge.mg.gov.br/noticias-artigos/710-parceria-entre-orgaos-da-administracao-publica-traz-r-20-milhoes-aos-cofres-mineiros?highlight=WyJoaWRyb2V4Il0=.

[89] Idem.

[90] Cláusula 6ª: O valor pago a título de multa civil, previsto na cláusula 5ª deste instrumento, será compensado, em favor dos COMPROMISSÁRIOS, no caso de eventual aplicação de multa nos autos do PAR n. 01/2017 e do PAR n. 02/2017, instaurados pela Controladoria-Geral do Estado de Minas Gerais, que ora subscreve o presente Termo de Ajustamento de Conduta e se compromete a proceder com referida compensação na hipótese de condenação e aplicação de multa em referidos processos administrativos. (...).

Conclusão

Algumas das alterações introduzidas na LIA, com o advento da Lei nº 14.230/2021, sinalizam a intenção do legislador na adoção de princípios do Direito Administrativo Sancionador, tal como a regra de vedação ao *bis in idem*, comunicabilidade de instâncias e compensação de penalidades aplicadas em outras instâncias com vistas a promover maior segurança jurídica, direitos e garantias aos acusados, e proporcionalidade na cominação de sanções administrativas, em corolário ao princípio do devido processo legal punitivo.

Importante considerar que a múltipla incidência institucional sancionatória por vezes se mostra ineficiente e descoordenada, de modo que a independência das instâncias tem servido para reforçar o isolamento e a desproporcionalidade na aplicação de sanções administrativas, ao revés de promover a imparcialidade e redução da impunidade. A aplicação generalizada do princípio da independência entre as instâncias tem sido objeto de ampla crítica doutrinária, em decorrência da insegurança jurídica e à ineficiente fragmentação do poder administrativo sancionatório.

Nessa senda, o princípio do *ne bis in idem* desvela a necessária relativização do paradigma até então centrado no princípio da independência das instâncias, permitindo uma maior integração entre as esferas punitivas, de forma a tutelar os direitos fundamentais dos acusados, em especial a garantia constitucional do devido processo legal, da segurança jurídica e da proporcionalidade das sanções no âmbito do Direito Administrativo Sancionador.

A legislação anticorrupção brasileira reconhece formalmente a multiplicidade institucional investigatória e sancionatória para a punição de atos ímprobos e corruptos nela descritos. Diante desse cenário, é essencial que a atuação das instituições e autoridades imbuídas de implementar políticas sancionatórias seja regulamentada, de modo que as sanções que recaiam sobre os mesmos fatos possam ser coordenadas e aplicadas de forma eficiente, justa e proporcional.

Nesse cenário, uma primeira alternativa para aprimorar o intercâmbio entre as redações atuais da LIA e LAC reside na alteração legislativa desta última, com o objetivo de prevenir a dupla punição das empresas que cometam atos ilícitos que se enquadrem em ambas as normas, assim como de permitir a gradação de penas distintas que recaiam sobre os mesmos fatos punidos, considerando a similitude entre os bens jurídicos tutelados por aludidos diplomas legais.

Por fim, o presente trabalho buscou demonstrar que a adoção de instrumentos consensuais de combate à corrupção pautados no alinhamento institucional entre os entes controladores/sancionares envolvidos e a gradação das sanções administrativas que visem reprimir o mesmo fato, tem possibilitado, em Minas Gerais, uma experiência exitosa no sentido de um diálogo mais harmônico da legislação anticorrupção, e na aplicação do comando constitucional do *ne bis in idem* agora expressamente esculpido na lei de improbidade administrativa.

Referências

ARAÚJO, Valter Shuenquener de. O princípio da interdependência das instâncias punitivas e seus reflexos no Direito Administrativo Sancionador. *Revista Jurídica da Presidência*, Brasília, v. 23, n. 131, p. 629-653, out. 2021/jan. 2022. http://dx.doi.org/10.20499/2236-3645. RJP2022v23e131-1875.

ARÊDES, Sirlene Nunes. *Ne bis in idem*: direito fundamental constitucional aplicável na relação entre as esferas penal e administrativa geral no direito brasileiro. *Direito, Estado e Sociedade*, n. 52, p. 204-240, jan./jun. 2018. Disponível em: https://revistades.jur.puc-rio.br/index.php/revistades/article/view/818/500.

CARSON, Lindsey D.; PRADO, Mariana Mota. Using institutional multiplicity to address corruption as a collective action problem: Lessons from the Brazilian case. *Quarterly Review of Economics and Finance*, v. 62, p. 56-65, 2016.

CARVALHO, Raquel Melo Urbano de. Direito Sancionador: a não previsão do consenso na legislação. Como fazer? 2021. Disponível em: https://direitoadministrativoparatodos.com/direito-sancionador-a-nao-previsao-do-consenso-na-legislacao-como-fazer/. Acesso em: 23 jan. 2023.

CASTRO, Sérgio Pessoa de Paula. A desjudicialização como valor fundamental da advocacia pública. *Revista Consultor Jurídico*, 16 fev. 2021, Disponível em: https://www.conjur.com.br/2021-fev-16/sergio-castro-desjudicializacao-advocacia-publica.

DE PAULA, Ana Paula Guimarães; FARIA, Luísa Campos. Acordo de não Persecução Cível: desafios e perspectivas. 14. ed. Brasília: Revista Defensoria Pública da União, 2020. p. 75-93. Disponível em: https://revistadadpu.dpu.def.br/article/download/382/228/1933. Acesso em: 25 fev. 2023.

DI BLASI, Gabriel. Lei Anticorrupção: uma ferramenta eficaz? Uma nova etapa nas relações entre empresas e entes públicos. Disponível em: https://www.jota.info/coberturas-especiais/as-claras/lei-anticorrupcao-uma-ferramenta-eficaz-29082017. Acesso em: 14 mar. 2023.

FARIA, L. O papel do princípio da indisponibilidade do interesse público na Administração Pública consensual. *Revista de Direito Administrativo*, [S. l.], v. 281, n. 3, p. 273-302, 2022. DOI: 10.12660/rda. v281.2022.88324. Disponível em: https://bibliotecadigital.fgv.br/ojs/index.php/rda/article/view/88324. Acesso em: 19 mar. 2023.

FERNANDES, Victor Oliveira; MENDES, Gilmar Ferreira. Acordos de leniência e regimes sancionadores múltiplos. *Jota*, 13 de abril de 2021. Disponível em: https://www.jota.info/

especiais/acordos-de-leniencia-e-regimes-sancionadores-multiplos-13042021. Acesso: 16 mar. 2023.

FERRAZ, Luciano. Reflexões sobre a Lei nº 12.846/2013 e seus impactos nas relações público-privadas: lei de improbidade empresarial e não lei anticorrupção. *Revista Brasileira de Direito Público – RBDP*, Belo Horizonte, ano 12, n. 47, p. 33-43, out./dez. 2014. Disponível em: https://www.editoraforum.com.br/wp-content/uploads/2015/05/lei-anticorrupcao-artigo-luciano-ferraz.pdf. Acesso em: 13 nov. 2022.

FERREIRA, Vivian Pereira. When Institutional Multiplicity Backfires: The Battle Over the Jurisdiction to Prosecute Politicians for Administrative Improbity in Brazil. *Revista Direito GV*, São Paulo, v. 17, n. 2, maio/ago. 2021, e2130. Disponível em: https://doi.org/10.1590/2317- 6172202130.

FORTINI, Cristiana; SHERMAM, Ariane. Corrupção: causas, perspectivas e a discussão sobre o princípio do *bis in idem*. *Revista de Investigações Constitucionais*, Curitiba, vol. 5, n. 2, p. 91-112, maio/ago. 2018. DOI: 10.5380/rinc.v5i2.57614.

FREITAS, Juarez. Direito administrativo não adversarial: a prioritária solução consensual de conflito. *Revista de Direito Administrativo*, Rio de Janeiro, v. 276, p. 25-46, dez. 2017. Disponível em: http://bibliotecadigital.fgv.br/ojs/index.php/rda/article/view/72991. Acesso em: 29 set. 2020.

GUERRA, Daniel; GONÇALVES, Felipe de Oliveira. Improbidade e anticorrupção: é possível cumular as suas sanções? *Revista Consultor Jurídico*, set. 2021. Disponível em: https://www.conjur.com.br/2021-set-03/guerra-goncalves-improbidade-administrativa-anticorrupcao.

GUSHY MOTA AZEVEDO, J. Combate à corrupção e instrumentos de solução negociada / The fight against corruption and negotiated solution instruments. *Revista Científica do CPJM*, [S. l.], v. 1, n. 04, p. 80-94, 2022. Disponível em: https://rcpjm.cpjm.uerj.br/revista/article/view/97. Acesso em: 14 mar. 2023.

HOHMANN, Ana Carolina. As alterações da LINDB e as novas perspectivas do controle da Administração Pública. *Revista de Direito Administrativo e Infraestrutura*, v. 14, p. 305-340, jul./set. 2020.

JUSTEN FILHO, Marçal. *Reforma da lei de improbidade administrativa comentada e comparada*: Lei 14.230, de 25 de outubro de 2021. 1. ed. Rio de Janeiro: Forense, 2022.

MACHADO, Maíra Rocha. Independência como indiferença: *ne bis in idem* e múltipla incidência sancionatória em casos de corrupção. *Direito, Estado e Sociedade*, [S.l.], n. 55, p. 257-295, jul./dez. 2019.

MACHADO, Maíra Rocha; PASCHOAL, Bruno. Monitorar, Investigar, Responsabilizar e Sancionar a multiplicidade institucional em casos de corrupção. *Novos Estudos Cebrap*, 104, p. 11-36, mar. 2016. http://dx.doi.org/10.25091/S0101-3300201600010001.

MARTINS JUNIOR, Wallace Paiva. Comentários ao art. 30. *In:* DI PIETRO, Maria Sylvia Zanella; MARRARA, Thiago. *Lei Anticorrupção comentada*. 3. ed. Belo Horizonte: Fórum, 2021. p. 341. ISBN 978-65-5518-064-0.

MEDAUR, Odete; SCHIRATO, Vitor Rhein (coord.). *Os Caminhos do Ato Administrativo*. São Paulo: Revista dos Tribunais, 2011.

MEDEIROS, Alice Silveira de. *Ne bis in idem versus* independência entre as instâncias: conflito real ou putativo? *Revista Eurolatinoamericana de Derecho Administrativo*, Santa Fe, vol. 8, n. 2, p. 123-155, jul./dic. 2021. DOI 10.14409/redoeda. v8i2.10670. Disponível em: https://bibliotecavirtual.unl.edu.ar/publicaciones/index.php/Redoeda/article/view/10670/15292. Acesso em: 10 nov. 2022.

MELLO, Rafael Munhoz. *Princípios constitucionais de direito administrativo sancionador*. As sanções administrativas à luz da Constituição Federal de 1988. São Paulo: Malheiros Editores, 2007.

MIRANDA, Rodrigo Fontenelle de Araújo; CASTRO, Sérgio Pessoa de Paula. A atuação institucional concertada em prol do combate a corrupção e da justiça consensual, mais célere e eficaz: a atuação conjunta da Advocacia-Geral do Estado (AGE/MG) e da Controladoria-Geral do Estado (CGE/MG) no contexto dos acordos de leniência. *Controle em foco – Revista do MPC-MG*, Belo Horizonte, v. 1, n. 3, p. 113-116, jan./jun. 2022.

MOURA, Emerson Affonso da Costa. O ilícito administrativo à luz do devido processo legal administrativo: perspectivas da aplicação das sanções administrativas a partir das disposições da Lei de Introdução às Normas do Direito Brasileiro. *A&C – R. de Dir. Adm. Const.*, Belo Horizonte, ano 21, n. 85, p. 113-138, jul./set. 2021.

MOURÃO, Maximiliano dos Reis; MATTARAIA, Fabiana de Paula Lima Isaac; SILVEIRA, Sebastião Sérgio da. A aplicabilidade do acordo de não persecução cível em matéria de improbidade administrativa. *Revista Reflexão e Crítica do Direito*, v. 9, n. 1, p. 320-336, jan./jun. 2021. ISSN 2358-7008.

OSÓRIO, Fabio Medina. *Direito Administrativo Sancionador*. 8. ed. rev. e atual. São Paulo: Revista dos Tribunais, 2022.

OSÓRIO, Fábio Medina. Natureza jurídica do instituto da Não Persecução Cível previsto na Lei de Improbidade Administrativa e seus reflexos na Lei de Improbidade Empresarial. Rio de Janeiro: *Migalhas*, 2020. Disponível em: https://www.migalhas.com.br/arquivos/2020/3/8A049E343B44ED_Artigopacoteanticrimeeimprobid.pdf. Acesso em: 29 jan. 2023.

PALMA, Juliana Bonacorsi de. *Sanção e acordo na administração pública*. São Paulo: Malheiros, 2015.

QUEIROZ, Ronaldo Pinheiro de. Responsabilização Judicial da pessoa jurídica na Lei Anticorrupção. *In*: SOUZA, J. M.; QUEIROZ, R.P. de (org.). *Lei Anticorrupção*. Salvador: Juspodivm, 2015.

SILVA, Paulo Roberto Coimbra. O princípio *ne bis in idem* e sua vertente substancial na repressão ao ilícito fiscal. *Revista Interesse Público*, Belo Horizonte, ano 9, n. 44, p. 293 e ss., jul./ago. 2007.

SUNDFELD, Carlos Ari; CÂMARA, Jacintho Arruda. Acordos substitutivos nas sanções regulatórias. *Revista de Direito Público da Economia – RDPE*, Belo Horizonte, ano, v. 9, p. 133-151.

Informação bibliográfica deste texto, conforme a NBR 6023:2018 da Associação Brasileira de Normas Técnicas (ABNT):

CARVALHO, Fernanda Paiva; MIRANDA, Rodrigo Fontenelle de Araújo. Sistema de improbidade administrativa e Lei Anticorrupção empresarial: um necessário e imprescindível diálogo. *In*: ZENKNER, Marcelo; KIM, Shin Jae (coord.). *Lei Anticorrupção Empresarial*: perspectivas e expectativas – Edição comemorativa dos 10 anos de vigência da Lei nº 12.846/2013. Belo Horizonte: Fórum, 2023. p. 87-120. ISBN 978-65-5518-541-6.

LEI ANTICORRUPÇÃO E COOPERAÇÃO INTERINSTITUCIONAL: NO QUE AINDA PRECISAMOS AVANÇAR?

VANIR FRIDRICZEWSKI

Introdução

A Lei nº 12.846, de 2013, destinatária de várias nomenclaturas ou apelidos (como por exemplo Lei Anticorrupção, LAC ou ainda Lei da Empresa Limpa[1]) e que está próxima de completar 10 anos de vigência, pode ser considerada uma das mais recentes normas a promover significativas mudanças no sistema brasileiro de repressão à corrupção. O projeto que deu origem a esta lei foi apresentado pelo Poder Executivo à Câmara dos Deputados em 2010 e em 2013, como consequência das múltiplas manifestações sociais no Brasil, que aumentaram em número e tensão em junho do mesmo ano, teve uma aceleração do seu processo legislativo,[2] tanto que sobre o tema se afirma, por exemplo, que esta

---

[1] Esta designação é utilizada, entre outros, por Modesto Carvalhosa (CARVALHOSA, Modesto. A nova Lei da Empresa Limpa. *O Estado de São Paulo*, São Paulo, v. 29, 2014).

[2] Quanto ao trâmite do processo legislativo é referido que a Lei Anticorrupção é uma resposta do Brasil aos compromissos internacionais de responsabilizar as pessoas jurídicas por atos de corrupção, em particular devido à pressão exercida pelos mecanismos de revisão sistemática da OCDE sobre o sistema brasileiro de controle da corrupção. A Convenção da OCDE, que enfoca a responsabilização de pessoas jurídicas, cria uma obrigação específica para os Estados signatários: responsabilizar as pessoas que oferecem, prometem ou dão uma vantagem indevida, pecuniária ou não, a um funcionário público estrangeiro que, direta ou indiretamente, no desempenho de suas funções públicas, realiza ou dificulta transações na condução de negócios internacionais (PIMENTA, Raquel de Mattos.

medida legislativa foi aprovada como uma resposta direta ao clamor da opinião pública, que exigia a melhoria das estratégias anticorrupção.[3]

Uma nova lei foi inserida no bojo do já complexo sistema de Direito Sancionador brasileiro e com ela advieram várias controvérsias, especialmente no que concerne ao inovador e ainda mal compreendido acordo de leniência, a partir do qual se desencadeou uma verdadeira disputa de protagonismo.[4] Havia ou há razões para essa disputa? Que lições podem ser extraídas dessa disputa e como superar esse cenário?

Estes são alguns questionamentos aos quais procuraremos construir respostas minimamente satisfatórias neste artigo. Para tanto nos debruçamos na análise de dois pontos: a multiplicidade institucional brasileira e a natureza jurídica do acordo de leniência introduzido pela Lei nº 12.846, de 2013.

1 A multiplicidade de agências sancionadoras no Brasil: quais são seus pontos de tensão?

A Constituição de 1988 expressou uma especial preocupação com o desempenho da atividade da Administração Pública – e, consequentemente, com a proteção do patrimônio público –, tanto que estipulou expressamente os princípios que os agentes públicos devem observar no exercício de suas funções.[5] E foi a partir dessa Norma Fundamental que se desenhou e desenvolveu o abrangente sistema para a responsabilização de atores públicos e privados pela prática de ilícitos, o qual é marcado por uma multiplicidade de âmbitos ou esferas de responsabilidade, algumas inerentes ou relacionadas apenas a certas pessoas ou agentes públicos, como nas hipóteses dos crimes de responsabilidade previstos na Lei nº 1.079, de 1950, e outros, por assim dizer, de natureza geral

---

A Construção dos Acordos de Leniência da Lei Anticorrupção. São Paulo: Editora Blucher, 2020, p. 65-69).

[3] SIMÃO, Valdir Moysés; VIANNA, Marcelo Pontes. *O acordo de leniência na lei anticorrupção*: histórico, desafios e perspectivas. São Paulo: Editora Trevisan, 2017. p. 21-29.

[4] Luís Inácio Adams, à época Advogado-Geral da União, chegou a destacar, em depoimento junto à Comissão Parlamentar de Inquérito (CPI) da Petrobras da Câmara dos Deputados, que a competição pelo "protagonismo" – em que os órgãos disputam quem comanda os acordos de leniência – não é boa para o país. Informação disponível em: https://agenciabrasil.ebc.com.br/politica/noticia/2015-07/advogado-da-uniao-critica-disputa-de-protagonismo-em-acordos-de-leniencia (Data da consulta: 23 de março de 2023).

[5] GARCIA, Emerson; CUNHA, Rogério Sanches; ALVES, Rogério Pacheco. *Improbidade administrativa*. São Paulo: Saraiva, 2017, p. 107.

e que podem alcançar a todos os agentes públicos e pessoas privadas (exceto, é claro, no caso de alguma imunidade ou isenção prevista no próprio texto constitucional ou em leis[6]), como a responsabilização penal pelos chamados crimes comuns. A este cenário deve ser acrescentada outra característica: a multiplicidade institucional ou de agências sancionadoras, característica notável especialmente quando tratamos do sistema brasileiro de repressão à corrupção, o qual sensibiliza inúmeros agentes – e órgãos públicos – encarregados de sua persecução.[7]

Alguns aspectos dessa multiplicidade institucional precisam ser analisados, até porque da inadequada compreensão deles, especialmente do papel de cada um dos múltiplos atores, podem derivar consequências negativas, várias delas, infelizmente, já verificadas num passado recente da nossa história.[8] E desses vários aspectos um tem proeminência e por isso a ele damos destaque: as múltiplas instituições brasileiras que atuam na repressão da corrupção, em essência, manuseiam ferramentas para a aplicação de Direito Sancionador, exercendo, pois, parcela do poder sancionador do Estado. E disso parece derivar uma conclusão imediata, qual seja, esta ação sancionadora somente terá validade no seio de um Estado Democrático de Direito se for realizada dentro dos termos e limites estabelecidos pela Constituição e pelas leis, especialmente de

---

[6] FRIDRICZEWSKI, Vanir. *Ação de Improbidade Administrativa e Tutela do Meio Ambiente*. Belo Horizonte: Arraes Editores, 2017, p. 14-20.

[7] TAMASAUSKAS, Igor Sant'Anna. *O Acordo de Leniência Anticorrupção*: Uma Análise sob o Enfoque da Teoria de Redes. Curitiba: Editora Appris, 2022, p. 85.

[8] Como exemplo dessa inadequada compreensão do papel das múltiplas instituições que integram o sistema anticorrupção do Brasil e de seus efeitos negativos, especialmente para a segurança jurídica, pode ser referida a situação que foi objeto de julgamento, pelo STF, nos Mandados de Segurança nºs 35.435 e 36.496. Apesar de nos registros do STF estes processos parecerem sigilosos, as decisões neles proferidas foram publicadas em vários meios de comunicação. O objetivo dos mandados de segurança era impedir o Tribunal de Contas da União de aplicar sanção de inidoneidade a empresa signatária de acordo de leniência, impedindo-a de contratar com a Administração Pública, com base nos fatos abarcados pelo próprio acordo. Ao conceder a segurança, o STF assinalou que o TCU deve respeitar os acordos de leniência firmados pela Administração Pública, não podendo declarar a inidoneidade de empresas que já tenham firmado acordos de leniência com outras instituições. Em seu voto o Ministro Gilmar Mendes, relator, concluiu que a possibilidade de o TCU impor sanção de inidoneidade pelos mesmos fatos que deram ensejo à celebração de acordo de leniência com a CGU/AGU não é compatível com os princípios constitucionais da eficiência e da segurança jurídica. Informação disponível em: https://www.jota.info/opiniao-e-analise/artigos/stf-decide-que-tcu-deve-respeitar-os-acordos-de-leniencia-14042021 e https://www.conjur.com.br/2021-mar-30/tcu-nao-declarar-inidoneidade-empresa-firmou-leniencia. A minuta do voto do Ministro Gilmar Mendes, relator dos casos, está disponível para leitura no seguinte endereço: https://www.conjur.com.br/dl/stf-analisa-inidoneidade-empresas.pdf (Data da consulta: 28 de março de 2023).

acordo com as regras de competência e atribuição estabelecidas na ordem constitucional.

Nesse sentido pode-se dizer que a atividade sancionadora da Administração Pública – ou do Estado – deve ser orientada para a realização dos objetivos constitucionalmente adequados e exigíveis, sendo que qualquer atuação que exceda estes objetivos perde legitimidade constitucional.[9] Em outras palavras, os agentes e órgãos estatais que manuseiam ferramentas para a aplicação de Direito Sancionador, como estas múltiplas instituições que integram o sistema anticorrupção brasileiro, devem fazê-lo a fim de alcançar os objetivos constitucional e legalmente perseguidos que, no fim do dia, em um Estado Democrático de Direito, é punir adequadamente os infratores e proteger adequadamente os direitos fundamentais, tanto dos responsáveis pelas infrações quanto das vítimas das infrações e da sociedade em geral.

Importa referir, nesse sentido, que para a punição adequada dos infratores e a proteção dos direitos fundamentais – dos acusados e dos cidadãos em geral – é necessário analisar e aplicar certas regras e princípios impostos pelo regime constitucional, alguns dos quais específicos a certos ramos do Direito Sancionador, como o Direito Penal – um ramo do Direito no qual, entre outros, é aplicável o princípio *nullum crimen, nulla poena sine lege stricta* – enquanto outros são gerais e, portanto, aplicáveis às ações do Estado em geral quando se manejam outras ferramentas de Direito Sancionador.

Entretanto, um princípio parece figurar como a diretriz que deve nortear toda ação sancionadora do Estado: o princípio da legalidade.

Este princípio, como se afirma, compreende uma dupla garantia. A primeira, de natureza material e alcance absoluto, tanto no campo estritamente penal quanto no campo das sanções administrativas, reflete a especial importância do princípio da segurança jurídica nestes campos limitados e implica a necessidade de predeterminação normativa das condutas ilícitas e das sanções correspondentes. Ou seja, a existência de preceitos legais (*lex previa*) que permitem prever com um grau suficiente de certeza (*lex certa*) essas condutas, e saber o que esperar em termos da responsabilidade associada e possíveis sanções. A segunda, de natureza formal, com respeito à exigência e existência

---

[9] OLIVARES, Gonzalo Quintero. La autotutela, los límites al poder sancionador de la administración pública y los principios inspiradores del derecho penal. *Revista de administación pública*, n. 126, p. 253-296, 1991.

de uma regra de classificação adequada e que tenha sido identificada como uma lei no sentido formal.[10]
Há muitas outras leituras sobre este princípio, algumas mais amplas, outras mais restritas. Afirma-se, por exemplo,[11] que dele derivam dois grandes princípios, a saber, o da reserva legal e da supremacia da lei, ambos fortemente inter-relacionados, na medida em que visam conferir legitimidade democrática às ações do Estado. É enfatizado, nessa linha, que os objetivos destes dois princípios decorrentes do princípio da legalidade não são outros senão impedir o Estado de agir quando o povo – representado pelo legislador – não deseja que ele aja, e de não agir quando deseja que ele aja. A legalidade, portanto, nada mais é do que a expressão máxima do Estado Democrático de Direito, a maior característica do Estado brasileiro estabelecida pela Constituição. Assim, segundo o princípio da reserva legal – em sentido amplo – o Poder Público não pode agir sem uma regra que o autorize, ou seja, para a Administração Pública, uma ação é válida quando autorizada pela Constituição, pelas leis ou pelos demais atos normativos emitidos pelos próprios entes do Estado. Em outras palavras, o princípio da reserva legal em sentido amplo significa que o Estado não pode agir sem o apoio da lei – uma relação de legalidade necessária – e, sobretudo, da Constituição – uma relação de constitucionalidade necessária. Já de acordo com o princípio da supremacia da lei, a ação do Estado só é considerada válida se não contradizer ou ir além das normas em que se baseia. É que ao legislador foi dada a função de representar o povo, inserindo na ordem jurídica os mandatos resultantes de sua vontade, e o Poder Público não pode negar a ordem sob pena de negar a vontade do povo e, portanto, perder a legitimidade democrática indispensável para a validade de sua ação.

Existem outras consequências importantes decorrentes do princípio de legalidade: a necessidade de que a norma sancionatória observe o princípio da anterioridade, bem como a não retroatividade das normas sancionatórias, aspectos que, entre outros, são apoiados pelo Pacto de São José, o qual, em seu art. 9º estabelece que ninguém pode ser condenado por ações ou omissões que, no momento em que foram cometidas, não eram consideradas ilícitas de acordo com a lei aplicável, nem pode ser imposta uma sanção mais grave do que a aplicável no

---

[10] NIETO, Alejandro. *Derecho administrativo sancionador*. Madrid: Tecnos, 2005, p. 178.
[11] MARRARA, Thiago. As fontes do direito administrativo e o princípio da legalidade. *Revista digital de direito administrativo*, v. 1, n. 1, p. 23-51, 2014.

momento em que o ilícito foi cometido,[12] bem como na Constituição brasileira, que, no inciso XXXIX do art. 5º, declara expressamente que não há crime – e outras figuras ilícitas – sem uma lei prévia que o defina, nem sanção sem prévia cominação legal.

Devemos destacar também outra derivação do princípio de legalidade, um ponto que ainda pende de melhor harmonização no sistema brasileiro, notadamente quando falamos de aplicação de Direito Sancionador e da atuação de múltiplas instituições: a necessidade de atuação em conformidade com as regras de competência e atribuição estabelecidas na ordem constitucional.

Recordemos, neste sentido, que a sanção, independente da sua natureza – administrativa, civil ou penal –, equivale a uma reação restritiva, uma consequência jurídica ordinária e desfavorável à conduta reprovável de alguém por não cumprir ou não observar uma determinação legal, regulamentária ou contratual típica.[13] O exercício da potestade sancionadora do Estado, seja pela via consensual ou pela via contenciosa – caminho constitucional para a imposição de uma sanção –, portanto, traz como consequência a restrição ou limitação de direitos fundamentais daqueles a quem é dirigida a sanção. Por este motivo, esta atuação restritiva somente terá validez quando o Estado atuar em conformidade com o princípio da legalidade, do qual deriva a necessidade insuperável de atuação em conformidade com as regras de competência e atribuição estabelecidas na Constituição e nas leis.

A atuação do Estado não observando essas regras de competência e atribuição das múltiplas instituições, ademais de ilegalidade e inconstitucionalidade, seguramente ajuda a criar incerteza, a qual fomentará a insegurança jurídica, prejudicial ao Estado e à sociedade em geral, trazendo muitos prejuízos para esta importante atuação estatal, especialmente para a harmonização e fortalecimento da atuação coordenada e cooperativa das múltiplas instituições, o que levou e leva, inúmeras vezes, a situações de insegurança jurídica ou até de duplicidade de atuação sancionadora e, inclusive, de impunidade.

Este é um ponto que nos parece pendente de avanço no Brasil e que deriva, em parte, de uma indevida competição entre as instituições sancionadoras, as quais parecem lutar por uma conquista de espaço institucional e que desencadearam situações como, por exemplo, aquelas

---

[12] Disponível em: https://www.oas.org/dil/esp/tratados_B-32_Convencion_Americana_sobre_Derechos_Humanos.pdf (Data da consulta: 26 de março de 2023).

[13] FERREIRA, Daniel. Sanções administrativas: entre direitos fundamentais e democratização da ação estatal. *Revista Direitos Fundamentais & Democracia*, v. 12, n. 12, p. 167-185, 2012.

levadas ao STF através dos Mandados de Segurança nºs 35.435 e 36.496 antes referidos. Nesse quadro, ainda que possa ser interpretada como uma afirmação um tanto quanto enérgica ou ousada, não parece ser equivocado falar que parcela da insegurança jurídica que surgiu a partir da aplicação da Lei nº 12.846, de 2013, notadamente em relação aos acordos de leniência, deveu-se a essa indevida competição institucional retratada nesse julgado do STF e que, em essência, revela uma atuação imperfeita de uma ou de alguma das múltiplas instituições que integram o sistema anticorrupção.

E por que, relativamente ao acordo de leniência instituído pela LAC, houve essa imperfeita atuação de uma ou de alguma das múltiplas instituições que integram o sistema anticorrupção? Qual a natureza jurídica desse acordo de leniência e qual a compreensão das múltiplas instituições sobre esta ferramenta?

Este ponto será abordado no próximo tópico.

2 Acordo de leniência da Lei nº 12.846, de 2013: qual a sua natureza jurídica?

Como referido, as controvérsias surgidas no sistema anticorrupção brasileiro têm sido e continuam sendo significativas desde o advento da Lei nº 12.846, de 2013, notadamente em função do acordo de leniência por ela instituído. Em nossa opinião, estas controvérsias derivam, em boa parte, da compreensão inadequada ou imprecisa da natureza jurídica desta ferramenta, aspecto este que gerou e ainda gera diversas manifestações a partir da doutrina, bem como dos órgãos que compõem o chamado sistema anticorrupção brasileiro.

A este respeito, um dos posicionamentos sobre a ferramenta que mencionamos é o do Tribunal de Contas da União (TCU), que, através de sua Instrução Normativa nº 83, de 12 de dezembro de 2018, estabeleceu o entendimento de que a celebração de acordos de leniência pelos órgãos e entidades da Administração Pública federal é um ato administrativo sujeito à competência do TCU no que diz respeito à sua legalidade, legitimidade e economia, nos termos do art. 70 da Constituição.[14] Para o TCU, ao que parece, o acordo de leniência da Lei

---

[14] Instrução Normativa nº 83, de 12 de dezembro de 2018, a qual 'Dispõe sobre a fiscalização pelo Tribunal de Contas da União sobre os processos de celebração de acordo de leniência pela Administração Pública federal, nos termos da Lei nº 12.846, de 1º de agosto de 2013'.

Anticorrupção é considerado, genericamente, um ato administrativo sujeito a seu controle, entendimento esse que, respeitosamente e apesar das competências e qualificações dessa Corte de Contas, não parece ser apoiado pela legislação brasileira.

Neste ponto, e a fim de introduzir o problema, é importante sublinhar que, ao que parece, até agora não houve manifestações semelhantes do TCU em relação aos demais acordos de leniência previstos na legislação brasileira, os quais, embora tenham semelhante natureza jurídica à do acordo de leniência da Lei Anticorrupção – ferramentas para a aplicação consensual do Direito Sancionador, como analisaremos com mais profundidade –, passaram ao largo do alegado poder de controle que o TCU afirma possuir.[15] O mesmo acontece com as demais ferramentas com características consensuais adotadas no Brasil para a solução da responsabilidade pela prática de diversos ilícitos, notadamente ilícitos praticados contra a Administração Pública, tais como a colaboração ou delação premiada e o acordo de não persecução penal – ANPP, no âmbito penal, e o acordo de não persecução civil – ANPC na esfera da Lei de Improbidade Administrativa, ferramentas que parecem não ter despertado a atuação fiscalizatória e de controle do TCU.

Avançando nesta análise podemos anotar, também, algumas lições doutrinárias afirmando, por exemplo, que o acordo de leniência tem a natureza jurídica de um negócio jurídico sinalagmático bilateral, através do qual o Estado e as empresas assumem direitos e deveres recíprocos, de modo que a relação entre as partes, no que diz respeito ao objeto do acordo, passa a ser regulada pelo instrumento contratual,[16] ou que o acordo de leniência, além de sua característica como instrumento de prova, tem natureza jurídica contratual, uma vez que os signatários se

---

Disponível em: https://pesquisa.apps.tcu.gov.br/#/documento/ato-normativo/IN%2520T CU%252083%252F2018/%2520/score%2520desc/0/%2520 (Data da consulta: 29 de março de 2023).

[15] Hoje, no Brasil, além do acordo de leniência da Lei Anticorrupção, idêntica ferramenta é prevista no âmbito da proteção da concorrência, regulamentada pela Lei nº 12.529, de 2011, no âmbito do sistema financeiro nacional, que é regulado pela Lei nº 13.506, de 2017, cujas autoridades competentes são o Banco Central do Brasil (BCB) e a Comissão de Valores Mobiliários (CVM). Ver, a este respeito, ATHAYDE, Amanda. *Manual dos Acordos de Leniência no Brasil*: Teoria e Prática – Cade, BC, CVM, CGU, AGU, TCU, MP. Belo Horizonte: Fórum, 2019, p. 237-375 e 377-465.

[16] TOJAL, Sebastião Botto de Barros. Consequências jurídicas do descumprimento do acordo de leniência pelo Estado e os mecanismos de garantia à execução contratual e de proteção à empresa colaboradora. *In*: MORAES, Alexandre; MENDONÇA, André Luiz de Almeida (ed.). *Democracia e sistema de justiça*: obra em homenagem aos 10 anos do Ministro Dias Toffoli no Supremo Tribunal Federal, Belo Horizonte: Fórum, 2020, p. 591-606.

comprometem a cumprir o que assinaram de boa fé.[17] Em entendimento que se assemelha ao defendido pelo TCU também é afirmado que o acordo de leniência tem a natureza de um ato administrativo negociado, ou melhor, um ato administrativo consensual, sendo o exercício negociado de poderes unilaterais, um verdadeiro ato administrativo.[18]

Outros autores afirmam que o acordo de leniência tem a natureza jurídica de um ato administrativo consensual, emitido por um agente público e que, para ser produzido, requer o consenso da autoridade pública e do indivíduo, considerando, sempre que possível, um agente público competente para a responsabilização por um ato ilegal deve participar deste ato,[19] ou que tem a natureza jurídica de um negócio jurídico processual.[20] [21] Afirma-se, também, que os acordos de leniência têm uma natureza dupla, como instrumento para encurtar as investigações administrativas e como meio de obtenção de provas no processo administrativo, e que se distinguem de outros tipos de consenso administrativo por serem instrumentos para a realização de uma política pública de processo administrativo.[22]

Afastando-se um pouco dessas observações, já afirmamos que o acordo de leniência, no sistema anticorrupção brasileiro, é apresentado como uma ferramenta para a aplicação de Direito Sancionador, alcançada de forma consensual, sendo que o resultado do processo consensual

---

[17] PEREIRA, Victor Alexandre El Khoury M. Acordo de leniência na Lei Anticorrupção (Lei nº 12.846/2013). *Revista Brasileira de Infraestrutura – RBINF*, Belo Horizonte, v. 5, p. 79-113, 2016.

[18] RITT, Caroline Fockink. *Políticas públicas e privadas para o combate à corrupção em face da Lei 12.846/2013:* o acordo de leniência como política pública para combater a corrupção instalada e o *compliance* como política privada para evitar práticas corruptivas no ambiente empresarial. 2017. Tese de doutorado. Universidade de Santa Cruz do Sul (UNISC).

[19] MACHADO, Pedro Antonio de Oliveira. *Acordo de leniência & a Lei de Improbidade Administrativa.* Curitiba: Juruá, 2017, p. 85-88.

[20] PAIVA, Rodrigo Figueiredo. A natureza jurídica do acordo de leniência da Lei Anticorrupção. In: MORAES, Alexandre; MENDONÇA, André Luiz de Almeida (coord.). *Democracia e sistema de justiça:* obra em homenagem aos 10 anos do Ministro Dias Toffoli no Supremo Tribunal Federal, Belo Horizonte: Fórum, 2020, p. 565-582.

[21] Aras também refere que o acordo de leniência, que ele chama de acordo de leniência civil, é um negócio jurídico de natureza processual realizado para obter soluções negociadas para atos ilegais atribuídos a pessoas jurídicas (ARAS, Vladimir. Os acordos cíveis da Lei de Improbidade Administrativa e da Lei Anticorrupção Empresarial. *In:* KIRCHER, Luís Felipe Schneider; DE QUEIROZ, Ronaldo Pinheiro; SALGADO, Daniel de Resende (ed.). *Justiça Consensual:* acordos criminais, cíveis e administrativos. São Paulo: Juspodivm, 2022, p. 537-631.

[22] MENDES, Gilmar Ferreira; FERNANDES, Victor Oliveira. Acordos de Leniência e Regimes Sancionadores Múltiplos: Pontos de Partida para uma Integração Constitucional. In: DANTAS, Marcelo Navarro Ribeiro (org.). *Inovações no Sistema de Justiça*, São Paulo: Revista dos Tribunais, 2021, p. 573-632.

ou negociado – o instrumento de leniência assinado entre o Estado e o infrator – nada mais é do que uma manifestação sancionatória do Estado, construída precisamente por consenso, e que está acobertada pelos atributos de coercibilidade e exequibilidade, inerentes a todas as manifestações sancionatórias do Estado.[23]

Avançamos um pouco. E este aprofundamento, em nossa opinião, deve ter como ponto de partida o entendimento de que a natureza jurídica de um instituto ou ferramenta, como é o caso, não deve ser confundida com seus requisitos ou seus objetivos. De fato, conforme expresso na Lei Anticorrupção e no Decreto nº 11.129, de 2022, é exigência para a assinatura de um acordo de leniência a colaboração efetiva da pessoa jurídica, o que pressupõe o fornecimento de informações e provas sobre as infrações, permitindo, assim, o encurtamento ou aceleração das investigações.[24] O acordo de leniência é, portanto, um meio de encurtar as investigações e obter provas e informações sobre as infrações, características ou consequências que estão relacionadas com os requisitos e objetivos da ferramenta. Estes, ao que parece, são aspectos ou exigências que estão entrelaçados com sua natureza jurídica, mas não são confundidos com ela.

---

[23] FRIDRICZEWSKI, Vanir. Acuerdos de lenidad en Brasil: Una herramienta eficaz para la recuperación de activos de la corrupción. *In*: RODRÍGUEZ-GARCÍA, Nicolás; GONZÁLEZ-CASTELL, Adán Carrizo; RODRÍGUEZ-LOPEZ, Fernando (ed.). *Compliance y justicia colaborativa en la prevención de la corrupción*. Valencia: Tirant lo Blanch, 2020. p. 87-110.

[24] Lei nº 12.846, de 2013:
Art. 16. A autoridade máxima de cada órgão ou entidade pública poderá celebrar acordo de leniência com as pessoas jurídicas responsáveis pela prática dos atos previstos nesta Lei que colaborem efetivamente com as investigações e o processo administrativo, sendo que dessa colaboração resulte:
I – a identificação dos demais envolvidos na infração, quando couber; e
II – a obtenção célere de informações e documentos que comprovem o ilícito sob apuração.
Decreto nº 11.129, de 2022:
Art. 32. O acordo de leniência é ato administrativo negocial decorrente do exercício do poder sancionador do Estado, que visa à responsabilização de pessoas jurídicas pela prática de atos lesivos contra a administração pública nacional ou estrangeira.
Parágrafo único. O acordo de leniência buscará, nos termos da lei:
I – o incremento da capacidade investigativa da administração pública;
II – a potencialização da capacidade estatal de recuperação de ativos; e
III – o fomento da cultura de integridade no setor privado.
Art. 33. O acordo de leniência será celebrado com as pessoas jurídicas responsáveis pela prática dos atos lesivos previstos na Lei nº 12.846, de 2013, e dos ilícitos administrativos previstos na Lei nº 14.133, de 2021, e em outras normas de licitações e contratos, com vistas à isenção ou à atenuação das respectivas sanções, desde que colaborem efetivamente com as investigações e o PAR, devendo resultar dessa colaboração:
I – a identificação dos demais envolvidos nos ilícitos, quando couber; e
II – a obtenção célere de informações e documentos que comprovem a infração sob apuração.

Outra questão que deve ser levada em conta são os próprios objetivos e fundamentos da Lei Anticorrupção. Recordemos, a este respeito, que esta Lei, em seu art. 1º, deixou claro que ela trata da responsabilidade objetiva administrativa e civil das pessoas jurídicas pela prática de atos contra a Administração Pública, nacional ou estrangeira. E estes objetivos foram bem expostos nas justificações do projeto de lei.[25]

Ou seja, a Lei Anticorrupção procurou estabelecer no Brasil um novo marco regulatório para a responsabilização das pessoas jurídicas pelos ilícitos nela definidos, prevendo dois regimes ou campos para a responsabilização: o administrativo e o judicial.[26] Trata-se, portanto, de uma lei que, ao regulamentar a responsabilidade das pessoas jurídicas por determinados atos ilícitos, introduziu ferramentas que permitem ao Estado, exercendo suas potestades e observando os direitos fundamentais de defesa, sancionar os responsáveis pela prática dos atos ilícitos nela tipificados.

Esta nova Lei, pois, regulamenta ferramentas para o exercício do poder sancionatório do Estado e, portanto, para a aplicação do Direito Sancionador. E neste novo marco normativo foram eleitos dois caminhos para alcançar o desiderato nele previsto: o primeiro é a tradicional atuação contenciosa do Estado, através do processo administrativo de responsabilização (PAR – art. 6º ao 15 da Lei nº 12.846, de 2013) e pela via judicial (através da ação judicial civil – art. 18 ao 21 da Lei nº 12.846, de 2013). O segundo caminho é a atuação consensual e negociada para o sancionamento das infrações tipificadas na Lei Anticorrupção, sendo o acordo de leniência a ferramenta introduzida para este fim (artigos 16 e 17 da Lei nº 12.846, de 2013).

Há mais. Embora o acordo de leniência seja alcançado de forma consensual, isto ocorre a partir de um procedimento administrativo – negociado e consensual, é claro – no qual os órgãos competentes da Administração Pública devem analisar o cumprimento das exigências legais, sendo este um espaço para o exercício do poder discricionário da Administração Pública, com a consequente aplicação ou não de sanções, e isto de forma negociada e em conformidade com as especificidades do caso. Em outras palavras, embora os elementos relacionados ao procedimento negociado estejam presentes, as cores da ação sancionadora

---

[25] Disponível em: https://legis.senado.leg.br/sdleg-getter/documento?dm=4003715&ts=1630411033257&disposition=inline (Data da consulta: 05 de março de 2023).

[26] MENDES, Gilmar Ferreira; FERNANDES, Victor Oliveira. *Acordos de Leniência e Regimes Sancionadores Múltiplos*: Pontos de Partida para uma Integração Constitucional. Ob. cit., p. 573-632.

estatal não são eliminadas no processo de negociação de um acordo de leniência, especialmente o poder discricionário, a coercividade e o poder de impor sanções.

Voltamos, portanto, à nossa afirmação antes referida, no sentido de que o acordo de leniência, no sistema anticorrupção brasileiro, apresenta a natureza jurídica de uma ferramenta para a aplicação do Direito Sancionador, alcançada de forma negociada e, portanto, consensual, e isso, nos termos da Lei de Regência, pode resultar no abrandamento das sanções, conforme efetivamente previsto na Lei Anticorrupção, a qual estabelece que a conclusão das negociações e a assinatura do acordo de leniência isentará a pessoa jurídica das sanções previstas no art. 6º, inciso II (publicação da decisão), e inciso IV do art. 19 – proibição de receber incentivos de órgãos públicos – e reduzirá o valor da multa aplicável em até dois terços,[27] observação essa semelhante às notas de Marrara, o qual sublinha que o acordo de leniência é um ajuste que faz parte do processo de sancionamento administrativo realizado pela entidade estatal e, por outro lado, por um infrator que pretende colaborar com o Estado na execução de suas tarefas investigativas, a fim de obter, em troca da cooperação e do cumprimento de outras obrigações, a atenuação ou isenção das sanções aplicáveis no mesmo processo administrativo ou fora dele.[28]

Também é importante sublinhar que, ao final do procedimento de negociação, se o resultado for positivo, um instrumento ou acordo de leniência deve ser assinado entre o Estado e a empresa envolvida nas infrações, instrumento esse que, como já foi dito, é uma manifestação sancionadora do Estado – um ato administrativo sancionatório, portanto –, construído precisamente de forma consensual – e bilateral – e que é coberto pelos atributos de coercibilidade e exequibilidade, inerentes a todas as manifestações sancionadoras do Estado.

Portanto, o acordo de leniência, mesmo sendo um ato consensual e bilateral, exibe a natureza jurídica de um ato sancionatório alcançado com base em um procedimento administrativo negociado no qual a

---

[27] Art. 16
[...]
§2º A celebração do acordo de leniência isentará a pessoa jurídica das sanções previstas no inciso II do art. 6º e no inciso IV do art. 19 e reduzirá em até 2/3 (dois terços) o valor da multa aplicável.

[28] MARRARA, Thiago. Acordo de leniência na Lei Anticorrupção: pontos de estrangulamento da segurança jurídica. *Revista Digital de Direito Administrativo*, v. 6, n. 2, p. 95-113, 2019.
MARRARA, Thiago. Comentários ao art. 16. In: DI PIETRO, Maria Sylvia Zanella; MARRARA, Thiago (coord.). *Lei Anticorrupção comentada*. Belo Horizonte: Fórum, 2021, p. 193-235.

cooperação do infrator é necessária, especialmente para a apresentação de provas das infrações. Em outras palavras, na construção de um acordo de leniência está presente o exercício do poder sancionatório do Estado, o que é suficiente para diferenciá-lo dos contratos em geral, que, no sistema civil brasileiro, são baseados na liberdade contratual, que deve ser exercida dentro dos limites da função social do contrato.[29]

Estas observações nos permitem ratificar e complementar nosso entendimento no sentido de que o acordo de leniência possui a natureza jurídica de ferramenta para a aplicação do Direito Sancionador,[30] alcançado de forma consensual, sendo que o resultado do procedimento administrativo consensual ou negociado – o instrumento de leniência assinado entre o Estado e o infrator – nada mais é do que uma manifestação sancionadora do Estado – um ato administrativo – construído, precisamente, de forma consensual e bilateral, mas coberto pelos atributos de coercibilidade e exequibilidade, inerentes a todas as manifestações sancionadoras do Estado.

E esse entendimento foi incorporado pelo novo Decreto nº 11.129, de 2022, que em seu artigo 32 estabelece que o acordo de leniência é ato administrativo negocial decorrente do exercício do poder sancionador do Estado, que visa à responsabilização de pessoas jurídicas pela prática de atos lesivos contra a Administração Pública nacional ou estrangeira.

Diante desse panorama sobre a multiplicidade institucional brasileira e a natureza jurídica do acordo de leniência, que avanços e iniciativas precisam ser tomados para superar as controvérsias verificadas? É o ponto abordado no próximo tópico.

3 O que ainda precisa ser compreendido?

Apesar das disposições expressas da Lei Anticorrupção que estabelecem quais autoridades administrativas têm competência ou autoridade legal para negociar e assinar um acordo de leniência, a

---

[29] Código Civil Brasileiro:
Art. 421. A liberdade contratual será exercida nos limites da função social do contrato.
[30] A Instrução Normativa CGU/AGU nº 2, de 2018, adota entendimento semelhante, afirmando que o acordo de leniência está previsto na Lei nº 12.846, de 1º de agosto de 2013 (Lei Anticorrupção – LAC), como instrumento de apuração de ilícitos e de responsabilização de pessoa jurídica que pratique atos contra a Administração Pública, nacional ou estrangeira. Disponível em: https://repositorio.cgu.gov.br/bitstream/1/33688/8/Instrucao_Normativa%20_2_2018.pdf (Data da consulta: 23 de março de 2023).

aplicação prática da ferramenta deu origem a muitas controvérsias, que, no final, têm potencialidade para gerar incerteza jurídica.

A questão que se coloca é como melhor interpretar estes artigos no contexto da Lei Anticorrupção e do sistema anticorrupção brasileiro como um todo, e como alinhá-los com as competências e atribuições legais e constitucionais dos órgãos que compõem este sistema.

A propósito do tema, alguns autores afirmam que a teoria da rede oferece uma contribuição contextual para que o intérprete possa extrair, das numerosas relações estabelecidas entre os órgãos anticorrupção e entre estes e a empresa colaboradora, um paradigma de intervenção que respeita a própria rede do sistema anticorrupção brasileiro. E para o bom funcionamento da rede é necessário incentivar os órgãos de controle da corrupção a "desligar" o modo de concorrência institucional e suas atribuições assim que um acordo de leniência for alcançado com um dos membros da rede, e assim o valor da sincronização passa a ser o da cooperação.[31]

Em um hipotético cenário de multiplicidade institucional, com vários órgãos com competências e atribuições idênticas, estas abordagens oferecem uma proposta que, por assim dizer, pode fornecer ao Estado um modelo de ação que, pelo menos do ponto de vista dos resultados e esforços institucionais, poderia ser descrito como um modelo ideal: vários órgãos, igualmente competentes, estariam encarregados da proteção de um determinado bem jurídico, com competências idênticas para o manejo de ferramentas idênticas, levando em conta que a ação e o sucesso de um deles faria com que o Estado conseguisse a punição desejada do infrator. Isto paralisaria as ações dos demais, evitando uma duplicação de ações ou mesmo sanções.

Entretanto, este hipotético modelo pode apresentar uma armadilha prejudicial para o sistema, quando um dos vários membros da rede ou sistema começa a agir de forma mais benevolente para com os responsáveis pelos ilícitos, atraindo os infratores a buscar a resolução de sua responsabilidade apenas com determinado órgão, em detrimento dos outros e da própria rede.

Este, entretanto, não é o modelo ou a configuração da multiplicidade institucional ou da rede anticorrupção brasileira. É que as múltiplas instituições brasileiras que atuam na repressão da corrupção, cada uma com suas próprias competências e atribuições

---

[31] TAMASAUSKAS, Igor Sant'Anna. *O Acordo de Leniência Anticorrupção*: Uma Análise sob o Enfoque da Teoria de Redes. Ob. cit., p. 203-241.

legais, manuseiam ou podem manusear diferentes ferramentas para a aplicação da lei punitiva, exercendo "parcelas diferenciadas" do poder sancionador do Estado.

E recordemos, nesse sentido, que a ação sancionadora do Estado, seja num ambiente de multiplicidade institucional – ou em rede –, seja através de uma instituição central, quando exercida em desacordo com as regras de competência e atribuição, além de ilegalidade e inconstitucionalidade devido à violação de direitos fundamentais, cria incerteza e fomenta a insegurança jurídica, prejudicando o Estado, o sistema democrático e a sociedade como um todo.

A partir disso parece razoável argumentar que os diferentes órgãos que compõem o sistema ou rede anticorrupção brasileira não agem ou não deveriam agir na esperança de "fechar" a ação ou competência dos outros atores estatais. Pelo contrário, agem ou devem agir como partes de um quebra-cabeça, como célula ou parte de uma rede ou sistema que, antes de tudo, têm suas atribuições e competências fixadas e limitadas pelo sistema jurídico-constitucional, que não devem competir, mas, ao contrário, devem somar-se e complementar-se, cada uma delas tratando as ferramentas sancionadoras de acordo com as atribuições e competências que lhes são concedidas por lei e, com base nisso, sincronizando e cooperando com as ações dos demais órgãos.

Com isso se pretende afirmar que, no bojo de um Estado Democrático de Direito, no qual a exigência de eficiência é colocada como um princípio reitor da atuação da Administração Pública, o estabelecimento de determinadas competências legais em favor de determinado órgão não é impeditivo de sua cooperação com outras agências estatais, incluindo a ação conjunta e coordenada ou sincronizada com órgãos com diferentes competências e poderes na área de controle da corrupção.

E quando falamos da Lei Anticorrupção esta necessidade de ação ou atuação conjunta parece ser um comando ou ordem implícita por ela trazida, notadamente porque, como referido, essa norma criou um sistema de sancionamento de atos ilícitos realizados por pessoas jurídicas, cujas sanções estão divididas em duas categorias: *(a)* sanções administrativas, aplicadas pelas autoridades administrativas através do PAR e *(b)* sanções ou consequências civis, mais graves do que as sanções administrativas, e que serão aplicadas através de uma ação judicial de natureza civil, a qual pode ser ajuizada pelo Ministério Público ou pelo ente público lesado, atuando em juízo por seus órgãos de Advocacia Pública (a AGU, por exemplo, em nível federal). E como forma alternativa e consensual para essa responsabilização de pessoas jurídicas temos o novel acordo de leniência, ao qual a Lei nº 12.846, de 2013, no âmbito do Poder Executivo Federal, houve por bem fixar uma regra de competência/atribuição: é atribuição da CGU negociar e firmar acordos de leniência.

Saímos e voltamos ao mesmo ponto: o sistema brasileiro de repressão à corrupção é um sistema marcado pela multiplicidade institucional, no qual cada um dos múltiplos atores públicos, com suas competências legais e constitucionais específicas para o manuseio de determinadas ferramentas, exerce parcela da potestade sancionadora do Estado. E a Lei Anticorrupção seguiu este mesmo caminho, criando múltiplas ferramentas para o sancionamento dos ilícitos nela previstos e atribuindo a múltiplos e diversos atores públicos as competências e atribuições legais para tanto.

Reconhecer e respeitar essas competências previstas na Lei Anticorrupção, bem como desenvolver padrões e comportamentos cooperativos entre os múltiplos atores públicos integrantes desse sistema, parece ser um (ou o único) caminho viável para a afirmação e para o "pegar" da Lei Anticorrupção, bem como para o próprio fortalecimento e otimização do sistema anticorrupção do Brasil. Isto, em essência, é o indispensável para o cumprimento e respeito ao princípio constitucional da eficiência e para a criação de um ambiente indutor de segurança jurídica.

Conclusão

A Lei nº 12.846, de 2013, ao inovar no sistema brasileiro de repressão à corrupção com a previsão de responsabilização objetiva da pessoa jurídica pela prática de atos lesivos contra a Administração Pública nacional e estrangeira, observou o modelo de multiplicidade institucional adotado no Brasil, criando múltiplas ferramentas para o sancionamento dos ilícitos nela previstos e atribuindo a múltiplos e diversos atores públicos as competências e atribuições legais para tanto.

A aplicação dessa nova Lei, entretanto, como amplamente divulgado no meio jurídico, foi permeada por controvérsias e embates institucionais que, por assim dizer, criaram um ambiente de insegurança jurídica. Boa parte dessas controvérsias e desses embates pode ter decorrido de uma indevida disputa por espaço institucional para, à revelia dos comandos normativos expressos, buscar se afirmar como protagonista para aplicação dessa Lei. Estas disputas institucionais talvez tenham como matriz uma inadequada compreensão do papel dessas múltiplas instituições e da própria natureza jurídica das ferramentas instituídas pela Lei Anticorrupção, notadamente do seu acordo de leniência.

O Estado Democrático de Direito brasileiro, inclusive no trato do tema repressão à corrupção, reclama eficiência na atuação da Administração Pública e, ao mesmo tempo, segurança jurídica. Disputas e embates institucionais nessa temática conduzem ao caminho oposto. Harmonia, respeito às competências e atribuições dos múltiplos órgãos e cooperação interinstitucional, ao contrário, são vetores que certamente conduzirão a uma maior eficiência na atuação do Estado e que inclusive impulsionarão o surgimento de um ambiente com maior segurança jurídica.

Este talvez seja um dos principais aspectos nos quais as múltiplas instituições brasileiras que integram o sistema anticorrupção devam avançar, até porque, ao que nos parece, uma atuação harmônica e cooperativa não retira ou minora a atribuição ou competência daquele ator público que coopera com outro, mas ao revés, fortalece o sistema como um todo.

Houve vários avanços no tema, como, por exemplo, com a assinatura, em agosto de 2020, do acordo de cooperação técnica entre o TCU, a CGU, a AGU, o Ministério da Justiça e Segurança Pública (MJSP) e o STF, na qualidade de coordenador, o qual, com o objetivo de dar maior segurança jurídica aos acordos de leniência firmados e garantir a efetividade do instrumento de alavancagem investigatória e da recuperação de valores desviados, estabelece ritos e mecanismos de compartilhamento de informações entre as instituições envolvidas nos acordos de leniência previstos na Lei Anticorrupção.

Mas ainda há muito a se avançar em matéria de harmonia, respeito às competências e atribuições dos múltiplos órgãos e cooperação interinstitucional quando se fala do tema aplicação da Lei Anticorrupção, até porque, mesmo diante da assinatura de compromissos dessa magnitude e importância, ainda brotam algumas atuações desbordando do espírito desse ACT e que, portanto, acabam por se olvidar do princípio da eficiência e da segurança jurídica, bem como dos próprios comandos e normas de competência e atribuição fixadas na Lei Anticorrupção.

Oxalá que os próximos 10 anos de vigência da LAC sejam marcados pela harmonia, pelo respeito às competências e atribuições dos múltiplos órgãos e pela cooperação interinstitucional. Este parece ser o reclamo para alcançarmos eficiência em matéria de combate à corrupção e para o desenvolvimento de um ambiente com mais segurança jurídica.

Referências

ARAS, Vladimir. Os acordos cíveis da Lei de Improbidade Administrativa e da Lei Anticorrupção Empresarial. *In:* KIRCHER, Luís Felipe Schneider; DE QUEIROZ, Ronaldo Pinheiro; SALGADO, Daniel de Resende (ed.). *Justiça Consensual*: acordos criminais, cíveis e administrativos, São Paulo: Juspodivm, 2022, p. 537-631.

ATHAYDE, Amanda. *Manual dos Acordos de Leniência no Brasil:* Teoria e Prática – Cade, BC, CVM, CGU, AGU, TCU, MP. Belo Horizonte: Fórum, 2019.

CARVALHOSA, Modesto. A nova Lei da Empresa Limpa. *O Estado de São Paulo,* São Paulo, v. 29, 2014.

FERREIRA, Daniel. Sanções administrativas: entre direitos fundamentais e democratização da ação estatal. *Revista Direitos Fundamentais & Democracia,* v. 12, n. 12, p. 167-185, 2012.

FRIDRICZEWSKI, Vanir. *Ação de Improbidade Administrativa e Tutela do Meio Ambiente.* Belo Horizonte: Arraes Editores, 2017.

FRIDRICZEWSKI, Vanir. Acuerdos de lenidad en Brasil: una herramienta eficaz para la recuperación de activos de la corrupción. *In:* RODRÍGUEZ-GARCÍA, Nicolás; GONZÁLEZ-CASTELL, Adán Carrizo; RODRÍGUEZ-LOPEZ, Fernando (ed.). *Compliance y justicia colaborativa en la prevención de la corrupción.* Valencia: Tirant lo Blanch, 2020. p. 87-110.

GARCIA, Emerson; CUNHA, Rogério Sanches; ALVES, Rogério Pacheco. *Improbidade administrativa.* São Paulo: Saraiva, 2017.

MACHADO, Pedro Antonio de Oliveira. *Acordo de leniência & a Lei de Improbidade Administrativa.* Curitiba: Juruá, 2017.

MARRARA, Thiago. Acordo de leniência na Lei Anticorrupção: pontos de estrangulamento da segurança jurídica. *Revista Digital de Direito Administrativo,* v. 6, n. 2, p. 95-113, 2019.

MARRARA, Thiago. As fontes do direito administrativo e o princípio da legalidade. *Revista digital de direito administrativo,* v. 1, n. 1, p. 23-51, 2014.

MARRARA, Thiago. Comentários ao art. 16. *In:* DI PIETRO, Maria Sylvia Zanella; MARRARA, Thiago (coord.). *Lei Anticorrupção comentada.* Belo Horizonte: Fórum, 2021, p. 193-235.

MENDES, Gilmar Ferreira; FERNANDES, Victor Oliveira. Acordos de Leniência e Regimes Sancionadores Múltiplos: Pontos de Partida para uma Integração Constitucional. *In:* DANTAS, Marcelo Navarro Ribeiro (org.). *Inovações no Sistema de Justiça.* São Paulo: Revista dos Tribunais, 2021, p. 573-632.

NIETO, Alejandro. *Derecho administrativo sancionador.* Madrid: Tecnos, 2005.

OLIVARES, Gonzalo Quintero. La autotutela, los límites al poder sancionador de la administración pública y los principios inspiradores del derecho penal. *Revista de administración pública,* n. 126, p. 253-296, 1991.

PAIVA, Rodrigo Figueiredo. A natureza jurídica do acordo de leniência da Lei Anticorrupção. *In:* MORAES, Alexandre; MENDONÇA, André Luiz de Almeida (coord.). *Democracia e sistema de justiça*: obra em homenagem aos 10 anos do Ministro Dias Toffoli no Supremo Tribunal Federal, Belo Horizonte: Fórum, 2020, p. 565-582.

PEREIRA, Victor Alexandre El Khoury M. Acordo de leniência na Lei Anticorrupção (Lei nº 12.846/2013). *Revista Brasileira de Infraestrutura – RBINF*, Belo Horizonte, v. 5, p. 79-113, 2016.

PIMENTA, Raquel de Mattos. *A Construção dos Acordos de Leniência da Lei Anticorrupção*. São Paulo: Editora Blucher, 2020.

RITT, Caroline Fockink. *Políticas públicas e privadas para o combate à corrupção em face da Lei 12.846/2013*: o acordo de leniência como política pública para combater a corrupção instalada e o compliance como política privada para evitar práticas corruptivas no ambiente empresarial. 2017. Tese de doutorado. Universidade de Santa Cruz do Sul (UNISC).

SIMÃO, Valdir Moysés; VIANNA, Marcelo Pontes. *O acordo de leniência na lei anticorrupção*: histórico, desafios e perspectivas. São Paulo: Editora Trevisan, 2017.

TAMASAUSKAS, Igor Sant'Anna. *O Acordo de Leniência Anticorrupção*: uma análise sob o enfoque da teoria de redes. Curitiba: Editora Appris, 2022.

TOJAL, Sebastião Botto de Barros. Consequências jurídicas do descumprimento do acordo de leniência pelo Estado e os mecanismos de garantia à execução contratual e de proteção à empresa colaboradora. *In*: MORAES, Alexandre; MENDONÇA, André Luiz de Almeida (ed.). *Democracia e sistema de justiça*: obra em homenagem aos 10 anos do Ministro Dias Toffoli no Supremo Tribunal Federal, Belo Horizonte: Fórum, 2020, p. 591-606.

Informação bibliográfica deste texto, conforme a NBR 6023:2018 da Associação Brasileira de Normas Técnicas (ABNT):

FRIDRICZEWSKI, Vanir. Lei Anticorrupção e cooperação interinstitucional: no que ainda precisamos avançar? *In*: ZENKNER, Marcelo; KIM, Shin Jae (coord.). *Lei Anticorrupção Empresarial*: perspectivas e expectativas – Edição comemorativa dos 10 anos de vigência da Lei nº 12.846/2013. Belo Horizonte: Fórum, 2023. p. 121-139. ISBN 978-65-5518-541-6.

PARTE III

APLICAÇÃO DA LEI Nº 12.846/2013 NO AMBIENTE CORPORATIVO

A APLICAÇÃO DA LEI Nº 12.846/13 COMO INSTRUMENTO DE ROBUSTEZ DO PROGRAMA DE INTEGRIDADE DA PETROBRAS: PROCESSOS INVESTIGATIVOS E DE RESPONSABILIZAÇÃO

AUGUSTO MORAES HADDAD

IVONE SANTOS DE OLIVEIRA

RAFAEL DE CASTRO DA SILVA

1 Introdução

    Nos anos recentes vimos emergir e ganhar corpo no Brasil, tanto no setor público quanto no privado, um termo com nome importado de origem inglesa: *compliance*. Este instituto, que durante os idos de 1990/2000 começou a ser difundido em alguns países do hemisfério norte, aportou de vez no Brasil na última década.

    Muitos têm sido os estudos, os trabalhos, os debates e os normativos acerca desses temas nos últimos anos. Na prática, as mudanças ocorridas principalmente nas organizações, a fim de se adaptar a esses novos tempos, são visíveis.

    Um dos resultados desse movimento foi a promulgação da Lei nº 12.846/2013, também conhecida como Lei Anticorrupção, que representa importante avanço ao prever a responsabilização objetiva, no âmbito civil e administrativo, de empresas que praticam atos lesivos contra a Administração Pública nacional ou estrangeira.

Além de atender a compromissos internacionais assumidos pelo Brasil, a lei fecha uma lacuna no ordenamento jurídico do país ao tratar diretamente da conduta dos corruptores. A Lei Anticorrupção prevê punições como multa administrativa – de até 20% do faturamento bruto da empresa – e o instrumento do acordo de leniência, que permite o ressarcimento de danos de forma mais célere, além da alavancagem investigativa.[1]

Diante desse cenário, procuraremos demonstrar no presente artigo como a Petrobras, uma das mais icônicas empresas do Brasil, vem aprimorando e fortalecendo a sua cultura de integridade corporativa.

2 A cultura de integridade na Petrobras sob o prisma da detecção e apuração dos incidentes de conformidade

A Petróleo Brasileiro S.A – Petrobras é uma sociedade anônima de capital aberto que atua de forma integrada e especializada na indústria de óleo, gás natural e energia. A companhia é mundialmente reconhecida pela tecnologia de exploração e produção de petróleo e gás natural aplicada em águas ultraprofundas. Desde as primeiras descobertas em águas profundas, nos anos 70, até a nova fronteira exploratória do pré-sal, a Petrobras tem trilhado uma longa jornada tecnológica. Para vencer cada um dos desafios impostos por condições até então desconhecidas, foi motivada a aprimorar tecnologias existentes e desenvolver novas soluções.

Nos últimos anos, a Petrobras também tem sido referência em ações relacionadas às áreas de governança e conformidade. O fortalecimento dos controles internos e a implantação de um sistema de integridade vêm ajudando a companhia a se robustecer e obter resultados cada vez mais expressivos.

Desde a criação da Diretoria de Governança, Risco e Conformidade, em 25.11.2014, a empresa evoluiu na implementação de um modelo de governança que permitiu o equilíbrio entre eficiência e controle e possibilitou a atuação de forma íntegra e transparente, com tolerância zero à fraude e à corrupção. Neste sentido, Marcelo Zenkner, ex-diretor de governança e conformidade da Petrobras, ensina:

---

[1] Controladoria-Geral da União – CGU (Lei Anticorrupção – Corregedorias (www.gov.br).

No mundo empresarial, atualmente, é inegável o reconhecimento de que uma boa reputação aumenta o valor corporativo e proporciona uma imensa vantagem competitiva. Trata-se, assim, de um ativo de valor inestimável e diretamente correlacionado aos resultados financeiros de uma empresa.[2]

A fim de integrar e fortalecer o seu sistema de integridade, a Petrobras destaca em sua política de *compliance* as diretrizes de prevenção ao conflito de interesses, um guia de conduta ética para empregados e fornecedores e divulga o seu Programa Petrobras de Prevenção da Corrupção (PPPC), o qual é um documento que reúne o conjunto de medidas desenvolvidas e implementadas de forma integrada, com o objetivo de prevenir, detectar e corrigir a ocorrência de desvios éticos, incluindo fraude, corrupção e lavagem de dinheiro.

No que se refere ao pilar de detecção de desvios, a última revisão do sistema de integridade da Petrobras, ocorrida em 2020, trouxe diversas inovações, das quais se destacam:

a) a delimitação do processo de apuração de denúncias em fases;
b) a implantação de um método de entrevistas mais humanizado;
c) a adoção do Termo de Compromisso (TC);
d) a implementação da reabilitação disciplinar.

Veremos, a seguir, os principais pontos de cada uma dessas inovações trazidas pela Petrobras.

a) Delimitação do processo de apuração de denúncias em fases

A partir de 2020, o processo de apuração de incidentes de conformidade da Petrobras sofreu uma relevante mudança: a metodologia FEL (*Front-End Loading*), amplamente utilizada em projetos de engenharia e, também, em diversas áreas da Petrobras, foi adaptada para o processo de apuração de denúncias. O objetivo de usar essa metodologia foi o de desmembrar o processo de investigação em fases, com a criação de "portões" que pudessem conferir maior independência e segregação de funções entre as áreas que participam das apurações. A figura I, a seguir, demonstra esse fluxo do processo de apuração:

---

[2] ZENKNER, Marcelo. *Reputacao, decoro profissional e a efetividade dos sistemas de integridade corporativos*. Estadão, 7 abr. 2021. Disponível em: https://www.estadao.com.br/politica/blog-do-fausto-macedo/reputacao-decoro-profissional-e-a-efetividade-dos-sistemas-de-integridade-corporativos/.

FIGURA I
Processo de apuração

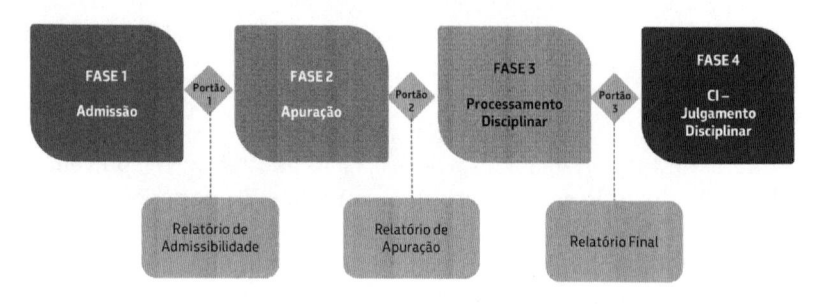

FASE 1 Admissão — Portão 1 — **FASE 2** Apuração — Portão 2 — **FASE 3** Processamento Disciplinar — Portão 3 — **FASE 4** CI – Julgamento Disciplinar

- Relatório de Admissibilidade
- Relatório de Apuração
- Relatório Final

Nesse processo, a equipe responsável pela Fase 1 atua com uma "porta de entrada" das denúncias que, caso admitidas, devem seguir para investigação na Fase 2. As avaliações realizadas na primeira fase têm o objetivo de delimitar o escopo da apuração, de forma a verificar se existem elementos mínimos descritivos da irregularidade ou indícios que permitam à Administração Pública chegar a tais elementos. Assim, quando não alcançados os requisitos de admissibilidade, é sugerido o arquivamento fundamentado ou o levantamento de informações mais precisas. Por outro lado, para os casos em que há a identificação de fatos investigáveis, a eventual irregularidade é encaminhada para apuração na Fase 2, composta por uma equipe diferente daquela que avaliou a admissibilidade.

Convém destacar que o Portão 1 delimita o final da primeira fase, momento em que é emitido o Relatório de Admissibilidade – RAD, que contém as justificativas que embasam a decisão de seguir ou não com a apuração dos fatos. No caso de uma indicação de arquivamento fundamentado, é necessária uma checagem, pela equipe da Fase 2, das conclusões apresentadas no RAD. Este procedimento visa garantir que não ocorram, por exemplo, arquivamentos indevidos de denúncias que, em última análise, poderiam ter o objetivo de encobrir eventuais irregularidades.

A equipe que compõe a Fase 2, responsável por conduzir as investigações, possui total independência daquela que elaborou a admissibilidade e tampouco se envolve nos eventuais processos disciplinares, os quais são iniciados apenas na Fase 3, a ser detalhada mais adiante. Os profissionais da Petrobras que participam da Fase 2 são norteados por 5 princípios fundamentais, a saber: (i) independência e isenção, (ii) respeito aos envolvidos, (iii) sigilo, (iv) objetividade e tempestividade e (v) conclusões baseadas em fatos e evidências.

O princípio que trata da independência e isenção tem por objetivo garantir que as equipes que conduzem as apurações estejam livres de quaisquer influências, sejam elas internas ou externas, de modo a haver liberdade na seleção do escopo dos trabalhos, dos procedimentos de teste, na escolha dos entrevistados e no conteúdo dos relatórios. Parte dessa garantia é proporcionada justamente pela segregação das fases de apuração e pela existência de dupla checagem dos atos praticados por cada uma das fases de apuração. Além disso, o novo sistema de integridade possibilitou que as apurações que envolvam membros da alta administração, que por diferentes motivos poderiam influenciar, direta ou indiretamente, o resultado da investigação, sejam coduzidas por uma empresa independente, contratada no mercado.

De forma a atender ao princípio do respeito aos envolvidos, a Petrobras capacitou 100% dos profissionais envolvidos nas investigações em uma nova metodologia de entrevistas mais humanizada, o método PEACE. Abordaremos as vantagens desse método mais à frente. Outro ponto que merece destaque foi o aprimoramento da comunicação com as pessoas que contibuíram para o esclarecimento da denúncia em entrevistas e reuniões. Assim que a investigação é encerrada, é enviado um comunicado informando que a investigação chegou ao fim e agradecendo a contribuição do profissional naquele processo. Isto visa a tranquilizar as pessoas que estiveram envolvidas de alguma maneira na denúncia e que não foram identificadas como autores de desvios.

Já o princípio do sigilo orienta quanto ao tratamento da infomação de acordo com o grau de confidencialidade, garante o cumprimento às diretrizes da Lei Geral de Proteção de Dados – LGPD e visa restringir adequadamente o acesso de pessoas aos documentos e dados de determinada apuraçao.

O princípio da objetividade instrui a equipe de apuração a responder, assertivamente, aos elementos da denúncia incluídos no Relatório de Admissibilidade. Caso a equipe se depare com outros tipos de irregularidades no curso da apuração, deve ser aberta uma nova denúncia para apurar esses eventuais descumprimentos. Isto visa proporcionar maior celeridade nas apurações, assim como garantir que não sejam encaminhadas informações ao denunciante que ele sequer sabia que existiam.

Por fim, e não menos importante, o quinto princípio estabelece que as conclusões reportadas nos Relatórios de Apuração – RAP deverão ser sempre baseadas em fatos e evidências. Isto quer dizer que todos os apontamentos de irregularidades devem estar documentalmente evidenciados, de modo a proteger a Petrobras quanto a possíveis ações judiciais de casos que tenham desencadeado sanções disciplinares. Por outro lado, destina-se também a proteger os empregados de eventuais perseguições pessoais ou de aplicações de sanções por mera desconfiança. Convém destacar que todos os princípios citados conferem robustez ao processo de apuração.

Voltando ao fluxo das apurações, como já dito, ao final da Fase 2 é elaborado o Relatório de Apuração, que deve refletir, com precisão, o resultado das apurações, garantindo sua fundamentação, abrangência, objetividade, eficácia, registro, identificação dos responsáveis pelos desvios (quando existirem), bem como suas causas e impactos, além das normas e padrões descumpridos. Os relatórios podem apresentar as seguintes conclusões sobre os fatos denunciados:

- confirmado, quando os exames realizados comprovem, mediante evidência, a irregularidade fática do objeto avaliado;
- não confirmado, quando os exames realizados não evidenciarem irregularidade fática do objeto avaliado; e
- não confirmado com limitações, quando houver algum tipo de limitação ou impedimento para realizar os exames que envolvam os processos denunciados, ocasionando a impossibilidade de avaliar a alegação.

Os Relatórios de Apuração com elementos confirmados são encaminhados para a Fase 3 para avaliação de início da etapa disciplinar, enquanto que aqueles que não tenham confirmado a denúncia seguem para avaliação da Fase 3 para homologação. Ressalta-se que a equipe da fase 3 também possui total independência em sua avaliação e, caso as conclusões apresentadas no RAP sejam rejeitadas, retorna o fluxo para a Fase 2 para as diligências adicionais ou para ajustes.

Os relatórios confirmados são avaliados pela Fase 3, que, ao decidir pela instauração de Procedimento de Verificação Disciplinar (PVD) ou celebração de Termo de Compromisso (TC), quando cabível, deverá submetê-los à apreciação do Comitê de Integridade.[3]

---

[3] Comitê de Integridade – é um órgão não estatutário de caráter permanente, vinculado ao Conselho de Administração da Petrobras (Conselho de Administração), que tem por finalidade definir, uniformizar e acompanhar a aplicação do sistema de consequências para os empregados da Petrobras e para as pessoas jurídicas que se relacionam com a Companhia, contribuindo para o seu sistema de integridade.

Quando a conclusão for de que inexistem elementos que suportem a abertura de Procedimento de Verificação Disciplinar ou quando a matriz de autoria do RAP não apontar desvios a empregados ou a ex-empregados da Petrobras, a Fase 3 proporá ao Comitê de Integridade o arquivamento da apuração, sem responsabilização. Observa-se, mais uma vez, a segregação de funções no fluxo de apuração, sendo que nestes casos os julgamentos sobre a gravidade das irregularidades e sobre a necessidade de aplicação de sanções ficam a cargo de um órgão independente, o Comitê de Integridade.

b) Implantação de um método de entrevistas mais humanizado

A fim de proporcionar um contato mais humanizado com diversos públicos que interagem com a área de apuração da Petrobras, a revisão do sistema de integridade trouxe uma abordagem de entrevista criada na Inglaterra nas décadas de 70 e 80, a metodologia PEACE.

O objetivo desse método não é o de alcançar a confissão do entrevistado, uma vez que ele pode ser inocente, mas recriar o contexto dos acontecimentos que o auxiliem a resgatar em sua memória os detalhes que possam ajudar a elucidar os fatos apurados. Nesse contexto, os entrevistadores são "incentivados a serem respeitosos, justos e a construírem uma atmosfera psicológica favorável, para que possa ser criado um ambiente de mútua confiança"[4] e devem se afastar do estereótipo de autoridade.

De acordo com Maia, quando os investigadores tentam perceber os trejeitos das pessoas para "adivinhar" se elas estão mentindo, se esquecem que ouvir é a parte mais importante da entrevista, tendo em vista que o objetivo é a produção de esclarecimentos. A seguir, são demonstradas as etapas das entrevistas de acordo com a metodologia PEACE.

---

[4] MAIA, Fábio. Metodologia de Humanização de Entrevista PEACE, *Revista LEC*, 13 jul. 2020. Disponível em: https://lec.com.br/metodologia-de-humanizacao-de-entrevista-peace/. Acesso em: 24 mar. 2023.

FIGURA II
Etapas das entrevistas – PEACE

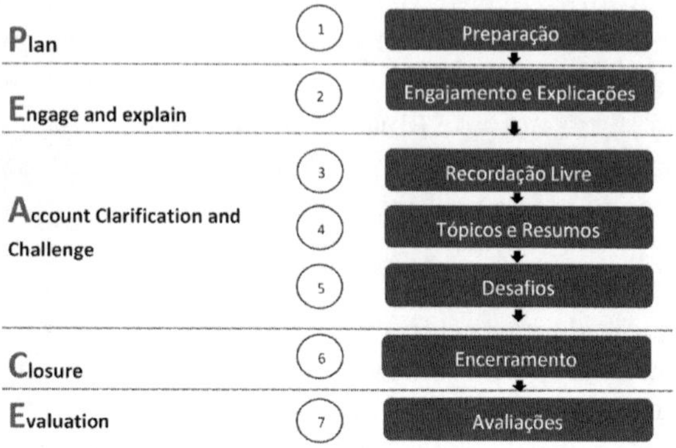

Plan	1	Preparação
Engage and explain	2	Engajamento e Explicações
Account Clarification and Challenge	3	Recordação Livre
	4	Tópicos e Resumos
	5	Desafios
Closure	6	Encerramento
Evaluation	7	Avaliações

c) Adoção do Termo de Compromisso (TC)

O Termo de Compromisso (TC) é um instrumento recomendado pela Controladoria-Geral da União (CGU), já adotado por este órgão em processos disciplinares e por órgãos ou entidades da Administração direta e indireta. Este instrumento visa, de um lado, obter mais eficiência no emprego dos recursos de apuração em situações que envolvam baixo potencial ofensivo e, de outro, promover ações preventivas e educativas, no lugar de corretivas. Ou seja, possibilita a adoção de medidas educativas para as não conformidades que sejam passíveis de sanção leve, mas, devido a seu baixo potencial ofensivo, admite-se conversão em acordo. Deste modo, o empregado que firmar o TC admite o seu erro, compromete-se a não reincidir e não pode celebrar novo instrumento pela mesma não conformidade, pelo prazo de dois anos.

A celebração do Termo de Compromisso pode ser realizada em qualquer das etapas de apuração (fases 1, 2 ou 3) e a sua utilização possibilitou o encerramento antecipado de investigações de baixo risco, diminuindo o tempo de reponsividade das denúncias e otimizando recursos da Petrobras.

d) Implementação da reabilitação disciplinar

Este procedimento foi implementado na Petrobras a fim de proporcionar novas aspirações profissionais aos empregados considerados reabilitados, mediante a exclusão das sanções de seus apontamentos funcionais, por meio de critérios de elegibilidade e de reabilitação.

Em relação à elegibilidade, fará jus à exclusão da anotação de sanção disciplinar aplicada o empregado que estiver com o contrato de trabalho ativo; não possuir registro de outras sanções disciplinares aplicadas nos últimos 5 anos; e não estiver com ação judicial que verse sobre a revisão da sanção disciplinar em curso. Convém ressaltar que não são passíveis de reabilitação as situações cujo fato gerador da sanção aplicada envolva comprovada fraude documental ou processual, ou, ainda, diante da existência de evidências da prática de ato que, em tese, seja tipificado como crime contra a Administração Pública e/ou ato de improbidade administrativa.

Com isso, os empregados com idade inferior a 60 anos terão direito à reabilitação disciplinar das sanções disciplinares aplicadas há 5 anos ou mais. Já os empregados com idade igual ou superior a 60 anos terão direito à reabilitação disciplinar das sanções disciplinares aplicadas há 900 dias ou mais.

Por fim, destaca-se que essa medida visa permitir que, após atingidos os objetivos pedagógicos de uma sanção, o indivíduo possa reconduzir a sua vida profissional, concedendo-lhe o "direito ao esquecimento", ou seja, que os atos praticados ou sofridos no passado não repercutam perpétua e incondicionalmente.

3 O PAR na Petrobras

3.1 Estruturação e implementação do PAR

A chegada da Lei nº 12.846/13 trouxe novidade para o ordenamento jurídico brasileiro: a responsabilização objetiva das pessoas jurídicas pela prática de fraude e corrupção contra a Administração Pública, antes alcançável somente em decorrência de crimes ambientais, no âmbito penal.

Nessa linha, grandes foram os desafios para a implementação e aplicação de um novo instrumento sancionatório de pessoas jurídicas na Administração Pública brasileira, inclusive a Petrobras, sociedade de economia mista,[5] legitimada a aplicar o sistema correcional administrativo no combate à fraude e à corrupção, visando seu compromisso legal e fortalecimento do seu programa de integridade.

---

[5] Art. 1º do Estatuto Social da Petróleo Brasileiro S/A – Petrobras, aprovado na Assembleia Geral Extraordinária de 30 de novembro de 2020, c/c art. 173, §1º, da CRFB/1988.

Para a implantação do Processo Administrativo de Responsabilização – PAR, um dos elementos do programa de integridade, contamos com o apoio da Alta Administração, realizamos estudos sobre o novo tema, com a participação de representantes de diversas áreas da Companhia, Conformidade, Jurídico, Inteligência Corporativa, Auditoria Interna, Contabilidade, Finanças, Suprimento de bens e serviços, Comunicação e Marcas.

Numa organização como a Petrobras, com cerca de 39 mil empregados,[6] o envolvimento de diversas unidades organizacionais foi fundamental para a implementação e execução do processo, considerando suas especificidades.

Na estruturação da nova atividade, contar com equipe multidisciplinar para a condução dos PARs proporcionou ganho de efetividade, pelo conhecimento da cultura Petrobras, dos processos e respectivos procedimentos internos. Assim, engenheiros, administradores, advogados, contadores, economistas puderam contribuir com suas experiências, interna e externa, em contratação, gerenciamento e fiscalização de contratos, patrocínios, convênios, contabilidade, finanças, auditoria interna, investigações.

Uma vez consolidado o tema e estruturado o PAR na Companhia, as ações de comunicação interna foram fundamentais para a conscientização e o envolvimento de toda a força de trabalho, o que reforçou ainda mais o compromisso com o fortalecimento do programa de *compliance*, além da proteção dos interesses da Companhia.

Assim, ações de comunicação foram essenciais para a disseminação do PAR, como a divulgação do procedimento interno regulamentador, alcançável a toda força de trabalho, apresentações em fóruns internos, treinamento para força de trabalho, priorizando o público-alvo: empregados e líderes das áreas de contratação e gerenciamento contratual, auditoria interna, equipe de apuração de denúncias.

Ainda, a Petrobras também conta com os agentes de integridade,[7] que exercem papel fundamental no desdobramento e disseminação das ações de *compliance* com os colaboradores de suas respectivas áreas, atuando como multiplicadores de integridade na Companhia.

---

[6] Data Base 31.12.2021, Relatório de Sustentabilidade 2021, p.191.
[7] Empregados de diversas áreas da companhia que exercem o papel de disseminadores da cultura de integridade, incentivando, em suas áreas, discussões que incluem o desdobramento de orientações quanto à observância às leis e normas internas, especialmente aquelas relacionadas ao combate à fraude, à corrupção e à lavagem de dinheiro.

Ações de comunicação direcionadas às pessoas jurídicas interessadas em se relacionar com a Petrobras são contínuas, reforçando princípios, valores e diretrizes que guiam a relação empresarial, refletindo os elevados padrões de integridade e o que é esperado delas. Dentre os diversos canais, podemos citar as orientações prestadas no lançamento dos editais de contratação e a disponibilização de um canal exclusivo para todos os fornecedores da Companhia.[8]

Um dos instrumentos capazes de dar transparência às contrapartes interessadas em se relacionar com a Petrobras é o Guia de Conduta Ética para Fornecedores,[9] um documento voltado exclusivamente para esse público, com orientações sobre valores e comportamentos éticos esperados. O Guia se aplica a todas as empresas que fornecem bens e prestam serviços, no Brasil ou exterior, que estejam envolvidas em processos negociais e que tenham celebrado contratos, convênios e termo de cooperação com a Petrobras.

Todos os empregados da Companhia são incentivados, assim como os demais públicos de interesse, a denunciar qualquer situação que indique uma violação ou potencial transgressão de princípios éticos, políticas, normas, leis e regulamentos ou quaisquer outras condutas impróprias e/ou ilegais.

É disponibilizado ao público interno e externo um canal de denúncia,[10] ferramenta independente, sigilosa e imparcial, para que sejam reportadas quaisquer irregularidades, ação ou omissão contrárias à lei, normativos internos e/ou aos preceitos do Código de Conduta Ética, relacionadas, dentre os diversos temas, à fraude e à corrupção, que garante a não retaliação, o anonimato do denunciante, cujo atendimento é feito por empresa especializada externa e independente.

A Ouvidoria-Geral é responsável por receber reclamações, solicitações de informação, denúncias, pedidos, consultas, opiniões e sugestões de todas as partes interessadas de maneira confidencial, independente, livre e acessível.

Assim, para o fluxo do PAR, são oferecidos ao público em geral canais de comunicação capazes de recepcionar ocorrências e tratá-las adequadamente, segundo os preceitos da Lei Anticorrupção.

---

[8] https://canalfornecedor.petrobras.com.br
[9] Acesso ao Guia por meio do endereço: https://petrobras.com.br/pt/quem-somos/perfil/compliance-etica-e-transparencia/.
[10] Disponível em: https://www.contatoseguro.com.br/petrobras.

3.2 O Processo Administrativo de Responsabilização – PAR na Petrobras

No final de 2016, a Companhia iniciou as atividades do PAR, ciente dos desafios a serem enfrentados e confiante com o alcance dos resultados, não somente pelo cumprimento do dever legal e fortalecimento do programa de integridade, mas, principalmente, pelo fomento à promoção da mudança cultural no meio empresarial.

A realização dos processos administrativos e sua gestão se dão no âmbito da Diretoria de Governança e Conformidade, responsável pelo tema fraude e corrupção na Companhia.

A atribuição pela instauração do PAR na Petrobras é do Gerente Geral de Integridade Corporativa, responsável por gerir os processos investigativos, as deliberações disciplinares, a responsabilização de terceiros, e pelo julgamento é o Comitê de Integridade, colegiado constituído em 2019, vinculado ao Conselho de Administração da Companhia, responsável por definir, uniformizar e acompanhar a aplicação do sistema de consequência para os empregados e para as pessoas jurídicas que se relacionam com a Companhia, proporcionando independência e credibilidade.

Com o aperfeiçoamento do sistema de integridade da Petrobras, o fluxo das atividades relacionadas ao pilar da remediação, da denúncia à correição, ocorre de forma independente, fortalecendo assim o alinhamento com as melhores práticas e disposições de órgãos reguladores locais e internacionais.

FIGURA III
Fluxo da atividade correcional da Petrobras

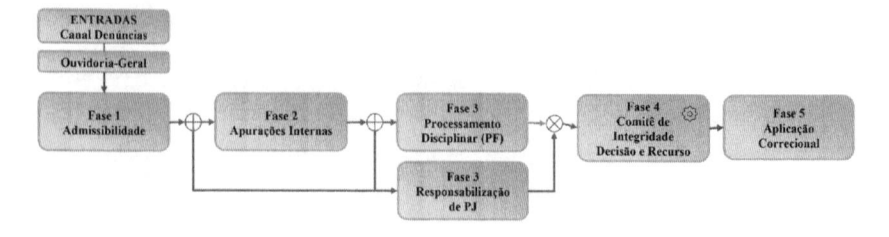

Assim, após o reporte das ocorrências relativas à fraude e à corrupção, ao Canal de Denúncias ou à Ouvidoria-Geral, os casos são tratados por uma equipe técnica que realiza as análises de admissibilidade acerca da existência de indícios de autoria e materialidade, recomendando ao final a abertura de investigação preliminar; o arquivamento do caso ou a instauração direta do PAR.

Quando verificada a necessidade de busca de elementos para subsidiar a ocorrência dos ilícitos, é aberta uma investigação preliminar que visa garantir os requisitos necessários e robustez ao PAR.

Neste sentido, o Manual de Responsabilização de Entes Privados[11] relata que a CGU orienta a adoção de providências necessárias para evitar a abertura de processos correcionais de forma precipitada ou com indícios de ocorrência de ilícitos escassos, reforça ainda a importância de um robusto juízo de admissibilidade prévio à abertura do processo, proporcionando ao PAR maior robustez, eficiência e maior observância ao devido processo legal às pessoas jurídicas processadas.

Ressalta ainda o Manual que, com a vigência da Lei de Abuso de Autoridade, tal orientação ganhou mais força em decorrência da tipificação como crime o ato de requisitar ou instaurar procedimento investigatório de infração penal ou administrativa, em desfavor de alguém, à falta de qualquer indício da prática de crime, de ilícito funcional ou de infração administrativa.[12] Não obstante, prevê que não há crime quando o procedimento em questão se tratar de sindicância ou investigação preliminar, devidamente justificada, demonstrando, assim, alerta para que não sejam instaurados processos de natureza punitiva, sancionatório, sem avaliação prévia acerca das provas e indícios que os justifiquem.

3.3 Juízo de admissibilidade e instauração do PAR na Petrobras pela autoridade instauradora

Fundamentada nas análises prévias de admissibilidade sobre o caso concreto e eventual resultado das investigações preliminares, a autoridade instauradora formaliza seu juízo de admissibilidade por meio de ato de ofício arquivando a matéria ou instaurando o processo administrativo de responsabilização, com designação de uma equipe técnica, composta por, no mínimo, dois empregados, para compor a comissão processante.

---

[11] Manual de Responsabilização de Entes Privados, Controladoria-Geral da União – CGU. Abril/22, p. 83.
[12] Art. 27 da Lei nº 13.869/2019 – Lei de Abuso de Autoridade.

Conforme a Figura III, a Petrobras possui estrutura segregada do sistema correcional, sendo uma delas dedicada à admissibilidade de PAR e condução dos processos administrativos, proporcionando segregação de funções, transparência, segurança jurídica, além de mitigação de riscos de transferência de emoções aos casos concretos.

Uma vez instaurado o processo, é dada sua publicidade da abertura por meio de publicação em veículo de comunicação oficial.[13] A partir dessa publicação, a comissão notifica a pessoa jurídica processada sobre a instauração do PAR, encaminhando a indiciação sobre os fatos a ela imputados para se manifestar no prazo de 30 dias.

Etapa desafiadora para qualquer processo administrativo ou judicial é a notificação da parte, na qual se deve garantir sua cientificação, condição indispensável para o cumprimento do rito legal, pois, caso não ocorra, o processo tende ao declínio. Assim, são utilizados na Petrobras meios que assegurem a efetiva comunicação da pessoa jurídica, como *e-mail*, o envio físico da intimação por serviço público disponível, a utilização de representante da pessoa jurídica responsável pela gestão de contratos vigentes com a Companhia, o preposto contratual e, por fim, quando da ausência de êxito nas tentativas anteriores, é realizada notificação por edital, por meio de veículo de comunicação oficial.

Somente depois de cumprida essa etapa, o processo segue seu rito regular, cuja fase seguinte caberá à pessoa jurídica, para apresentação de sua defesa escrita, no prazo de trinta dias.

3.4 Garantia ao direito de defesa e do contraditório às pessoas jurídicas processadas

Nos PARs instaurados pela Petrobras, um dos principais pontos que requerem atenção e cuidado pelas comissões processantes é o respeito às garantias constitucionais do contraditório e da ampla defesa, estabelecido na Constituição Federal, em seu art. 5º, inciso LV:

> aos litigantes, em processo judicial ou administrativo, e aos acusados em geral são assegurados o contraditório e ampla defesa, com os meios e recursos a ela inerentes.

---

[13] Diário Oficial da União (DOU).

Assim, as comissões de PAR privilegiam esse princípio proporcionando segurança jurídica ao processo.

Não obstante, caso as comissões, após análises dos pleitos apresentados pelas pessoas jurídicas, concluam que as provas a serem produzidas por estas sejam impertinentes, desnecessárias, ilícitas, protelatórias ou intempestivas, caberá o seu indeferimento fundamentado nos próprios autos.

3.5 Bloqueio cautelar de suspensão de transacionar com a Petrobras

Quando detectadas ocorrências de ilícitos cometidos por pessoas jurídicas contra a Petrobras capazes de ocasionar imediata potencialidade danosa aos negócios e interesses da Companhia, utiliza-se o dispositivo legal de suspensão cautelar nos processos administrativos instaurados, visando mitigar riscos de danos à Companhia. Assim:

> A comissão poderá, cautelarmente, propor à autoridade instauradora que suspenda os efeitos do ato ou processo objeto da investigação.
> (Art. 10, §2º, da Lei 12.846/2013)
> Proposição à autoridade instauradora da suspensão cautelar dos efeitos do ato ou do processo objeto da investigação.
> (Art. 3º, §2º, inciso I, do Decreto 11.129/2022)
> Em caso de risco iminente, a Administração Pública poderá motivadamente adotar providências acauteladoras sem a prévia manifestação do interessado.
> (Art. 45 da Lei 9.784/1999)

A medida cautelar, também fundamentada no poder geral de cautela conferido à Administração Pública, prevê a adoção de providências acautelatórias, prevista no art. 45 da Lei nº 9.784/99, aplicável à Petrobras, ainda que de forma subsidiária.

Para tanto, é necessária a existência de elementos mínimos que comprovem a probabilidade ou possibilidade do direito invocado, o *fumus boni iuris*. A sua aplicação é excepcional, o que requer a demonstração do perigo de dano ou o risco ao resultado útil do processo, sendo possível atribuir o risco iminente de violação ao interesse público, o *periculum in mora*.

A aplicação do bloqueio cautelar de suspensão de participar de licitações e celebrar contratos com a Petrobras respeita os preceitos legais, cumprindo as regras de governança interna, as quais a autoridade instauradora decide conjuntamente com o gestor da unidade de suprimentos de bens e serviços, considerando os feitos da medida.

Assim, uma vez instaurado o PAR, o bloqueio pode ser proposto pelas comissões processantes às autoridades competentes em qualquer fase do processo, antes, porém, do relatório final, os quais decidirão por sua aplicação.

3.6 Avaliação do programa de integridade das pessoas jurídicas processadas

A existência de um programa de integridade não exclui a pessoa jurídica da responsabilidade objetiva prevista da Lei nº 12.846/13. No entanto, quando do seu funcionamento, é capaz de reduzir em até 5% o valor da eventual multa aplicada.[14]

Segundo o Manual Prático de Avaliação de Programa de Integridade em PAR da CGU:

> Assim sendo, considerando que, no âmbito do PAR, a apresentação de Programa de Integridade pela pessoa jurídica processada pode apenas reduzir uma parcela da multa, sem ter a possibilidade de isentá-la totalmente da sanção pecuniária, conclui-se que a avaliação do Programa de Integridade eventualmente apresentado à CPAR não tem nenhuma influência na análise da responsabilização ou não da pessoa jurídica. Em outras palavras, a existência de um Programa de Integridade efetivo é irrelevante para a apuração do ato ilícito, tendo influência tão somente no montante da multa a ser aplicada em face da pessoa jurídica processada.

A avaliação dos programas de integridades na Petrobras, para fins do PAR, é realizada segundo parâmetros previstos no Decreto nº 11.129/22 e no referido Manual.

Embora os dispositivos dos decretos[15] regulamentadores da Lei nº 12.846/2013 tenham estabelecido requisitos para a existência e

---

[14] Art. 23, item b, inciso V, do Decreto nº 11.129, de 11.07.2022.
[15] Art. 18, inciso V, do Decreto nº 8.420, vigente de 18.03.2015 a 17.07.2020, e art. 23, item b, inciso V, do Decreto nº 11.129, vigente a partir de 18.07.2022, inclusive.

o funcionamento de um programa de integridade, podemos observar ao longo da realização dos PARs pela Petrobras que somente 16% das pessoas jurídicas processadas apresentaram informações/documentos para a avalição.

O resultado dessas avaliações demonstrou que 96% dos programas são meramente formais ou absolutamente ineficazes para mitigar os riscos de ocorrência de atos lesivos previstos na Lei nº 12.846/13, de acordo com o artigo 5º, §2º, da Portaria CGU nº 909, de 07.04.15.

Observa-se que a maioria das empresas processadas no PAR não conseguiu demonstrar a existência e o funcionamento de um programa de *compliance* capaz de demonstrar seu compromisso com a ética e a cultura de integridade. Assim, passados cerca de 10 anos de Lei Anticorrupção, ainda é necessário incentivar e promover a mudança cultural na sociedade empresarial brasileira.

3.7 O julgamento do PAR

Em 2019, foi criado o Comitê de Integridades, de caráter permanente, vinculado ao Conselho de Administração da Petrobras, que tem por finalidade definir, uniformizar e acompanhar a aplicação do sistema de consequência para os empregados e para as pessoas jurídicas que se relacionam com a Companhia. Assim, cabe ao colegiado decidir pela aplicação das sanções previstas na lei ou pelo arquivamento dos PAR.

O vínculo do Comitê de Integridade ao Conselho de Administração confere maior independência ao exercício da atividade do colegiado e robustez do processo. Assim, a atribuição para o julgamento dos PARs na Petrobras foi delegada a este.

Cabe considerar que a Lei nº 12.846/13 e seu Decreto Regulamentador nº 11.129/22 não previram a impugnação da decisão administrativa da autoridade julgadora por meio de recurso à instância superior, cuja omissão da lei referente ao processo administrativo pode ser suprida pela Lei nº 9.784/99,[16] prevendo em seu art. 56, que, *das decisões administrativas cabe recurso, em face de razões de legalidade e de mérito*, em consonância com o art. 56, LV, da Constituição Federal.

---

[16] Lei Geral do Processo Administrativo.

Segundo Jorge Munhoz *et al.*,

> O princípio contido na mencionada garantia constitucional, pelo seu próprio conteúdo e propósito que originou a sua formulação, traduz segurança de que o acusado, em qualquer tipo de processo administrativo, especialmente o sancionatório, goza do direito de propor suas razões e de recorrer a outra instância administrativa, sem que lhe seja imposta qualquer restrição.[17]

Ainda, nas palavras de Marcelo Zenkner:

> O sistema recursal do processo administrativo de responsabilização talvez seja o ponto de maior fragilidade de toda a regulamentação. Isso porque, de acordo com o inciso LV do art. 5º da Constituição Federal, "aos litigantes, em processo judicial ou administrativo, e aos acusados em geral são assegurados o contraditório e ampla defesa, com os meios e recursos a ela inerentes". Entretanto, o Decreto nº 8.420/2015 trouxe a esse respeito tão somente a seguinte previsão: Art. 11. Da decisão administrativa sancionadora cabe pedido de reconsideração com efeito suspensivo, no prazo de dez dias, contado da data de publicação da decisão. §1º A pessoa jurídica contra a qual foram impostas sanções no PAR e que não apresentar pedido de reconsideração deverá cumpri-las no prazo de trinta dias, contado do fim do prazo para interposição do pedido de reconsideração. §2º A autoridade julgadora terá o prazo de trinta dias para decidir sobre a matéria alegada no pedido de reconsideração e publicar nova decisão. §3º Mantida a decisão administrativa sancionadora, será concedido à pessoa jurídica novo prazo de trinta dias para cumprimento das sanções que lhe foram impostas, contado da data de publicação da nova decisão.[18]

Não obstante a omissão na legislação da Lei Anticorrupção, o julgamento dos PARs na Petrobras prevê instância recursal, de acordo com a delegação[19] do Presidente da Companhia, a saber:

> O Presidente da Petróleo Brasileiro S.A – Petrobras, no uso de suas atribuições conferidas pelo art. 8º, caput e §1º da Lei nº 12.846/2013, e art. 4º, § único do Decreto nº 11.129/2022, revoga os efeitos do despacho

---

[17] MUNHOZ, Jorge *et al. Lei Anticorrupção e Temas de Compliance*. Salvador: Juspodivm, 2016, p. 319.
[18] ZENKNER, Marcelo. *Integridade governamental e empresarial*: um espectro da repressão e da prevenção à corrupção no Brasil e em Portugal. Belo Horizonte: Fórum, 2019, p. 457.
[19] Diário Oficial da União (DOU) 199, s.1, p. 234, de 19.10.2022.

nº 7.111 de 05 de abril de 2022, publicado no Diário Oficial, nº 68, seção 3, página 110, em 08/04/2022, e delega:
[...]
3) a cada um dos membros do Comitê de Integridade (CI), os poderes previstos na Lei nº 12.846/2013 para atuar como autoridade julgadora do Processo Administrativo de Responsabilização (PAR) na Petrobras, decidindo pela aplicação das sanções previstas em lei ou pelo arquivamento do PAR e analisando os respectivos pedidos de reconsiderações apresentados, bem como para deliberar sobre a efetivação e o cumprimento das sanções fixadas e questões afetas à decisão emitida na etapa de julgamento, conforme estabelecido no Regimento Interno do referido Comitê;
4) ao Comitê de Integridade, de forma colegiada, os poderes previstos na Lei nº 12.846/2013 para atuar como autoridade julgadora do Processo Administrativo de Responsabilização (PAR) na Petrobras, com poderes específicos para receber e apreciar em caráter recursal os pedidos de reconsideração indeferidos pelos membros do CI, decidindo pela aplicação das sanções estabelecidas na etapa de julgamento ou pelo arquivamento;

Dessa forma os PARs conduzidos pela Petrobras se aperfeiçoam aos princípios estabelecidos na Carta Magna, da ampla defesa e do contraditório.

3.8 Aplicação das sanções

A Petrobras ao longo dos anos tem investido esforços no fortalecimento de seu programa de integridade, principalmente para robustecer o pilar da remediação.

A partir de 2020, inclusive, passou a figurar entre as principais entidades da Administração Pública em quantidade de sanções aplicadas, o que significa o comprometimento da força de trabalho, das lideranças e, principalmente, da Alta Administração, o que reforça o *ton at the top* ao programa de integridade da Companhia.

Em junho de 2021 e março de 2023, a Petrobras fazia parte das estatísticas do CNEP – Cadastro Nacional de Empresas Punidas com cerca de 17% e 22%, respectivamente, das sanções aplicadas, o que demonstra seu compromisso e avanço no combate à fraude e à corrupção.

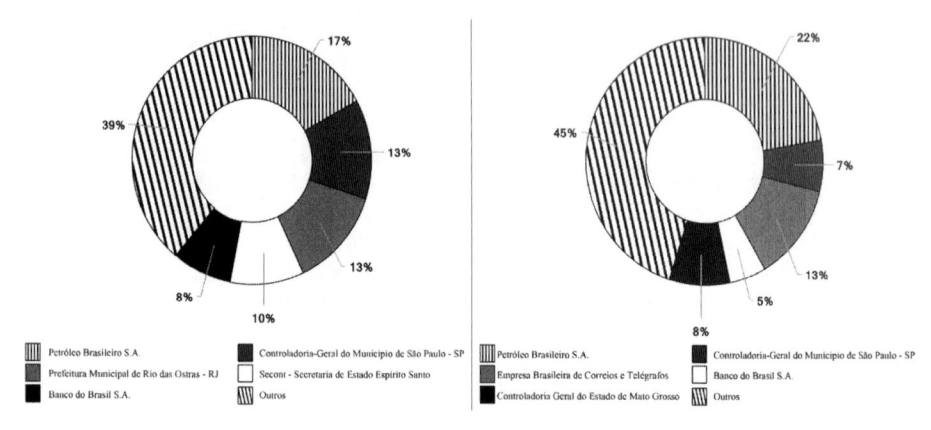

Fonte: https://portaldatransparencia.gov.br/sancoes.

3.9 Cumprimento das sanções e a efetividade do programa de *compliance* da Petrobras

Mesmo após o encerramento dos PARs, a Petrobras continua sua jornada realizando o monitoramento do cumprimento das sanções aplicadas a fim de promover a efetividade das ações correcionais. Assim, na Petrobras é admitido o parcelamento dos valores das multas devidas à Companhia, mediante motivação.

Embora a legislação seja omissa quanto à forma de cumprimento dessa sanção, o interesse das partes prevalecerá, a pessoa jurídica em não figurar no CNEP e a Petrobras recuperando recursos dispendidos. Neste sentido, a Petrobras adota como boa prática negociar com pessoas jurídicas que demonstrem interesse em quitar sua dívida, as quais são avaliadas sob o aspecto econômico-financeiro, sendo o eventual acordo passível de aprovação, seguindo as regras de governança interna da Companhia.

Essa boa prática tem proporcionado à Petrobras fortalecer seu fluxo financeiro em curto e médio prazos; processos judiciais de cobrança evitados e, para a pessoa jurídica sancionada, não fazer parte do cadastro de empresas punidas, do Portal da Transparência do Governo Federal, enquanto estiver adimplente com suas obrigações, o que lhe proporcionará a possibilidade de realizar novos negócios.

Quanto à publicação extraordinária da decisão condenatória, as pessoas jurídicas são orientadas sobre o cumprimento e atendimento, de acordo com os termos do Manual de Responsabilização de Entes Privados,[20] da CGU.

3.10 Interfaces do PAR com áreas internas da Companhia e entes externos

A realização do processo administrativo de responsabilização na Petrobras perpassa por diversas áreas da Companhia, do início ao fim, as quais direta ou indiretamente contribuem para o cumprimento de suas fases, seja como "prestadoras de serviços", seja como fornecedoras de insumos probatórios. Daí, a importância da comunicação e disseminação do PAR para que o sistema funcione com eficiência.

Fora da Companhia, as interfaces com entidades e órgãos externos, da mesma forma, contribuem para elucidar questões, direcionar o andamento dos processos, assim como provas cabais acerca da ocorrência de fraude, por exemplo, podem ser confirmadas por meio de consultas a entidades e órgãos externos, além da obtenção de dados para subsidiar eventual cálculo de multas.

No esquema, demonstramos algumas das interfaces do PAR na Petrobras:

---

[20] Abril 2022, disponível em: https://repositorio.cgu.gov.br/bitstream/1/68182/5/Manual_de_Responsabiliza%c3%a7%c3%a3o_de_Entes_Privados_abril_2022_Corrigido.pdf.

4 Conclusão – a promoção da mudança cultural por meio da correção

As ações promovidas pela Petrobras diante do seu dever legal de apurar e responsabilizar sinaliza a necessidade de as pessoas jurídicas modificarem seus processos e implementarem uma cultura de integridade, em que ser correto é fazer o certo mesmo quando ninguém vê.

Nas lições de Marcelo Zenkner:

> Em geral, quando se pensa na palavra integridade, é estabelecida uma relação direta com valores consolidados a partir de conceitos extraídos da ética e da moralidade.
> De um modo mais direto e específico, a integridade implica a exata correspondência entre os relevantes valores morais e a realização desses valores no momento em que, diante da situações-problemas do dia a dia, uma escolha é reclamada a fim de que uma ação ou uma omissão sejam realizadas. A integridade, já por esse aspecto, se diferencia da ética: enquanto esta traz conotações mais filosóficas e intangíveis, a primeira se preocupa mais com o comportamento diário das pessoas e com o processo de tomadas de decisões.
> A integridade pressupõe uma consistência interna e externa de virtudes que impede a prática de atos incoerentes ou conflitantes com a postura pessoal abertamente assumida, ou seja, funciona em sentido oposto à hipocrisia. Assim, um indivíduo possuirá virtudes da integridade se suas ações ou suas omissões estiverem baseadas em uma estrutura interna de princípios éticos universais, gerando uma sensação interna de totalidade, de paz com o próprio espírito de liberdade em relação a quaisquer influências externas. É nesse ponto que a integridade se diferencia da moralidade, apesar de, no plano exterior, a conduta daquele que age com integridade se confundir com aquele que age com moralidade.[21]

Dessa forma, a promoção da cultura de integridade deve ser um compromisso de toda a Administração Pública, mesmo que por meio da correção.

---

[21] ZENKNER, Marcelo. *Integridade governamental e empresarial*: um espectro da repressão e da prevenção à corrupção no Brasil e em Portugal. Belo Horizonte: Fórum, 2019.

Referências

CONSTITUIÇÃO DA REPÚBLICA FEDERATIVA DO BRASIL DE 1988. Disponível em: https://www.planalto.gov.br/ccivil_03/constituicao/constituicao.htm.

BRASIL. Lei nº 12.846/2013, de 01/08/2013 (Dispõe sobre a responsabilização administrativa e civil de pessoas jurídicas pela prática de atos contra a administração pública, nacional ou estrangeira, e dá outras providências).

BRASIL. Lei nº 13.869/2019, de 29/01/1999 (Regula o processo administrativo no âmbito da Administração Pública Federal).

BRASIL. Lei nº 13.869/2019, de 05/07/2019 (Dispõe sobre os crimes de abuso de autoridade; altera a Lei nº 7.960, de 21 de dezembro de 1989, a Lei nº 9.296, de 24 de julho de 1996, a Lei nº 8.069, de 13 de julho de 1990, e a Lei nº 8.906, de 4 de julho de 1994; e revoga a Lei nº 4.898, de 9 de dezembro de 1965, e dispositivos do Decreto-Lei nº 2.848, de 7 de dezembro de 1940 (Código Penal)).

BRASIL. Decreto nº 11.129, de 11/07/2022 (Regulamenta a Lei nº 12.846, de 1º de agosto de 2013, que dispõe sobre a responsabilização administrativa e civil de pessoas jurídicas pela prática de atos contra a administração pública, nacional ou estrangeira).

BRASIL. Decreto nº 8.420, de 18/03/2015 (Regulamenta a Lei nº 12.846, de 1º de agosto de 2013, que dispõe sobre a responsabilização administrativa de pessoas jurídicas pela prática de atos contra a administração pública, nacional ou estrangeira e dá outras providências).

DIÁRIO OFICIAL DA UNIÃO (DOU) 199, s.1, p. 234, de 19/10/2022 (Formaliza ato de delegação da atribuição de instauração e julgamento dos processos administrativos na Petrobras). Disponível em: https://pesquisa.in.gov.br/imprensa/jsp/visualiza/index.jsp?data=19/10/2022&jornal=515&pagina=234&totalArquivos=276.

CONTROLADORIA-GERAL DA UNIÃO – CGU. *Manual de Responsabilização de Entes Privados*. Brasília. Abr. 2022. Disponível em: https://repositorio.cgu.gov.br/bitstream/1/68182/5/Manual_de_Responsabiliza%c3%a7%c3%a3o_de_Entes_Privados_abril_2022_Corrigido.pdf.

CONTROLADORIA-GERAL DA UNIÃO – CGU. *Cadastro Nacional de Empresas Punidas* – CNEP, do Portal da Transparência do Governo Federal. Disponível em: https://portaldatransparencia.gov.br/sancoes/consulta?ordenarPor=nomeSancionado&direcao=asc. Acesso em: 30 mar. 2023.

FRAGA, Daniela. *Programas de compliance e Lei Anticorrupção*: uma análise na empresa Petrobras. 2018. Artigo Acadêmico – Curso de Ciência Contábeis – Universidade Federal de Uberlândia, Uberlândia, 2018.

MAIA, Fábio. Metodologia de Humanização de Entrevista PEACE. *Revista LEC*, 13 jul. 2020. Disponível em: https://lec.com.br/metodologia-de-humanizacao-de-entrevista-peace/. Acesso em: 24 mar. 2023.

MUNHOZ, Jorge et al. *Lei Anticorrupção e Temas de Compliance*. Salvador: Juspodivm, 2016.

PETROBRAS. Canal Fornecedor da Petrobras. Disponível em https://canalfornecedor.petrobras.com.br.

PETROBRAS. Guia de Conduta Ética para Fornecedores da Petrobras. Disponível em: https://petrobras.com.br/pt/quem-somos/perfil/compliance-etica-e-transparencia/.

PETROBRAS. Canal de Denúncia Petrobras. Disponível em: https://www.contatoseguro.com.br/petrobras.

PETROBRAS. Estatuto Social da Petróleo Brasileiro S/A – Petrobras, aprovado na Assembleia Geral Extraordinária de 30 de novembro de 2020. Disponível em: https://api.mziq.com/mzfilemanager/v2/d/25fdf098-34f5-4608-b7fa-17d60b2de47d/31da34d0-1343-0014-c905-40108ec2c11e?origin=2.

PETROBRAS. Relatório de Sustentabilidade 2021 Petrobras. Disponível em: https://api.mziq.com/mzfilemanager/v2/d/25fdf098-34f5-4608-b7fa-17d60b2de47d/7b6ca46f-9e3f-74c6-f67b-7c8975243532?origin=2.

PETROBRAS. *Compliance*, ética e transparência – Petrobras. Disponível em: https://petrobras.com.br/pt/quem-somos/perfil/compliance-etica-e-transparencia/.

PETROBRAS. Programa de *Compliance* da Petrobras. Disponível em: https://petrobras.com.br/data/files/7B/63/F0/24/DF0C5810FB6B7E48B8E99EA8/Programa%20de%20Compliance%20da%20Petrobras_23.pdf.

PETROBRAS. Relatório de Referência 2022. Disponível em: https://api.mziq.com/mzfilemanager/v2/d/25fdf098-34f5-4608-b7fa-17d60b2de47d/088099f4-b04d-13cf-857c-e885d3f252ad?origin=1. Acesso em: 24 mar. 2023.

PETROBRAS. Relatório da Administração 2022. Disponível em: https://api.mziq.com/mzfilemanager/v2/d/25fdf098-34f5-4608-b7fa-17d60b2de47d/0ad45da1-a240-5009-b8b4-3ea48688869d?origin=1. Acesso em: 24 mar. 2023.

REDAÇÃO LEC. Petrobras Pós-Lava Jato: O que a estatal mudou na área de *compliance*? *Revista LEC*, 5 mar. 2018. Disponível em: https://lec.com.br/petrobras-pos-lava-jato-o-que-a-estatal-mudou-na-area-de-compliance/. Acesso em: 24 mar. 2023.

SILVA, Bárbara. Reestruturação de Programas de Integridade: Caso Petrobras. 2022. *Revista Científica do CPJM*, Rio de Janeiro, vol. 2, n. 5, 2022.

ZENKNER, Marcelo. *Integridade governamental e empresarial:* um espectro da repressão e da prevenção à corrupção no Brasil e em Portugal. Belo Horizonte: Fórum, 2019.

ZENKNER, Marcelo. Reputação, decoro profissional e a efetividade dos sistemas de integridade corporativos. *Estadão*, 7 abr. 2021. Disponível em: https://www.estadao.com.br/politica/blog-do-fausto-macedo/reputacao-decoro-profissional-e-a-efetividade-dos-sistemas-de-integridade-corporativos/.

Informação bibliográfica deste texto, conforme a NBR 6023:2018 da Associação Brasileira de Normas Técnicas (ABNT):

HADDAD, Augusto Moraes; OLIVEIRA, Ivone Santos de; SILVA, Rafael de Castro da. A aplicação da Lei nº 12.846/13 como instrumento de robustez do programa de integridade da Petrobras: processos investigativos e de responsabilização. *In*: ZENKNER, Marcelo; KIM, Shin Jae (coord.). *Lei Anticorrupção Empresarial:* perspectivas e expectativas – Edição comemorativa dos 10 anos de vigência da Lei nº 12.846/2013. Belo Horizonte: Fórum, 2023. p. 143-166. ISBN 978-65-5518-541-6.

A EVOLUÇÃO DA GOVERNANÇA DE INTEGRIDADE E DO PROGRAMA DE *COMPLIANCE* DA CBMM

CLARISSA TELES

1 Introdução

O mundo dos negócios caminha a passos largos na direção de estratégias sustentáveis. Nos últimos anos, temos presenciado discussões e movimentos efetivos do mercado global no sentido de estabelecer agendas de crescimento pautadas na visão de resultados econômicos impreterivelmente atrelados à preservação de valores essenciais, como o meio ambiente, o bem-estar social, a boa governança e a ética nos negócios.

A sigla "ESG" (*Enviroment, Social and Governance*) ganhou força, e a clareza dessa agenda global provocou uma reação acelerada das organizações na busca de soluções eficientes para a adequação dos seus processos e nortes estratégicos às exigências de um ambiente cada vez mais atento às questões relacionadas à governança corporativa e à integridade nos negócios.

Assim, o que antes poderia ser visto como voluntário e facultativo, embora desde sempre tenha sido recomendável, passou a compor uma diretriz relevante nas organizações, que agora devem evoluir suas práticas e aspirações de resultados para modelos cada vez mais sustentáveis e responsivos à redução de impactos negativos.

A visão das organizações, portanto, passa a ser orientada não só pelo atingimento de seu próprio crescimento, mas também, e sobretudo, pela sustentabilidade e integridade dos recursos socioambientais impactados por sua atuação, sem a qual os números, por si só, deixam de produzir seu efeito prático.

A sustentabilidade dos negócios, dessa maneira, está diretamente atrelada às boas práticas de governança corporativa e à implementação de processos e controles que permitam à empresa desenvolver suas atividades de forma organizada, transparente, responsável e aderente às exigências regulatórias e do ambiente mercadológico no âmbito global.

A governança corporativa e as diretrizes de compliance, nesse contexto, tomam corpo e se consolidam como ferramentas essenciais para qualquer organização que deseja estabelecer e executar uma agenda de integridade coerente que englobe seus valores, obrigações regulatórias e compromissos voluntários.[1]

Vale ressaltar, entretanto, que os sinais de evolução do mercado nesse sentido não são recentes. Ao contrário, sob a perspectiva da ética e da governança, desde a promulgação da *Foreing Corrupt Practices Act* (FCPA) na década de setenta, já se anunciava um movimento regulatório com olhar sobre a atuação controlada das empresas no mercado, com o propósito de prevenir, coibir e punir não conformidades e atos de corrupção nos negócios.[2]

Na mesma esteira, outros movimentos globais foram icônicos nesse processo. A assinatura da *OECD Anti-Bribery Convention*, a promulgação do *UK Anti-bribery Act* e outras legislações sobre o tema – incluindo a Lei Anticorrupção brasileira (nº 12.846/2013), além da criação e evolução do *Transparency International Corruption Perceptions Index*, dentre outros, ascenderam uma agenda irreversível de olhares atentos, do mercado e das autoridades, não só para a conformidade, mas também para a necessidade de preservação de uma cultura de integridade corporativa.

Frisa-se que um programa de integridade é um elemento da governança da organização, sendo considerado um de seus pilares. Entendida, de forma resumida, como um sistema de gestão e monitoramento da própria empresa, que envolve a relação entre áreas e departamentos e a atuação dos órgãos de fiscalização e controle da

---

[1] WORLD ECONOMIC FORUM. *The rise and role of the Chief Integrity Officer: Leadership imperatives in an ESG-driven world*. Disponível em: https://www.weforum.org/whitepapers/the-rise-and-role-of-the-chief-integrity-officer-leadership-imperatives-in-an-esg-driven-world. Acesso em: 7 mar. 2023.

[2] The United States Department of Justice – DOJ. *Foreign Corrupt Practices Act*. Disponível em: Foreign Corrupt Practices Act (justice.gov). Acesso em: 10 mar. 2023.

organização, a governança corporativa influencia diretamente o programa de integridade.[3]

O cenário histórico e atual, portanto, demanda que as organizações e suas administrações estejam atentas e correspondam às expectativas dos seus *stakeholders*, incluindo colaboradores, clientes, acionistas, fornecedores, autoridades e comunidade, adotando um posicionamento empresarial proativo e responsável.

Nesse sentido, é fundamental que os objetivos estratégicos empresariais sejam projetados e efetivamente construídos sobre pilares e estruturas reforçadas de governança e integridade de modo que possam sustentar a perenidade e a longevidade dos negócios, contribuindo também para o atingimento dos resultados econômicos.

2 Breve contexto organizacional da CBMM

A CBMM é uma empresa que tem sua história alicerçada pelo desenvolvimento da tecnologia do nióbio. A atuação da Companhia começou nos anos 1950, em Araxá, Minas Gerais, onde está localizado seu parque industrial. Desde sua fundação, a CBMM investe em pesquisas e no desenvolvimento de novas aplicações para os produtos de nióbio, contribuindo com a ampliação do mercado global. A Companhia fornece produtos e tecnologia de ponta aos setores de infraestrutura, mobilidade, aeroespacial, saúde e energia.

Líder mundial na produção e comercialização de produtos de nióbio, o pioneirismo da CBMM a tornou uma empresa referência em seu setor de atuação. Hoje, a Companhia atende mais de 400 clientes, em mais de 50 países, e compartilha com o mundo sua expertise em transformar materiais em soluções mais inteligentes e eficientes, em alinhamento com as tendências globais de eletrificação, urbanização, digitalização e sustentabilidade.

Conforme último Relatório de Sustentabilidade da CBMM, divulgado em 2022, a Companhia se utiliza de metodologias que demonstram a forma como a empresa devolve para a sociedade os recursos utilizados em sua operação, numa cadeia de geração e

---

[3] MICHELONI, Elida *et al*. *Monitoria de programa de compliance no Brasil*. São Paulo: Mizuno, 2022.

compartilhamento de valores considerando os capitais financeiro, manufaturado, humano, intelectual, social e de relacionamento e natural.[4]

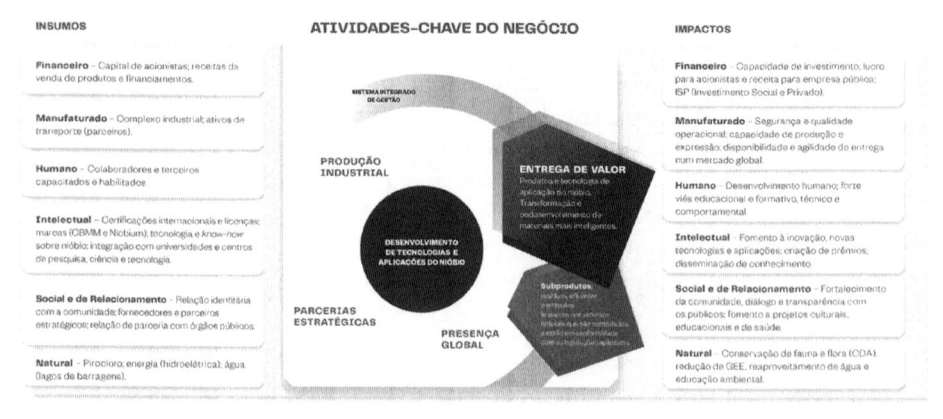

INSUMOS	ATIVIDADES-CHAVE DO NEGÓCIO	IMPACTOS
Financeiro - Capital de acionistas; receitas da venda de produtos e financiamentos.	SISTEMA INTEGRADO DE GESTÃO	**Financeiro** - Capacidade de investimento; lucro para acionistas e receita para empresa públicos; ISP (Investimento Social e Privado).
Manufaturado - Complexo industrial; ativos de transporte (parceiros).	PRODUÇÃO INDUSTRIAL	**Manufaturado** - Segurança e qualidade operacional; capacidade de produção e expansão; disponibilidade e agilidade de entrega num mercado global.
Humano - Colaboradores e terceiros capacitados e habilitados.	ENTREGA DE VALOR - Produtos e tecnologias de aplicação do nióbio. Transformação e desenvolvimento de materiais mais inteligentes.	**Humano** - Desenvolvimento humano; forte viés educacional e formativo, técnico e comportamental.
Intelectual - Certificações internacionais e licenças; marcas (CBMM e Niobium); tecnologia e know-how sobre nióbio; integração com universidades e centros de pesquisa, ciência e tecnologia.	DESENVOLVIMENTO DE TECNOLOGIAS E APLICAÇÕES DO NIÓBIO	**Intelectual** - Fomento à inovação, novas tecnologias e aplicações; criação de prêmios; disseminação de conhecimento.
Social e de Relacionamento - Relação identitária com a comunidade; fornecedores e parceiros estratégicos; relação de parceria com órgãos públicos.	PARCERIAS ESTRATÉGICAS — Subprodutos — PRESENÇA GLOBAL	**Social e de Relacionamento** - Fortalecimento da comunidade, diálogo e transparência com os públicos; fomento a projetos culturais, educacionais e de saúde.
Natural - Pirocloro; energia (hidroelétrica); água (lagos de barragens).		**Natural** - Conservação de fauna e flora (ODA); redução de GEE, reaproveitamento de água e educação ambiental.

Nesse sentido, no que tange à gestão e priorização de boas práticas relacionadas ao meio ambiente, por exemplo, a CBMM orgulha-se de ser a primeira empresa do mundo do seu setor a obter a certificação ISO 14001. Além disso, a Companhia evolui continuamente suas práticas e estabelece ações e metas internas totalmente conectadas com a agenda global de sustentabilidade.

3 Histórico de implementação do programa de *compliance* na CBMM

Não poderia ser diferente no que se refere à evolução da cultura e das práticas de integridade da CBMM. Em 2015, cerca de dois anos após o início da vigência da Lei Anticorrupção no Brasil, a CBMM dedicou-se à avaliação das práticas de integridade que já adotava em suas atividades, visando reformular e fortalecer o seu programa de integridade.

Esse trabalho resultou na estruturação de um programa de *compliance* focado na consolidação e reforço dos valores, práticas e premissas já adotados pela CBMM, bem como no fortalecimento da cultura de integridade da empresa, na promoção dos padrões éticos e

---

[4] CBMM. Disponível em: CBMM – Produtos e Tecnologias de Nióbio no Mundo. Acesso em: 14 mar. 2023.

de integridade em seus negócios, assim como na prevenção e combate da ocorrência de práticas antiéticas ou ilícitas.

A estrutura do programa de *compliance* da CBMM teve seu fundamento pautado nas melhores práticas de mercado e nas diretrizes da Lei Anticorrupção brasileira (nº 12.846/2013), do Decreto nº 8.420/2015 (recentemente revogado pelo Decreto nº 11.129/2022) e demais diretrizes e legislações de referência.

Conforme disposto no artigo 56 (antigo artigo 41) do referido decreto, além de fomentar e disseminar a cultura de integridade na Companhia, a criação do programa teve como objetivo principal, o estabelecimento de um conjunto de mecanismos voltados à prevenção, detecção e saneamento de desvios de conduta, irregularidades e atos ilícitos praticados no âmbito das atividades da organização.

Ademais, o programa da CBMM foi constituído levando em consideração pilares essenciais à sustentação dos programas de *compliance*: o comprometimento e apoio da alta direção, a definição de instância responsável, a análise de perfil e riscos da organização, a estruturação das regras e instrumentos e as estratégias de treinamento e monitoramento contínuo.[5]

3.1 *"Tone at the top"* e suporte da alta administração

Implementar um programa de *compliance* é uma tarefa desafiadora, embora gratificante. Esse desafio se intensifica, especialmente, quando a área responsável por essa tarefa precisa envidar um esforço hercúleo para obter o suporte da alta administração ou, ainda, para inserir nos valores da empresa o compromisso inegociável com a integridade e a conformidade com as normas e regras aplicáveis aos seus negócios.

Não obstante, sabe-se que a adoção de políticas e práticas de integridade não é necessariamente uma escolha, mas sim uma medida fundamental para que as organizações preservem requisitos básicos na competição acirrada que se deflagra em um cenário global de negócios cada vez mais atento e orientado pelas exigências de governança corporativa.

---

[5] CONTROLADORIA-GERAL DA UNIÃO. *CGU lança guia de integridade para auxiliar empresas no combate à corrupção.* Disponível em: https://www.gov.br/cgu/pt-br/assuntos/noticias/2015/09/cgu-lanca-guia-de-integridade-para-auxiliar-empresas-no-combate-a-corrupcao. Acesso em: 3 mar. 2023.

Assim, muitas organizações que historicamente adotavam modelos de condução dos seus negócios de forma mais fluida e menos preocupada com a implementação de processos internos que viabilizassem um ambiente organizacional mais controlado e monitorado, viram-se obrigadas a estabelecer novas dinâmicas para a condução dos negócios, pois não havia outra saída.

Em um contexto organizacional em que haja dificuldade ou até mesmo resistência no entendimento dos valores agregados pela implementação e disseminação de uma cultura de integridade eficiente, é claro que o desafio da área de *compliance* na conquista de suporte e engajamento com o programa de *compliance* é muito maior e, talvez, seja até frustrante.

Por outro lado, quando já se tem um ambiente organizacional e uma consciência corporativa orientada em sua essência para a transparência e ética, trazer a implementação de um programa de *compliance* à pauta é, de fato, muito satisfatório.

Portanto, *tone at the top*, que pode ser traduzido como a mensagem ou diretriz que vem do topo da administração da organização, é um elemento essencial e até mesmo viabilizador do sucesso da área de *compliance* no trabalho desafiador de implementar um programa eficiente.

O *compliance*, para ganhar musculatura e voz, deverá contar com o apoio da alta gestão. O sênior management, comitê diretivo ou assembleia de acionistas ou diretores deverão demonstrar seu apoio e a importância do programa para a empresa.[6]

No contexto da CBMM, o suporte da alta gestão ao programa de *compliance* pode ser claramente percebido em diversas frentes. Foram investidos pela CBMM recursos, tanto para a análise adequada dos riscos e a reestruturação do arcabouço normativo e de governança do programa de *compliance* como também para a criação de uma área autônoma e designação de uma equipe capacitada e dedicada especificamente às questões e rotinas relativas ao programa.

Além disso, foi designado um orçamento específico e segregado, destinado exclusivamente aos custos e investimentos necessários à boa condução das atividades inerentes à própria rotina do departamento de *compliance*, incluindo, dentre outros, o atendimento das demandas decorrentes da aderência às políticas implementadas, como *due diligence* de terceiros de alto risco, análises de doações e patrocínios, consultas

---

[6] FRANCO, Isabel *et al*. *Guia prático de compliance*. 1. ed. Rio de Janeiro: Forense, 2020.

sobre brindes, presentes e hospitalidades, análises de reportes sobre conflitos de interesses e investigações internas.

Outras tantas iniciativas demonstram a participação e o apoio efetivo da alta gestão na evolução contínua do programa de *compliance* da CBMM, mas, dentre elas, destacam-se a estruturação da Comissão de Ética e Conduta e participação ativa na análise crítica relativa aos temas e evolução do programa, o suporte em ações e campanhas de reforço da cultura, estímulo à definição de metas e objetivos estratégicos atrelados à ética e governança.

Uma vez que o suporte da alta administração seja consolidado e que o programa de *compliance* já tenha sua espinha dorsal bem definida, os avanços do processo de implementação do programa podem ser viabilizados com mais facilidade e com mais propriedade passam a permear os processos e a governança da organização como um todo.

3.2 Estrutura geral do programa de *compliance* – regras, instrumentos e mecanismos

Como já mencionado anteriormente, a estruturação das regras, instrumentos e mecanismos do programa de *compliance* da CBMM, na linha do que ocorre com os demais programas dessa natureza, levou em consideração, dentre outros aspectos, as melhores práticas de mercado, bem como, principalmente, o perfil e a análise de riscos da organização.

Assim, os documentos e mecanismos criados no âmbito do programa foram desenvolvidos e implementados visando a mitigação dos principais riscos identificados observados no contexto dos processos e sistemas da CBMM, bem como a criação ou incremento de melhorias no sentido de potencializar e reforçar a cultura e as práticas de integridade já consolidadas na Companhia.

Dentre os documentos essenciais à estruturação de um programa de *compliance*, destaca-se o Código de Ética e Conduta. O código é o documento central do programa e que tem como propósito precípuo reunir e reforçar as principais regras de conduta e princípios aplicáveis às atividades da Companhia.

Na CBMM, o Código de Ética e Conduta totalmente reformulado foi lançado em 2015, concomitantemente ao lançamento do programa de *compliance* e à implementação das primeiras ações e iniciativas do programa que, naquele momento, já estava tomando forma.

Aplicável a todos os colaboradores da CBMM e seus escritórios regionais, bem como a todos os terceiros que atuam em nome da CBMM, o Código estabelece expressamente valores fundamentais às práticas da Companhia, como a tolerância zero a qualquer prática fraudulenta ou de corrupção pública ou privada, repúdio ao desrespeito, discriminação e assédio de qualquer natureza, bem como a não tolerância ao trabalho escravo e infantil, à concorrência desleal, dentre outras condutas antiéticas ou ilícitas.

Sobretudo, o Código de Ética e Conduta é a norma interna responsável por deixar claros os valores da empresa, os comportamentos esperados dos seus colaboradores, terceiros e demais *stakeholders*, bem como a mensagem da alta administração da Companhia acerca dos pilares fundamentais para o crescimento sustentável da empresa, reforçando o compromisso inegociável com a integridade, honestidade e respeito.

A seguir, transcreve-se um trecho da mensagem do Presidente da CBMM em seu Código de Ética e Conduta:

> Temos alcançado, ao longo das décadas, a excelência e o reconhecimento mundial do valor do nosso negócio por meio do trabalho sério, do compromisso com o cumprimento das normas aplicáveis, e da preservação de uma cultura organizacional pautada na ética e na transparência.
>
> A CBMM acredita que ter um programa de compliance estruturado é uma ferramenta fundamental nesse processo.
>
> Através do nosso programa de compliance, reforçamos nossa atuação responsável, incentivando o comportamento alinhado com a preservação e disseminação da cultura de integridade dentro e fora da nossa organização.
>
> É dever de todos nós cumprir as regras e diretrizes do nosso Código de Ética e Conduta e das demais políticas do nosso programa de compliance. Devemos também reportar quaisquer desvios de conduta ou violações às normas do programa de compliance, às demais normas internas da CBMM ou às leis e regulamentos aplicáveis.
>
> Para tanto, existem mecanismos adequados e totalmente confiáveis para o reporte e tratamento de denúncias, as quais podem e devem ser realizadas ao Departamento de *Compliance* da CBMM ou através da Linha Confidencial, sob as premissas da confidencialidade, garantia do anonimato e da não tolerância à retaliação ou qualquer reprimenda a relatores de boa-fé.

A mensagem da alta administração não só exerce um reforço fundamental à própria existência do programa de *compliance*, bem como a tudo o que ele representa no contexto da governança corporativa da organização, como também é elemento que gera referência, potencializa o engajamento ao programa de *compliance* e estimula a aderência de todos aos padrões éticos na organização.

Timeline de implementação do programa de *compliance* da CBMM em 2015:

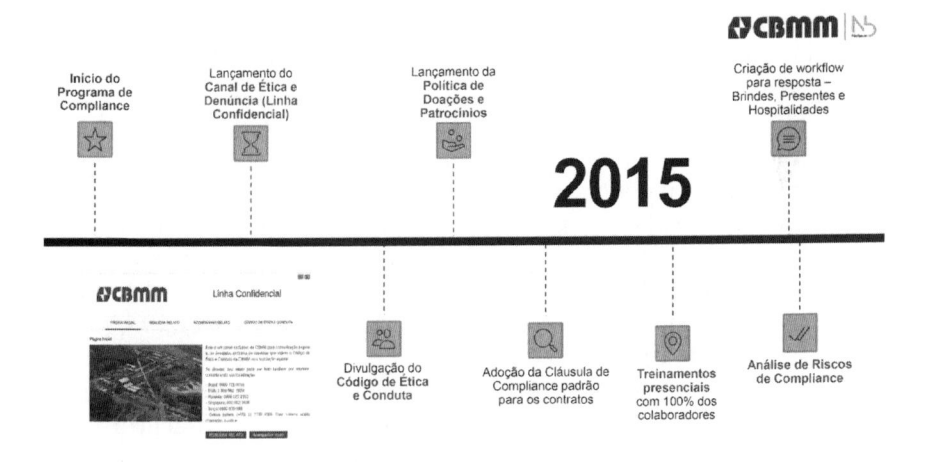

- Início do Programa de Compliance
- Lançamento do Canal de Ética e Denúncia (Linha Confidencial)
- Lançamento da Política de Doações e Patrocínios
- Criação de workflow para resposta – Brindes, Presentes e Hospitalidades
- Divulgação do Código de Ética e Conduta
- Adoção da Cláusula de Compliance padrão para os contratos
- Treinamentos presenciais com 100% dos colaboradores
- Análise de Riscos de Compliance

3.3 Código de Ética e Conduta e canal de denúncia

Em conjunto com a restruturação do programa de *compliance* e a reformulação e divulgação do seu Código de Ética e Conduta, a CBMM também estruturou e lançou seu canal de ética e denúncia. A concepção do canal teve como propósito garantir a acessibilidade e segurança para a realização de denúncias anônimas por qualquer indivíduo em qualquer localização e horário do mundo, preservando a disponibilidade e a confiabilidade do canal.

Dessa forma, a estrutura do canal de ética e denúncia foi idealizada de maneira a abranger os negócios da CBMM no Brasil e em outros países e possibilitar a sua acessibilidade em diversos locais e idiomas, bem como através de diversos meios de comunicação. Para tanto, a operação do canal foi toda definida com apoio de provedor externo com ampla expertise e reputação, contratado especificamente para a parametrização, implantação e operacionalização do canal.

O modelo adotado para o Canal, além de garantir a disponibilidade para atendimento de relatos vinte e quatro horas por dia e sete dias por semana, nos idiomas inglês e português, por meio da internet, e-mail e telefone, proporciona máxima segurança e confidencialidade dos relatos, bem como viabiliza e garante o direito ao anonimato do relator.

Além da preocupação com a qualidade e segurança do canal de ética e denúncia, também foi empenhada uma força-tarefa para realizar a sua divulgação intensa no âmbito da organização e seus *stakeholders*, de forma que a existência, a eficiência e confiabilidade do canal atingissem amplamente o público interno e externo.

Na divulgação, premissas essenciais foram reforçadas sobre o canal de ética e denúncia da CBMM, evidenciando a seriedade dos trabalhos desenvolvidos no que tange às denúncias e colaborando fortemente para a construção de confiança no processo de recebimento e tratamento dos relatos, bem como das investigações internas.

Dentre essas premissas, destaca-se a tolerância zero da CBMM a qualquer ato de retaliação praticado por qualquer colaborador que, suspeitando da realização de uma denúncia no Canal que entenda poder prejudicar seus interesses ou de terceiros sob sua proteção, venha a reagir de maneira a tentar ou efetivamente reprimir ou desencorajar relatores de boa-fé ou ainda descredenciar a confiabilidade e eficiência do canal ou do programa de *compliance*. Nesses casos, sendo constatada a retaliação, são aplicáveis as medidas disciplinares adequadas.

Dentre outros mecanismos fundamentais à eficiência do canal de denúncias, destaca-se a criação da Comissão de Ética e Conduta, bem como a construção e aprovação do Procedimento Interno de Tratamento de Relatos, que contém as diretrizes gerais e os critérios e procedimentos para a tratativa e investigação de denúncias recebidas no canal, preservando a equidade nas apurações e aplicação das medidas adequadas caso a caso.

No que tange à Comissão de Ética, é importante ressaltar seu papel relevante na definição de instâncias do programa de *compliance*. Na CBMM, a Comissão tem como objetivo assessorar, analisar, orientar e determinar a adoção de medidas disciplinares ou de adequação para todas as áreas da CBMM no que se refere à aplicação e observância dos preceitos estipulados no Código de Ética e Conduta e demais políticas da CBMM.

A Comissão de Ética e Conduta é respaldada por um Regimento Interno aprovado pela alta direção da CBMM e estipula as regras que concernem à composição, ao quórum de instalação, às competências e às demais atribuições que regem a atuação da Comissão.

3.4 Políticas e procedimentos

Seguindo o plano de implementação das políticas do programa de *compliance*, ainda em 2015 foi lançada a Política de Doações e Patrocínios, que estabeleceu a análise e aprovação de *compliance* como procedimento prévio aplicável às doações e patrocínios realizados pela CBMM, refletindo um importante mecanismo de prevenção de riscos reputacionais e de integridade, principalmente considerando a transparente relação de apoio que a CBMM preserva com a comunidade onde atua:

> A CBMM preza pelo bem-estar da comunidade em que está inserida. Dessa forma, o investimento em iniciativas para contribuir com aspectos prioritários do bem-estar da comunidade, como saúde e educação, sempre foram uma prioridade para a CBMM. Além disso, a CBMM dá ênfase à contratação de mão de obra local e investe em ações de capacitação que possibilitam novas oportunidades para a geração de emprego e renda. Ciente da particularidade de cada comunidade, a CBMM respeita os costumes locais e atua em parceria com instituições consolidadas. A CBMM está comprometida com causas locais e nacionais e engaja-se em campanhas na promoção dos direitos humanos e ética empresarial. Todas as doações e patrocínios realizados pela CBMM para apoiar as iniciativas culturais, sociais, educativas, ambientais, desportivas e de saúde têm como único objetivo contribuir com a comunidade em que atua e com a construção de um mundo melhor. Essas doações e patrocínios jamais deverão ser realizadas com a intenção de obter qualquer vantagem indevida para a CBMM ou qualquer pessoa.[7]

Como se nota, um dos principais pontos a serem refletidos na construção de um programa de *compliance* é justamente a conexão das políticas, procedimentos e mecanismos ao próprio contexto das operações e atividades da empresa. Assim, as peculiaridades e características do negócio e a forma como as relações e interações se desenvolvem no ambiente interno e externo para que os objetivos organizacionais sejam

---

[7] Código de Ética e Conduta da CBMM, pág. 18. Todos os direitos reservados.

atingidos devem servir de guia para o direcionamento das normas e processos implementados.

No contexto da CBMM, que é voltado tanto à produção e comercialização de produtos de nióbio quanto à pesquisa, desenvolvimento e ampla disseminação das soluções e aplicações do nióbio junto ao mercado global, a parceria com fornecedores, consultores e prestadores de serviços relevantes é necessária.

Portanto, é natural que o programa de *compliance* da CBMM contemplasse em seu conjunto normativo políticas que pudessem contribuir com a segurança e transparência desses processos. Assim, em 2017, o programa de *compliance* da CBMM avança para a implementação e divulgação de outras políticas relevantes.

As políticas de brindes, presentes e hospitalidades e de contratação de terceiros chegaram para elevar o patamar de transparência e governança das relações da CBMM e de seus colaboradores com fornecedores e parceiros de negócios, estabelecendo critérios que possibilitam a prevenção e mitigação de riscos de responsabilização e reputação decorrentes dessas relações.

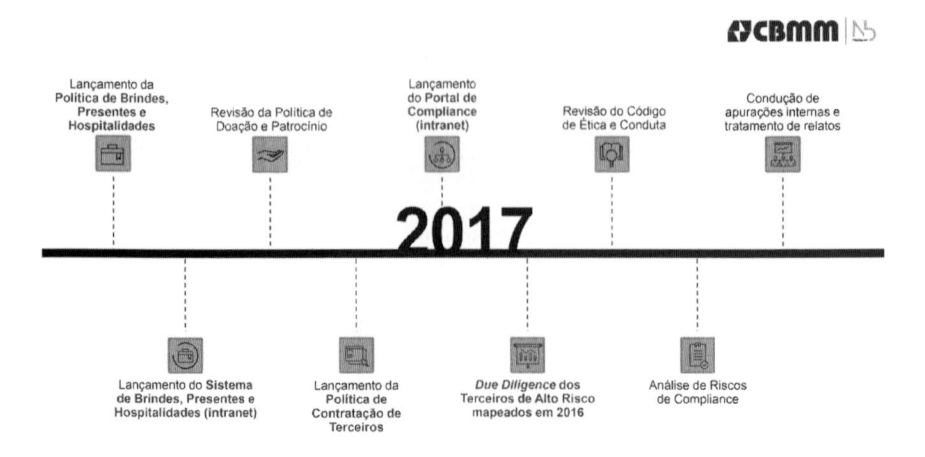

CBMM

Linha do tempo 2017 (acima da linha):
- Lançamento da Política de Brindes, Presentes e Hospitalidades
- Revisão da Política de Doação e Patrocínio
- Lançamento do Portal de Compliance (intranet)
- Revisão do Código de Ética e Conduta
- Condução de apurações internas e tratamento de relatos

Linha do tempo 2017 (abaixo da linha):
- Lançamento do Sistema de Brindes, Presentes e Hospitalidades (intranet)
- Lançamento da Política de Contratação de Terceiros
- Due Diligence dos Terceiros de Alto Risco mapeados em 2016
- Análise de Riscos de Compliance

Em 2019, dando continuidade ao ciclo de estruturação das principais políticas e procedimentos mapeados para a prevenção de riscos no contexto do programa de *compliance* da CBMM, foram lançadas políticas extremamente relevantes, quais sejam, a Política de Conflitos de Interesses e a Política Anticorrupção.

No âmbito da Política de Conflitos de Interesses, foram tratadas as situações que possam interferir na capacidade dos colaboradores, ou terceiros que atuam em nome da CBMM, de tomar decisões imparciais e de executar seu trabalho de forma isenta e transparente, visando os objetivos legítimos da organização, sem privilegiar seus próprios interesses pessoais ou de terceiros.

A Política Anticorrupção, por sua vez, reforçando as diretrizes do Código de Ética e Conduta, deixa claras premissas inegociáveis à atuação da Companhia, dentre elas a não tolerância a qualquer forma de corrupção, e também traz orientações sobre como interagir de forma ética e transparente com agentes públicos e como reagir a uma eventual oferta de vantagens indevidas.

Em 2020, tivemos outro importante avanço nos trabalhos de conscientização sobre a cultura do respeito na CBMM. Foi criada e amplamente comunicada a cartilha "Assédio Eu Digo Não", trazendo informações e treinamentos claros e acessíveis sobre a necessidade de preservação de um ambiente de trabalho seguro, íntegro e respeitoso para todos, livre de qualquer tipo de discriminação e de assédio moral ou sexual.

Vale lembrar que, no âmbito de todas as políticas e normas, é importante estabelecer as medidas disciplinares às quais os colaboradores e demais destinatários das regras estarão sujeitos em caso de desvios de conduta ou infrações.

Além disso, é fundamental enfatizar, tanto nos instrumentos quanto nas comunicações sobre o programa de *compliance*, os contatos do canal de ética e denúncia e a sua confiabilidade, de forma a reforçar a segurança e importância das denúncias de boa-fé.

Como se nota, a implementação de um programa de *compliance* não é um processo que se exaure com a implementação de determinadas medidas e ações. Na verdade, é natural e recomendável que os programas sejam dinâmicos e constantemente revisitados, para que possam evoluir de acordo com a necessidade ou com as melhorias disponíveis e recomendáveis à luz das novas exigências do mercado.

Assim, no curso do programa de *compliance*, deve-se promover as atividades intrínsecas ao funcionamento do próprio modelo implementado, mas também se deve permanecer atento aos ciclos e às melhorias contínuas cabíveis ao programa, através da revisão dos riscos, da atualização das políticas e procedimentos em vigor, ou mesmo à evolução e disponibilização de novos processos e sistemas que viabilizem ou facilitem a aderência às regras do programa.

4 A importância da disseminação da cultura de integridade

Para a CBMM, a atuação ética, responsável e em conformidade com todas as normas e legislações aplicáveis ao desenvolvimento dos seus negócios em todo o mundo sempre foi uma premissa. Isso inclui, dentre outras, a preservação do respeito, da transparência e da honestidade no relacionamento com seus colaboradores, clientes e fornecedores, bem como na interação com os meios social, ambiental e regulatório que fazem parte do seu contexto organizacional.

Com efeito, na contramão de algumas empresas que enfrentam inclusive um desafio preliminar e muito maior, ao terem que semear e fazer brotar esses valores no âmbito de suas atividades, há corporações que já carregam em sua raiz institucional premissas e valores claros em relação à sua atuação transparente, correta e responsável, pois já tiveram essa semente plantada ao longo do seu desenvolvimento.

O desafio, no entanto, não se esgota na estruturação do programa de *compliance*. É preciso que o programa seja uma ferramenta eficiente de reforço da cultura de integridade e que esta cultura esteja efetivamente permeada na rotina da organização, de forma que os processos e mecanismos existentes para a condução das suas rotinas, bem como pessoas encarregadas de conduzi-las, estejam verdadeiramente aptos a preservar condutas e tomar decisões orientadas pela ética e a romper com padrões e condutas contrárias a esse propósito.

Assim, a implementação do programa de *compliance* vem como um reforço importante na missão de consolidar e disseminar a cultura de integridade corporativa.

O ponto é: será que todos na organização de fato possuem ciência e de fato compreendem de forma objetiva a importância de fomentar e disseminar a cultura de integridade? Como facilitar esse processo e fazer com que todos estejam na mesma página?

O desafio é traçar a estratégia adequada para cada uma dessas pessoas, a fim de trazê-las todas ao primeiro grupo, influenciadas positivamente pela ética e pela integridade, e afastar qualquer parcela de má conduta ou atração repentina ao discurso e às atitudes do segundo grupo.[8]

Com efeito, no início, o programa de *compliance* pode provocar certa resistência e até mesmo receio, afinal, como todo e qualquer

---

[8] FRANCO, 2020, p. 59.

mecanismo de controle, prevenção e remediação, é comum gerar no receptor a percepção de que a finalidade é fiscalizar e penalizar.

Por essa razão, é importante apresentar o outro lado e a real função dos programas de *compliance*, que é a de promover maior consciência sobre a forma como as atividades organizacionais devem ser desenvolvidas por todos e os benefícios que são agregados pela existência de normas e procedimentos que valorizam a integridade e promovem um ambiente de negócios e de trabalho mais seguro, agradável e produtivo para todos.

4.1 Reforço do *middle management*

Ter um programa de *compliance* bem estruturado, eficiente e apoiado pela alta direção (*top management*) é realmente um ponto fundamental para a boa governança de uma organização. Mas, tão importante quanto construir, implementar e ter apoio e recursos suficientes para fazer essa estrutura funcionar, é fomentar o apoio e o efetivo comprometimento dos seus principais *stakeholders*: gestores (*middle management*) e demais colaboradores da empresa.

No manual recentemente revisado e divulgado, contendo diretrizes e fatores que devem servir de orientação aos promotores de justiça no âmbito de investigações corporativas, o Departamento de Justiça dos Estados Unidos (DOJ) destacou a perspectiva do *middle management* como fator relevante na avaliação dos programas de *compliance* de uma empresa.

Isto porque é de responsabilidade da gestão não somente apoiar e divulgar as estruturas, procedimentos e políticas que compõem o programa de *compliance* da organização, mas, principalmente, atuar no reforço dos padrões e condutas que são esperados da companhia, sendo exemplo do seu cumprimento, fomentando e incentivando os colaboradores de seus times a também cumpri-los.

Além das estruturas, políticas e procedimentos de conformidade, é importante que a empresa crie e fomente uma cultura de ética e cumprimento da lei em todos os níveis da empresa. A eficácia de um programa de conformidade requer um compromisso de alto nível por parte da liderança da empresa para implementar uma cultura de conformidade que venha da alta e média gestão. (...) Os promotores também devem examinar como a gerência intermediária, por sua vez, reforçou esses padrões e incentivou funcionários a cumpri-los.

Sobretudo, a média gestão tem um importante papel de agente capilarizador da transmissão das informações, iniciativas e objetivos do programa de *compliance*. É como se existisse um canal invisível e muito poderoso de comunicação que, quanto mais transparente e fiel for, será capaz de traduzir e entregar as mensagens corretas, da forma mais assertiva e eficiente possível, aos seus destinatários em massa.

5 Iniciativas para a melhoria contínua do programa de *compliance*

Com base nas análises constantes realizadas ao longo do programa de *compliance*, é possível identificar quando ele já contemplou seus principais pilares e estruturas normativas planejadas para sua implementação. Nesse momento, considerando a característica viva e dinâmica que é própria desses programas, é importante observar os pontos de melhoria e quais os caminhos que precisam ser percorridos para construir a evolução do programa.

Seguindo esse raciocínio, a partir das análises de risco e sobre a maturidade do programa de *compliance* da CBMM, em 2020, foi elaborado um *roadmap* para implementação de ações concretas durante o quinquênio 2021-2025. Nesse caminho, dentre outros pontos para o aprimoramento e desenvolvimento, foram reforçadas iniciativas para otimizar as distâncias de compreensão sobre o programa de *compliance* e esclarecer eventuais falhas de comunicação com gestores e colaboradores.

É importante ressaltar que a principal função do *roadmap* é funcionar como um elemento norteador ou uma bússola orientadora para os próximos passos, mas não como um instrumento rígido e estático. Dessa forma, é preciso que o departamento de *compliance* esteja atento às eventuais correções ou mudanças de rota necessárias ao longo do percurso, de acordo com o momento e as demandas da organização, revisando as ações mapeadas e atualizando as prioridades sempre que necessário.

Nos anos de 2020 e 2021, por exemplo, o contexto da pandemia de covid-19 trouxe importantes impactos à execução dos planos e iniciativas do departamento de *compliance* programadas para aqueles anos. Nesse período, questões urgentes relacionadas e decorrentes da própria pandemia demandaram a atenção do programa de *compliance* e tiveram que ser priorizadas.

Não obstante, com o prolongamento do distanciamento social por tempo superior ao esperado, tornou-se premente retomar a agenda de iniciativas e ações planejadas para o programa, incluindo o avanço da comunicação e implementação das ações para sua melhoria contínua, de modo que logo foi necessário lançar mão de alternativas criativas para continuar o propósito.

Desde a implementação do programa de *compliance* da CBMM, com maior ênfase nos últimos anos, alguns projetos e ações têm se mostrado essenciais na trajetória de desenvolvimento e aprimoramento do programa. Todos esses projetos e ações são fruto das avaliações, aprendizados e busca constante por alternativas eficientes de aprimoramento da cultura de integridade.

É notório que o avanço da receptividade e engajamento dos colaboradores em relação ao programa de *compliance* é resultado de um conjunto de medidas que proporcionam o estreitamento do relacionamento entre o departamento de *compliance*, a gestão e os colaboradores, a aproximação entre as diretrizes do programa e a dinâmica da rotina da empresa e a intensificação das ações de comunicação e conscientização sobre a importância da cultura de integridade.

A seguir, são apresentadas algumas ações e iniciativas que estão contribuindo com o sucesso do programa de *compliance* CBMM. Mas, como se sabe, não há modelo pronto ou receita de bolo; quando o assunto é programa de *compliance* ou integridade, é preciso avaliar com cautela as características da organização, incluindo os riscos que precisam ser endereçados, os avanços já conquistados ao longo do programa e as formas mais eficientes para disseminar e consolidar a cultura, considerando as peculiaridades do público e o contexto organizacional.

5.1 Sistematização e acessibilidade das informações e rotinas do programa de *compliance*

Em qualquer relacionamento com clientes internos em uma organização, a acessibilidade, praticidade e facilidade de compreensão da informação que se pretende passar são elementos que transformam a experiência. Eliminar obstáculos e viabilizar o acesso às informações de forma centralizada, clara e eficiente são estímulos ao cumprimento das rotinas que devem ser feitas e demandam agilidade.

Nesse sentido, utilizar-se da estrutura e capilaridade que algumas ferramentas já dispõem ou identificar sistemas e meios na organização que possam dinamizar as rotinas de interação entre o público-alvo e o departamento de *compliance* são formas inteligentes e práticas de melhorar a comunicação e o engajamento do programa.

Na CBMM, com apoio das áreas de Comunicação Interna, Tecnologia da Informação, entre outras, o departamento de *compliance* implementou adequações e melhorias sistêmicas que acrescentaram muito na disponibilidade de documentos e políticas via intranet e site da CBMM, na facilitação às solicitações de demandas e realização de fluxos obrigatórios em decorrência das políticas via sistemas, que possibilitaram a divulgação ampla e tempestiva de ações, iniciativas e projetos, bem como facilitaram a divulgação e o acesso ao próprio canal de ética e denúncia.

5.2 Integrações com novos colaboradores

Todo novo colaborador, ao ingressar em uma nova empresa, traz consigo suas experiências, vivências e aprendizados anteriores, o que, sem dúvida, enriquece as trocas e a diversidade de visões que qualquer organização precisa.

É fundamental, no entanto, que as regras e diretrizes da nova organização em que ele está ingressando passem a fazer parte do seu repertório e sejam bem reforçadas, de modo que antigos comportamentos ou práticas que eventualmente não se encaixem nesse novo contexto ou não sejam mais adequadas ou cabíveis no novo ambiente de trabalho sejam abandonados.

As integrações com colaboradores contam com um módulo específico sobre o programa de *compliance* da CBMM, oportunidade em que são apresentadas a estrutura do programa, o time de *compliance*, as principais diretrizes do Código de Ética e Conduta da CBMM e das demais políticas que compõem o programa, comportamentos que não são tolerados pela Companhia, como corrupção, assédio, retaliação, dentre outros, além dos contatos e premissas do canal de ética e denúncia.

5.3 Programa Parceiros de *Compliance*

O Programa Parceiros de *Compliance* da CBMM surgiu da vontade de promover ações e alternativas que pudessem intensificar a conscientização dos colaboradores sobre seu papel na preservação e na propagação da cultura de integridade na organização, atuando como referências no comportamento ético e como verdadeiros agentes de conexão entre o departamento de *compliance* e os demais colaboradores.

A partir do estímulo à candidatura voluntária dos colaboradores e com base na demonstração do efetivo interesse real e comprometimento com o propósito do programa, os grupos de parceiros de *compliance* passaram por ciclos anuais de capacitação e mentoria, que seguem um conteúdo planejado para abordar temas relacionados ao programa de *compliance*.

Os encontros do grupo são realizados mensalmente e incluem reflexões a partir de dilemas éticos, aprendizados sobre linhas de defesa e o papel de cada um nas organizações, como evitar situações de conflitos de interesse, reforço do repudio à corrupção e quais são as diretrizes da CBMM em situações de exposição, importância do canal de ética e denúncias, aprendizado sobre impactos reputacionais e de responsabilização por desvios de conduta ou infrações, dentre outros temas relevantes.

Após cada encontro, são preparadas pílulas que consistem em vídeos curtos que contêm um resumo sobre o tema discutido no encontro, de forma que os demais colaboradores da organização tenham visibilidade do que está sendo discutido e possam também buscar junto aos Parceiros de *Compliance*, que são amplamente divulgados para a organização, apoio para refletir e absorver tais aprendizados.

O sucesso do projeto pode ser verificado com o aumento do interesse dos colaboradores em participar. Do primeiro ciclo para o segundo, foi observado um aumento no número de inscritos na ordem de quarenta por cento. A ideia é que o projeto atinja patamares ainda maiores a cada ciclo, de forma a amplificar os efeitos da disseminação da cultura de integridade na organização.

5.4 Dia da Integridade

A CBMM se orgulha de ser uma empresa que preza por adotar as melhores práticas de mercado e promover ações e iniciativas que realmente contribuam com o aprimoramento das suas atividades e alinhamento com as normas e diretrizes aplicáveis aos seus negócios. Assim, desde 2021, o Dia da Integridade acontece na CBMM e, neste dia, todos os colaboradores são convidados a participar de debates, reflexões e palestras que trazem sempre temas importantes sobre integridade e ética.

Em sua primeira edição em 2020, o evento aconteceu de forma virtual, em razão da pandemia, mas já representou um marco para o programa de *compliance* da CBMM, como mais um importante componente de uma série de ações já desenvolvidas para o fortalecimento do compromisso da Companhia com a ética e a integridade.

O evento contou com a presença dos membros da alta direção, palestras com a gestão mediadas por especialistas e uma importante reflexão direcionada a todo o público interno da organização pelo professor Clóvis de Barros Filho sobre a importância dos comportamentos individuais pautados na ética e na integridade para a construção e preservação de um ambiente coletivo organizacional harmonioso, sustentável e próspero.

Em 2022, o Dia da Integridade teve como tema central "Mais Ética, Zero Corrupção" e, já no formato presencial, promoveu encontros, palestras e trocas fundamentais entre a alta direção, gestão e colaboradores para o fomento à cultura de integridade e de repúdio à corrupção por parte da CBMM.

É sabido que empresas estão bastante habituadas a dedicar recursos, tempo e atenção aos fóruns e discussões para reforçar as estratégias de negócio e rotas de crescimento, bem como para estimular e garantir o compromisso com o atingimento das metas e resultados econômicos. Tudo isso é fundamental, mas também é preciso direcionar os olhares e reflexões para as perspectivas que sustentam esse crescimento.

Dedicar recursos da organização e estimular que seus colaboradores separem um tempo em sua rotina para prestar atenção aos temas de integridade são ações afirmativas relevantes, que demonstram a importância com que o assunto deve ser tratado naquele ambiente.

5.5 Projetos e metas compartilhadas

Fomentar discussões e fóruns a respeito dos objetivos estratégicos da empresa é fundamental para que os resultados possam ser atingidos da maneira esperada. É a partir da clareza de onde se quer chegar que se torna possível traçar um plano de ação factível, ou seja, um caminho a ser percorrido.

Em simples resumo, na linguagem corporativa, os resultados desejados e planejados pela organização se traduzem em metas, que devem ser estabelecidas e distribuídas por toda a organização, de forma que cada um, contribuindo com o que é esperado de sua parte, possa somar seus esforços aos dos demais colegas e fazer com que o resultado global e principal projetado pela empresa seja atingido.

No entanto, a projeção dos resultados desejados pela organização deve ser pautada por algumas premissas e perspectivas, sem as quais o atingimento dos objetivos não faz sentido. A esse conjunto de premissas e perspectivas dá-se o nome de mapa ou plano estratégico e esse deve ser o principal guia das atividades da organização, conhecido por todos.

Seguindo essa linha de raciocínio, para que o mapa estratégico exerça seu papel de guia ou norte do crescimento sustentável da organização, é de absoluta relevância que, dentre as diversas perspectivas fundamentais que compõem este mapa estratégico, esteja presente e clara a perspectiva da ética e governança.

Com isso, fica garantido que as ações a serem praticadas pelos inúmeros indivíduos que trabalham para o atingimento dos objetivos da corporação sejam direcionadas pelo mesmo norte, respeitando as mesmas premissas e observando as mesmas diretrizes.

Essa mensagem deve ser propagada na organização, de forma a coibir e evitar que, no afã de atingir os objetivos e resultados e atender às expectativas de performance da organização, possam ocorrer desvios de conduta valorizando as entregas e o desempenho, em detrimento dos comportamentos esperados e das premissas definidas no próprio mapa estratégico da empresa.

Criar espaço para fomentar o conhecimento do mapa estratégico e estimular o compartilhamento de projetos e metas interdisciplinares é uma das formas mais eficientes de se preservar as premissas e incrementar a capacidade de obtenção de resultados sustentáveis. Isto porque, nas diversas perspectivas estabelecidas pela organização, estimular o trabalho compartilhado permite ampliar o campo de visão entre os colaboradores envolvidos, além promover uma atuação coordenada, colaborativa e sistêmica.

Sob a perspectiva da ética e governança, atuar em projetos compartilhados possibilita a expansão do conhecimento sobre o programa de *compliance*, além de trazer visibilidade ao departamento de *compliance* sobre os desafios enfrentados por outras áreas da companhia.

Sobretudo, a interação com outras áreas norteada pelo objetivo comum da empresa viabiliza e potencializa o estabelecimento de um verdadeiro sistema de integridade, que vai se permeando pelos diversos processos da organização.

5.5.1 Projeto ISO 37001

Um dos temas mais afetos às organizações que atuam no âmbito global e buscam aperfeiçoar suas práticas internas de integridade e governança, é o combate à corrupção em todas as suas formas. Com efeito, a pauta anticorrupção deve ser constante e incansável e comunicada com muita precisão nas empresas, mas, acima de tudo, deve efetivamente estar permeada pelos seus diversos processos.

Nesse contexto, como mais uma iniciativa de melhoria contínua do seu programa de *compliance*, em 2022 a CBMM iniciou um projeto de análise e diagnóstico dos seus processos internos com o objetivo de identificar pontos de melhoria e implementar adequações aos requisitos da ISO 37001 (Sistemas de Gestão Anticorrupção), promovendo um avanço nas medidas adotadas pela CBMM para o combate à corrupção e ao suborno.

Como a própria norma traz, a conformidade com os requisitos da ISO 37001 não pode fornecer garantia de que nenhum suborno tenha ocorrido ou ocorrerá em relação à organização, uma vez que não é possível eliminar completamente o risco de suborno. Entretanto, a norma pode ajudar a organização a implementar medidas razoáveis e proporcionais concebidas para prevenir, detectar e responder ao suborno.[9]

Além de contribuir com a implementação de adequações e melhorias nos processos da organização, o projeto ISO 37001 se revela como uma grande oportunidade de aprendizado colaborativo entre o departamento de *compliance* e as áreas impactadas diretamente com o projeto, demandando diálogos e interações intensas, trocas de ponto de vista e entendimentos constantes, bem como a atuação eficiente de todos em direção ao mesmo propósito, que é melhorar o sistema de integridade da companhia.

---

[9] CÂMARA DOS DEPUTADOS. ABNT NBR ISO 37001. Disponível em: https://www2.camara.leg.br/atividade-legislativa/comissoes/grupos-de-trabalho/55a-legislatura/comissao-de-juristas-administracao-publica/documentos/outros-documentos/NBRISO370012017.pdf. Acesso em: 28 mar. 2023.

O projeto na CBMM, coincidentemente, ocorre no ano do marco de dez anos da Lei Anticorrupção no Brasil, sendo uma excelente maneira de prestigiar os avanços e conquistas que a legislação promove no cenário nacional e estrangeiro, dada a atuação intensa de empresas multinacionais no país.

Assim, o estímulo e a promoção de ações conjuntas envolvendo o departamento de *compliance* e outras áreas da empresa são excelentes estratégias para o reforço da conformidade aliado à integração entre as diretrizes de integridade da organização e as rotinas da operação.

Iniciativas como esta, sem dúvida, geram mais conexão, engajamento e sentimento de pertencimento e colaboração entre os envolvidos, facilitando parcerias para o aprimoramento contínuo do programa de *compliance* e da cultura de integridade da organização.

6 Conclusão

Tendo em vista tais considerações e reflexões, é possível concluir que a existência de premissas e diretrizes sobre governança e integridade há muito deixou de ser um ato de proatividade das empresas, passando a ser uma necessidade de adequação e resposta a um mercado global e a um contexto normativo cada vez mais exigente e atuante.

Ainda, é possível afirmar que a existência de um contexto organizacional já pautado em sistemas e processos construídos com base na valorização da conformidade, no fiel cumprimento às normas e regulações e na atenção e adequação contínua às melhores práticas de mercado facilita, e muito, a implementação de regras e diretrizes de *compliance* e a promoção da cultura de integridade.

Nesse sentido, alguns fatores são primordiais na concepção de um programa de *compliance* eficiente. Dentre eles, destaca-se a análise dos riscos, a estruturação de um plano de implementação, a definição de uma estrutura dedicada à sua gestão, bem como, e de extrema relevância, o suporte da alta administração.

Na CBMM, o programa de *compliance*, instituído em 2015, tem evoluído continuamente ao longo dos anos, com a realização de análises periódicas sobre os riscos que o programa deve endereçar e a adoção de medidas e iniciativas adequadas aos ajustes de rota e melhoria contínua das práticas e diretrizes de integridade na empresa.

A principal conclusão que fica é que os programas de *compliance* devem ser olhados como sistemas vivos e dinâmicos, que acompanham as transformações organizacionais e servem para apoiá-las em suas diversas fases. Sempre há espaço para melhoria, ainda que tudo esteja ou pareça estar em ordem. Acomodar-se na simples execução de ações planejadas pode representar perdas significativas nas oportunidades de avanço.

Os programas de *compliance* devem permanecer à disposição da organização, buscando adaptar-se ao seu contexto, objetivos e desafios e cumprir sua principal função, que, para além de mecanismo de prevenção, mitigação e remediação de desvios de conduta, deve ser atuar como elemento norteador e encorajador de condutas e padrões éticos e íntegros dentro e fora da organização.

Referências

BRASIL. Lei nº 12.846, de 1º ago. 2013 (Dispõe sobre a responsabilização administrativa e civil de pessoas jurídicas pela prática de atos contra a administração pública, nacional ou estrangeira, e dá outras providências).

BRASIL. ABNT NBR ISO 37001. 1. ed. Disponível em: https://www2.camara.leg.br/atividade-legislativa/comissoes/grupos-de-trabalho/55a-legislatura/comissao-de-juristas-administracao-publica/documentos/outros-documentos/NBRISO370012017.pdf.

ESTADOS UNIDOS. FCPA Corporate Enforcement Policy. Disponível em: https://www.justice.gov/criminal-fraud/file/838416/download.

ESTADOS UNIDOS. Evaluation of Corporate *Compliance* Programs. Disponível em: https://www.justice.gov/criminal-fraud/page/file/937501/download.

ESTADOS UNIDOS. DOJ. Evaluation of Corporate *Compliance* Programs. Disponível em: https://www.justice.gov/criminal-fraud/page/file/937501/download.

FRANCO, Isabel et al. *Guia prático de compliance*. 1. ed. Rio de Janeiro: Forense, 2020.

MICHELONI, Elida et al. *Monitoria de programa de compliance no Brasil*. 1. ed. São Paulo: Mizuno, 2022.

Informação bibliográfica deste texto, conforme a NBR 6023:2018 da Associação Brasileira de Normas Técnicas (ABNT):

TELES, Clarissa. A evolução da governança de integridade e do programa de *compliance* da CBMM. *In*: ZENKNER, Marcelo; KIM, Shin Jae (coord.). *Lei Anticorrupção Empresarial*: perspectivas e expectativas – Edição comemorativa dos 10 anos de vigência da Lei nº 12.846/2013. Belo Horizonte: Fórum, 2023. p. 167-190. ISBN 978-65-5518-541-6.

POLÍTICAS ESG COMO ELEMENTO FUNDAMENTAL DOS PROGRAMAS DE INTEGRIDADE CONTEMPORÂNEOS

FERNANDA CLAUDINO

1 Introdução

A palavra sustentável deriva do latim *sustentare* e significa sustentar, apoiar, conservar e cuidar. Em 1987, a diplomata e médica Gro Harlem Brundtland, também ex-primeira-ministra da Noruega, usou o termo "desenvolvimento sustentável" pela primeira vez. Na posição de presidente da Comissão Mundial sobre Meio Ambiente e Desenvolvimento da Organização das Nações Unidas (ONU), Brundtland apresentou um relatório no qual se lia: "Desenvolvimento sustentável significa suprir as necessidades do presente sem afetar a habilidade das gerações futuras de suprirem as próprias necessidades" (UNITED NATIONS, 1987).

O relatório ficou conhecido como o Relatório Brundtland, com o título "Nosso Futuro Comum". A partir daí, disseminou-se o entendimento de que o desenvolvimento sustentável é o modelo econômico que se sustenta e que perdura ao longo dos anos, sem colocar em risco a geração de recursos naturais que serão essenciais para a sobrevivência da espécie humana no futuro.

Atualmente, quando pensamos em desenvolvimento sustentável, atrelamos o termo ao acrônimo ESG, que, em português, significa diretrizes para questões ambientais, sociais e de governança corporativa. O ESG traz uma visão multifacetada do termo, pois se desdobra nas boas práticas sob a perspectiva econômica, social, ambiental, geográfica e política.

O termo surgiu em 2004, em publicação de relatório intitulado "Who Cares Wins", que consolidava respostas obtidas de instituições financeiras sobre como integrar princípios de ESG ao mercado de capitais, realizado pelo Pacto Global das Organizações das Nações Unidas – ONU em parceria com o Banco Mundial.

Apesar de as empresas já terem, de modo geral, preocupações socioambientais, a exemplo do movimento de Responsabilidade Social Corporativa – RSC – dos anos 1990,[1] o termo foi adicionado ao dicionário corporativo por incluir outras preocupações de cunho social e de governança.

No mesmo período, a United Nations Environment Programme Finance Initiative – UNEP-FI – publicou o chamado relatório Freshfield (UNEPFI, 2005), ressaltando a importância de ações de ESG como forma de avaliar uma empresa sob a ótica financeira.

A partir deste período, o mercado começou a realizar uma avaliação das empresas não só em relação aos lucros que elas dariam, mas também contemplando a capacidade de serem sustentáveis.

Empresas e organizações de diferentes segmentos começaram a se engajar em suas políticas internas para que seu *business core* – e também em sua própria cadeia de valor – incorporasse temas essenciais do ESG, com questões ambientais, sociais e relacionadas à governança corporativa, atrelados à ética, integridade e transparência.

A crescente popularidade do investimento responsável e do financiamento sustentável, juntamente com o aumento do consumismo consciente, pressionou significativamente as empresas a serem mais transparentes sobre como medir e gerenciar riscos e oportunidades ambientais, sociais e relacionadas à governança.

De acordo com a OCDE – Organização para a Cooperação e Desenvolvimento Econômico, os investimentos ESG vêm crescendo rapidamente na última década. O portfólio gerenciado ultrapassa U$ 17,5 trilhões globalmente e o investimento comercializado em produtos ESG excede U$ 1 trilhão (OECD, 2020).

Além dos acionistas, investidores e consumidores, as partes interessadas corporativas, os chamados *stakeholders*, também estão

---

[1] A Responsabilidade Social Corporativa (RSC) pode ser entendida como a expansão do papel empresarial além de seu escopo econômico e de suas obrigações legais.

exigindo mais informações sobre como as empresas lidam com seu impacto social e ambiental.

Nos últimos anos, fatores como a pandemia pelo vírus da covid-19, impulsionados pela exposição da desigualdade social e abusos dos direitos humanos, bem como a redução de 5,6 de CO_2 em razão do *lockdown* (WMO, 2020), evidenciaram como os pilares "E" e "S" do ESG são relacionados, interligados e interdependentes, afetando tudo e a todos do planeta, subvertendo a importância da inclusão dos *stakeholders*, do meio ambiente e das questões sociais, nas estratégias empresariais.

Muito tem se debatido sobre o papel da governança corporativa no ESG, que vem com o atendimento aos interesses dos *stakeholders*, mas, também, traz uma reflexão no seu papel de entender a cultura da empresa, para que seus processos possam refletir nas políticas, comitês e estrutura a serem criados.

Faz-se necessário analisar a governança corporativa como ferramenta essencial para a boa gestão de empresas que buscam diferenciação no competitivo mercado atual através de processos de gestão que evidenciem aos investidores nacionais e internacionais a transparência da administração das empresas.

E essa transparência é fundamental para evitar casos de "greenwashing", que podem ser traduzidos como uma falsa propaganda de iniciativas no âmbito ambiental que, também, se estendem a todos os pilares do ESG, em que empresas anunciam práticas sustentáveis, porém, tais ações não passam de comunicações enganosas, pois não refletem a realidade.

Neste contexto, a elaboração de políticas de ESG está se tornando cada vez mais importante à medida em que as empresas se esforçam para se manterem competitivas no mercado e atraírem clientes que exigem transparência e sustentabilidade de seus *stakeholders*.

As políticas sustentáveis fornecem uma estrutura para as empresas identificarem proativamente os riscos e para poder gerenciá-los adequadamente. Elas são fundamentais para manter relações positivas com as partes interessadas, alcançar estabilidade financeira e criar valor em todos os níveis.

A utilização do *compliance* nas políticas ESG traz uma maior eficácia aos programas de sustentabilidade das empresas, mapeando os riscos do *core business* da empresa e também de sua cadeia de fornecedores.

Atualmente, as políticas ESG têm sido atreladas a programas de integridade, permitindo que as empresas demonstrem seu compromisso com práticas comerciais éticas, que estão se tornando um fator cada vez mais importante tanto na criação de valor para seus acionistas, os *shareholders*, quanto seus *stakeholders*.

Neste sentido, a integridade corporativa é fundamental para o desempenho e os relatórios ESG éticos. A triagem e a mitigação dos riscos de integridade têm sido elementos essenciais nas estruturas, métricas e classificações das empresas de maneira geral. As empresas têm se pautado, cada vez mais, pela transparência nestas práticas, a fim de deixar um legado de valor.

2 Governança corporativa

2.1 Contexto histórico

Temos como principais marcos históricos e de maior alcance da governança corporativa, segundo Andrade e Rossetti (2006): (a) o ativismo voluntarista de Robert Monks, que focou no direito dos acionistas e propôs a ideia de um modelo ativo nas organizações, na segunda metade dos anos 1980; (b) o Relatório Cadbury divulgado em 1992, pelo Reino Unido, com foco no papel dos acionistas, conselheiros e executivos como também nos resultados financeiros; e (c) a criação pela Organization for Economic Cooperation and Development – OECD de Business Sector Advisory Group on Corporate Governance, em 1998, com o intuito de organizar normas e diretrizes para desenvolver os mercados, as corporações e as nações.

Os escândalos bilionários envolvendo fraudes contábeis no mundo corporativo no início dos anos 90 nos Estados Unidos, como os casos das empresas Eron, Worldcom e Arthur Andersen, tiveram seu papel de destaque, visto que fizeram com que muitos acionistas atentassem para uma regulação mais rígida e que obrigasse as empresas a serem mais transparentes.

A descoberta destas práticas fraudulentas de valores exorbitantes, em um mercado considerado seguro como o norte-americano, além de abalar a credibilidade das instituições, desencadeou uma profunda descrença dos investidores.

Como resposta a estes escândalos que desafiaram os controles do sistema acionário americano, a Lei Sarbanes-Oxley (SOX) foi sancionada pelo governo dos Estados Unidos em 2002, visando a proteger os investidores e *stakeholders* das empresas contra possíveis fraudes financeiras.

A SOX promoveu uma ampla regulamentação no mercado americano. A transparência tomou destaque na gestão das corporações a partir de então. "As empresas que perceberam essa nova realidade passaram a implantar novos modelos de gestão corporativa que levam em consideração princípios e valores de natureza ética, além das questões econômico-financeiras" (RODRIGUES, 2003, p. 4).

A confiança perdida pelos investidores precisava ser resgatada e a lei foi uma resposta legislativa que atendeu a essa demanda por maior transparência, consoante afirma Silva (2012): "o princípio que sugere *full and fair disclosure* (direito e transparência total) como um dos alicerces para o bom funcionamento do mercado de capitais é aceito universalmente".

A SOX influenciou, ainda, o desenvolvimento de códigos de conduta de governança corporativa em todo o mundo e o desencadeamento das agências de classificação de risco específicas para o mundo corporativo com o objetivo de orientar os investidores quanto ao grau de transparência e risco das empresas.

A publicação desta lei estabeleceu, dentre outras coisas, novos padrões de divulgação de informações, atrelando responsabilidades aos principais executivos da empresa, bem como implantou critérios mais rígidos de fiscalização dos procedimentos contábeis:

Andrade e Rossetti (2014) mencionam as principais normas trazidas pela Lei Sarbanes-Oxley atualizadas às boas práticas de governança corporativa:

- *Compliance*: conformidade no cumprimento de normas reguladoras, expressas nos estatutos sociais, nos regimes internos e nas instituições legais do país.
- *Accountability*: prestação responsável de contas, fundamentada nas melhores práticas contábeis e de auditoria.
- *Disclosure*: transparência das informações que impactam os negócios e que envolvem resultados, oportunidades e riscos.
- *Fairness*: senso de justiça e equidade no tratamento dos acionistas.

2.2 Conceito de governança corporativa

A governança corporativa pode ser entendida como um sistema de boas práticas que tem por objetivo otimizar o desempenho de uma companhia, gerenciando o relacionamento entre os acionistas, executivos e conselho de administração.

Leal e Saito (2002) trazem o conceito de governança corporativa como "o conjunto de regras, práticas e instituições que determinam como os administradores agem no melhor interesse das partes envolvidas na empresa, particularmente os acionistas".

Importante destacar que, ainda em 2004, a Organização para Cooperação e Desenvolvimento Econômico – OCDE *entendeu que a governança corporativa compreende também um crescimento sustentável:*

> Um bom governo das sociedades deve proporcionar incentivos adequados para que o órgão de administração e os gestores prossigam objectivos que sejam do interesse da empresa e dos seus accionistas, devendo facilitar uma fiscalização eficaz. A presença de um sistema eficaz de governo das sociedades, tanto em cada empresa como na economia considerada como um todo, contribui para alcançar o grau de confiança necessário ao funcionamento adequado de uma economia de mercado. Daí resultam custos inferiores na captação de capitais, que incentivam as empresas a usarem os recursos de forma mais eficaz, viabilizando assim um crescimento sustentável. (OCDE, 2004, p.11)

Já a Comissão de Valores Mobiliários (2002) define governança corporativa por um conjunto de práticas que tem por finalidade otimizar o desempenho de uma companhia ao proteger todas as partes interessadas, tais como investidores, empregados e credores, facilitando o acesso ao capital. A análise das práticas de governança corporativa aplicada ao mercado de capitais envolve, principalmente: transparência, equidade de tratamento dos acionistas e prestação de contas.

Pode-se dizer, então, que a governança corporativa tem o objetivo de orientar as ações da Administração e criar regras para seu monitoramento, assegurando que o comportamento dos executivos esteja alinhado com os interesses dos acionistas institucionais e minoritários, contribuindo para bons resultados e a perenidade dos negócios, com respeito à sociedade, ao meio ambiente e ao interesse social.

2.3 O *compliance* como ferramenta da governança corporativa

As empresas estão sendo cada vez mais avaliadas pelo seu comportamento no cumprimento de regras e legislações. A governança corporativa busca criar, manter e incentivar as boas práticas de governança, de modo que a empresa cumpra sua função social colaborando com o desenvolvimento econômico e sustentável, com a geração de empregos, contribuindo com resultados positivos para seus *shareholders* e *stakeholders*.

O termo *compliance* ultrapassa a ideia de conformidade, englobando aspectos relacionados à governança, transparência, ética e integridade. Segundo definição da Federação Brasileira de Bancos – Febraban (2018), o *compliance* não tem apenas uma função preventiva, mas também consultiva, na medida em que dá suporte aos objetivos estratégicos da organização, fazendo parte da cultura e do gerenciamento de riscos da instituição.

Neste sentido, o *compliance* vem como ferramenta que agrega valor à governança corporativa. Coimbra e Manzi (2010): "Assim, o *compliance* pode ser considerado como um dos pilares da governança corporativa", pois se utiliza de boas práticas para aumentar o grau de confiança e a imagem da organização perante a sociedade.

A Lei nº 12.846/2013, regulamentada pelo Decreto nº 8.420/2015, chamada Lei Anticorrupção, é considerada a mais determinante ao inserir inesperadamente regramentos e normativos para o combate à corrupção. Com esta lei a palavra *compliance* ganha lucidez e alicerces no Brasil, visto que aqueles que aderem ao programa de integridade e ética conseguem benefícios e se sujeitam de forma reduzida às sanções administrativas e judiciais. Deste modo o Brasil saiu de uma situação de inércia para outra de incentivador de códigos de conduta, ética e cultura de integridade.

Para tanto, o *compliance* vem como ferramenta fundamental que auxilia na implementação das boas práticas, como um sistema eficiente para coibir comportamentos ilícitos que podem acarretar impactos financeiros e reputacionais, gerando indenizações e perda do valor de mercado da companhia.

Para que haja eficácia destas boas práticas de governança, tanto *shareholders* quanto *stakeholders* devem estar comprometidos com a proposta que tais mecanismos estabelecem, como o princípio de prestação de contas, em que os diversos atores devem deixar clara sua atuação na organização.

É neste ambiente que os sistemas de integridade são inseridos e vêm ganhando destaque nos últimos anos, já que o *compliance* deve iniciar pela alta administração e, posteriormente, ser passado aos demais colaboradores da organização.

3 Das políticas ESG

As políticas ESG são normas estabelecidas pelas empresas para incorporar os princípios, critérios e práticas ESG em sua cultura, buscando mudar a vida das pessoas, conforme os valores da companhia.

As políticas de ESG podem ser definidas como um arcabouço em que estarão todas as demais políticas das companhias, como por exemplo, (i) as políticas de diversidade e inclusão; (ii) as políticas para a redução de emissões de gases de efeito estufa emitidos pela companhia e fornecedores; e (iii) as políticas para as boas práticas de governança, ética e integridade nas relações tanto entre os colaboradores da empresa quanto com seus *shareholders* e *stakeholders*.

Para isso, a política deve interpretar as legislações e regulações de cada pilar do ESG, dando diretrizes para sua observância, a fim mitigar riscos e criar valor para a empresa. Para que isso ocorra, faz-se necessária uma sólida estrutura de governança corporativa a fim de ter o sucesso e os resultados esperados pelas partes interessadas. A política ESG determinará regras que levarão à tomada de decisões e ao melhor desenvolvimento das atividades operacionais, conforme os objetivos econômicos, ambientais, sociais e de governança corporativa da empresa.

Resumidamente, as políticas ESG têm o objetivo de: (ii) orientar sobre as diretrizes da governança corporativa disposta no Estatuto Social das companhias; (ii) dar conhecimento sobre a matriz de temas ESG da companhia; (iii) inserir compromissos de objetivos sustentáveis; (iv) dar conhecimento sobre as ações e *reports* utilizados para gerenciar os riscos de impacto ESG; (v) fomentar o uso do Código de Conduta Ética Profissional dos colaboradores e parceiros; e (vi) definir os atores envolvidos e a vigência pretendida.

3.1 Política para a proteção de dados e correlação com programa de integridade

Um tema muito debatido tem sido as políticas que envolvem a proteção de dados sensíveis coletados pelas companhias, a fim de estarem em consonância com a Lei Geral de Proteção de Dados (LGPD). É de suma importância que as empresas promovam a criação de tais políticas ou ajustes nas políticas existentes, visando atender as regras trazidas pela legislação.

A Lei Geral de Proteção de Dados Pessoais, Lei nº 13.709/2018, é a legislação brasileira que regula as atividades de tratamento de dados pessoais e que também altera os artigos 7º e 16 do Marco Civil da Internet. Entende-se por dados pessoais todas as informações suficientes para identificar uma pessoa natural, tais como os números de telefone e do Cadastro de Pessoas Físicas do Ministério da Fazenda (CPF/MF) ou uma imagem obtida através de câmera instalada em uma loja.

Muito embora, em grande parte, o Código de Defesa do Consumidor já ampare os indivíduos no que tange à proteção de seus dados, a LGPD, em seu art. 11, amplia o rol de direitos e obrigações para o acesso aos dados pessoais. Existem duas hipóteses principais: com consentimento fornecido pelo titular ou seu representante legal ou sem o seu consentimento, em situações em que o acesso a elas é indispensável.

A garantia da prevenção à fraude e à segurança do titular nos processos de identificação e autenticação de cadastro em sistemas eletrônicos é uma dessas circunstâncias que são mencionadas na lei. Faz-se necessário o tratamento autorizado que prevê que o consentimento do usuário seja feito de forma específica e destacada, e a informação deve ser usada para finalidades específicas.

Há um risco reputacional e legal às empresas que não possuem um programa de integridade para tal política, uma vez que o fornecimento sem consentimento do titular pode acontecer em algumas circunstâncias que são mencionadas ocasionando potencial de litígios nas esferas administrativa e judicial, além da atuação da Autoridade Nacional de Proteção de Dados.

Verifica-se, então, a importância de uma política voltada à privacidade de dados e conexão do tema ao programa de integridade da companhia, uma vez que o fato de a empresa não permanecer inerte quanto à sua adequação aos termos da LGPD representará um argumento importante para afastar a responsabilização.

4 Do impacto das políticas ESG nos programas de integridade contemporâneos

Atualmente, o aumento da complexidade das regulamentações tem impulsionado a evolução e o fortalecimento de programas de *compliance*, juntamente com o crescimento por ações voluntárias para programas de integridade e seus principais componentes.

O programa de integridade deve se guiar pela sustentabilidade, resguardando a imagem da empresa com resultados positivos ao incutir nos colaboradores a importância em fazer a coisa certa. Deve haver um comprometimento com a sustentabilidade no meio empresarial em todas as bases, isto é, estar presente nos instrumentos contábeis, jurídicos, ambientais e sociais.

Nos últimos anos, principalmente por conta de uma mudança geracional, observam-se esforços para iniciativas voltadas à responsabilidade social empresarial em áreas de negócios das empresas, envolvendo diversidade, inclusão e direitos humanos.

A hipertransparência ocasionada pelas ferramentas de tecnologia da informação e comunicação TIC[2] – e sua integração em todas as facetas da tomada de decisão humana e vida. Neste novo ambiente, as mídias sociais estão redefinindo a natureza da informação, deixando as empresas mais vulneráveis quanto aos riscos reputacionais.

Por exemplo, grupos ambientalistas internacionais estão cada vez mais alinhando-se com os movimentos de direitos indígenas na América Latina e dando exposição global a empresas anteriormente discretas.

Paralelamente, funcionários e denunciantes são cada vez mais dispostos e capazes de compartilhar preocupações diretamente com o público e não por meio de canais ou linhas diretas sobre a integridade e valores de seus empregadores, ou clientes e prioridades comerciais.

Isso faz aumentar a preocupação das empresas em trazer programas de integridade e de *compliance* que sejam efetivos não só para o seu *core business*, mas também toda a cadeia de fornecimento, uma vez que, para ser considerada "cadeia de valor",[3] tem que estar alinhada aos princípios ESG.

Em 2022, a União Europeia apresentou a proposta "*Corporate Sustainability Due Diligence*", que versa sobre dever de diligência das empresas em matéria de sustentabilidade que prevê a responsabilização empresarial por danos ambientais e por violações de direitos humanos em sua cadeia de fornecedores, a nível global.

---

[2] Tecnologias da informação e comunicação é uma expressão que se refere ao papel da comunicação na moderna tecnologia da informação. Entende-se que TICs são todos os meios técnicos usados para tratar a informação e auxiliar na comunicação, o que inclui o *hardware* de computadores, rede e telemóveis.

[3] Segundo definição dada por Michael Porter, professor da Harvard Business School, em 1985, cadeia de valor é um conjunto de processos interligados – por elos – necessários para viabilizar uma percepção positiva dos clientes com relação às soluções desenvolvidas pela organização.

Dentre as principais medidas trazidas pela legislação, destacam-se a necessidade de implementação de um sistema interno de gerenciamento de riscos; a realização de análise de riscos; adoção de medidas preventivas e corretivas, inclusive no processo produtivo de seus fornecedores; comprovação de implementação de procedimentos internos adequados para reclamação, bem como o de informar ao público em geral os potenciais impactos negativos do seu negócio no que se refere a direitos humanos por meio de relatórios anuais de *compliance*, os quais devem ser disponibilizados com livre acesso ao público no sítio eletrônico da empresa pelo período mínimo de sete anos.

Desta forma, importante observar a relevância dos programas de integridade, visto que as obrigações impostas por tais legislações abrangem desde o dever de divulgar informações sobre as medidas adotadas para evitar que violações a direitos ou danos ambientais ocorram em suas atividades até o dever de efetivamente estabelecer políticas e procedimentos para mitigar e prevenir os impactos das atividades empresariais.

Além disso, é importante destacar o risco reputacional oriundo de escândalos de corrupção, fraudes, dentre outras atividades ilícitas e antiéticas. No cenário internacional, tivemos casos que ficaram evidentes, infelizmente, pela sequência de crimes corporativos e ações irresponsáveis de empresas que nem sempre são totalmente transparentes em relação às suas atividades socioambientais.

Observa-se uma tendência, inclusive, de judicialização de demandas que envolvam questões ESG, como empresas que usam de trabalho escravo em sua cadeia de fornecedores e até mesmo são acusadas de esconder impactos negativos, como fraudes contábeis, bem como reportar muito mais avanços do que realmente atingem, promovendo campanhas de *marketing* com apelo socioambiental que nem sempre correspondem à realidade, o já mencionado *greenwashing*.

Com relação à corrupção, é preciso entender seu impacto na competitividade da organização e nos seus investimentos, ocasionando efeitos devastadores e, muitas vezes, não mensuráveis. É especialmente importante, ao longo do tempo e em ambientes operacionais complexos, onde as leis locais são contrárias ou inferiores aos padrões internacionais, ausentes ou não aplicadas, que as empresas entendam o risco entre conformidade legal e risco de responsabilidade.

A Lei Anticorrupção Americana – Foreign Corrupt Practices Act (FCPA) dispõe sobre os critérios para reconhecer a efetividade dos programas de integridade: comprometimento da alta direção, avaliação de risco, código de conduta, controles internos, treinamento e comunicação, canais de denúncia, investigação interna, diligência prévia (*due diligence*) e monitoramento (USA, 2012). Posteriormente, os padrões internacionais para a gestão dos sistemas de *compliance* foram consolidados no padrão gerencial ISO 19600:2014 (ISO, 2014).

No Brasil, assim como em outros países, também se fez necessária a criação de uma lei específica para diminuir a corrupção e aplicar as práticas de *compliance*. A Lei Anticorrupção reconhece que, tomadas isoladamente, as medidas punitivas tradicionais são ineficazes, devendo ser associadas a mecanismos preventivos que fortaleçam a conformidade com os princípios éticos, as melhores práticas de gestão e as normas legais.

Para Moreira, Canto e Guzela (2020), a corrupção compromete significativamente a gestão empresarial, pois gera instabilidade jurídica, causa problemas não somente à administração da companhia, mas também à sociedade. Os programas de integridade podem ser definidos como um conjunto estruturado de ações, realizadas nas organizações públicas, sociais ou privadas, voltadas à prevenção, detecção, punição e remediação de fraudes e atos de corrupção (Tribunal de Contas da União – TCU, 2014).

Os programas de integridade moldam uma estrutura de incentivos que orienta o comportamento dos agentes de forma a alinhá-lo ao interesse público (CGU, 2017; United Nations Office on Drugs and Crime UNODC, 2012; ZENKNER, 2019).

Tais incentivos visam a assegurar a conformidade dos agentes com os princípios éticos, as melhores práticas gerenciais e a observância de leis e normas aplicáveis (*compliance*). A terminologia empregada pela legislação brasileira (a Lei Anticorrupção, o Decreto da Governança e a Lei das Estatais) denomina os sistemas de *compliance*, de forma genérica, como programas de integridade, mas ambos se referem à conformidade (BARRETO; VIEIRA, 2021).

A prevenção e a detecção de irregularidades devem integrar o dia a dia das organizações públicas e ser parte obrigatória para análise das políticas públicas, um dos componentes do processo de tomada de decisões dos agentes públicos (CGU, 2015).

Vale citar também que a CVM, na Resolução 59, que trata das informações que as empresas precisam divulgar em seu Formulário de Referência, trouxe a inclusão de itens específicos sobre integridade e contribuições políticas. Tornou-se obrigatório informar o número de casos de desvios, fraudes, irregularidades e atos ilícitos praticados contra a Administração Pública confirmados nos últimos três exercícios sociais, e as medidas corretivas adotadas, independente de decisão administrativa ou judicial sobre os fatos detectados.

Por isso, é tão importante a implementação dos programas de *compliance* e integridade nas empresas, uma vez que visam reduzir os riscos, prevenir práticas inadequadas e evitar problemas futuros. A implementação de tais esforços por recursos humanos, conformidade e sustentabilidade será muito mais eficaz se tiverem mandatos éticos alinhados, supervisão e visibilidade e apoio da alta liderança.

Neste sentido, o papel dos Conselhos de Administração e da alta gestão das companhias é fundamental para engajar os executivos a definirem o propósito da empresa, de forma que múltiplos *stakeholders*, inclusive os *shareholders*, possam ser beneficiados pela atuação da companhia.

Para tanto, os conselheiros devem ter um papel questionador sobre as políticas ESG implementadas e os impactos dos projetos estratégicos para a função social da empresa. Deve-se privilegiar o entendimento das consequências financeiras e impactos socioambientais, bem como reputacionais de tais projetos.

Conclusão

Diante do exposto, compreende-se que são necessárias estruturas de governança que sejam capazes de dar suporte aos planos estratégicos das empresas em relação a questões socioambientais, bem como gerenciar os riscos envolvidos. Dentro desse contexto, os conselhos desempenham um importante papel.

As empresas devem ter uma governança corporativa forte, as políticas de *compliance* devem ser rígidas e os programas de integridade devem fornecer orientações detalhadas sobre a implementação, com princípios orientadores que podem ser usados para definir a direção das políticas ESG. A agenda de aculturamento do ESG precisa ter a presença do conselho e da alta gestão das companhias.

Deve-se reconhecer a complexidade que envolve o ESG e o seu impacto na estratégia da empresa, integrando políticas sustentáveis com programas de integridade, com distinções claras entre os esforços de conformidade legal para reduzir irregularidades e esforços de sustentabilidade corporativa para gerar impactos ambientais e sociais mais positivos.

Necessário é diagnosticar e pensar a governança corporativa da empresa, levando em consideração políticas que abordem um maior gerenciamento de risco, considerando o dever de transparência, a convergência das agendas de direitos humanos – com ingerência da cadeia de fornecedores – e ações anticorrupção. Importante é ter clareza sobre a importância de uma abordagem integrada para questões ESG, incluindo padrões, métricas de desempenho e relatórios com programas de integridade.

Referências

ALMEIDA, Luiz Eduardo de et al. *Manual de compliance*. Rio de Janeiro: Forense, 2019.

ANDRADE, A.; ROSSETTI, J. P. *Governança Corporativa*: Fundamentos, Desenvolvimento e Tendências. 2. ed. São Paulo: Atlas, 2006.

BARRETO, Rodrigo Tavares de Souza; VIEIRA, James Batista. Os programas de integridade pública no Brasil: indicadores e desafios. *Revista Scielo*, 2021. Disponível em: https://www.scielo.br/j/rae/a/kmjN8FPqZ3t4hkHZGDWzWBw/?lang=pt. Acesso em: 23 mar. 2023.

CFIPE, Center for International Private Enterprise. Confecamaras Corporate Governance. 2002. Disponível em: https://www.cipe.org/. Acesso em: 23 mar. 2023.

CGU, Controladoria-Geral da União. Ministério da Transparência e Controladoria-Geral da União. Guia de Implementação de Programas de Integridade nas Empresas Estatais Brasília, DF, 2015.

COIMBRA, Marcelo de Aguiar; MANZI, Vanessa Alessi (org.). *Manual de compliance*: preservando a boa governança e a integridade das organizações. São Paulo: Atlas, 2010.

COMISSÃO DE VALORES MOBILIÁRIOS – CVM. 2002. Disponível em: https://conteudo.cvm.gov.br/export/sites/cvm/decisoes/anexos/0001/3935.pdf. Acesso em: 23 mar. 2023.

CRUZ, A. *Introdução ao ESG*: meio ambiente, social e governança. 2. ed. São Paulo, 2022.

FEBRABAN – Federação Brasileira de Bancos. Guia boas práticas de *compliance*. 2018. Disponível em: https://cmsportal.febraban.org.br/Arquivos/documentos/PDF/febraban_manual_ compliance_2018_2web.pdf. Acesso em: 23 mar. 2023.

IBGC, Instituto Brasileiro de Governança Corporativa. Código das melhores práticas de governança corporativa. 2015. Disponível em: https://conhecimento.ibgc.org.br/Paginas/Publicacao.aspx?PubId=21138. Acesso em: 23 mar. 2023.

ISO, International Organization for Standardization. ISO 19600: 2014 – Compliance management systems – Guidelines Genève, Suisse: Autor. 2014.

LEAL, Ricardo Pereira Câmara; SAITO, Richard. Finanças Corporativas no Brasil. *Revista de Administração de Empresas Eletrônica – RAE eletrônica*, São Paulo, vol. 2, n. 2, jul./dez. 2003.

MICHAELIS. Dicionário Brasileiro da Língua Portuguesa. São Paulo: Melhoramentos, 2015. Disponível em: https://michaelis.uol.com.br/busca?r=0&f=0&t=0&palavra=sustentar. Acesso em: 23 mar. 2023.

MOREIRA, Egon Bockmann; CANTO, Mariana Dall'agnol; GUZELA, Rafaella Peçanha. Lei Anticorrupção Brasileira. *In*: CARVALHO, André Castro; BERTOCCELLI, Rodrigo de Pinho; ALVIM, Tiago Cripa; VENTURINI, Otavio (org.). *Manual de Compliance*. Rio de Janeiro: Forense, 2020. p. 339-368.

OCDE. Organização para Cooperação e Desenvolvimento Econômico. Princípios de Governança Corporativa da OCDE. 2004. Disponível em: https://www.oecd.org/daf/ca/corporategovernanceprinciples/33931148.pdf. Acesso em: 27 mar. 2023.

OECD. ESG Investing: Practices, Progress and Challenges. 2020. Disponível em: https://www.oecd.org/finance/ESG-Investing-Practices-Progress-Challenges.pdf. Acesso em: 23 mar. 2023.

PETRELLUZZI, Marco Vinicio; RIZEK JUNIOR, Rubens Naman. *Lei Anticorrupção*: origens, comentários e análise da legislação correlata. São Paulo: Saraiva, 2014.

RODRIGUES, Ana Tércia Lopes. *Governança Corporativa*: quando a transparência passa a ser uma exigência global. IX Convenção de Contabilidade do Rio Grande do Sul. Gramado, RS, 2003.

SILVA, André Luiz Carvalhal da. Governança Corporativa, valor, alavancagem e política de dividendos das empresas brasileiras. *Revista da Administração*, São Paulo, vol. 39, n. 4, p. 348-361, out./nov./dez. 2009.

SILVA, Edson Cordeiro da. *Governança corporativa nas empresas*: guia prático de orientação para acionistas, investidores, conselheiros de administração e fiscal, auditores, executivos, gestores, analistas de mercado e pesquisadores. São Paulo: Atlas, 2012.

SILVEIRA, Alexandre Di Miceli da. *Governança Corporativa e Estrutura de Propriedade*: Determinantes e Relação com o Desempenho das Empresas no Brasil. 2004. Tese (Doutorado) – Universidade de São Paulo, São Paulo, SP, 2004.

TCU, Tribunal de Contas da União (2014). Referencial básico de governança: aplicável a órgãos e entidades da administração pública. Brasília, DF: Autor.

UN. United Nations. Relatório de Brundtland. 1987. Disponível em: https://ambiente.files.wordpress.com/2011/03/brundtland-report-our-common-future.pdf. Acesso em: 23 mar. 2023.

UNEPFI. A legal framework for the integration of environmental, social and governance issues into institutional investment. 2005. Disponível em: https://www.unepfi.org/fileadmin/documents/freshfields_legal_resp_20051123.pdf. Acesso em: 23 mar. 2023.

US. United States of America. Foreign Corrupt Practices Act. A resource guide do the U.S. Foreign Corrupt Practices Act. 2012. Disponível em: https://www.justice.gov/criminal-fraud/fcpa-guidance. Acesso em: 23 mar. 2023.

VLASSIS, D. An anticorruption Ethics and Compliance Program for Business: A practical Guide. *In*: S. Manacorda, F. Centonze, & G. Forti (ed.). *Preventing Corporate Corruption*: The Anti-Bribery Compliance Model Basel, Switzerland: Springer. 2014.

WMO, World Meteorological Organization. Greenhouse Gas Bulletin (GHG Bulletin) – No.17: The State of Greenhouse Gases in the Atmosphere Based on Global Observations through 2020. 2020. Disponível em: https://library.wmo.int/index.php?lvl=notice_display&id=21975#.ZCMDFOzMK3J. Acesso em: 23 mar. 2023.

WORLD BANK. Who Cares Wins – Connecting Financial Markets to a Changing World. 2004. Disponível em: https://documents1.worldbank.org/curated/en/280911488968799581/pdf/113237-WP-WhoCaresWins-2004.pdf. Acesso em: 23 mar. 2023.

ZENKNER, Marcelo. *Integridade governamental e empresarial*: um espectro da repressão e da prevenção à corrupção no Brasil e em Portugal Belo Horizonte: Fórum, 2019.

Informação bibliográfica deste texto, conforme a NBR 6023:2018 da Associação Brasileira de Normas Técnicas (ABNT):

CLAUDINO, Fernanda. Políticas ESG como elemento fundamental dos programas de integridade contemporâneos. *In*: ZENKNER, Marcelo; KIM, Shin Jae (coord.). *Lei Anticorrupção Empresarial:* perspectivas e expectativas – Edição comemorativa dos 10 anos de vigência da Lei nº 12.846/2013. Belo Horizonte: Fórum, 2023. p. 191-206. ISBN 978-65-5518-541-6.

O FOMENTO E A MANUTENÇÃO DA CULTURA COMO NOVO ELEMENTO DOS PROGRAMAS DE INTEGRIDADE

MARINA GUIMARÃES SOARES
PAULO H. WANICK MATTOS

1 Origem e evolução do *compliance* nos ambientes corporativos

Antes de iniciarmos a discussão proposta neste artigo, é importante definirmos o que é *compliance*. Para tanto, a definição histórica e tradicional é perfeita: *compliance* significa "estar em conformidade com", ou seja, observar e cumprir diretrizes, especificações e legislações aplicadas à instituição e ao seu setor de atuação. Em outras palavras, *compliance* é uma ferramenta que as instituições utilizam para nortear a condução de seus próprios negócios, proteger os interesses de seus clientes e acionistas, bem como salvaguardar o seu bem mais precioso – a reputação.[1]

Pontua-se que na atualidade, com a intensidade das relações negociais, há riscos de envolvimento das partes em atos de corrupção, conflitos de interesses ou de não atendimento às leis e boas práticas corporativas em geral, seja nas relações entre entes privados ou com o Estado. Em face desta realidade, é cada vez mais importante que as

---

[1] CANDELORO, Ana Paula P.; RIZZO, Maria Balbina Martins de; PINHO, Vinicius. *Compliance 360º*. São Paulo:Trevisan Editora Universitária, 2015.

empresas atuem conforme uma cultura de não corrupção, sendo os programas de *compliance* a base dessa cultura. Trata-se de uma evolução conceitual de práticas organizacionais relacionadas à governança corporativa, que foram originárias de ações de mitigação de riscos e aprimoramento normativo e, em decorrência disso, a garantia de maior transparência e segurança jurídica ao devir das transformações sociais.

É desafiador traçar um liame histórico do surgimento e da evolução do *compliance* nas organizações, pois não há uma uniformidade cronológica. Todavia, é possível identificar alguns aspectos históricos e normativos relevantes.

O "embrião" do que hoje conhecemos como *compliance* surgiu em 1906, quando da criação, pelo governo norte-americano, do *Food and Drug Act*, um modelo centrado que visava fiscalizar e regular temas de saúde alimentar e medicamentos. Além deste fato, uma série de eventos que se seguiram foi importante para a estruturação do que hoje temos como *compliance*, quais sejam:

- Em 1913 foi criado o Banco Central Americano (*Board of Governors of the Federal Reserve*) para implementar um sistema financeiro mais flexível, seguro e estável;
- Em 1960 a *Security Exchange Commission* (SEC) – agência federal americana responsável pelo mercado de capitais – passa a insistir na contratação de *compliance officers* para criar procedimentos internos de controle, treinar e monitorar pessoas, com o objetivo de auxiliar as áreas de negócios a ter a efetiva supervisão;
- A *Foreign Corrupt Practices Act* (FCPA) foi promulgada pelos Estados Unidos em 1977, com o intuito de acabar com o pagamento de propina a funcionários públicos estrangeiros e recuperar a confiança dos investidores, após os sucessivos escândalos de corrupção vinculados ao mercado financeiro norte-americano ao longo da década de 1970. Além do Caso Watergate, as autoridades norte-americanas estavam envolvidas em outros esquemas de pagamentos a funcionários públicos estrangeiros;
- Em 1988 foi estabelecido o primeiro Acordo de Capital da Basileia, considerado como o conjunto de padrões internacionais criados para regulamentar o nível de capital que os bancos devem manter em suas reservas para enfrentar riscos financeiros. O acordo foi inicialmente desenvolvido em 1988 pelo Comitê de Supervisão Bancária da Basileia, composto pelos principais reguladores bancários do mundo. Como o

sistema financeiro mundial ficou cada vez mais integrado, surgiu a necessidade de se firmar regras e limites comuns para os bancos e instituições financeiras que participam desse mercado;
- Publicação da Sarbanes-Oxley Act, em 2002, que determina às empresas registradas na SEC a adoção das melhores práticas contábeis, independência da auditoria e criação de Comitê de Auditoria.
- Edição do Decreto nº 5.687, em 2006, que promulgou a Convenção das Nações Unidas contra a Corrupção, adotada pela Assembleia Geral das Nações Unidas.

O rol apresentado é meramente exemplificativo, pois muitos outros diplomas legais foram editados em todo o mundo, ainda em concomitância a todos esses fatos.

1.1 O cenário histórico brasileiro

O surgimento do *compliance* no Brasil está intimamente ligado às transformações no cenário global e às mudanças na legislação brasileira nos últimos anos. Os níveis diferenciados de governança corporativa criados no mercado brasileiro estabeleceram, como uma das práticas exigidas ao longo dos anos, a adoção de códigos de conduta por parte das empresas e outras políticas relacionadas à negociação de valores mobiliários – levando em conta as disposições do Acordo de Brasileia. Essas mudanças levaram o mercado brasileiro a adotar práticas de *compliance* que extrapolavam aquelas previstas pela legislação nacional em vigor.

Como outros estimuladores das práticas de *compliance* no Brasil podemos citar o Índice de Sustentabilidade Empresarial (ISE), criado pela B3, em 2005, e o Código de Boas Práticas de Governança Corporativa, desenvolvido pelo Instituto Brasileiro de Governança Corporativa (IBGC), em 2009. Em ambos os casos, a expectativa destas medidas era estimular as empresas a adotarem práticas sustentáveis/transparentes e consideradas como de boa governança – como, por exemplo, códigos de conduta e canais de denúncia.

O grande avanço nas práticas de *compliance* no Brasil, como uma medida advinda do Pacto Global contra a Corrupção, foi a Lei nº 12.846/2013, conhecida como Lei da Empresa Limpa ou Lei Anticorrupção. Essa legislação trouxe consigo, entre outras determinações, a exigência de que as empresas que tivessem interesse em se valer das atenuantes às penas previstas na lei adotassem programas de integridade dentro dos parâmetros nela estabelecidos. Essa legislação foi regulamentada pelo Decreto nº 8.420/2015, que especificou quais seriam as melhores práticas de *compliance* a serem consideradas pelas empresas para atendimento aos requisitos previstos na Lei Anticorrupção. Dentre os principais elementos, destacam-se a adoção de padrões de conduta por meio da criação/implementação de códigos de ética, políticas e procedimentos de integridade e canais de denúncia, divulgados de maneira ampla e suficiente a todos os funcionários e a terceiros, bem como a manutenção de mecanismos de proteção de denunciantes de boa-fé.

No cenário da Lei Anticorrupção no Brasil também temos o recente Decreto nº 11.129/2022, que revoga o de nº 8.420/2015, que será debatido com maior profundidade adiante. Este traz um cuidado ainda maior com os temas de *compliance*, com critérios adicionais para análise e monitoramento do programa, tais como a destinação de recursos adequados, ações de comunicação periódicas, gestão adequada de riscos e mecanismos para o tratamento de denúncias.

Embora seja relativamente recente, o conjunto de medidas que o Brasil adotou nos últimos anos tem sido muito importante para fortalecer as boas práticas de governança e *compliance* no país. Todas essas medidas ajudam a garantir que as organizações atuem de acordo com leis, regulamentos e padrões éticos, promovendo a transparência, a responsabilidade e a confiança nos negócios.

2 Programas de *compliance* x programas de integridade

Programa de *compliance* e programa de integridade são termos frequentemente usados de forma intercambiável. Contudo, existem algumas pequenas diferenças entre os dois conceitos. Em linhas gerais, programa de *compliance* refere-se ao conjunto de políticas, procedimentos e práticas estabelecidas por uma organização para garantir que seus funcionários, diretores e parceiros sigam as leis, regulamentações, normas e códigos éticos aplicáveis ao negócio. O foco principal do programa de *compliance* é evitar violações legais, tais como corrupção, fraudes, lavagem de dinheiro, entre outros. Por outro lado, programa de integridade possui um escopo mais amplo. Além de garantir a conformidade com as leis e regulamentações, um programa de integridade também busca promover uma cultura ética, responsável e transparente dentro da organização, com o intuito de garantir que todos os empregados, diretores, conselheiros e parceiros atuem de acordo com os valores e princípios éticos da organização, mesmo quando não houver uma exigência legal específica.

Em resumo, enquanto o programa de *compliance* está mais focado em cumprir as leis e regulamentações aplicáveis à organização e/ou ao setor de negócios, o programa de integridade tem um escopo mais amplo, abordando não apenas a conformidade legal, mas também a promoção de uma cultura ética, sustentável e responsável.

Dessa forma, partindo do pressuposto de que os programas de integridade são mais complexos e talvez por dizermos culturalmente mais bem estruturados, a Controladoria-Geral da União – CGU (2015)[2] traz como sugestão a estruturação do programa desmembrado em cinco pilares, quais sejam:

Pilar	Características
Comprometimento e apoio da alta direção	O apoio da alta direção da empresa é condição indispensável e permanente para o fomento de uma cultura ética e respeito às leis e para a aplicação efetiva do programa de integridade.
Instância responsável	Qualquer que seja a instância responsável, ela deve ser dotada de autonomia, independência, imparcialidade, recursos materiais, humanos e financeiros para o pleno funcionamento, com possibilidade de acesso direto, quando necessário, ao mais alto corpo decisório da empresa.
Análise de perfil e riscos	A empresa deve conhecer seus processos e sua estrutura organizacional, identificar sua área de atuação e principais parceiros de negócio, seu nível de interação com o setor público – nacional ou estrangeiro – e consequentemente avaliar os riscos para o cometimento de atos lesivos da Lei nº 12.846/2013.
Regras e instrumentos	Com base no conhecimento do perfil dos riscos da empresa, deve-se elaborar ou atualizar o código de ética ou de conduta e as regras, políticas e procedimentos de prevenção de irregularidades; desenvolver mecanismos de detecção ou reporte de irregularidades (alertas ou *red flags*; canais de denúncia; mecanismos de proteção ao denunciante); definir medidas disciplinares para casos de violação e medidas de remediação. Para uma ampla e efetiva divulgação do programa de integridade, deve-se também elaborar plano de comunicação e treinamento com estratégias específicas para os diversos públicos da empresa.
Monitoramento contínuo	É necessário definir procedimentos de verificação da aplicabilidade do programa de integridade ao modo de operação da empresa e criar mecanismos para que as deficiências encontradas em qualquer área possam realimentar continuamente seu aperfeiçoamento e atualização. É preciso garantir também que o programa de integridade seja parte da rotina da empresa e que atue de maneira integrada com outras áreas correlacionadas, tais como recursos humanos, jurídico, finanças, auditoria interna, dentre outras, além das áreas operacionais e comerciais da organização.

---

[2] CONTROLADORIA-GERAL DA UNIÃO (CGU), Programa de Integridade: Diretrizes para Empresas Privadas. Equipe Técnica: Diretoria de Promoção da Integridade, Acordos e Cooperação Internacional. Brasília, setembro de 2015.

3 A integridade sob a égide da cultura

Em "Ética a Nicômaco", Aristóteles[3] afirma que "a virtude é o resultado do hábito e da faculdade de escolha". Apesar da máxima remontar aos períodos antigos, sua pertinência é extremamente atual, e de maneira enfática no mundo corporativo, em um arcabouço de decisões de cunho econômico, ambiental e social que impactam diretamente na sociedade. A integridade, ao longo da compreensão deste artigo, é um valor que pressupõe honestidade e ética, sendo basilar para a repercussão de comportamentos em conformidade com a lei, bem como com as boas práticas esperadas de qualquer indivíduo. Assim, um indivíduo íntegro é aquele que não se deixa corromper por fatores externos, se mantém correto independentemente da situação, inclusive eventualmente até legal, e das pressões que eventualmente possa vir a sofrer.

Ato contínuo, há a tendência e a pressão social de cada vez mais a sociedade demandar suas expectativas em relação ao papel das organizações na transformação social. Espera-se que, para além dos produtos ou serviços prestados, as organizações se preocupem e pratiquem a integridade no dia a dia do trabalho: seja nas relações trabalhistas, nas relações com o Poder Público e respectivos governos; nas tratativas de cunho ambiental; na relação com a sua cadeia de fornecimento; e em todas e quaisquer tomadas de decisão corporativa. A empresa passa avaliar o mérito das suas decisões não apenas sob a perspectiva comercial e operacional, mas – principalmente – sob a perspectiva da ética em sua plenitude.

Portanto, pode-se dizer que a busca pela perpetuação dos valores dentro de uma organização exige o desenvolvimento de uma cultura organizacional de integridade, baseada não só em regras e processos, mas também em comportamentos e sinais visíveis. Todavia, isso nem sempre acontece de forma natural, pois a construção de um ambiente íntegro e saudável vai além do mero cumprimento legal, exigindo uma série de ações de sensibilização organizacional e de práticas reais além do que se formula em padrões ou regras escritas. A ética não se limita à reflexão, ela é ação, por isso se refere fundamentalmente a comportamentos e não somente a evidências documentais.

É inegável que as organizações são influenciadas pela cultura na qual estão inseridas – aqui interpretado como os valores sociais e

---

[3] ARISTÓTELES. *Ética a Nicômaco*. 2. ed. Tradução, textos adicionais e notas Edson Bini. Bauru: Edipro, 2007, p. 49.

históricos de determinado país e/ou região. Contudo não se pode deixar de observar que elas também são responsáveis por impactar o meio em que se inserem, modificando-o para melhor ou pior. É neste contexto que a preocupação com uma cultura de integridade passa a ser cada vez mais uma preocupação dos institutos legais, notadamente do novo decreto que regulamenta a Lei Anticorrupção. Dessa forma, é possível afirmar que há um esforço legal para estimular que organizações e o próprio Poder Público concentrem esforços em aspectos fáticos dos programas de integridade e não só em um cumprimento da legislação em vigor.

Com isso em vista, para aprofundar na discussão sobre a relação entre integridade e cultura empresarial, é preciso pontuar que a cultura é a maneira pela qual o cotidiano de uma organização é regido, qual seja, pelas atitudes, comportamentos, missão, valores e expectativas que movem as lideranças, empregados e *stakeholders* no contexto empresarial. Neste sentido:

> Uma cultura empresarial é ética por seus valores, pelas pessoas virtuosas que integram a organização e pelos produtos e serviços oferecidos à sociedade. Os valores incorporados pelos executivos, gerentes e empregados devem ser vividos dentro das atribuições de cada um, e acabam tornando-se próprios destas pessoas, como sua segunda natureza. O hábito de agir conscientemente, em conformidade com os valores culturais, indica a virtude de cada membro da empresa.[4]

A cultura da integridade é, portanto, a maneira pela qual as organizações modificam, adaptam e redirecionam seus processos, a fim de garantir um trabalho transparente e correto, em consonância com as necessidades sociais impostas. Uma cultura corporativa sólida, hígida e transparente é caracterizada pela clareza e consistência dos valores e princípios, bem como pela forma como estes são comunicados e aplicados em todos os níveis da organização. Quando uma organização possui uma cultura organizacional forte e bem definida, os conselheiros, diretores, gerentes, empregados e demais *stakeholders* terão uma compreensão clara do que é esperado deles em termos de comportamento, o que auxilia na efetividade prática de um programa de integridade.

Dessa forma, o agir ético deve sustentar a construção de um sistema de integridade empresarial e orientar todas as ações da organização,

---

[4] ARRUDA, M.; WHITAKER, M.; RAMOS, J. *Fundamentos de ética empresarial e econômica*. São Paulo: Atlas, 2005, p. 61.

em especial, as ações de prevenção e de combate à corrupção. Para alcançar este propósito, espera-se que os administradores e empregados atuem como propagadores dessa mentalidade, ressaltando as ações de conscientização como elementos de propagação da cultura de integridade, mas também com resultados fáticos em caso de violações às normas da empresa.

A cultura da integridade, para funcionar, precisa ser a base de todos os procedimentos da organização: quem mantém e executa os processos são os empregados e gestores, essenciais para alcançar os resultados desejáveis. Logo, a tônica deve partir da visão estratégica, sendo fundamental que o tema tenha adesão por parte de toda a alta direção e, a partir daí, seja desdobrada para os demais empregados e também para todos os terceiros envolvidos. Por isso, a importância de um real engajamento nas políticas e procedimentos, considerando-se a essencialidade de garantir as bases para que cada empregado possa compreender e aplicar as boas práticas, de maneira ideal, ser um propagador da cultura organizacional íntegra e sadia, dentro e fora do ambiente de trabalho.

Uma organização que trabalha sob a égide de uma cultura de integridade deve buscar de forma contínua fomentar o mesmo nos parceiros com quem se relaciona, na construção de um ambiente íntegro e saudável que não se restrinja aos muros da organização. Esse é um exercício diário que demanda cuidado e esforço, desde o processo de cadastro, gestão de terceiros, estabelecimento de parcerias e alcance de resultados comuns. Cada vez mais se relacionar com parceiros que têm a cultura da integridade como um valor se faz necessário e incluir toda a cadeia de valor como aliado nesse processo é fundamental para que essa cultura seja sustentável e perene. E esse aspecto também perpassa pela noção da coerência da cadeia de fornecimento, tão discutida nas novas normativas internacionais.

4 O novo decreto anticorrupção e seu impacto na cultura organizacional brasileiro

A corrupção pode assumir muitas formas e sua análise ultrapassa as fronteiras estatais, podendo incorporar-se aos ambientes privados. Assim, observa-se um esforço normativo mais contemporâneo em minimizar o espaço da corrupção no dia a dia organizacional, seja nos ambientes públicos ou privados. O Decreto nº 11.129, de 12 de julho

de 2022, que substituiu o Decreto de 2015, alterou a regulamentação da Lei Anticorrupção, trazendo novos parâmetros para a avaliação de programas de integridade, entre os quais vale destacar:
(i) o fomento e a manutenção de uma cultura de integridade como um dos objetivos de um programa de integridade;
(ii) a necessidade de evidenciar o comprometimento da alta direção por meio da destinação adequada de recursos ao programa de integridade;
(iii) maior rigor na gestão dos riscos inerentes às atividades desempenhadas pela pessoa jurídica, incluindo a realização de análises de riscos periódicas e a alocação eficiente dos recursos da pessoa jurídica;
(iv) a necessidade de realização de diligências apropriadas para a contratação e supervisão de (a) terceiros, agora com menção expressa a despachantes, consultores e representantes comerciais; (b) pessoas expostas politicamente (PEPs), seus familiares, estreitos colaboradores e pessoas jurídicas de que participem; e (c) doações e patrocínios.

As referidas regras reforçam o fomento da cultura de integridade e buscam endereçar inseguranças jurídicas até então observadas no microssistema de anticorrupção brasileiro. Portanto, o novo decreto afirma a cultura enquanto um conjunto de medidas para a manutenção e robustez de um programa de integridade como mecanismo essencial para a eficácia desses programas.

Segundo o entendimento de Pilagallo[5] há duas formas de olhar a evolução da corrupção: (i) o aumento dos casos de corrupção; ou (ii) o aumento da transparência e exposição dos casos. As duas perspectivas se complementam em alguma medida, o que encaminha a uma terceira via, que é o aumento tanto da corrupção em si quanto da percepção da corrupção. Independentemente da hipótese, é importante reconhecer os esforços direcionados ao combate da corrupção, perceptíveis nos novos instrumentos jurídicos adotados.

Nesse cenário legislativo, é necessário pensar na corrupção de modo sistêmico – por isso a importância da cultura enquanto prevenção e remediação, pois somente desta forma é possível compreender questões relacionadas à motivação dos agentes e à tolerância social e culturalmente estabelecida.

---

[5] PILAGALLO, Oscar. *Corrupção*: entrave ao desenvolvimento do Brasil. Rio de Janeiro: Elsevier, 2013, p. 83.

Portanto, se a ética e valores constituem o substrato para prevenir e combater a corrupção empresarial e pública, os instrumentos para construí-los devem ser traduzidos na implantação de uma cultura organizacional, viabilizados pelos programas de integridade.

5 Cultura de integridade: da implantação à manutenção

Conforme já abordado, dentre os itens elencados pela Lei Anticorrupção, há a recomendação da adoção de um programa de integridade pelas organizações. Para tanto, a cultura de integridade deve ser entendida não só pelos empregados – dos mais diferentes níveis e cargos – mas também por parceiros comerciais e fornecedores com os quais a organização interage em suas operações. Trata-se da necessidade de criar relacionamentos saudáveis com todos os seus públicos, onde a empresa com essa cultura clara está disposta a renunciar a ganhos de curto prazo para que seus *stakeholders* possam melhor coexistir no longo prazo.

O estabelecimento da cultura se dá a partir da estruturação de códigos e procedimentos: a criação de um código de conduta aplicado, a implementação de um canal de denúncias eficiente e, a partir daí, a implementação de estratégias de capacitação e treinamento. As políticas devem transmitir os valores da empresa; a alta direção deve garantir recursos adequados para o desenvolvimento do programa de integridade; e o programa deve ser capaz de viabilizar informações para respaldar decisões uniformes e coerentes por parte da alta direção, possibilitando, inclusive, a transparência dos processos organizacionais.

Sobre este ponto, pode-se dizer que o mais importante para a implantação de uma cultura de integridade efetiva é o estímulo aos comportamentos éticos nas ações diárias dos diversos empregados, de modo que, para além da implementação de políticas estrategicamente moldadas para o negócio, os valores refletidos nesses documentos devem ser espelhados nas ações diárias e cotidianas.

Assim, tais políticas, para além da criação e manutenção de elevados padrões de conduta, transparentes e em conformidade com as determinações legais, possibilitam uma relação interpessoal mais saudável entre todos os empregados e seus parceiros externos públicos ou privados.

Portanto, com a difusão de uma cultura sólida de integridade é possível manter um padrão ético na organização, independentemente de eventual e exaustiva fiscalização. Muito além de haver uma vigia constante, o que ocorre é a conscientização de todos sobre a necessidade de se manter comportamentos éticos e saudáveis.

A manutenção da cultura de integridade, por outro lado, pressupõe uma atenção constante por parte dos responsáveis de *compliance* às necessidades do negócio e aos acontecimentos sociais marcantes. Obviamente que cumprir com a agenda de treinamentos periódicos é de extrema relevância para a manutenção da cultura, principalmente porque é com base nos treinamentos sobre as políticas da empresa que os empregados podem assimilar os principais conceitos e valores formalmente estabelecidos. Contudo, a sensibilização vai além, é preciso observar o entorno e daí entender as necessidades reais, estar em contato direto com as mais diferentes equipes e mostrar que o programa de integridade não é algo em separado das rotinas diárias, ou seja, que o programa não existe somente nas políticas da empresa, mas é vívido e praticado em seu cotidiano.

A consolidação de uma cultura e a sua aderência se dão na interação das pessoas e no seu convívio pela assimilação do comportamento correto e esperado. Com isso, o que se espera é que, por meio da internalização e difusão da integridade, os ambientes corporativos e seus respectivos programas de integridade ganhem cada vez mais força, aplicação prática e referências na implementação de organizações para organizações.

Nesse aspecto, em 2014, para reforçar a abrangência e o compromisso do Grupo ArcelorMittal na construção de um ambiente saudável e íntegro, que extrapola o cumprimento das leis e pauta-se nos valores e princípios éticos, o programa de integridade da ArcelorMittal foi reformulado, passando de um programa de *compliance* para um programa de integridade, sendo o seu código de conduta revisto para abarcar os pilares – honestidade e transparência; respeito e dignidade; exemplaridade. O princípio "honestidade e transparência" estabelece que, em cada gesto, ação e palavra, a comunidade ArcelorMittal deverá cumprir a legislação aplicável, bem como os mais altos padrões de ética.

Além disso, os indicadores, comunicados e relatórios devem sempre prezar pela clareza e objetividade, demonstrando o alinhamento da companhia com o *compliance* em todos os níveis. Por sua vez, o princípio "respeito e dignidade" indica que todas as ações devem ser pautadas no respeito e dignidade do ser humano, do meio ambiente e do patrimônio. Por fim, o princípio "exemplaridade" determina que a ação individual é sempre o exemplo para a ação coletiva e que o Grupo ArcelorMittal deve liderar pelo exemplo, por meio da comunicação transparente e objetiva de seus valores e compromissos, gerando, assim, uma influência positiva em todo o ambiente corporativo e em suas relações.

Esses pilares devem ser compreendidos e praticados por todos os empregados do Grupo ArcelorMittal, incluindo a alta direção, para que seja construída uma efetiva cultura de integridade, que a partir desse momento passa a ser a diretriz básica que deve guiar as condutas de todos aqueles com os quais a empresa interage.

5.1 A cultura de integridade: *tone at the top*

A eficiência de um programa de integridade também é sustentada – senão em sua essencialidade – pelo comprometimento da alta direção, desde a sua implantação até sua manutenção e seu devido monitoramento contínuo. Assim, o conceito *"tone at the top"* (tom da exemplariedade da alta administração) deve ser explícito e visível para todos os que se relacionam com a organização, independentemente do nível hierárquico ou função exercida.

Ressalta-se que o exemplo prático dos gestores de uma organização tem impacto direto na efetividade de um programa de integridade, pois quando a alta direção demonstra atitudes destoantes do conteúdo das normas da organização, bem como de seus valores, os demais empregados certamente não irão aderir ao programa, inviabilizando a criação de uma cultura de integridade e abrindo margens para violações legais, bem como para atos corruptos, não éticos e fraudulentos. Portanto, para gerar um verdadeiro engajamento e que propicie resultados reais na geração de valor para a organização, faz-se necessário que todas as altas instâncias da organização reflitam exemplos de conduta ética em sua atuação profissional, de acordo com os valores e todas as normas da organização.

A ISO 19.600/14 determina que "um *compliance* eficaz requer um comprometimento ativo do órgão de controle e da alta direção, que permeie toda a organização"[6] e de acordo com a DSC 10.000/15 "a cultura do *compliance* deve permear a organização através do exemplo

---

[6] ASSOCIAÇÃO BRASILEIRA DE NORMAS TÉCNICAS. ABNT NBR ISO 19600. Rio de Janeiro. 2014.

de seus dirigentes e atingir todos os níveis hierárquicos por meio de atitude a ações da chefia".[7]

Recentemente, foi publicada a ISO 37.301/22, que substituiu a norma 19.600 e institui um arcabouço normativo para sistemas de gestão de *compliance*. Sob essa ótica, o *compliance* é visto como um processo de construção contínua, sendo considerado robusto quando incorporado à cultura da organização. Ademais, a ISO 37.301 também conceitua a cultura de integridade como sendo um conjunto de "valores, ética, crenças e conduta que existe por toda a organização e interage com as estruturas e os sistemas de controle da organização para produzir normas comportamentais que contribuem com o *compliance*".[8]

Neste tocante é possível também traçar uma similitude entre as novas regulamentações de *compliance*, na medida em que há uma expressa preocupação com o comprometimento das empresas com a cultura de integridade. O novo decreto regulamentador da Lei Anticorrupção coaduna com o conceito estabelecido na ISO 37.301, na medida em que são consideradas como parte integrante de um programa de integridade as práticas de fomento e manutenção de uma cultura de integridade no ambiente organizacional (vide art. 35, II, do Decreto nº 11.129/22).

Ademais, para fins de reduções às sanções previstas na Lei Anticorrupção, será considerado como um dos critérios de avaliação de existência e aplicabilidade do programa de integridade o "comprometimento da alta direção da pessoa jurídica, incluídos os conselhos, evidenciado pelo apoio visível e inequívoco ao programa, bem como pela destinação de recursos adequados" – uma das maneiras de trazer efetividade à cultura. Portanto, o posicionamento da alta direção deve demonstrar a relevância do programa de integridade em suas relações.

Em consonância, um dos pilares do sistema de gestão de *compliance* definido pela ISO 37.301 é o comprometimento da alta direção e dos órgãos diretivos, reforçando que o apoio permanente das lideranças por meio de atitudes concretas é essencial na estruturação dos programas de integridade.

---

[7] EMPRESA BRASILEIRA DE NORMAS DE *COMPLIANCE* (EBNC). DSC 10.000 – Diretrizes para o Sistema de Compliance. 2015.

[8] ASSOCIAÇÃO BRASILEIRA DE NORMAS TÉCNICAS. ABNT NBR ISO 37301. Rio de Janeiro. 2022.

Conclusão

Diante do exposto, resta evidenciado que a geração de valor organizacional não está somente na mera conformidade com a lei, mas de um mecanismo robusto de práticas organizacionais que agregam valor às pessoas, ao negócio e à sociedade em geral. Essa preocupação é formalizada no Decreto nº 11.129/2022. De maneira central, as questões éticas e uma conduta íntegra para com toda a comunidade abarcada pela organização são essenciais na busca da geração de valor, com impactos diretos no ambiente social no qual ela se insere.

Fomentar e manter uma cultura de integridade significa estar na vanguarda e incorporar bons comportamentos em todos os níveis da sua organização, isto é, orientar os mais diversos empregados e *stakeholders* na tomada de decisões, considerando as regras, regulamentos e políticas da empresa. A construção de uma cultura de integridade duradoura começa com a missão, visão e valores da organização. A cultura não é tangível, mas algo que está embutido em todos os atos de uma organização, perpassando toda a cadeia de operações envolvida, pessoas e, de modo especial, com a sustentação dos líderes e executivos (liderança virtuosa em todos os níveis), enquanto exemplos vívidos a serem seguidos no que diz respeito à integridade organizacional.

Lado outro, é inegável que as novas demandas legais e o aumento da importância da cultura de integridade no espaço empresarial criam um espaço propício para relações cada vez mais éticas e transparentes. Salienta-se que o papel social da Lei vai além e não se extingue em seu mero cumprimento, por isso a importância de fomentar continuamente os tópicos de integridade, valorizando continuamente os comportamentos alinhados com os valores e princípios da organização e se posicionando naqueles que não são tolerados.

Por isso, a cultura deve ser implementada em função de políticas moralmente estruturadas na ética, que possam incentivar relações de longo prazo, contribuindo para o surgimento de ambientes socialmente sustentáveis nos negócios, produzindo o amadurecimento das organizações e seus atores.

Por consequência, ganham as organizações, por se manterem em ambientes de negócios profícuos e íntegros, baseando sua diferenciação competitiva naquilo que possa fazer empresarialmente de melhor; ganham as pessoas, por praticarem e verem praticar atos corretos, valiosos e caros para uma comunidade culturalmente evoluída e adequada aos mais altos padrões de condutas sociais e, finalmente, ganha a sociedade, por ver produtos e serviços sendo ofertados a preços justos e não sobretaxados por ações de corrupção e que precisariam ser pagas pela própria sociedade em si. Finalmente, para que programas de integridade gerem todos esses frutos, é sobretudo importante que políticas públicas de sanções e punições sejam adequadas e justamente aplicadas naqueles que infringirem tais normativos legais; gerando uma sensação social de que o crime não vale a pena e que insistir em tais práticas levianas leva ainda mais à bancarrota social e pública.

Referências

ARISTÓTELES. *Ética a Nicômaco*. 2. ed. Tradução, textos adicionais e notas Edson Bini. Bauru: Edipro, 2007.

ARRUDA, M.; WHITAKER, M.; RAMOS, J. *Fundamentos de ética empresarial e econômica*. São Paulo: Atlas, 2005.

ASSOCIAÇÃO BRASILEIRA DE NORMAS TÉCNICAS. ABNT NBR ISO 19600. Rio de Janeiro. 2014.

ASSOCIAÇÃO BRASILEIRA DE NORMAS TÉCNICAS. ABNT NBR ISO 37301. Rio de Janeiro. 2022.

AXEROLD, Robert. *A evolução da cooperação*. Tradução de Juselia Santos. São Paulo: Leopardo Editora, 2010.

BRASIL. Lei nº 12.846, de 1º de agosto de 2013. Disponível em: https://www.planalto.gov.br/ccivil_03/_ato2011-2014/2013/lei/l12846.htm. Acesso em: 25 fev. 2023.

BRASIL. Decreto nº 8.420, de 18 de março de 2015. Disponível em: https://www.planalto.gov.br/ccivil_03/_ato2015-2018/2015/decreto/D8420.htm. Acesso em: 25 fev. 2023.

BRASIL. Decreto nº 11.129, de 11 de julho de 2022. Disponível em: https://in.gov.br/en/web/dou/-/decreto-n-11.129-de-11-de-julho-de-2022-414406006. Acesso em: 25 fev. 2023.

CANDELORO, Ana Paula P.; RIZZO, Maria Balbina Martins de; PINHO, Vinicius. *Compliance 360º*. Sao Paulo: Trevisan Editora Universitária, 2015.

CARVALHO, Vinicius Marques de; RODRIGUES, Eduardo Frade (coord.). *Guia para programas de compliance*. Brasília, DF: Ministério da Justiça; Conselho Administrativo de Defesa Econômica (CADE), jan. 2016. Disponível em: http://www.cade.gov.br/acesso-ain-formacao/publicacoesinstitucionais/guias_do_Cade/guia-compliance-versao-oficial.pdf. Acesso em: 27 fev. 2023.

CONTROLADORIA-GERAL DA UNIÃO (CGU). Programa de Integridade: Diretrizes para Empresas Privadas. Equipe Técnica: Diretoria de Promoção da Integridade, Acordos e Cooperação Internacional. Brasília, setembro de 2015.

EMPRESA BRASILEIRA DE NORMAS DE COMPLIANCE (EBNC). DSC 10.000 – Diretrizes para o Sistema de *Compliance*. 2015.

IBGC. Instituto Brasileiro de Governança Corporativa. Código das melhores práticas de governança corporativa. 5. ed. São Paulo: IBGC, 2015.

KPMG (2017). Pesquisa Maturidade do *Compliance* no Brasil, disponível em: https://assets.kpmg/content/dam/kpmg/br/pdf/2017/01/br-kpmg-pesquisa-maturidade-2a-edicao.pdf. Acesso em: 27 fev. 2023.

PILAGALLO, Oscar. *Corrupção*: entrave ao desenvolvimento do Brasil. Rio de Janeiro: Elsevier, 2013.

REDAÇÃO LEC. Os 10 Pilares de um Programa de *Compliance*. Legal, Ethics & *Compliance* – LEC, 2017. Disponível em: https://lec.com.br/os-10-pilares-de-um-programa-de-compliance/. Acesso em: 16 mar. 2023.

WELLNER, P. A. Effective compliance programs and corporate criminal prosecutions. *Cardozo L. Rev.*, 27, p. 497-528, 2005. Disponível em: http://www.friedfrank.com/siteFiles/Publications/CDB6714353B1B712D3A5DB85F508483E.pdf. Acesso em: 25 fev. 2023.

Informação bibliográfica deste texto, conforme a NBR 6023:2018 da Associação Brasileira de Normas Técnicas (ABNT):

SOARES, Marina Guimarães; WANICK MATTOS, Paulo H. O fomento e a manutenção da cultura como novo elemento dos programas de integridade. *In*: ZENKNER, Marcelo; KIM, Shin Jae (coord.). *Lei Anticorrupção Empresarial*: perspectivas e expectativas – Edição comemorativa dos 10 anos de vigência da Lei nº 12.846/2013. Belo Horizonte: Fórum, 2023. p. 207-222. ISBN 978-65-5518-541-6.

PARTE IV

CONTRIBUIÇÕES DA ADVOCACIA PARA O APERFEIÇOAMENTO DA LEI Nº 12.846/2013

A CULTURA DE INTEGRIDADE NAS CONTRATAÇÕES PÚBLICAS E A INFLUÊNCIA DA LEI ANTICORRUPÇÃO EMPRESARIAL NA NOVA LEI DE LICITAÇÕES

CAIO DE SOUZA LOUREIRO

1 Introdução

As contratações públicas representam uma seara propícia à prática de atos lesivos à Administração Pública. Os potenciais ganhos servem de estímulo para que o particular pretenda gozar de vantagem competitiva na licitação, em detrimento dos seus concorrentes; podem, ainda, atuar de modo a aumentar indevidamente o lucro com a contratação. Noutra ponta, sabedor dessa situação, o agente público pode se valer das prerrogativas de que detém para achacar o contratado, seja ameaçando-o com ações prejudiciais, seja ofertando benesses.

Não por acaso, o rol de atos lesivos previsto no art. 5º da Lei Anticorrupção Empresarial (LAE) dedica um inciso inteiro para estipular todos os atos intrínsecos às licitações e contratos que podem lesar o Poder Público. Da mesma forma, dados da Controladoria-Geral da União dão conta da prevalência de Processos Administrativos de Responsabilização (PAR)[1] e acordos de leniência[2] versando sobre atos lesivos praticados em licitações e contratos.

---

[1] Disponível em: https://centralpaineis.cgu.gov.br/visualizar/integridadepublica. Acesso em: 19 mar. 2023.
[2] Disponível em: https://app.powerbi.com/view?r=eyJrIjoiZTU2MWI0MjYtY2EzOS0-0NzYyLTg3MWQtYWE3MmFiMmY0ODM4IiwidCI6IjY2NzhkOWZlLTA5MjEtNDE3ZC04NDExLTVmMWMxOGRlZmJiYiJ9. Acesso em: 19 mar. 2023.

A despeito dessa realidade, a legislação regente das licitações e contratos se ocupava muito mais em prever sanções do que mecanismos de prevenção dos atos lesivos. A Lei nº 8.666/1993 dispensava maior atenção à definição de infrações administrativas, à tipificação de crimes e a parcas normas procedimentais para a aplicação dessas infrações.

A nova Lei de Licitações (LGL – Lei nº 14.133/2021), por sua vez, teve seu caminho legislativo iniciado, justamente, há dez anos, quando da edição da Lei Anticorrupção. E durante toda a discussão legislativa foi bastante influenciada pelos eventos de corrupção relacionados à Operação Lava-a-Jato, bem como pelo amadurecimento da aplicação da LAE. Em algumas das versões do Projeto de Lei do Senado nº 559/2013, do qual se originou a nova Lei, havia mesmo disposições bastante repressoras.

O texto final da LGL traz consigo uma série de disposições que pretendem – a partir da avaliação da realidade das contratações administrativas – conferir maior integridade às licitações e contratos administrativos. Essa intenção perpassa a revisão da pauta de crimes para torná-la mais repressora – é verdade –, mas a nova LGL vai muito além de mera exacerbação da preferência condenatória de sua antecessora, buscando valorizar aspectos preventivos e a integridade pública nas contratações governamentais, como se verá adiante.

2 A contratação como instrumento indutor de atos lesivos

No âmbito público, a corrupção pode ocorrer majoritariamente em uma de duas situações, ambas derivadas da obtenção de ganhos indevidos. De um lado, o benefício pode ser exclusivamente pecuniário, de modo a locupletar-se de recursos públicos indevidamente desviados, ou, ainda, pode advir da redução da burocracia, pela qual o benefício se opera indiretamente, pela diminuição ou retirada de custos de transação relacionados ao poder ordenador estatal.[3]

E, a partir do momento em que o contrato desempenha protagonismo na consecução das atividades estatais e no dispêndio de recursos

---

[3] Aqui, entendido no conceito de Carlos Ari Sundfeld como o plexo de prerrogativas estatais, não apenas no âmbito do exercício do poder de polícia, mas, genericamente, em tudo aquilo que envolve a autoridade estatal, no exercício da função administrativa voltada à organização da vida privada (2003, p. 20 e ss.).

públicos,⁴ torna-se a seara ideal para a prática de atos de corrupção. O volume de investimentos e necessidades públicas é suficientemente alto para canalizar recursos de monta por meio das contratações com particulares, o que, por si só, já é bastante para atrair interesses escusos, tanto do agente público quanto do particular.

De pronto, a atuação corrompida pode já ocorrer no momento da seleção do particular contratado, assegurando-lhe o acesso à remuneração almejada, esvaziando a competição lídima desejada. E, uma vez celebrado o contrato, pode-se corrompê-lo para aumentar indevidamente os ganhos do particular, elevando a sua remuneração, o que pode se viabilizar pelo acréscimo dos preços, pela redução das obrigações ou pela aceitação do objeto em níveis de qualidade inferiores.

Os ganhos esperados da ação corrupta nos contratos encerram, portanto, uma decisão econômica por parte do privado. A expectativa de auferir margens maiores do que nos contratos privados pode direcionar a decisão empresarial do privado para optar pela contratação pública, condicionando sua atuação em setores e serviços primordiais à atividade estatal e que, portanto, têm o potencial de gerar um maior número de contratos e um volume mais representativo de recursos públicos (NYE, 1967). Por outro lado, o agente público é motivado a corromper para auferir uma parcela dos recursos destinados à contratação, desviando-os para si próprio ou para terceiros relacionados. Na forma mais basilar e tradicional de troca, o agente público se vale do seu poder para aumentar os custos da contratação, gerando uma margem que originará os valores dos quais ele e o privado irão se apropriar.⁵

A corrupção via contrato é, pois, uma evolução mais elaborada de um fenômeno antigo de apropriação da coisa pública, moldada de modo a escamotear o desvio dos recursos. Se outrora a apropriação era feita de modo mais rudimentar, com a indicação de cargos, o

---

4   Dados da Comissão Europeia dão conta de que, em alguns países, a contratação governamental representa de 15 a 20% do PIB (PIGA, 2011).
5   O aumento artificial dos custos de contratação para benefício do agente público é algo tradicional no relacionamento público e privado. Anechiarico e Jacobs relatam que um "dos maiores escândalos do século XIX", nos Estados Unidos, foi o superfaturamento da construção do Tribunal de Manhattan. Orçada inicialmente em US$ 250 mil pelo Conselho de Supervisores municipal, após quatro anos de obras, o grupo que assumiu o controle desse Conselho passou a se valer dos contratos para o recebimento de propinas e outros benefícios. Ao final de dez anos, a obra foi finalizada por mais de US$ 13 milhões, dos quais US$ 9 milhões foram destinados ao chefe do Conselho e seus parceiros. A repercussão do caso foi tão significativa que, após a prisão do chefe do Conselho, a cidade de Nova York instituiu o *Office of the Comissioner of Acounts (OCA)*, precursor do atual Departamento de Investigação municipal, e, além disso, mudou a forma pela qual se delegavam contratos para particulares, mitigando a discricionariedade dos agentes públicos (1996, p. 123-124).

contrabando, a sonegação de impostos (com leniência da fiscalização) e o desvio direto de recursos públicos pelos agentes encarregados da sua gestão,[6] o manejo do contrato é algo muito mais elaborado, cuja aferição do ilícito não é tão óbvia.

São vários os motivos que tornam os contratos tão suscetíveis à corrupção, a começar pela já citada cifra elevada de recursos que transitam via contratação. Mas não é só isso. A contratação é um ambiente altamente discricionário, com um elevado nível de burocracia, porém que não se presta a suprir a assimetria de informações entre a Administração e o particular e, tampouco, não se ocupa de assegurar uma efetiva prestação de contas, já que não há muito controle de resultados (WILGLIAMS-ELEGBE, 2012, p. 25). Pelo contrário, há uma tendência a concentrar o controle – notadamente o social – no período licitatório, eis que o processo de seleção atrai muito mais atenção do que a execução do contrato em si. Como bem observa Mairal, "a execução do contrato se desenvolve longe do escrutínio público" (2018, p. 193).

Há, portanto, uma tempestade perfeita, aglutinando-se diversos estímulos e permissivos à prática de atos de corrupção, quase todos eles com interação ao regime de exorbitância – ou ao abuso deste. Daí por que é relevante apurar como os excessos e falhas no manejo das prerrogativas podem contribuir para a corrupção nas contratações administrativas.

2.1 Prerrogativas, concentração de poder e desequilíbrios de forças no contrato

Concentrar a decisão sobre alterar e encerrar o contrato administrativo na mão do agente público traz consigo alguns inconvenientes que podem contribuir com a prática de atos de corrupção. E, para entender essa relação, é imprescindível ter em mente que os interesses envolvidos na discussão sobre a mutabilidade e o término do contrato

---

[6] Sérgio Habib dá conta de como os casos de corrupção mais notórios do período colonial brasileiro se originavam majoritariamente no uso de influência política, na sonegação de impostos com a concupiscência dos representantes locais da Metrópole e nos ganhos advindos de contrabando (inclusive de escravos), realizado até por representantes clericais. O autor relata, ainda, que a utilização de corrupção pelo contrato ganhou força, primeiro, com o período de estadia da família real e, depois, com o Império, época na qual os investimentos realizados em infraestrutura pública e na prestação de serviços pelo Estado demandaram a contratação maciça de particulares (1994, p. 5 e ss.).

são bastante relevantes, a ponto de motivar qualquer uma das partes à tomada de atitudes ilícitas, de modo a contemplar esses interesses.

Ora, muitas vezes, a alteração do contrato é a única medida eficaz para evitar ou recompor prejuízos dos particulares, ocasionados, não raro, pela deficiência das bases contratuais, e não por uma ação ou omissão deliberada das partes. As falhas de projeto e a absoluta falta de estudos efetivos de viabilidade, feitos previamente à contratação, compromete severamente a exequibilidade das avenças, colocando o particular numa situação de extrema dependência do processo de discussão e aprovação de alterações necessárias a mitigar os efeitos dessas falhas da contratação. Aditar o contrato passa a ser, portanto, a única saída para que a contratação não se torne um fardo demasiado, acarretando perdas não previstas pelo particular contratado.

Contudo, a própria legislação impõe dificuldades adicionais à promoção desse aditivo, que vão desde as necessárias cautelas para aferir a necessidade e o melhor meio de recompor o contrato até procedimentos burocráticos, concentrados em sua maioria na esfera da Administração. O agente público detém durante todo esse processo a prerrogativa de analisar e decidir pela alteração contratual, com pouco diálogo e, menos ainda, com quase nenhum compromisso com a celeridade e eficiência dessa decisão.

Dentro dessa conjuntura, o desfecho de um processo de mutação contratual é, muitas vezes, um exercício de futurologia, inclusive em relação ao próprio término do procedimento prévio para que a alteração venha a ser efetivada. Não se trata, pois, apenas da incerteza quanto à decisão que o agente público virá a tomar, mas, sim, da indefinição de quando essa decisão virá, algo por si só já capaz de contribuir negativamente com o ônus da contratação. Afinal, no mais das vezes o particular se vê forçado a manter a execução mesmo na pendência da definição quanto à alteração necessária para a boa performance contratual, colocando-se numa situação em que as perdas passam a se acumular.

Nesse cenário, há condições bastantes para estimular qualquer uma das partes a seguir numa conduta irregular: o agente público encarregado da condução e decisão do processo de alteração poderá se valer dessa posição para achar o particular; este, por sua vez, poderá forcejar o encerramento favorável do processo por meio da oferta de vantagens indevidas ao agente público. E nem é preciso questionar se a alteração é justificável ou não, pois a simples demora do processo já traduz um prejuízo contra o qual a prática do ilícito passa a ser cogitada. De fato, o próprio processo de alteração já é bastante para motivar o achaque ou a proposta indevida, pouco importando a existência de razões de fato e de direito para aprovar a alteração. Afinal, "porque o tempo é valioso, empresas e indivíduos irão pagar para evitar atrasos" (ROSE-ACKERMAN; PALIFKA, 2016, p. 66).[7]

Não por acaso, o estudo dos documentos que integram a Operação Lava-a-Jato, tida por muitos como o maior exemplo de corrupção administrativa no país, demonstra como o exercício da prerrogativa de alteração unilateral foi essencial como causa de muitos dos ilícitos praticados. Lá, a aprovação de aditivos representou um dos motivos pelos quais se convencionou a prática ilícita, sendo mais relevante a obtenção de aprovação célere das alterações do que a justificativa para a sua adoção. A prerrogativa de autorizar a celebração do aditivo, nas mãos dos diretores de estatais envolvidas na apuração de ilícitos, foi manejada para que valores fossem cobrados dos contratados por essas empresas. E, em alguns casos, foi registrado que a vantagem almejada não pretendia subverter a falta de razões para a alteração, mas, sim, sanear a demora na apreciação do processo de aditivo.[8]

Outorgar essa decisão ao agente público foi o bastante para que o ocupante do cargo ou função se valesse dessa prerrogativa para pressionar os contratados ao pagamento de propinas. E, a despeito de cogitar a conduta volitiva do particular em prol da corrupção do contrato, não é sem razão que se admita que, muitas vezes, o aceite ou a anuência do particular pode advir da certeza que este tem acerca dos prejuízos em observar *in totum* os procedimentos previstos para a promoção da alteração.

A avaliação feita em prol da corrupção – ativa ou passiva – é forte no cotejo de que os riscos de punição pelo ilícito são superáveis pelo risco de perdas advindas com a demora ou negativa de promoção da alteração, ou, ainda, pela perspectiva de ganhos adicionais caso

---

[7] Do original: "Because time is valuable, firms and individuals will pay to avoid delay".
[8] "O que pode ter ocorrido é ter alguma solicitação [...] de outras empresas para que os aditivos fossem acelerados no tempo, não ter muito tempo para que o aditivo fosse assinado. Esse aditivo tinha que ser preparado pela equipe que fazia a fiscalização da obra, depois esse aditivo tinha que ser encaminhado para a diretoria de serviço, novamente para a diretoria que tinha que aprovar esse aditivo, então tinha toda essa sequência dentro da companhia". Excerto do depoimento de Paulo Roberto Costa, nos autos da Ação Penal nº 5046120-57.2016.4.04.7000/PR, em trâmite perante a 13ª Vara Federal de Curitiba. E completa: "Não, nunca foi me pedido para mudar cláusula do aditivo, aumentar isso, aumentar aquilo, mas que fosse acelerado o tempo para execução do aditivo, porque às vezes esse tempo era longo, esse tempo era, sei lá, seis meses, um ano, oito meses para assinar um aditivo desse. Então pode ter ocorrido alguma coisa nesse sentido de eu procurar junto ao diretor de serviço dar celeridade ao processo, mas não mudar cláusula do processo, porque eu nem tinha conhecimento técnico para fazer isso".

o contrato seja indevidamente alterado para inflar os benefícios ao contratado. Ao agente público basta manejar a prerrogativa da maneira que melhor atenda ao resultado dessa avaliação.

E assim também o faz quando detém o poder de autorizar a rescisão do contrato, inclusive nos casos em que a contratação já tenha se quedado inexequível e a insistência na sua vigência represente um ônus ainda maior para ambas as partes, mas, inegavelmente, um fardo ainda mais pesado ao particular. A conformação legal para encerrar o contrato administrativo delega à autoridade administrativa a prerrogativa de rescindir unilateralmente ou anuir com a rescisão amigável. Ao particular, no entanto, é reservada apenas a possibilidade de manejar ação judicial para obter o encerramento da relação contratual. Noutra direção, há casos em que a rescisão opera em desfavor do privado e pode ser manejada pelo agente público como instrumento de pressão, ou, ainda, pelo particular para obter a leniência da Administração quando houver razão justificada para colocar fim ao contrato.

Essa condição, enfim, é outro ponto no qual a exorbitância encontra a corrupção e a proscrição dos prejuízos ocasionados pela manutenção do contrato, ou, ao revés, pelo seu término antecipado e sem razão.

E para que se opere o ilícito, as partes – notadamente o agente público – contam em seu favor com a imensa proteção provida pela discricionariedade e pela própria abstração nas causas que levam à alteração ou possam denegá-la. Em outras palavras, não há um grau de objetividade bastante que torne a decisão sobre a mutabilidade contratual um mero exercício de "sim ou não", aferível a partir de uma pauta clara de motivações favoráveis para cada um dos lados. Ao contrário, entendida a contratação administrativa como ambiente propício à modificação, o campo de atuação é bastante elástico para permitir a manipulação sem que isso transpareça, *prima facie*, como um ato corrompido. E, se não é crível engessar a relação contratual, concebendo-a como um ato imutável e não sujeito às intempéries da execução de objetos complexos, é irremediável aceitar a alteração como instrumento válido e lídimo (MARQUES NETO, 2002). E assim deve ser.

A questão, no entanto, é o aproveitamento escuso que se possa fazer dessa realidade impositiva da natureza do contrato administrativo. E, para tanto, a exorbitância atua como um catalisador, justamente por pressupor que a atuação do agente público sempre irá se pautar pelo interesse público, e não por interesses próprios dele e do particular contratado. A concentração de poder nas mãos do gestor contratual, aliada a uma margem discricionária para a consecução dessa potestade, permite o manejo distorcido das regras contratuais e, com isso, a atuação ímproba. Esse uso distorcido da autonomia concedida por lei a agentes públicos não surge com a exorbitância contratual,[9] mas é inegável que, nas prerrogativas detidas pela Administração contratante, o abuso encontra um ambiente bastante favorável para florescer.

3 O outro lado do balcão: a integridade do lado público

A prática de atos lesivos nas licitações e contratos é, no mais das vezes, diretamente dependente da ação ou omissão do agente público. Muito embora a LAE se volte às pessoas jurídicas, inclusive àquelas que contratam com a Administração, o sistema de controle pressupõe também a fiscalização e repressão do agente público, papel tradicionalmente atribuído às leis de coibição já existentes (destacando-se a Lei de Ação Civil Pública,[10] a Lei de Improbidade Administrativa[11] e o próprio Código Penal[12]).

A nova LGL avança em relação às disposições preventivas que envolvem a atuação do agente público, notadamente naquilo que mitigue os poderes a ele outorgados. Para compreender essas disposições, é relevante entender como o excesso de poder causa muito mais suscetibilidade à prática de atos lesivos.

3.1 Segregação de funções

Uma das formas que a nova LGL encontrou para mitigar o risco de integridade foi limitar o poder do agente público naquilo que denominou segregação de funções, isto é, a obrigação de atribuir funções relevantes da contratação para diversos servidores. A relevância dada pela lei à segregação de funções é tal que ela foi erigida à condição de princípio (art. 5º).

---

[9] António Manuel Hespanha, ao comentar as instituições do Antigo Regime, relata como a autonomia outorgada pela Lei aos oficiais régios era, frequentemente, malversada por esses para o cometimento de toda sorte de ilícitos (A constituição do Império português: revisão de alguns enviesamentos correntes. In: FRAGOSO; BICALHO; GOUVÊA, 2001).

[10] Lei nº 7.347/1985.

[11] Lei nº 8.429/1992.

[12] Decreto-Lei nº 2.848/1940.

O "princípio" da segregação de funções é concretizado pelo art. 7º da nova LGL, ao dispor sobre a designação dos "agentes públicos para o desempenho das funções essenciais à execução desta lei". Tarefa a cargo da autoridade máxima do órgão ou da entidade licitante, que "deverá observar o princípio da segregação de funções, vedada a designação do mesmo agente público para atuação simultânea em funções suscetíveis a riscos, de modo a reduzir a possibilidade de ocultação de erros e de ocorrência de fraudes".

A redação do dispositivo é expressa no objetivo da segregação de funções ao expor a intenção de "reduzir a possibilidade de ocultação de erros", bem como a "ocorrência de fraudes". Ao pressupor que diversos agentes irão se encarregar da condução dos atos relevantes das licitações e dos contratos, cogita-se que a desconcentração de poderes e prerrogativas fará com que os próprios agentes fiscalizem uns aos outros. Além disso, o particular não ficará dependente de um único agente público, mitigando a submissão, por um lado, e, por outro, dificultando a oferta de vantagens indevidas, eis que necessário ofertar a diversos agentes e não apenas a um único.

A segregação de funções retorna expressamente ao §3º, inciso II, do art. 169, quando a nova LGL menciona que a apuração de infrações observará o princípio. Disso decorre que o agente público encarregado de apurar eventuais infrações não poderá ser o mesmo responsável pela condução da licitação ou pela gestão contratual. Nesse ponto, para além de evitar decisões enviesadas de quem detenha interesse direto na apuração, o dispositivo acaba por beneficiar o particular, que, em tese, contará com uma instância investigativa independente.

Segregar funções não impede o cometimento de ilícitos. Cogitar de um mecanismo infalível nessa função é mesmo utópico, dada a multiplicidade de formas de prática de ilícitos. Ainda assim, é um mecanismo relativamente simples e que pode ter efeitos benéficos à integridade. O achaque por parte do governo demandaria atuação orquestrada por mais de um agente público, que fica ainda mais difícil de ocorrer com o incremento do controle interno pela ampliação dos responsáveis pela fiscalização. Noutra ponta, o particular necessitaria corromper diversos agentes, enfrentando a dificuldade de encontrar receptividade à corrupção por todos eles.

3.2 Predileção por servidores efetivos ou empregados do quadro permanente

A estrutura administrativa nacional congrega agentes públicos com vinculações e regimes jurídicos distintos. Uma dessas categorias é composta por pessoas indicadas e nomeadas pelas autoridades competentes, que desempenham suas funções com tempo certo, não permanente.

Em relação a essa categoria – normalmente tratada como cargos de confiança – sempre pairou uma desconfiança maior em relação à motivação dos seus atos. Diante de nomeações eminentemente políticas, é frequente a grita de que as pessoas que ocupam tais cargos e funções careceriam de competência técnica e, além disso, estariam apenas a mando de interesses particulares, seus ou daqueles que os nomearam.

Sobre os ocupantes de cargos de confiança recai, portanto, a pecha de agentes mais suscetíveis à prática de atos ilícitos, seja porque nomeados para este fim, seja porque não possuem uma vinculação mais perene com a Administração Pública. Já há muito a existência desses cargos é bastante questionada pela sociedade sob o argumento de que são indutores da corrupção.[13]

Atenta ao clamor, a nova LGL conferiu maior protagonismo àqueles agentes que integram o quadro permanente de empregados ou sejam servidores efetivos dos órgãos e entidades da Administração.

De início, confere-lhes preferência na indicação para o "desempenho das funções essenciais à execução" da lei (art. 7º, I). Por sua vez, o agente de contratação – função criada pela nova LGL para designar o responsável pela condução da licitação – será necessariamente um servidor efetivo ou um empregado do quadro permanente (art. 6º, LX; art. 8º). A comissão responsável pela condução do diálogo competitivo, da mesma forma, deverá ser composta por agentes públicos nessa condição (art. 32, §1º, XI), assim como os membros públicos da banca de julgamento das propostas técnicas (art. 37, §1º, I). Em relação à comissão responsável pela apuração de eventuais infrações, a previsão ainda é mais restritiva, ao se priorizar servidores estáveis e, apenas na ausência desses, admite-se a participação de agentes do quadro permanente,

---

[13] Cargos de confiança facilitam corrupção, diz cientista – Congresso em Foco (uol.com.br); ConJur – Administração com muitos cargos de confiança não é confiável, dentre tantas referências a respeito. Acesso em: 19 mar. 2023.

"preferencialmente com, no mínimo, três anos de tempo de serviço no órgão ou entidade" (art. 158, *caput* e §1º).

Conquanto não se negue a influência política e, por vezes, enviesada da indicação de cargos de confiança, é questionável até que ponto a predileção por servidores efetivos e quadro permanente de empregados logra alcançar os objetivos pretendidos.

De início, a nova LGL não alcança as decisões mais relevantes relacionadas a licitações e contratos. Por mais que privilegie os agentes públicos efetivos e permanentes em diversas atividades procedimentais, a lei deixa fora da reserva desses agentes a adjudicação, a aprovação ou reprovação de aditivos, dentre outros pontos importantes da contratação. É até mesmo questionável até onde poderia ir essa reserva, considerando a organização interna de órgãos e entidades, cujos cargos e funções mais elevadas são indicações políticas, não necessariamente ocupadas por servidores efetivos ou empregados do quadro permanente.

E, mesmo quando isso ocorra, nada garante que somente a natureza jurídica do enquadramento funcional do ocupante de cargo ou função com competências relevantes na licitação e contratos seja suficiente para assegurar integridade. Basta relembrar que alguns protagonistas de escândalos recentes eram servidores efetivos ou integrantes dos quadros permanentes de órgãos ou entidades.[14]

Há, por certo, uma limitação natural da capacidade de controle da atuação do agente público e que escapa mesmo de qualquer esforço adicional de fiscalização, de resto, delimitado pelas restrições técnicas, orçamentárias e fáticas de qualquer ação de vistoria externa (ROSE-ACKERMAN, 1978, p. 6). E, mais ainda, há a percepção de que os órgãos de controle e as autoridades superiores estão pouco atentos e dedicados à atuação nos níveis mais baixos da burocracia estatal (ROSE-ACKERMANN, p. 86).

De fato, o estudo da ilicitude nas relações público-privadas tende a se ocupar de atos diretamente relacionados ao aspecto mais político, isto é, daquele que envolve a atuação ímproba no nível de governo. A corrupção no ambiente administrativo, usualmente, ganha destaque quando envolve altos escalões da Administração ou agentes políticos,

---

[14] Novamente no âmbito da Operação Lava-a-Jato, Paulo Roberto Costa e Nestor Cerveró, dois dos protagonistas dos atos ilícitos envolvendo a Petrobras, eram funcionários de carreira da empresa.

mas não atrai tanto a atenção quando circunscrita no nível dos agentes públicos da burocracia estatal.[15]

O problema é que, muitas vezes, o exercício das prerrogativas contratuais está nas mãos, justamente, desse degrau do estamento burocrático administrativo e a prática de atos corruptos irá depender do seu grau de autonomia.[16] Sob essa perspectiva, é preciso rememorar que uma parcela relevante do exercício das prerrogativas cabe à burocracia estatal, e não aos altos escalões. Mesmo quando eventual ato definitivo caiba à autoridade superior, no mais das vezes ela estará lastreada em providências prévias da burocracia, por exemplo, o servidor incumbido da medição ou aquele que promove a análise técnica ou econômica de um determinado pleito de recomposição. No final do dia, portanto, a conduta volitiva pode partir de diversos níveis da burocracia, podendo cada um deles se desviar da conduta proba que dele se espera; ao particular, por outro lado, há múltiplas opções para concretizar seu intuito corruptivo, podendo escolher como alvo um determinado setor da burocracia que, na sua avaliação, seja mais suscetível a aceitar o benefício indevido ou, ainda, cujo controle seja tido como mais ineficaz (ROSE-ACKERMAN; PALIFKA, 2016, p. 53).

Portanto, justamente por se espraiar em diversos setores da burocracia estatal, dependendo desde o fiscal do contrato até a autoridade superior de um determinado órgão público, o exercício das prerrogativas contratuais expande a seara suscetível à prática de corrupção. Há um número maior de servidores envolvidos, muitos deles com ampla autonomia e com pouco ou ineficaz controle, o que aumenta as chances de interesses escusos colidentes – do público e do privado – ocorrerem.

---

[15] HELGLMAN *et al*. realizam um amplo estudo sobre três searas nas quais a relação público-privada poderá traduzir irregularidades: a captura do Estado, na qual a atuação ilícita alcança a própria conformação institucional; a influência do privado, que usualmente reflete a inclinação do particular para direcionar a atuação do Estado; a corrupção administrativa, cujos ganhos advêm da "capacidade discricionária do Estado para regular as atividades do privado" e que ocorre primordialmente na corrupção dos agentes da burocracia administrativa (2000).

[16] Klaveren aduz haver duas condições essenciais à corrupção: a primeira é justamente uma autonomia relevante da burocracia estatal; a segunda, a ausência de regras específicas que condicionem a atuação dos agentes públicos (1989).

4 Programa de integridade

A legislação licitatória anterior, como esperado, silenciava em relação à adoção de medidas internas de integridade por parte dos contratados pela Administração. À época da sua edição – 1993 – pouco ou nada se falava sobre o tema, e exigir preocupação do legislador responsável pela Lei nº 8.666/1993 seria de um anacronismo impensável.

Fato é que a LAE incorporou os "mecanismos e procedimentos internos de integridade, auditoria e incentivo à denúncia de irregularidades e a aplicação efetiva de códigos de ética e de conduta" (art. 7º, XIII). O Decreto nº 8.420/2015, por sua vez, ao regulamentar a LAE trouxe um capítulo inteiro para disciplinar o programa de integridade. Em seu art. 42 dispunha sobre quais parâmetros deveriam ser avaliados para fins de obtenção dos benefícios predicados para aqueles que cometessem atos lesivos previstos na LAE. O Decreto nº 11.129/2022, ao revogar seu antecessor, manteve previsão semelhante (art. 57), reafirmando a relevância do programa de integridade ao sistema de combate à corrupção.

A nova LGL trouxe o programa de integridade à prática nacional de licitações. Em verdade, seguiu os passos de legislação estadual (Lei Estadual nº 7.753/2017, do Rio de Janeiro) e distrital (Lei Distrital nº 6.112/2018), que inauguraram obrigações relacionadas a exigências de programas de integridade por parte dos contratados das respectivas Administrações.

O art. 25, §4º, da nova LGL repete a exigência para que os contratados comprovem à Administração a adoção de um programa de integridade, mas está longe de exaurir o tema. De início, a exigência alcança apenas as obras, serviços e fornecimento de "grande vulto", isto é, aquelas cujo valor de contratação supera R$ 200 milhões.[17] [18] Essa comprovação não precisa ocorrer na licitação e nem mesmo na contratação, tendo o contratado o prazo de até seis meses após a assinatura do contrato para apresentar o seu programa de integridade.

---

[17] O valor atualmente vigente, estabelecido pela atualização anual de valores prevista no Decreto nº 11.317/2022 é de R$ 228.833.309,04.

[18] Pode-se questionar que a delimitação das contratações de "grande vulto" pode esvaziar a exigência, o que não deixa de ser verdade. A questão, no entanto, é que para algumas empresas, especialmente as de menor porte, o custo de implementação de um programa de integridade pode ser inviável e, além disso, para o porte da atividade da empresa, até mesmo inócuo. Dessa maneira, a exigência poderia acabar impedindo a participação de diversas micro e pequenas empresas nas contratações públicas.

A forma de comprovação do programa, as medidas adotadas nesse sentido e as eventuais penalidades pela não comprovação, no entanto, foram reservadas para regulamentação posterior. Ou seja, somente um regulamento poderá estabelecer quais os parâmetros de análise dos programas e quais efeitos da não comprovação, temas bastante relevantes para que a medida tenha resultado efetivo. Afinal, a depender do que se utilize como requisito para a comprovação ou da sanção pela não apresentação do programa de integridade, a exigência legal pode ser esvaziada.

Há, aqui, um risco alto de que a avaliação seja altamente discricionária, colocando o agente público encarregado de analisar o programa numa posição de poder suficiente para dela se valer para fins escusos, ou, de outro lado, para ser corrompido pelo particular.

O ideal, portanto, é que o futuro regulamento tente ser o mais objetivo possível na definição dos parâmetros de avaliação – eventualmente adotando uma parametrização binária "cumpriu/não cumpriu", sem verificação de mérito. Pode-se, inclusive, utilizar os requisitos previstos no art. 57 do Decreto nº 11.129/2022, que regulamenta a Lei nº 12.846/2013. Além disso, é importante delegar essa tarefa para agentes públicos que já tenham experiência na avaliação de programas de integridade – procuradores ou servidores de controladorias, por exemplo – se possível for, diante das limitações da capacidade institucional do ente em questão.[19]

De toda forma, com um regulamento mais racional, a exigência pelo programa de integridade é um avanço, tendo a Administração a possibilidade de atuar como indutora da adoção de práticas de integridade pelas empresas.

O programa de integridade aparece, ainda, como um dos critérios de desempate de propostas (art. 60, IV), mas, diga-se, como o último deles, o que praticamente impossibilita a ocorrência de uma licitação decidida em favor da empresa que já detenha um programa de integridade.

Em linha com o que já ocorre na Lei Anticorrupção, a nova LGL também considera a existência de um programa de integridade na dosimetria das sanções administrativas (art. 156, V). De igual forma, o aperfeiçoamento do programa de integridade é condição de reabilitação

---

[19] Não se nega que em boa parte dos Municípios – e mesmo em alguns Estados – não há uma prática tão evidente de análise de programas de integridade. Muitos, inclusive, não contam com órgãos específicos para atuar no controle previsto pela Lei Anticorrupção.

das sanções de suspensão do direito de licitar e de contratar e da declaração de inidoneidade (art. 163, parágrafo único).

Conquanto não imune a críticas contra eventual timidez na incorporação do programa de integridade, a nova LGL tem o mérito de trazer o tema para o âmbito das contratações públicas. É possível, ainda, que a regulamentação pendente possa aprimorar alguns pontos, dando maior efetividade à exigência de existência do programa de integridade para os grandes contratos da Administração.

5 Transparência e cooperação

A legislação anterior sobre licitações e contratos era forte na concepção adversarial entre a Administração e o particular. Além da exorbitância administrativa, que lhe confere prerrogativas extraordinárias – propícias ao abuso de poder e à corrupção –, a Lei nº 8.666/1993 era adversa à colaboração de indivíduos e empresas, a começar pela proibição de participação na licitação daqueles que tivessem contribuído com a estruturação dos contratos.

Por outro lado, há pouco incentivo à correta publicidade dos atos praticados em licitações e contratos. Obter informações básicas das contratações é tarefa árdua e, frequentemente, dificultada sem qualquer justificativa, mesmo com os avanços da Lei de Acesso à Informação.

A comunhão entre a falta de transparência e o caráter adversarial é prenhe de oportunidades para a prática de ilícitos. Afinal, sem publicidade, pactos escusos podem ser realizados de modo mais facilitado. Por outro lado, a necessidade de transpor barreiras é um motriz para a corrupção. Ao invés de poder apresentar contribuições ou pleitos à Administração, mediante procedimento público, o particular acaba se valendo de meios oportunos e escusos para tentar influenciar a decisão do agente público.

Nesse ponto, a nova LGL traz avanços relevantes em prol da transparência e da contribuição entre público e privado.

No primeiro ponto, a criação de um Portal Nacional das Contratações Públicas (PNCP)[20] é um instrumento eficaz para conferir transparência às licitações e contratos administrativos. Serve como um grande repositório de informações de todas as licitações e contratos

---

[20] O PNCP é regulado especialmente pelos artigos 174 e ss.

celebrados no país, inclusive em relação à fase preparatória, aos aditivos e mesmo em relação aos orçamentos e notas fiscais dos pagamentos realizados.

Além disso, o PNCP deve possibilitar o livre acesso de qualquer interessado, que poderá consultar as informações de contratações que lhe sejam relevantes. Esse tipo de previsão, sem precedentes na legislação licitatória, tem o condão de evitar as práticas escusas, feitas às escuras, entre agentes públicos e privados.

Noutra ponta, a nova LGL se abre à colaboração com o ente privado. De início, mitiga a restrição para que interessados no contrato contribuam com a Administração, ao trazer para o regime geral (art. 81) o procedimento de manifestação de interesse (PMI), até então reservado às concessões de serviços públicos. Da mesma forma, o diálogo competitivo (art. 32) é uma nova modalidade licitatória em que a colaboração com o privado constitui o cerne do procedimento. Já na fase contratual, a Administração pode contar com a contribuição de entidades acreditadas (art. 17, §6º) para certificar a conclusão de fases ou de objeto de contratos, bem como dos estudos, projetos, anteprojetos, projetos básicos e projetos executivos.

A abertura para essa colaboração, para além de trazer maior eficiência ao agir administrativo, também mitiga o poder nas mãos do agente público. Afinal, a decisão do agente público passa a ser condicionada pela atuação de terceiros, o que restringe a sua liberdade para decidir fora da racionalidade do contrato ou em benefício indevido do particular.

6 Ainda a face repressora: maior rigor

Conquanto vá além do aspecto sancionatório, a nova LGL tornou o viés repressor da legislação licitatória mais intenso, seja com a revisão do rol de crimes relacionados às licitações e contratos, seja com instrumentos que aumentam os ônus advindos das sanções administrativas aplicadas.

6.1 Enrijecimento dos tipos penais

Em relação aos crimes, a nova LGL altera o Código Penal para levar os tipos licitatórios e contratuais para aquele diploma. Com isso, não deixa dúvidas de que as disposições criminais possuem aplicação irrestrita a licitações e contratos administrativos, mesmo aqueles que não são regulados diretamente pela Lei nº 14.133/2021. Daí que mesmo as contratações das estatais, que contam com legislação específica, estarão submetidas à disciplina criminal carreada na nova LGL.

Uma tônica na nova regulamentação penal é o aumento das penas previstas e a alteração do regime de execução da pena, que passou de detenção para reclusão. É nítido o maior rigor adotado pela nova LGL ao tornar mais rígidas as sanções para os crimes praticados em licitações e contratos administrativos.

Em termos de tipificação, não houve um aumento significativo nos tipos já previstos na legislação anterior, tendo a nova LGL reiterado aquelas condutas já previstas na Lei nº 8.666/1993. Há, contudo, um novo tipo bastante controverso: a "omissão grave de dado ou de informação por projetista", que torna crime a entrega de projetos com levantamentos cadastrais ou condições de contorno[21] em "relevante dissonância com a realidade".

O grande problema desse tipo, para além de utilizar conceitos abstratos ("omissão grave", "relevante dissonância"), inconvenientes em termos de legislação penal, é criminalizar, na prática, o erro de projeto. Afinal, a tipificação não pressupõe dolo ou culpa para caracterizar a conduta ilícita, bastando que reste caracterizada a entrega de informações equivocadas no projeto ou mesmo a omissão de alguma informação relevante. O intuito específico de obter benefício com a prática é tido como agravante, dobrando a pena prevista.

Esse tipo de previsão é altamente prejudicial à inovação técnica e pode mesmo afastar bons profissionais da elaboração de projetos para a Administração Pública. Não se nega que a intenção do dispositivo poderia se justificar na realidade da contratação governamental, em que erros de projetos são mais usuais do que deveriam. No entanto,

---

[21] Definidas pela Lei como "as informações e os levantamentos suficientes e necessários para a definição da solução de projeto e dos respectivos preços pelo licitante, incluídos sondagens, topografia, estudos de demanda, condições ambientais e demais elementos ambientais impactantes, considerados requisitos mínimos ou obrigatórios em normas técnicas que orientam a elaboração de projetos".

ao tipificar o mero equívoco, mesmo quando não intencional, a nova LGL acaba extrapolando esse objetivo.

Não se pode esquecer que a elaboração de projetos de engenharia é altamente complexa e suscetível a equívocos que não poderiam ser evitados, mesmo com maior diligência do profissional. Pense-se, nesse caso, em um projetista que realizou sondagens de acordo com as melhores práticas, mas, por infelicidade, não alcançou um dado trecho ou área do solo com características distintas do seu entorno. Essa especial situação não seria capturada pelo projeto e pode trazer efeitos adversos durante a execução da obra. Ainda assim, o projetista não poderia ser responsabilizado por ter atuado de acordo com a prática usual do setor. Não se olvide que a própria especificação dos contratos de engenharia consultiva, elaborada pela Administração, pode ser um empecilho para a correta elaboração dos projetos, sobretudo quando estabelece requisitos genéricos e uma remuneração incompatível.

É preciso, pois, averiguar de que maneira o novo tipo será interpretado na jurisprudência, especialmente para que as inconsistências do texto legal não levem à criminalização irracional da engenharia consultiva.

6.2 Sanções administrativas

A nova LGL foi bastante detalhista no regramento sobre as sanções administrativas. Um aspecto positivo, sem dúvida, foi a preocupação em especificar elementos dos processos administrativos de aplicação e reabilitação das sanções de suspensão do direito de licitar e da declaração de inidoneidade.

No regime anterior, a disciplina da reabilitação do particular apenado não era objeto de preocupação da Lei nº 8.666/1993, o que gerava dúvidas acerca da manutenção da pena. Na nova LGL, ao contrário, o tratamento do procedimento é mais bem-feito, inclusive com disposições quanto aos requisitos de reabilitação.

Da mesma forma, a nova LGL se ocupa de estabelecer critérios mais objetivos para a aplicação de cada uma das sanções previstas em seu artigo 156, especialmente para que aquelas mais onerosas sejam reservadas para situações efetivamente graves. Com isso, pretende-se coibir decisões desarrazoadas pelo agente público, sobretudo quando motivadas apenas por revanchismo ou para tentar obter vantagens indevidas.

Apesar desses avanços, a nova LGL manteve o rigorismo nas sanções administrativas, sendo certo o aumento do prazo mínimo de vigência da declaração de inidoneidade, que passa a ser de três anos (art. 163, III).

Além disso, há uma previsão específica sobre o aproveitamento de atestados (art. 6, §12) emitidos em nome de profissionais que "tenham dado causa à aplicação" das sanções de suspensão do direito de licitar e da declaração de inidoneidade. A nova LGL predica que tais documentos não poderão ser aceitos para fins de qualificação técnica.

Disposição dessa ordem acaba por traduzir uma pena perpétua, a partir do momento em que o dispositivo não estabelece prazo para a objeção na aceitação desses atestados. Na prática, portanto, o profissional acabará vendo perecer sua experiência técnica. Tanto pior, mesmo as sanções em apreço possuem prazo de vigência estabelecido em lei, mas, ainda assim, os efeitos delas na capacidade profissional serão perenes.

Portanto, a despeito dos avanços procedimentais, a nova LGL derrapa em um rigor desnecessário e que não traduz benefícios ao combate à corrupção.

7 Conclusão

A influência da Lei Anticorrupção no novo diploma licitatório é evidente. De outra forma não poderia o ser, tendo em conta o potencial de atos corruptos que podem advir de licitações e contratos. Apesar dos avanços da Lei Anticorrupção, a legislação até então vigente não havia inserido disposições relevantes de prevenção e combate à corrupção no ambiente de contratações governamentais.

A Lei nº 14.133/2021 procurou de alguma forma reverter esse cenário e foi se servir de diversos dispositivos presentes na Lei Anticorrupção (e na sua regulamentação) para tentar amoldar as licitações e os contratos a um cenário de maior integridade.

Há pontos bastante alvissareiros, especialmente quando a nova LGL se ocupa de mitigar o espaço para ações ilícitas no âmbito da própria Administração Pública. Ao dispor de regras próprias para articular a atuação dos agentes públicos envolvidos nas contratações, a Lei nº 14.133/2021 reconhece que a corrupção não ocorre apenas no setor privado e, muitas vezes, parte da própria Administração. Sem contar que a concretização de atos ilícitos precisa, no mais das vezes, da atuação conjunta de um agente público.

Mitigar o poder do agente público, por meio da segregação de funções, pode ser um primeiro passo para diminuir a propensão à prática de atos de corrupção. Ao evitar a concentração de poder nas mãos de um único agente, a nova LGL pretende dificultar que esse agente se valha da sua potestade para achacar o contratado, e, no mesmo sentido, que o particular que pretende corromper a Administração tenha mais dificuldades em alcançar esse objetivo.

Trazer o programa de integridade, os cadastros de empresas sancionadas e o processo de reabilitação são outros acertos da nova LGL, ao estabelecer um diálogo aberto com o sistema da Lei Anticorrupção. É bem verdade que essa articulação poderia ser mais efetiva, mas não dá para negar o avanço existente em relação à legislação anterior.

Também andou bem a Lei nº 14.133/2021 ao racionalizar o controle sobre as contratações, ocupando-se de detalhar procedimentos de apuração e sanção, algo que, por si só, ao tempo em que diminui o ímpeto corruptivo, também assegura direitos e garantias constitucionais.

Ao tornar a contratação mais transparente e diminuir a adversidade entre público e privado, a nova LGL confere um ambiente menos propício à corrupção. A publicidade trazida com o PNCP e a possibilidade expressa de colaboração com o particular em atos até então restritos à Administração afastam condições que permitiriam a prática de ilícitos. Afinal, com transparência e permissivo legal, o tráfego ilícito de informações privilegiadas ou a tentativa de influência indevida da ação administrativa perdem espaço.

A nova LGL não escapou – no entanto – do aumento repressivo que se estabeleceu nos últimos anos. Ao tornar mais rigorosas as sanções criminais e administrativas, acompanhou esse movimento, mesmo que sem demonstrar se os efeitos positivos seriam realmente existentes.

O saldo final é, ainda, positivo. E os efeitos benéficos à integridade poderão ser tão mais evidentes quanto mais racional for a regulamentação ainda pendente e – talvez o mais importante – a partir do entendimento que for conferido pela jurisprudência – de contas e judicial – sobre alguns pontos controversos da Lei nº 14.133/2021.

Referências

ANECHIARICO, Frank.; JACOBS, James B. *The pursuit of absolute integrity*. How corruption control makes government ineffective. Chicago: The University of Chicago Press, 1996.

HABIB, Sérgio. *Brasil:* quinhentos anos de corrupção. Porto Alegre: Sérgio Antônio Fabris Editor, 1994.

HELGLMAN, Joel S.; JONES, Geraint; KAUFMANN, Daniel. Seize the State, seize the day. State capture, corruption and influence in Transition. *Policy Research Working Paper,* Washington, EUA, 2444, set. 2000.

HESPANHA, António Manuel. A constituição do Império português: revisão de alguns enviesamentos correntes. *In:* FRAGOSO, João; BICALHO, Maria Fernanda; GOUVÊA, Maria de Fátima (org.). *O Antigo Regime nos trópicos: a dinâmica imperial portuguesa (séculos XVI-XVIII).* Rio de Janeiro: Civilização Brasileira, 2001, p.163-188.

KLAVEREN, Jacob. Van. The concept of corruption. *In:* HEIDENHEIMER, Arnold J.; JOHNSTON, Michael; LEVINE, Victor. T. *Political corruption:* a handbook. New Brunswick: Transaction Publishers, 1989, p. 25-28.

MAIRAL, Héctor A. *As raízes legais da corrupção:* ou como o Direito Público fomenta a corrupção em vez de combatê-la. Tradução de Susan M. Behrends Kraemer. São Paulo: Contracorrente, 2018.

MARQUES NETO, Floriano de Azevedo. Alteração de contrato administrativo – Antecipação de etapas de execução – intangibilidade das condições econômicas e financeiras originais – Alteração de regime de execução e pagamento como fator de neutralização dos ônus excedentes – Noção jurídica da "antecipação de pagamento" vedada em lei. *Interesse Público – IP,* Belo Horizonte, ano 4, n. 14, abr./jun. 2002.

NYE, J. S. Corruption and political development: a cost-benefit analysis. *The American Political Science Review,* v. 61, n. 2, p. 417-427, jun. 1967.

PIGA, Gustavo. A fighting chance against corruption in public procurement. *In:* ROSE-ACKERMAN, Susan; SOREIDE, Tina. *International handbook on the economics of corruption.* Cheltenham, Reino Unido: Edward Elgar, 2011. p. 141-181.

ROSE-ACKERMAN, Susan. *Corruption:* a study in political economy. Nova Iorque: Academic Press, 1978.

ROSE-ACKERMAN, Susan; PALIFKA, Bonnie. J. *Corruption and government.* Causes, consequences, and reform. 2. ed. Cambridge, Reino Unido: Cambridge University Press, 2016.

SUNDFELD, Carlos Ari. *Direito Administrativo ordenador.* São Paulo: Malheiros Editores, 2003.

WILGLIAMS-ELEGBE, Sope. *Fighting corruption in public procurement.* A comparative analysis of disqualification or debarment measures. Portland, EUA: Hart Publishing, 2012.

CORRUPÇÃO E DIREITOS HUMANOS: O DEVER DE DEVIDA DILIGÊNCIA

CLARA PACCE PINTO SERVA
LETÍCIA BEZERRA DUARTE DE QUEIROZ

1 Introdução

O presente trabalho abordará conceitos e aspectos relevantes aos direitos humanos,[1] visando compreender sua correlação com atos e práticas de corrupção.

A Declaração Universal dos Direitos Humanos estabelece de forma preambular a dignidade da pessoa humana como elemento inerente a todas as pessoas e como fundamento da liberdade, justiça e paz. Ainda que haja diferentes correntes de conceituação, a expressão "direitos humanos" se refere essencialmente aos direitos fundamentais individuais, individuais homogêneos, coletivos e difusos previstos em parâmetros internacionais, regionais (no caso do Brasil, no Sistema Interamericano de Direitos Humanos) e nacionais.

---

[1] Direitos Humanos são direitos fundamentais e universais para o ser humano, cujo respeito e concretização formam o núcleo central para a existência digna da pessoa humana. Eles estão em constante evolução, sendo marcados pela característica da progressividade (Declaração Universal dos Direitos Humanos).
Veja-se também: LEAL, Rogério; KAERCHER, Jonathan. *Os impactos da corrupção frente à violação dos direitos humanos e de cidadania*: Um debate a ser compreendido. Disponível em: file:///C:/Users/lbqueiroz/Downloads/9579-Texto%20do%20Artigo-42227-1-10-20170510%20(2).pdf. Acesso em: 23 mar. 2023.

A corrupção,² por seu turno, é fenômeno deveras antigo e ainda presente na sociedade. Traduz uma afronta a sistemas de referência, não respeitando as regras que existem para regular as relações entre os particulares ou entre eles e o Estado, com a finalidade de se beneficiar de uma forma que não seria possível caso atuasse em consenso com as normas válidas no país em questão.³ A prática adota diferentes faces, podendo ser e se refletir em problemas políticos, econômicos, culturais e administrativos.⁴

Dados apontam o aumento gradual dos índices de corrupção,⁵ a dar mais espaço nos discursos e agendas políticas de diversos governos democráticos. A atuação de indivíduos para satisfazer os seus próprios interesses em detrimento dos interesses da sociedade em que se encontram inseridos repercute nas mais variadas áreas de desenvolvimento dos países, indo muito além da questão monetária e dos aspectos jurídicos e legais tradicionais, para causar também consequências severas para a população.⁶ Deveras, um dos efeitos decorrentes são as violações cometidas contra os direitos humanos, a se tornar pauta de instituições nacionais e internacionais, como a Organização das Nações Unidas (ONU).⁷

---

² Mesmo atualmente, conceituar "corrupção" se mostra uma árdua tarefa, tendo em vista a complexidade que a envolve, não existindo um consenso entre os especialistas acerca de uma definição concreta e única da expressão. Nesse sentido, veja-se: MARCELO, João. *Corrupção e violação a direitos humanos*: obstáculos ao desenvolvimento brasileiro no século XXI. Ministério Público do Estado do Ceará. Disponível em: http://www.mpce.mp.br/wp-content/uploads/2019/07/ARTIGO-6.pdf. Acesso em: 2 mar. 2023.

³ MARCELO, João. *Corrupção e violação a Direitos Humanos*: obstáculos ao desenvolvimento brasileiro no século XXI. Ministério Público do Estado do Ceará. Disponível em: http://www.mpce.mp.br/wp-content/uploads/2019/07/ARTIGO-6.pdf. Acesso em: 2 mar. 2023.

⁴ Em diversos países, como o Brasil, esse fenômeno atuou de uma forma que se instalou e passou a ser aceito culturalmente pela sociedade, mesmo estando em dissonância com a ordem jurídica. Nesse sentido: PESTANA, Marcelle. Os reflexos da corrupção nos direitos humanos. *Conteúdo Jurídico*. Disponível em: https://conteudojuridico.com.br/consulta/artigos/58896/os-reflexos-da-corrupo-nos-direitos-humanos. Acesso em: 2 mar. 2023.

⁵ Conforme dados do Índice de Percepção de Corrupção (IPC), divulgados pela associação Transparência Internacional:
EXPRESSO50. Transparência Internacional: mundo é um lugar mais corrupto e inseguro. 31 jan. 2023. Disponível em: https://expresso.pt/internacional/2023-01-31-Transparencia-Internacional-mundo-e-um-lugar-mais-corrupto-e-inseguro-cfe3e7b4. Acesso em: 22 mar. 2023.

⁶ EXPRESSO50. Transparência Internacional: mundo é um lugar mais corrupto e inseguro. 31 jan. 2023. Disponível em: https://expresso.pt/internacional/2023-01-31-Transparencia-Internacional-mundo-e-um-lugar-mais-corrupto-e-inseguro-cfe3e7b4. Acesso em: 22 mar. 2023.

⁷ MARCELO, João. *Corrupção e violação a Direitos Humanos*: obstáculos ao desenvolvimento brasileiro no século XXI. Ministério Público do Estado do Ceará. Disponível em: http://www.mpce.mp.br/wp-content/uploads/2019/07/ARTIGO-6.pdf. Acesso em: 2 mar. 2023.

A ONU realizou, no ano de 2003, uma conferência no México, em que foi assinada a Convenção de Mérida, também conhecida como Convenção das Nações Unidas contra a Corrupção.[8] Promulgada no Brasil por meio do Decreto Presidencial nº 5.687, de 31 de janeiro de 2006, a Convenção tem como finalidade prevenir e combater os atos de corrupção no sistema global de proteção aos direitos humanos.

O Decreto Presidencial nº 4.410, de 7 de outubro de 2022, promulgou a Convenção de Caracas, ou Convenção Interamericana contra a Corrupção, instituída pela Organização dos Estados Americanos (OEA), sendo seu principal objetivo detectar e punir os atos de corrupção praticados nas Américas.[9]

A Lei Federal nº 12.846, de 1º de agosto de 2013, dispõe sobre a responsabilização civil e administrativa de pessoas jurídicas pela prática de atos de corrupção contra a Administração Pública nacional e estrangeira.

Os três instrumentos conformam juntos os parâmetros multiníveis de corrupção e direitos humanos.

Direitos humanos e corrupção podem coincidir em raízes, bem como se apresentarem como consequências das respectivas práticas: violações ou esvaziamento de direitos humanos em razão de práticas de corrupção; atos de corrupção como forma de encobrir violações a direitos humanos. No mesmo sentido, ambientes públicos ou privados marcados estruturalmente por um costumam ser igualmente marcados pelo outro.

Se nos sintomas e causas se encontram, também no antídoto o fazem. O instrumento da devida diligência, por exemplo, consiste em um conjunto de providências e análises adequado para identificação, monitoramento, prevenção, mitigação e tratamento dos impactos negativos de atividade empresarial em direitos humanos. É ferramenta disponível às corporações, de modo a constatar quais riscos suas atividades ou as atividades daqueles com quem se relacionam podem causar no que se refere aos direitos humanos, podendo assim minimizá-los.

Nesses contornos preliminares, o objetivo deste estudo consiste em analisar a correlação existente entre a corrupção e direitos humanos,

---

[8] ANTONIO, Marco. A corrupção e violação aos direitos humanos fundamentais. Jusbrasil. Disponível em: https://canalcienciascriminais.jusbrasil.com.br/artigos/737111301/a-corrupcao-e-a-violacao-aos-direitos-humanos-fundamentais. Acesso em: 2 mar. 2023.

[9] ANTONIO, Marco. A corrupção e violação aos direitos humanos fundamentais. Jusbrasil. Disponível em: https://canalcienciascriminais.jusbrasil.com.br/artigos/737111301/a-corrupcao-e-a-violacao-aos-direitos-humanos-fundamentais. Acesso em: 2 mar. 2023.

bem como explorar se a realização da devida diligência por parte das corporações públicas e privadas pode prevenir e combater as práticas em comento. Outrossim, sem qualquer pretensão de esgotar o tema, o artigo apresentará proposições que podem ser adotadas de modo a combater a corrupção e minorar seus efeitos sobre as violações dos direitos humanos.

Dessa forma, o artigo se divide em três partes, sendo que na primeira se dedica a esclarecer o contexto que envolve os conceitos de devida diligência e conduta empresarial responsável, explicando a relação existente entre eles e o quão importante é que eles sejam colocados em prática pelas empresas.

A segunda parte se volta para explorar as três diferentes dimensões a partir das quais as práticas de corrupção estão relacionadas com as violações aos direitos humanos, sendo elas a vinculação que o esvaziamento dos cofres públicos tem com estas; o uso de práticas corruptas como forma de esconder as violações aos direitos humanos; e a ausência de integridade que pode se constatar nos indivíduos que praticam atos corruptos, além das violações em questão.

A terceira parte da pesquisa é responsável por consolidar e unificar as duas anteriores, discutindo se há a possibilidade de a realização da devida diligência ser responsável pelo combate à corrupção e às violações aos direitos humanos e suas perspectivas.

A metodologia empregada consiste em pesquisa bibliográfica realizada em meios impressos e eletrônicos, além de livros e periódicos de circulação nacional e internacional.

2 O dever de devida diligência e a conduta empresarial responsável

O conceito de devida diligência em direitos humanos[10] surge a partir de uma construção coletiva entre vários atores sociais, tendo se propagado no campo transnacional, e não apenas dentro dos limites do Direito Internacional.[11] Adquire contornos claros com o estabeleci

---

[10] BRANDÃO, Paloma. *Responsabilidade das grandes corporações por abusos cometidos contra os Direitos Humanos*. 2021. 152p. Tese (Mestrado em Direito e Ciência Jurídica) – Faculdade de Direito da Universidade de Lisboa, Lisboa, 2021.

[11] ZIERO, Gabriel. O conceito de conduta empresarial responsável à luz dos ordenamentos jurídicos brasileiro, internacional e transnacional. Biblioteca Corte IDH. Disponível em: https://biblioteca.corteidh.or.cr/tablas/r26129.pdf0131. Acesso em: 1 mar. 2023.

dos Princípios Orientadores sobre Empresas e Direitos Humanos da ONU, tidos como marco autorizativo de empresas e direitos humanos. Ainda que utilizando o mesmo vocábulo, o conceito não tem os mesmos contornos da devida diligência tradicional, utilizada, por exemplo, em operações societárias.[12]

Segundo Paloma Brandão, entende-se por devida diligência o processo por meio do qual as empresas não só irão garantir o efetivo cumprimento das leis nacionais, como também estarão aptas a gerenciar os riscos de danos aos direitos humanos que suas atividades possam desencadear, visando evitá-los. Cabe à empresa realizar o citado processo não apenas em relação a si mesma, mas também no que diz respeito a toda a sua cadeia de produção, incluindo os seus parceiros de negócios.

Sendo assim, o escopo da devida diligência não é predefinido, como um processo linear que deve ser seguido uniformemente e de forma idêntica por todas as empresas que desejarem realizá-la, mas é algo mutável, que irá variar conforme as atividades de cada empresa e os respectivos riscos que estas podem desencadear para os direitos humanos.[13] A Organização para a Cooperação e Desenvolvimento Econômico (OCDE) aponta que a devida diligência pode auxiliar as empresas a aumentar o seu valor, uma vez que as ajuda a identificar possíveis riscos, e consequentemente evitá-los, além de atuar para compreensão do mercado.[14]

Conforme disposto no Guia da OCDE de Devida Diligência para uma Conduta Empresarial Responsável, sua condução deve ser apoiada por esforços para incorporar a perspectiva da conduta empresarial responsável nos sistemas e políticas de gestão. Significa dizer: trata-se de atenção aos aspectos materiais socioambientais e à governança necessária para que sejam adequadamente incorporados de forma efetiva. É verdadeira concretização da popular sigla ESG (referente a

---

[12] Este conceito teve sua origem nos Estados Unidos, no ano de 1933, a partir da promulgação do "Securities Exchange Act", que diz respeito à Comissão de Valores Mobiliários, de acordo com Alexandre Machado e Edson Saleme. A norma previa que as empresas deveriam realizar uma diligência prévia como forma de proteção aos seus compradores e vendedores, em se tratando de informações relevantes para a compra, evitando dessa forma que ocorresse fraude nos procedimentos de aquisição de empresas. Ademais, também atuava para assegurar os vendedores de que estes não seriam responsabilizados se atuassem de boa-fé e as informações eventualmente em falta não tenham sido identificadas por eles.

[13] BRANDÃO, Paloma. *Responsabilidade das grandes corporações por abusos cometidos contra os Direitos Humanos*. 2021. 152p. Tese (Mestrado em Direito e Ciência Jurídica) – Faculdade de Direito da Universidade de Lisboa, Lisboa, 2021.

[14] OCDE (2018), Guia da OCDE de Devida Diligência para uma Conduta Empresarial Responsável.

questões ambientais, sociais e de governança corporativa). Tem como finalidade que as empresas conheçam os riscos e corrijam os impactos adversos pelos quais são responsáveis, garantindo sempre os direitos humanos dos trabalhadores ou público interno, das comunidades adjacentes e a proteção do meio ambiente.

A conduta empresarial responsável[15] tem como fundamento as Diretrizes da OCDE para Empresas Multinacionais (Diretrizes da OCDE), demandando das empresas que ao longo de suas operações não somente observem e respeitem as regulamentações nacionais, mas também as normas que são oriundas dos ordenamentos internacional e transnacional. Abarca o leque completo de potenciais impactos negativos relacionados a atividades empresariais, como direitos trabalhistas, direitos humanos, meio ambiente, corrupção, consumidores e governança corporativa.

A conduta em questão possui um duplo objetivo.[16] De um lado, atua para fazer com que os mais variados tipos de empresas contribuam de forma positiva para o progresso social, econômico e ambiental, visando alcançar o desenvolvimento sustentável nos países em que operam. De outro lado, faz com que, cada vez mais, as empresas evitem causar impactos adversos aos seres humanos, ao planeta e à sociedade como um todo, ou que, quanto aos inevitáveis, adotem medidas para mitigar e repará-los, adotando também boas práticas para comunicá-los com transparência.

Este conceito vem ganhando cada vez mais relevância na agenda global, vez que não só contribui para o progresso do desenvolvimento sustentável, como também auxilia a mitigar as desvantagens individuais ou institucionais de práticas adversas, como seus efeitos globais, incluindo aos índices econômicos e de sustentabilidade.[17]

Como se vê, a efetiva implementação de práticas que conduzam a uma conduta empresarial responsável está diretamente ligada à realização da devida diligência da empresa, de modo que esta tenha a oportunidade de identificar, impedir e mitigar os impactos adversos,

---

[15] ZIERO, Gabriel. O conceito de conduta empresarial responsável à luz dos ordenamentos jurídicos brasileiro, internacional e transnacional. Biblioteca Corte IDH. Disponível em: https://biblioteca.corteidh.or.cr/tablas/r26129.pdf0131. Acesso em: 1 mar. 2023.

[16] Idem.

[17] ZIERO, Gabriel. O conceito de conduta empresarial responsável à luz dos ordenamentos jurídicos brasileiro, internacional e transnacional. Biblioteca Corte IDH. Disponível em: https://biblioteca.corteidh.or.cr/tablas/r26129.pdf0131. Acesso em: 1 mar. 2023.

tanto reais quanto potenciais, que advêm da sua atividade ou até mesmo de outras empresas que fazem parte de sua cadeia de fornecedores.[18]

3 As três dimensões de correlação entre corrupção e direitos humanos

3.1 Perspectiva do Poder Público

A corrupção é frequentemente analisada do ponto de vista da economia, com avaliações sobre prejuízos financeiros dela decorrentes. Contudo, afetam-se as mais diversas áreas de desenvolvimento de um país, como a política, ambiental, civil, social e até mesmo humana,[19] uma vez que verbas públicas são desviadas ou desperdiçadas; além da substituição da finalidade do interesse público pelo interesse particular.

A corrupção se concretiza quando um agente, intencionalmente, coloca os seus interesses ou de terceiros à frente dos anseios da sociedade, em violação à cláusula constitucional do Estado social de direito.[20] Por consequência, colocam-se em xeque os objetivos fundamentais da República (art. 3º da Constituição Federal) e a concretização dos valores fundantes da ordem constitucional.

Práticas corruptas, ao violarem disposições do sistema jurídico como um todo, acabam provocando danos em direitos e garantias vigentes, ao afetar a ordem jurídica. Afronta-se de forma direta um determinado direito e resulta no descumprimento de uma obrigação do Estado.[21]

---

[18] JÚNIOR, Edmundo; RIBEIRO, Cássio. Mecanismo da OCDE sobre conduta empresarial responsável: evidências do Brasil e de países-membros da OCDE e suas implicações. Repositório do Conhecimento do IPEA. Disponível em: https://repositorio.ipea.gov.br/bitstream/11058/10770/1/bepi_29_mecanismo.pdf. Acesso em: 1 mar. 2023.

[19] PESTANA, Marcelle. Os reflexos da corrupção nos Direitos Humanos. Conteúdo Jurídico. Disponível em: https://conteudojuridico.com.br/consulta/artigos/58896/os-reflexos-da-corrupo-nos-direitos-humanos. Acesso em: 2 mar. 2023.

[20] MARCELO, João. Corrupção e violação a Direitos Humanos: obstáculos ao desenvolvimento brasileiro no século XXI. Ministério Público do Estado do Ceará. Disponível em: http://www.mpce.mp.br/wp-content/uploads/2019/07/ARTIGO-6.pdf. Acesso em: 2 mar. 2023.

[21] MARCELO, João. Corrupção e violação a Direitos Humanos: obstáculos ao desenvolvimento brasileiro no século XXI. Ministério Público do Estado do Ceará. Disponível em: http://www.mpce.mp.br/wp-content/uploads/2019/07/ARTIGO-6.pdf. Acesso em: 2 mar. 2023.

Como exemplo, imagine-se um cenário em que atos de corrupção foram cometidos como forma de direcionar o resultado de um certame público, de modo que determinada empresa se lograsse vencedora de licitação relacionada à construção e gestão de um hospital, não obstante utilizasse tecnologia obsoleta e tivesse apresentado proposta com valor duas vezes superior ao gasto necessário para a realização da obra. De um lado, o maior dispêndio implicaria esvaziamento dos cofres públicos, tornando indisponível aquele recurso para realização de outros custeios necessários para a concretização do direito à saúde. De outro lado, ao utilizar tecnologia obsoleta, também o objeto do certame não será realizado da forma mais efetiva para a promoção do direito humano à saúde.

Se um exemplo individual já demonstra potenciais impactos em direitos fundamentais, muito maiores são os efeitos de sua adoção de forma sistêmica e institucionalizada. Dessa forma, impede-se o pleno gozo dos direitos humanos.[22]

Segundo estudo realizado pela consultoria GO Associados, práticas de corrupção identificadas com a denominada Operação Lava-Jato geraram perdas estimadas em R$ 142,6 bilhões – equivalente a 2,5% do Produto Interno Bruto (PIB) –, assim como a redução de 1,9 milhão de empregos, diretos e indiretos, e a queda de R$ 22,4 bilhões em salários.[23] No ano de 2023, a Polícia Federal deflagrou a Operação Nau dos Quintos, com investigações que alegam lavagem de R$ 271 milhões num esquema de garimpo ilegal.[24]

Verbas públicas que deveriam ser destinadas à consecução dos interesses públicos do país acabam não cumprindo o seu papel, vitimando milhões de pessoas e ferindo dimensões de direitos humanos.[25]

---

[22] PESTANA, Marcelle. Os reflexos da corrupção nos Direitos Humanos. Conteúdo Jurídico. Disponível em: https://conteudojuridico.com.br/consulta/artigos/58896/os-reflexos-da-corrupo-nos-direitos-humanos. Acesso em: 2 mar. 2023.

[23] ALVARENGA, Darlan. Impacto da Lava Jato no PIB pode passar de R$ 140 bilhões, diz estudo. G1, São Paulo, 11 ago. 2015. Disponível em: https://g1.globo.com/economia/noticia/2015/08/impacto-da-lava-jato-no-pib-pode-passar-de-r-140-bilhoes-diz-estudo.html. Acesso em: 3 mar. 2023.

[24] PINHEIRO, Mirelle; CARONE, Carlos. PF mira empresas suspeitas de lavar R$ 271 milhões de garimpo ilegal. Metrópoles, Distrito Federal, 28, fev. 2023. Disponível em: https://www.metropoles.com/distrito-federal/na-mira/pf-mira-empresas-suspeitas-de-lavar-r-271-milhoes-de-garimpo-ilegal. Acesso em: 3 mar. 2023.

[25] PESTANA, Marcelle. Os reflexos da corrupção nos Direitos Humanos. Conteúdo Jurídico. Disponível em: https://conteudojuridico.com.br/consulta/artigos/58896/os-reflexos-da-corrupo-nos-direitos-humanos. Acesso em: 2 mar. 2023.

Os impactos são, aliás, sentidos de maneira mais severa em grupos minorizados e vulnerabilizados – indígenas, quilombolas, pessoas negras, com deficiência, mulheres, idosos, crianças e adolescentes, a população LGBTQIA+ –, por dependerem ainda mais do Estado para ter seus direitos humanos protegidos, em razão de seu histórico apagamento e marginalização.[26][27]

3.2 Corrupção como viabilizadora de violações aos direitos humanos

O combate às violações de direitos humanos é tarefa árdua. Por vezes, atos de corrupção são utilizados como forma de encobrir violações ou de impedir que apurações sejam feitas da forma adequada pelo Poder Público, de modo a perpetuar práticas violadoras ou impedir que sejam identificados responsáveis, burlando os mecanismos de supervisão e controle dos órgãos administrativos estatais.[28]

Uma operação no Aeroporto Internacional Tom Jobim, o Galeão, buscou apurar a cobrança de valores por agentes para liberação de atravessadores responsáveis por trazer chineses para trabalhar no Brasil, em regimes exaustivos e que lhes suprimiam a liberdade a partir do constante endividamento.[29] Os agentes do aeroporto, a fim de encobrir o esquema, ocultavam passaportes dos chineses, ou arrancavam as páginas que continham o carimbo da Polícia Federal (PF), identificando a data em que teriam entrado no Brasil, o que permitiria que fossem

---

[26] PESTANA, Marcelle. Os reflexos da corrupção nos Direitos Humanos. Conteúdo Jurídico. Disponível em: https://conteudojuridico.com.br/consulta/artigos/58896/os-reflexos-da-corrupo-nos-direitos-humanos. Acesso em: 2 mar. 2023.

[27] QUINES, Alessandra. A luta contra a corrupção sob um enfoque de direitos humanos e as possibilidades de atuação da Defensoria Pública. Associação Nacional das Defensoras e Defensores Públicos. Disponível em: https://anadep.org.br/wtksite/cms/conteudo/20670/ALESSANDRA_QUINES_CRUZ.pdf. Acesso em: 3 mar. 2023.

[28] MARCELO, João. Corrupção e violação a direitos humanos: obstáculos ao desenvolvimento brasileiro no século XXI. Ministério Público do Estado do Ceará. Disponível em: http://www.mpce.mp.br/wp-content/uploads/2019/07/ARTIGO-6.pdf. Acesso em: 2 mar. 2023.

[29] VAZ, Camila. Ministério do Trabalho descobre esquema no Galeão que escraviza chineses recém-chegados ao Brasil. Jusbrasil, 2015. Disponível em: https://camilavazvaz.jusbrasil.com.br/noticias/215850491/ministerio-do-trabalho-descobre-esquema-no-galeao-que-escraviza-chineses-recem-chegados-ao-brasil. Acesso em: 3 mar. 2023.

identificados os funcionários da PF que estavam de plantão no dia em questão.[30]

Ainda que a perspectiva trabalhista seja mais tangível, igual dimensão de correlação entre direitos humanos e corrupção seria identificada em caso de práticas corruptas adotadas como forma de aceleração ou desvio de licenciamentos ambientais, consulta ou engajamento com comunidades, entre outras.

O início de 2023 foi marcado por denúncias de violações a direitos de Ianomâmis na floresta Amazônica com graves acusações sobre a correlação com a exploração de garimpo ilegal, que teria – segundo apontado pela imprensa – crescido 54% em 2022.[31] O presente artigo poderia ser recheado de exemplos quanto a trabalho infantil, discriminação estrutural, exploração sexual, tráfico humano, assédio e tantas outras formas de impactos negativos levados a público e correlacionados com práticas de corrupção.

Processos produtivos – de coleta de matérias-primas, produção, distribuição e comercialização de produtos – se distribuem comumente por diversos territórios e jurisdições, tornando cada vez mais complexas as cadeias produtivas e, proporcionalmente, as violações a elas relacionadas e as formas de seu encobrimento.[32] Bem por isso, é nessa dimensão de correlação entre corrupção e direitos humanos que se verifica também a tomada de decisão de determinadas empresas pelo desenvolvimento de negócios em locais em que a fiscalização e a institucionalidade sejam frágeis, tornando fértil o campo para violações a direito humanos.

Ainda que tais práticas tenham contorno individual, projetam-se para a terceira e última perspectiva de correlação, conforme adiante se detalha.

---

[30] VAZ, Camila. Ministério do Trabalho descobre esquema no Galeão que escraviza chineses recém-chegados ao Brasil. Jusbrasil, 2015. Disponível em: https://camilavazvaz.jusbrasil.com.br/noticias/215850491/ministerio-do-trabalho-descobre-esquema-no-galeao-que-escraviza-chineses-recem-chegados-ao-brasil. Acesso em: 3 mar. 2023.

[31] Disponível em: https://g1.globo.com/rr/roraima/noticia/2023/02/01/garimpo-ilegal-na-terra-yanomami-cresceu-54percent-em-2022-aponta-levantamento-de-associacao.ghtml Acesso em: 02 abr. 2023, 18h.

[32] OLSEN, Ana; PAMPLONA, Danielle. Violações a Direitos Humanos por Empresas Transnacionais na América Latina. *Revista Direitos Humanos e Democracia*. Disponível em: file:///C:/Users/lbqueiroz/Downloads/8496-Texto%20do%20artigo-41053-2-10-20201217%20(1).pdf. Acesso em: 6 mar. 2023.

3.3 Integridade como conceito que abrange ambas as condutas

A palavra "integridade" significa algo íntegro, honesto, incorruptível.[33] A ausência de integridade abre campo para qualquer desvio de conduta, seja ele de corrupção, violação a direitos humanos ou outro.

Ambientes públicos ou privados são marcados por cultura, a qual poderá fomentar ou desestimular condutas probas. Ambientes marcados por retidão quanto ao respeito a direitos humanos dificilmente serão acompanhados de violações sistêmicas a leis anticorrupção.

A Lei nº 12.846/2013 dispõe sobre atos cometidos por pessoas jurídicas que sejam lesivos à Administração Pública, atentando contra o patrimônio público, os princípios da Administração Pública ou compromissos internacionais assumidos pelo Brasil (art. 5º). Ou seja, busca combater que entidades públicas e privadas contribuam para a criação de um ambiente nacional ou internacional de incorreção. Dentre os compromissos assumidos pelo Brasil, estão os Tratados Internacionais ou Interamericanos de Direitos Humanos, que, nos termos do art. 4º, II, da Constituição Federal, deverão sempre ter prevalência sobre quaisquer outros.

Tais compromissos se estendem às pessoas físicas e jurídicas pela denominada eficácia horizontal dos direitos humanos, mas referem-se primordialmente a deveres assumidos pelo próprio Estado brasileiro, a serem cumpridos por seus três Poderes (art. 2º da Constituição Federal) e por seus entes federados (art. 1º da Constituição).

A interpretação teleológica e sistemática do ordenamento jurídico demonstra que o legislador brasileiro – tal qual as presentes autoras – compreendeu que ambientes de probidade contribuem para culturas de respeito a ambos os parâmetros (anticorrupção e direitos humanos); e que o inverso também é verdadeiro.

Nos últimos anos, houve uma considerável melhora nos sistemas de transparência e controle do Estado nas empresas, mas ainda assim se mostra extremamente necessário avançar não só na governança e transparência, como também na integridade nas relações entre as empresas e o Estado.[34] Segundo a Transparência Internacional, países

---

[33] INTEGRIDADE. *In*: DICIO, Dicionário Online de Português. São Paulo, 2023. Disponível em: https://biblio.direito.ufmg.br/?p=5742. Acesso em: 6 mar. 2023.

[34] INSTITUTO ETHOS. Integridade, transparência e a luta contra a corrupção nas empresas. 28 de nov. 2014. Disponível em: https://www.ethos.org.br/cedoc/integridade-transparencia-e-a-luta-contra-a-corrupcao-nas-empresas/. Acesso em: 6 mar. 2023.

como Somália, Iêmen e Sudão do Sul apresentam alguns dos piores índices de percepção de corrupção.[35] Não por coincidência, apresentam baixos Índices de Desenvolvimento Humano.[36]

A previsão de deveres de devida diligência corporativa em sustentabilidade socioambiental é apta a contribuir para a criação de ambientes corporativos marcados por maior respeito a direitos humanos e menor margem para atos de corrupção. Da mesma forma, assegura o alinhamento entre agendas de integridade pública e privada, com aprimoramento dos valores, princípios e normas éticas.[37]

4 Conclusão

O presente trabalho teve como escopo analisar a relação existente entre a corrupção e a violação dos direitos humanos, bem como analisar se a realização da devida diligência por parte das corporações pode ser uma prática efetiva no combate e prevenção de práticas corruptas e violações de direitos humanos.

Primeiramente, foi verificado que a devida diligência consiste em conjunto de medidas adotadas para fins de identificação, monitoramento, prevenção, mitigação e reparação a impactos negativos. Identifica riscos, minimiza-os e assegura a reparação integral. Quando implementada, pauta-se e promove a conduta empresarial responsável, conforme parâmetros da OCDE, demandando das empresas não somente a observância e respeito às regulamentações nacionais, mas também a parâmetros internacionais e regionais.

O estudo evidenciou a existência de três principais dimensões de correlação entre direitos humanos e corrupção: de forma direta, indireta ou em razão da criação de meios de violações sistêmicas à integridade.

Práticas de corrupção muitas vezes acabam por desviar verbas que deveriam ir para os cofres públicos, o que faz com que o Estado tenha menos recursos para garantir e efetivar as garantias e direitos fundamentais devidos aos seus indivíduos, atingindo principalmente os grupos mais vulnerabilizados. Formas de corrupção podem, ademais, ser

---

[35] Disponível em: https://transparenciainternacional.org.br/ipc/ Acesso em: 2 abr. 2023, 19h.
[36] Segundo o relatório da ONU referente aos anos 2021 e 2022, disponível em: https://hdr.undp.org/system/files/documents/global-report-document/hdr2021-22pdf_1.pdf Acesso em: 2 abr. 2023, 16h.
[37] OCDE, Recomendação do Conselho da OCDE sobre Integridade Pública: Brasil.

utilizadas com a finalidade de mascarar suas práticas recorrentes de atos que violam os direitos humanos. Há, por fim, íntima correlação entre os desvios de conduta – tanto em âmbito privado como público – quanto à probidade e ao respeito a direitos humanos.

A devida diligência pode atuar como forma de prevenir as três dimensões de correlação entre direitos humanos e corrupção: (i) ao criar processos efetivos de monitoramento e de conscientização internos, evitam práticas de corrupção que possam gerar impactos negativos a direitos humanos; (ii) ao adotarem medidas de prevenção e mitigação de violação a direitos humanos, esvaziam – por conseguinte – a possibilidade de atos de corrupção para encobri-los; (iii) ao estabelecerem ambientes marcados pelo respeito e integridade, transformam culturas corporativas, cadeias produtivas e cenários locais, nacionais e internacionais de retidão.[38] [39]

Nessa toada, constata-se que a devida diligência serve como uma importante ferramenta de prevenção e controle não apenas de condutas de corrupção pública e privada, como também de violações de direitos humanos, garantindo assim uma maior qualidade de vida e dignidade para as futuras gerações, proporcionando o desenvolvimento do Estado de forma sustentável.

Referências

ALVARENGA, Darlan. *Impacto da Lava Jato no PIB pode passar de R$ 140 bilhões, diz estudo.* G1, São Paulo, 11 ago. 2015. Disponível em: https://g1.globo.com/economia/noticia/2015/08/impacto-da-lava-jato-no-pib-pode-passar-de-r-140-bilhoes-diz-estudo.html. Acesso em: 3 mar. 2023.

ANTONIO, Marco. *A corrupção e violação aos direitos humanos fundamentais.* Jusbrasil. Disponível em: https://canalcienciascriminais.jusbrasil.com.br/artigos/737111301/a-corrupcao-e-a-violacao-aos-direitos-humanos-fundamentais. Acesso em: 2 mar. 2023.

BRANDÃO, Paloma. *Responsabilidade das grandes corporações por abusos cometidos contra os Direitos Humanos.* 2021. 152p. Tese (Mestrado em Direito e Ciência Jurídica) – Faculdade de Direito da Universidade de Lisboa, Lisboa, 2021.

---

[38] MACHADO, Alexandre; SALEME, Edson. Análise da devida diligência empresarial em Direitos Humanos aplicada na proteção do meio ambiente. Publica Direito. Disponível em: http://www.publicadireito.com.br/artigos/?cod=03cdc6b841ba0131. Acesso em: 7 mar. 2023.

[39] BRANDÃO, Paloma. *Responsabilidade das grandes corporações por abusos cometidos contra os Direitos Humanos.* 2021. 152p. Tese (Mestrado em Direito e Ciência Jurídica) – Faculdade de Direito da Universidade de Lisboa, Lisboa, 2021.

EXPRESSO50. *Transparência Internacional: mundo é um lugar mais corrupto e inseguro*. 31 jan. 2023. Disponível em: https://expresso.pt/internacional/2023-01-31-Transparencia-Internacional-mundo-e-um-lugar-mais-corrupto-e-inseguro-cfe3e7b4. Acesso em: 22 mar. 2023.

INSTITUTO ETHOS. *Integridade, transparência e a luta contra a corrupção nas empresas*. 28 de nov. 2014. Disponível em: https://www.ethos.org.br/cedoc/integridade-transparencia-e-a-luta-contra-a-corrupcao-nas-empresas/. Acesso em: 6 mar. 2023.

INTEGRIDADE. *Dicionário Online de Português*. São Paulo, 2023. Disponível em: https://biblio.direito.ufmg.br/?p=5742. Acesso em: 6 mar. 2023.

JÚNIOR, Edmundo; RIBEIRO, Cássio. *Mecanismo da OCDE sobre conduta empresarial responsável:* evidências do Brasil e de países-membros da OCDE e suas implicações. Repositório do Conhecimento do IPEA. Disponível em: https://repositorio.ipea.gov.br/bitstream/11058/10770/1/bepi_29_mecanismo.pdf. Acesso em: 1 mar. 2023.

LAPORTA, Taís. *Fiscais flagram trabalho escravo em oficinas*. G1, São Paulo, 19 dez. 2017. Disponível em: https://g1.globo.com/economia/noticia/fiscais-flagram-trabalho-escravo-em-oficinas-da-animale-e-abrand.ghtml. Acesso em: 3 mar. 2023.

LEAL, Rogério; KAERCHER, Jonathan. *Os impactos da corrupção frente à violação dos Direitos Humanos e de cidadania*: um debate a ser compreendido. Disponível em: file:///C:/Users/lbqueiroz/Downloads/9579-Texto%20do%20Artigo-42227-1-10-20170510%20(2).pdf. Acesso em: 23 mar. 2023.

MACHADO, Alexandre; SALEME, Edson. *Análise da devida diligência empresarial em Direitos Humanos aplicada na proteção do meio ambiente*. Publica Direito. Disponível em: http://www.publicadireito.com.br/artigos/?cod=03cdc6b841ba0131. Acesso em: 1 mar 2023.

MARCELO, João. *Corrupção e violação a direitos humanos:* obstáculos ao desenvolvimento brasileiro no século XXI. Ministério Público do Estado do Ceará. Disponível em: http://www.mpce.mp.br/wp-content/uploads/2019/07/ARTIGO-6.pdf. Acesso em: 2 mar. 2023.

OCDE (2022), Estudos da OCDE sobre a política de conduta empresarial responsável: Brasil.

OCDE (2018), Guia da OCDE de Devida Diligência para uma Conduta Empresarial Responsável.

OCDE, Recomendação do Conselho da OCDE sobre Integridade Pública: Brasil.

OLSEN, Ana; PAMPLONA, Danielle. Violações a Direitos Humanos por Empresas Transnacionais na América Latina. *Revista Direitos Humanos e Democracia*. Disponível em: file:///C:/Users/lbqueiroz/Downloads/8496-Texto%20do%20artigo-41053-2-10-20201217%20(1).pdf. Acesso em: 6 mar 2023.

PESTANA, Marcelle. Os reflexos da corrupção nos Direitos Humanos. *Conteúdo Jurídico*. Disponível em: https://conteudojuridico.com.br/consulta/artigos/58896/os-reflexos-da-corrupo-nos-direitos-humanos. Acesso em: 2 mar. 2023.

PINHEIRO, Mirelle; CARONE, Carlos. *PF mira empresas suspeitas de lavar R$ 271 milhões de garimpo ilegal*. Metrópoles, Distrito Federal, 28 fev. 2023. Disponível em: https://www.metropoles.com/distrito-federal/na-mira/pf-mira-empresas-suspeitas-de-lavar-r-271-milhoes-de-garimpo-ilegal. Acesso em: 3 mar 2023.

QUINES, Alessandra. *A luta contra a corrupção sob um enfoque de direitos humanos e as possibilidades de atuação da Defensoria Pública*. Associação Nacional das Defensoras e Defensores Públicos. Disponível em: https://anadep.org.br/wtksite/cms/conteudo/20670/ALESSANDRA_QUINES_CRUZ.pdf. Acesso em: 3 mar 2023.

VAZ, Camila. *Ministério do Trabalho descobre esquema no Galeão que escraviza chineses recém-chegados ao Brasil*. Jusbrasil, 2015. Disponível em: https://camilavazvaz.jusbrasil.com.br/noticias/215850491/ministerio-do-trabalho-descobre-esquema-no-galeao-que-escraviza-chineses-recem-chegados-ao-brasil. Acesso em: 3 mar. 2023.

ZIERO, Gabriel. *O conceito de conduta empresarial responsável à luz dos ordenamentos jurídicos brasileiro, internacional e transnacional*. Biblioteca Corte IDH. Disponível em: https://biblioteca.corteidh.or.cr/tablas/r26129.pdf0131. Acesso em: 1 mar. 2023.

Informação bibliográfica deste texto, conforme a NBR 6023:2018 da Associação Brasileira de Normas Técnicas (ABNT):

SERVA, Clara Pacce Pinto; QUEIROZ, Letícia Bezerra Duarte de. Corrupção e direitos humanos: o dever de devida diligência. *In*: ZENKNER, Marcelo; KIM, Shin Jae (coord.). *Lei Anticorrupção Empresarial:* perspectivas e expectativas – Edição comemorativa dos 10 anos de vigência da Lei nº 12.846/2013. Belo Horizonte: Fórum, 2023. p. 247-261. ISBN 978-65-5518-541-6.

ACORDO DE LENIÊNCIA: PASSADO, PRESENTE E FUTURO

GIOVANNI FALCETTA

1 Introdução

Quase dez anos se passaram. Parece ontem! O país, em si, continuou sua toada de maneira descontínua (infelizmente), com o combate à corrupção seguindo o mesmo roteiro: sinais muito positivos, mudanças e chacoalhões.

Nossa missão, aqui, entretanto, é a de falar do acordo de leniência em si, e de como chegamos ao fim dessa década da Lei nº 12.846/13.

Tenho muito orgulho de ter participado dessa história, desde seu início. O antigo Projeto de Lei nº 6.826/10, que deu origem à Lei nº 12.846/13, foi alvo de inúmeras discussões, poucas delas técnicas ou profundas.

No entanto, o IBRADEMP – Instituto Brasileiro de Direito Empresarial abriu suas portas para a criação de uma Comissão de Anticorrupção e *Compliance*, que se dedicou a estudar o projeto e colaborar[1] em sua tramitação. Foram promovidos não só debates com autoridades nacionais e internacionais, mas também a entrega de estudos aprofundados, feitos com a colaboração de um grupo multifacetado de profissionais, especializados em áreas de direito e negócios.

---

[1] A comissão foi criada e coordenada pelos caros Bruno Maeda e Carlos Ayres, que também iniciaram os debates. Anos depois me juntei a eles na coordenação da comissão, em que promovemos inúmeros debates na comunidade de *compliance* brasileira.

O então relator do projeto de lei, Deputado Carlos Zarattini,[2] em seu relatório de 14.03.2012, reconhece a relevância da contribuição e, ainda, que a inclusão do capítulo do acordo de leniência nasce da sugestão do IBRADEMP:

> Para somente citar um exemplo de diálogo da Comissão Especial do PL 6.826/10 com setores interessados, é importante mencionar a participação do Instituto Brasileiro de Direito Empresarial – IBRADEMP, que contribuiu com análise e sugestões tão válidas que foram incorporadas ao projeto de lei. Entre as sugestões do IBRADEMP acolhidas pela Comissão Especial, *vale ressaltar a inclusão de capítulo sobre acordo de leniência* e o estabelecimento de um rito processual, que passa a ser o rito da Lei da Ação Civil Pública. (g.n., p. 76 do relatório).

Essa solução para a resolução de ilícitos praticados contra atos da Administração Pública era algo muito aguardado por toda a comunidade que discutia *compliance* à época, tendo sua inspiração nos acordos previstos no próprio sistema de leniência brasileiro (principalmente na área concorrencial), bem como em diversos programas internacionais, em especial o dos Estados Unidos, que tinha, a partir de 2007, começado a resolver diversos litígios similares por meio de acordos.

A sugestão do IBRADEMP, assim como de outros participantes do projeto legislativo, não foi inserida por completo. Ao final, tivemos um acordo de leniência muito inspirado na legislação nacional concorrencial, com mudanças importantes nestes últimos dez anos.

Hoje, falamos com mais naturalidade do acordo de leniência. Na época, contudo, foi uma grande novidade. Vamos entender o porquê dessa questão.

Antes de mais nada, vamos definir esse instituto. Nas palavras do meu grande amigo, Marcelo Zenkner:

> A Lei de Integridade das Pessoas Jurídicas (LIPJ) traz, dentre suas novidades, a possibilidade de o Poder Público celebrar *acordos de leniência* com as empresas que se envolverem em atos ilícitos contra a Administração Pública, uma modalidade do chamado *direito premial*, o qual, a partir de um ajuste formalizado entre o Poder Público investigante e a pessoa jurídica infratora, tem como objetivo a obtenção de provas e informações acerca da prática ilícita e como contrapartida uma lene

---

[2] Disponível em: http://www.camara.gov.br/proposicoesWeb/prop_mostrarintegra?codteor=1084183&filename=Avulso+-PL+6826/2010, acesso em: 25 mar. 2023.

punição, ou seja, o abrandamento ou a suavização das sanções previstas em lei.[3]

O artigo 32 do recente Decreto nº 11.129/22 complementa:

O acordo de leniência é ato administrativo negocial decorrente do exercício do poder sancionador do Estado, que visa à responsabilização de pessoas jurídicas pela prática de atos lesivos contra a administração pública nacional ou estrangeira.

Estávamos, então, diante de uma mudança cultural, não apenas de adaptação de uma nova lei. Muito embora já existente em certos aspectos do Direito nacional, a modalidade do Direito premial, inicialmente, assustou a muitos (seja na iniciativa pública, seja na privada), pois acaba com um dos preceitos básicos em situações de litígios similares. Sai a defesa, entra a negociação. Sai a negação da existência do fato, entra a assunção da culpa. É uma real 'mudança de chave' na cabeça de todos os envolvidos, com conceitos, discussões e resultados diferentes dos que se praticavam antes.

É a partir daqui que acaba a introdução e começa a nossa discussão. Nesse artigo, não tenho a pretensão de ir a fundo a cada um dos conceitos base, sua origem no Direito etc.; menos ainda de fazer uma retrospectiva. A ideia é trazer ao leitor uma análise da legislação, mas com pitadas práticas de quem teve o prazer de participar desse desafio desde o início até hoje, colocando a vocês as regras desse instituto e trazendo um pouco do dia a dia dessas discussões. Vamos à nossa jornada.

2 O acordo em si – da competência à conclusão

2.1 Competência

O artigo 16 da Lei nº 12.846/13 é claro: "A autoridade máxima de cada órgão ou entidade pública poderá celebrar acordo de leniência com as pessoas jurídicas responsáveis pela prática dos atos previstos nesta Lei que colaborem efetivamente com as investigações e o processo administrativo (...)". Isso serve, obviamente, para fatos cometidos contra a Administração Pública nacional. Para atos contra a administração

---

[3] ZENKNER, Marcelo. *Integridade governamental e empresarial*: um espectro de repressão e da prevenção à corrupção no Brasil e em Portugal. Belo Horizonte: Fórum, 2019, p. 459.

pública estrangeira, bem como no âmbito do Poder Executivo federal, essa competência é da Controladoria-Geral da União – CGU.[4]

Simples, não? Pois é. Simples, mas complicado, como muitas coisas na vida. Discutiu-se muito, desde o início da vigência da lei, que esta descentralização poderia trazer problemas. Trouxe alguns conflitos, de fato, mas a divisão de competências é uma marca de nosso modelo e este fato só seria resolvido com uma mudança profunda no sistema legal, o que não era possível nem desejado naquele momento.

Passado o susto inicial, a prática dos casos fez com que esse conceito fosse assimilado. Em ilícitos com desdobramentos em estados e municípios, a escolha dos assessores das empresas envolvidas tem, muitas vezes, sido a de buscar a autoridade federal envolvida (se cabível), verificar a existência de recursos federais nos casos estaduais/municipais e, a partir daí, fazer uma análise mais profunda. Fato é que, em casos públicos recentes, a CGU tem exigido que, existindo violações puramente estaduais/municipais, a empresa envolvida entre em contato com as autoridades locais.[5] Não há uma obrigação de selar os demais acordos, mas sim de contactar as autoridades. Isso traz uma camada extra de complexidade ao acordo, já que vários outros acordos menores podem ser originados a partir daí, trazendo um pouco de insegurança na negociação com tantas autoridades, que nem sempre têm o mesmo nível de entendimento da lei e estrutura para celebrar acordos de leniência.

O recente Decreto nº 11.129/22, em seu artigo 36, trouxe algum alento para essa questão, ao dizer que a CGU "poderá aceitar delegação para negociar, celebrar e monitorar o cumprimento de acordos de leniência relativos a atos lesivos contra outros Poderes e entes federativos". Poderá, também, "avocar os autos de processos administrativos em curso em outros órgãos ou entidades da Administração Pública federal relacionados com os fatos objeto do acordo em negociação" (art. 38).

Essas mudanças, de certa maneira, fazem com que o ente federativo mais preparado e estruturado para essas discussões possa centralizar

---

[4] Art. 16, §10: "A Controladoria-Geral da União – CGU é o órgão competente para celebrar os acordos de leniência no âmbito do Poder Executivo federal, bem como no caso de atos lesivos praticados contra a administração pública estrangeira".

[5] Até porque é obrigação da autoridade competente solicitar essa apuração. Caso não o faça, esta poderá ser responsabilizada por isso: "Art. 27. A autoridade competente que, *tendo conhecimento das infrações previstas nesta Lei, não adotar providências para a apuração dos fatos será responsabilizada penal, civil e administrativamente nos termos da legislação específica aplicável*" (g.n.).

(em parte) tais casos, dando mais segurança jurídica aos envolvidos. Vamos ver como será a aplicação do decreto nos próximos anos.

Por fim, temos a questão do Ministério Público. A Lei nº 12.846/13 deixa clara a competência do Ministério Público para aplicação de sanções judiciais (artigo 19) ou até mesmo as sanções administrativas, em caso de omissão das autoridades competentes (artigo 20). Em que pese tal fato, vimos o Ministério Público desempenhando um papel importante nos acordos de leniência, em especial em casos em que o componente criminal era preponderante e as ações penais estavam em curso. Parece-nos, contudo, que o mais natural seria o Ministério Público passar a ter a competência para o acordo de leniência apenas em casos de aplicação da omissão da autoridade competente. Nesse sentido:

> *O fato de se deslocar a responsabilização administrativa para o processo judicial movido pelo Ministério Público também deve deslocar para esta entidade a competência de negociar e eventualmente celebrar o acordo de leniência*, que, nesse contexto excepcional, será acoplado ao processo civil, e não ao processo administrativo. *Assim, a lacuna do art. 16 em relação ao acordo por excepcional responsabilização administrativa em processo civil não significa que o acordo tenha deixado de existir. Ele continua possível, nas mesmas condições do art. 16, mas há que ser solicitado, negociado e celebrado perante o Ministério público estadual ou federal.* Reitere-se: a transferência da competência de imposição de sanções administrativas ao Judiciário nos casos de omissão administrativa do ente lesado ocasiona de maneira automática a transferência de competência para a celebração da leniência do MP.[6] (g.n.)

Uma alternativa para conjugar todos os interesses seria uma complementação de competências entre as autoridades, como mencionado por Valdir Simão e Marcelo Pontes Vianna:

> Nesse ponto, seria igualmente natural propor uma simples resolução para o dilema. Bastaria o MPF e a(s) autoridade(s) administrativa(s) atuarem de forma conjunta. *O MPF concederia os benefícios penais, e os entes administrativos os benefícios administrativos. Assim, seria possível uma atuação uniforme do Estado, alcançando-se melhores resultados do ponto de vista de obtenção de informações e restituição de valores à Administração Pública.*[7] (g.n.)

---

[6] MARRARA, Thiago. Comentários ao artigo 16. In: DI PIETRO, Maria Sylvia Zanella; MARRARA, Thiago. *Lei Anticorrupção comentada*. 3. ed. Belo Horizonte: Fórum; 2021, p. 210.

[7] SIMÃO, Valdir Moyses; VIANNA, Marcelo Pontes. *O acordo de leniência na Lei Anticorrupção*: histórico, desafios e perspectivas. São Paulo: Trevisan Editora, 2017, p. 157-158.

Obviamente, todos aqueles que trabalham nesta área e negociam acordos similares sonham com um balcão único, reunindo todas as autoridades, para resolver o problema de uma só vez. Parece-nos, entretanto, que algo assim não será possível, dada a natureza descentralizada da competência da Lei nº 12.846/13. Esperamos que as iniciativas de integração entre os órgãos governamentais, dentre as quais destacamos o Acordo de Cooperação Técnica (ACT) entre CGU, Advocacia-Geral da União (AGU), Ministério da Justiça e Segurança Pública (MJSP) e o Tribunal de Contas da União (TCU), de agosto 2020, consiga trazer mais segurança jurídica para esse instituto, preferencialmente com a adesão do Ministério Público a esse documento (o que ainda não ocorreu; mas torçamos para que ocorra!).

2.2 Os primeiros passos

Você é contratado por uma empresa e percebe, durante a investigação do caso, que realmente é o caso de buscar uma leniência. Identifica a autoridade competente e pensa: "O que eu faço agora?".

Normalmente devemos entender quem na autoridade afetada será responsável por essa verificação. A CGU é bem estruturada e recebe esses pedidos diretamente em secretaria específica. Quanto aos demais, ainda é caso a caso. Para que nossa jornada seja um pouco mais linear, trabalharemos, aqui, com um caso em que a competência é da CGU, o que facilitará nossa análise.

Identificado para onde devemos enviar o pedido, este deverá ser feito por escrito,[8] com elementos mínimos, indicando que a pessoa jurídica foi orientada a respeito de seus direitos, garantias e deveres legais, e que o não atendimento das solicitações da autoridade durante a negociação levará à desistência da proposta.[9] Lembrando que a aceitação do início da negociação do acordo de leniência (e todo o caminho que leva à sua finalização) é uma faculdade da autoridade, e não um direito ou dever da empresa.

Caso a autoridade decida ser viável iniciar a negociação, será firmado um memorando de entendimentos entre a empresa e a

---

[8] Decreto nº 11.129/22, artigo 38.
[9] Caso não seja uma autodenúncia e já exista um PAR em curso, a proposta poderá ser feita até a conclusão do relatório deste processo administrativo, nos termos do artigo 38, §2º, do Decreto nº 11.129/22.

autoridade, formalizando a proposta e definindo os parâmetros mínimos para a negociação deste acordo.[10] Esta proposta deverá ser tratada de maneira sigilosa. E esse sigilo é muito importante na medida em que a proposta (e a identidade da empresa envolvida) só se torna pública após a efetivação do acordo[11] e que, caso a empresa proponente tenha sua proposta rejeitada pela autoridade ou desista do acordo, este pedido (e o conteúdo da negociação) não poderá tornar-se público, não implicando à empresa na prática do ato ilícito discutido,[12] com a devolução dos documentos entregues.[13]

Sei que o leitor, agora, pode estar pensando "isso funciona mesmo?". Baseado unicamente em nossas experiências, tendo a dizer que sim. O sigilo dos pedidos e das negociações tem sido respeitado, com o amadurecimento das instituições envolvidas.

O memorando de entendimentos poderá ser resilido a qualquer momento, por qualquer das partes. Mais: este memorando interrompe a prescrição e, ao mesmo tempo, suspende-a pelo prazo da negociação (limitado a 360 dias). Caso exista Processo Administrativo de Responsabilização (PAR) em curso tratando dos mesmos fatos, este poderá ser suspenso pela autoridade.[14] Mas que fique claro: a investigação da autoridade, no PAR, pode continuar e esta poderá tomar medidas urgentes para garantir sua instrução. Ou seja, o processo não caminhará, afastando a possibilidade de decisões divergentes, mas o processo investigativo continuará, podendo ser retomado caso o acordo não ocorra.

As potenciais violações a serem inseridas na negociação são aquelas relacionadas à Lei nº 12.846/13, bem como aquelas da Lei de Licitações e Contratos Administrativos (Lei nº 14.133/21 e sua antecessora, a Lei nº 8.666/93), como mencionado em seu artigo 17.

---

[10] Lei nº 12.846/13, artigo 39.
[11] Lei nº 12846/13, artigo 16, §6º.
[12] Lei nº 12846/13, artigo 16, §7º.
[13] Decreto nº 11.129/22, artigo 43, §2º.
[14] O artigo 40 do Decreto nº 11.129/22 formalizou a questão: "Art. 40. A critério da Controladoria-Geral da União, o PAR instaurado em face de pessoa jurídica que esteja negociando a celebração de acordo de leniência poderá ser suspenso".

2.3 A comissão

Firmado o memorando de entendimentos, a autoridade responsável designará uma comissão para conduzir a negociação do acordo. Esta comissão poderá ter 3 ou mais membros, de acordo com a complexidade do caso. Nos casos em que a CGU seja a autoridade competente, a AGU também terá membros participantes.[15]

A comissão será a responsável efetiva pela condução da negociação do acordo, avaliando se há elementos suficientes para satisfazer a autoridade e garantindo a efetividade e o resultado útil do processo.

Essa comissão acaba sendo o grande 'fio condutor' do acordo, funcionando também como interlocutora dentro da autoridade para esclarecimento de dúvidas e contato com eventuais outras autoridades (nacionais ou internacionais). Sob a ótica do representante das empresas, vejo 4 diferentes e importantes momentos, capitaneados pela comissão, durante a negociação do acordo:

- exibição dos fatos – essa talvez seja a fase mais sensível do início da relação com as comissões. E isso porque é aqui que saberemos se o caso é interessante, em termos de conteúdo, para a autoridade. Os representantes da empresa podem, muitas vezes, ter uma posição mais defensiva neste momento; contudo, caso não consigam mostrar a materialidade do caso e das condutas discutidas, o acordo pode não prosseguir. A meu ver, o representante da empresa deve (alinhado com a empresa) trazer diretamente todas as condutas já identificadas e relacionadas ao caso, para começar a fundamentar o futuro acordo. Lembrando que aqui se trata de cooperação, não de defesa. Além do que, deixando fatos importantes de fora, a empresa poderá ficar exposta a outras sanções, ou até mesmo a rescisão do acordo;
- históricos de conduta – delineados os fatos que farão parte do caso, passa-se à elaboração do descritivo das condutas. Este deve ser redigido de maneira clara e objetiva, ligando diretamente os fatos com os documentos que serão ofertados à comissão e acompanharão os históricos;
- informações financeiras – em grande parte dos casos as informações financeiras são essenciais para verificar os

---

[15] Portaria Conjunta CGU e AGU nº 4, de 9 de agosto de 2019, artigo 5º, bem como o Acordo de Cooperação Técnica (ACT) entre CGU, AGU, MJSP e o TCU, de agosto 2020.

custos relacionados aos serviços/produtos que fizeram parte da violação, valores pagos a terceiros e potencial margem de lucro da empresa envolvida, sendo fundamental para a negociação de valores;
- discussão de conceitos aplicáveis e valores atribuídos – aqui, talvez, seja o maior componente de negociação do acordo, já que as fases anteriores envolvem muito mais a apresentação de fatos e documentos. Neste momento a comissão delimitará os conceitos jurídicos aplicáveis que, por sua vez, resultarão no cálculo das sanções a serem impostas.

A negociação referente à proposta do acordo de leniência deverá ser concluída em 180 dias, contados da data de assinatura do memorando de entendimentos. Esse prazo, entretanto, poderá ser prorrogado, dependendo das circunstâncias do caso concreto.[16]

Como se vê, a comissão tem um papel fundamental na condução do caso, seja internamente, nas conexões com a autoridade, seja externamente, nas interações com os representantes da empresa. O sucesso dessa condução se baseia muito na compreensão dos componentes da comissão sobre os fatos trazidos (que muitas vezes não são triviais) e no nível de colaboração dos representantes da empresa. Discutiremos mais sobre isso no decorrer do capítulo.

2.4 Requisitos

Competência definida, primeiros passos tomados e comissão designada. Pois bem, e agora?

Do lado da autoridade, o acordo de leniência busca, como descrito no artigo 32 do Decreto nº 11.129/22, o incremento da sua capacidade investigativa, a potencialização da capacidade de recuperação de ativos e fomentar a cultura de integridade no setor privado.

Para prosseguir, precisamos entender se o caso que temos em mãos atende as necessidades da autoridade. São elas:[17]
- identificação dos envolvidos na infração – quem são as pessoas físicas e jurídicas envolvidas, tanto do lado da empresa quanto do lado da Administração Pública, se cabível;

---

[16] Decreto nº 11.129/22, artigo 42, *caput*, e parágrafo único.
[17] Lei nº 12.846/13; artigo 16, incisos I e II.

- a obtenção célere de informações e documentos que comprovem o ilícito sob apuração – a colaboração da empresa deve trazer informações e documentos (não só testemunhos) sobre os fatos investigados. Quanto mais incisivos os documentos, melhor.

Esses são os componentes que a autoridade deve avaliar. Ao mesmo tempo, a empresa que propõe o acordo deve preencher outros requisitos, cumulativamente:
- ser a primeira a se manifestar sobre o interesse em cooperar para a apuração do ilícito, quando essa circunstância for relevante – aqui, valem algumas observações. Como dissemos, o acordo de leniência teve clara inspiração na lei concorrencial, em que o elemento de ser o primeiro a se manifestar é essencial, já que muitas das condutas ilícitas preveem a existência de várias empresas em conluio para a prática do ato. No entanto, nos casos da Lei nº 12.846/13, isso não necessariamente é verdadeiro, podendo uma empresa praticar sozinha (ou em conluio com um ou mais agentes públicos) os atos ali descritos. Assim, temos interpretado este artigo de diferentes maneiras: (i) que a empresa deve ser a primeira quando houver mais de uma pessoa jurídica envolvida; (ii) que a empresa se manifeste antes da existência de um movimento da autoridade competente (por meio de operação policial, PAR ou outro meio). Em ambas as opções, garante-se o ineditismo de sua contribuição e o preenchimento do requisito citado;
- cessar completamente seu envolvimento no ato lesivo a partir da propositura do acordo – ponto que parece simples, mas não é. Quando da descoberta do potencial ilícito, a empresa deve tomar todos os cuidados para cessar a prática ilegal. Contudo, vamos supor que a empresa tenha, de modo ilícito, vencido uma licitação. Em teoria, o cumprimento das obrigações da licitação pode ser uma continuidade do ato ilícito efetuado anteriormente. Ao mesmo tempo, contudo, a interrupção do serviço público pode causar problemas ainda maiores para a empresa e para a população. O ideal, neste caso, é apresentar a potencial violação à autoridade e discutirem juntos a questão, para que se tome a decisão que seja menos gravosa ao interesse público;
- admitir sua responsabilidade objetiva quanto aos atos lesivos – outro tópico bastante importante. Sob a ótica da responsabilidade objetiva, a assunção de culpa nos parece bastante

natural. Contudo, na hipótese do caso ter repercussões internacionais, essa admissão pode fazer com que a empresa tenha um conflito entre sistemas jurídicos, especialmente nas jurisdições em que acordos similares ao de leniência podem ser feitos sem a assunção de responsabilidade;
- cooperar plena e permanentemente com as investigações e o processo administrativo e comparecer, às suas expensas, e sempre que solicitado, aos atos processuais, até seu encerramento – esta é uma exigência bastante comum em acordos deste tipo, na medida em que a cooperação passa, também, por fornecer documentos, informações e testemunhos às autoridades, mesmo após o fim do acordo de leniência, para garantir o incremento da capacidade investigativa da autoridade competente. Tanto a admissão quanto a cooperação da empresa serão avaliadas levando-se em conta sua boa-fé na descrição e comprovação do ilícito de que tenha ciência ou de que venha a ter até o cumprimento total do seu acordo;
- fornecer informações, documentos e elementos que comprovem o ato ilícito – é imprescindível que a empresa entregue elementos que comprovem o ato ilícito cuja responsabilidade admite. Aqui é que se demonstra o peso da investigação interna realizada pela empresa, que terá, como resultado, a coleta de informações e elementos que vão embasar a proposta de acordo a ser analisada pela autoridade;
- reparar integralmente a parcela incontroversa do dano causado – é esperado que a empresa ressarça o ente lesado pelos valores que ela própria já reconheça como dano ou que decorra de decisão definitiva em processo judicial ou administrativo;
- perder, em favor do ente lesado (ou União), os valores correspondentes ao acréscimo patrimonial indevido ou enriquecimento ilícito direta ou indiretamente obtido através da infração, conforme definido na negociação – este é um elemento similar ao *disgorgement* operado pelas autoridades do EUA em acordos em matérias de corrupção, sendo usado também com bastante frequência na legislação brasileira. Basicamente, a empresa deve devolver os valores que recebeu em decorrência do ato ilícito, e que não teriam sido obtidos sem a existência de tal ato. Vamos discutir, mais à frente, sobre como esse perdimento pode ser calculado.

Como se vê, tanto a autoridade competente quanto a empresa possuem critérios importantes que devem cumprir para dar andamento à negociação do acordo de leniência. Muito embora alguns destes critérios tenham elementos subjetivos, na prática as autoridades têm tentado tangibilizar seus pedidos, para que as negociações possam evoluir de maneira concreta.

2.5 Das sanções do acordo de leniência

As sanções presentes no acordo de leniência são o "coração" da negociação. Neste momento, já se verificou a presença dos requisitos do acordo, e há o interesse de ambas as partes, empresa e autoridade, em prosseguir. Contudo, muitas vezes as sanções e valores acabam sendo vistos, por uma das partes, como excessivos ou insuficientes, o que faz com que muitos acordos sejam abandonados nesse momento. Ainda que ambas as partes estejam de boa-fé, as expectativas e percepções muitas vezes levam a melhor sobre os critérios objetivos, causando distâncias irreparáveis para o acordo.

Mas sejamos positivos. Nesse nosso artigo, vamos analisar as penalidades sob o olhar de quem quer chegar até o final desse acordo (e cumpri-lo). Para isso, devemos ter em mente dois princípios importantes, presentes no já citado ACT:

> Décimo terceiro princípio: da razoabilidade e da proporcionalidade, sendo vedada a imposição de obrigações e sanções em medida superior àquelas condizentes ao atendimento do interesse público e à recuperação de ativos em montante suficiente à prevenção do ilícito e à justa indenização dos prejuízos ao erário, *sempre prevalecendo a lógica de que o colaborador não pode estar nas mesmas condições do não colaborador, mas também não pode equiparar-se* àquele *que, desde o início, optou por não delinquir;*

> Décimo quarto princípio: *da efetividade e caráter dissuasório das sanções,* uma vez que o acordo de leniência é um instrumento de aplicação do direito sancionador que requer para a sua celebração, a colaboração da pessoa jurídica, a admissão da responsabilidade objetiva, a cessação da prática dos atos lesivos, o incremento dos valores de ressarcimento e a assunção dos compromissos de aprimoramento dos programas de integridade.

Ou seja, as penalidades aplicadas à empresa que propõe o acordo de leniência devem ser impactantes o suficiente para dissuadi-la de repetir os atos ocorridos, mas suficientemente proporcional para que esta seja tratada de maneira mais benéfica do que aquele que não se voluntariou para um processo de acordo. Raphael Soré faz bem esse balanço entre a necessidade de punição x o benefício dado ao leniente:

> Apesar de, de fato, o acordo de leniência ser apto a influenciar a estabilidade da relação de corrupção, de nada isso adianta se não for relevante o incentivo dado pelo acordo, já que, sem o incentivo, não serão formados muitos acordos.
>
> *Tal incentivo é geralmente medido pelo tamanho da punição que ela evita, sendo que a potencial gravidade da sanção a ser evitada ou abrandada pelo acordo é relevante elemento de incentivo para sua celebração.*
>
> *Dessa forma, para que o acordo valha a pena, as punições aplicáveis devem ser suficientemente altas para que, ao se contraporem com a leniência, soem demasiado pesadas.*[18] (g.n.)

Neste artigo, vamos abordar apenas algumas das penalidades administrativas e judiciais da Lei nº 12.846/13. Isso porque:

- o artigo 16, §2º, dispõe que, com o acordo de leniência, a pessoa jurídica será isenta das sanções de (a) publicação extraordinária da decisão condenatória (artigo 6º, II) – já que o acordo se tornará público, bem como (b) da proibição de receber incentivos, subsídios subvenções, doações ou empréstimos de órgãos ou entidades públicas e de instituições financeiras públicas ou controladas pelo Poder Público, descrita no artigo 19, IV;
- da mesma maneira, vemos com extrema dificuldade, em sede de acordo, a suspensão ou interdição parcial das atividades da pessoa jurídica ou a dissolução compulsória da empresa leniente (incisos II e III do artigo 19), visto que a empresa que busca firmar o acordo, em regra, não seria aquela que foi criada apenas para participar de atos ilícitos ou dissimular/ocultar interesses escusos.

Por fim, caso os potenciais atos ilícitos envolvam infrações administrativas presentes na Lei nº 14.133/21, ou outras normas que envolvam licitações e contratos públicos, poderá ser aplicada a restrição

---

[18] SORÉ, Raphael Rodrigues. *A Lei Anticorrupção em contexto*: estratégias para a prevenção e o combate à corrupção corporativa. Belo Horizonte: Fórum, 2019, p. 147.

do direito de participar em licitações ou de celebrar contratos com a Administração Pública.[19] Em sede de acordo, contudo, tem sido mais presente a não aplicação desta sanção, motivo pelo qual não focaremos em sua análise neste momento.

Assim, discutiremos aqui a penalidade de multa, bem como a sanção de perdimento de bens, direitos ou valores ligados à infração e reparação de danos.

Feita essa breve introdução ao tópico, vamos à discussão das penalidades.

2.5.1 Da multa[20]

A multa presente na Lei nº 12.846/13 tem caráter sancionatório e é descrita da seguinte maneira:

> Art. 6º Na esfera administrativa, serão aplicadas às pessoas jurídicas consideradas responsáveis pelos atos lesivos previstos nesta Lei as seguintes sanções:
> I – multa, no valor de 0,1% (um décimo por cento) a 20% (vinte por cento) do faturamento bruto do último exercício anterior ao da instauração do processo administrativo, excluídos os tributos, a qual nunca será inferior à vantagem auferida, quando for possível sua estimação;

Parece fácil, não? Não, não parece. Esse é um caso típico de conceito que não só não parece fácil como, de fato, não é fácil. Mas navegaremos juntos neste mar de leis, decretos, instruções normativas e portarias.

---

[19] Decreto nº 11.229/22, artigo 19, parágrafo único: "Art. 19. As pessoas jurídicas estão sujeitas às seguintes sanções administrativas, nos termos do disposto no art. 6º da Lei nº 12.846, de 2013:
(...)
Parágrafo único. Caso os atos lesivos apurados envolvam infrações administrativas à Lei nº 14.133, de 2021, ou a outras normas de licitações e contratos da administração pública e tenha ocorrido a apuração conjunta prevista no art. 16, a pessoa jurídica também estará sujeita a sanções administrativas que tenham como efeito a restrição ao direito de participar em licitações ou de celebrar contratos com a administração pública, a serem aplicadas no PAR".

[20] Para nossa discussão, vamos presumir que temos fatos posteriores à vigência da Lei nº 12.846/13, não aplicando aqui a Lei de Improbidade, dadas as alterações da Lei nº 14.230/21.

De início, já verificamos que, no acordo, não há espaço para a inexistência de multa. Algum valor terá de ser pago. Mas como calculá-lo? Vamos começar pela base. O faturamento bruto. De que ano? Bem, do ano anterior à instauração do PAR ou, no nosso caso, da propositura do acordo de leniência (caso não exista PAR anterior).[21]

Já temos algo aqui. Mas de qual empresa? Bem, caso seja um grupo econômico, deve-se utilizar a consolidação dos faturamentos brutos de todas as pessoas jurídicas pertencentes de fato ou de direito ao mesmo grupo econômico que tenha praticado os ilícitos discutidos no acordo ou concorrido para a sua prática.[22] Contudo, vale uma ressalva aqui – em minha opinião, só se deve incluir o faturamento bruto das empresas que realmente tiveram participação ou benefício concreto e direto nesta conta, sob pena de tornar inviável a leniência de grandes empresas, que possuem muitos negócios coligados, em diversos países, que muitas vezes não têm ciência ou participação no ilícito. Em sede de acordo, a solidariedade prevista no artigo 4º, parágrafo 2º, da Lei nº 12.846/13 não pode ser presumida, devendo ser demonstrada.

Caminhemos. Faturamento bruto das empresas envolvidas, do exercício anterior ao da instauração do PAR/propositura da leniência, excluídos os tributos. Espero que vocês não tenham o mesmo desconhecimento que eu tenho de tributário. De todo modo, temos um caminho a seguir.

A Instrução Normativa nº 1, de 7 de abril de 2015, da CGU, dá um indicativo. Esta menciona que "o faturamento bruto compreende a receita bruta de que trata o artigo 12 do Decreto-Lei nº 1.598, de 26 de dezembro de 1977". O artigo 12, por sua vez, dispõe o seguinte:

> Art. 12. A receita bruta compreende:
> I – o produto da venda de bens nas operações de conta própria;
> II – o preço da prestação de serviços em geral;
> III – o resultado auferido nas operações de conta alheia; e
> IV – as receitas da atividade ou objeto principal da pessoa jurídica não compreendidas nos incisos I a III.

Desse valor devem ser excluídos "os tributos de que trata o inciso III do §1º do art. 12" do mesmo Decreto-Lei. Esse dispositivo é bastante sintético, e a conclusão que temos é a de que se excluiriam os tributos incidentes sobre a receita bruta (que podem ser o Imposto

---

[21] Item 6, "b", da Instrução Normativa nº 2, de 16 de maio de 2018, da CGU.
[22] Artigo 20, §2º, do Decreto nº 11.129/22.

sobre Produtos Industrializados – IPI; Imposto sobre Serviços – ISS; e Imposto sobre Operações Relativas à Circulação de Mercadorias e Serviços – ICMS, dependendo do caso concreto).

Uma observação rápida aqui. Caso a empresa não tenha tido faturamento no último exercício antes da instauração do PAR/propositura da leniência, deve-se considerar o valor do último faturamento bruto apurado pela pessoa jurídica, excluídos os tributos incidentes sobre vendas, que terá seu valor atualizado até o último dia do exercício anterior ao da instauração do PAR (artigo 21, Decreto nº 11.129/22). Nessa hipótese, o valor da multa será estipulado observando-se o intervalo de R$6.000,00 a R$60.000.000,00 e o limite máximo da vantagem auferida, quando possível estimar.

Bem, temos a base (ou não temos e aplicamos o dispositivo citado no parágrafo anterior). Vamos começar o cálculo. Primeiro, somamos os seguintes percentuais, quando aplicáveis ao caso:

I – até 4%, havendo concurso de atos lesivos – ou seja, a porcentagem pode subir a depender da quantidade de atos admitidos;
II – até 3%, dependendo da tolerância ou ciência das pessoas do corpo diretivo ou gerencial da empresa – aqui, é fator chave que a investigação progressa tenha identificado se a alta administração da empresa participou ou tinha ciência dos ilícitos;
III – até 4% caso a empresa tenha interrompido fornecimento de serviço público, execução de obra contratada ou entrega de bens ou serviços essenciais à prestação de serviços públicos ou, ainda, descumpridor de requisitos regulatórios;
IV – 1% caso a empresa apresente índice de solvência e de liquidez geral superiores a um e lucro líquido no último exercício anterior ao da instauração do PAR/propositura da leniência. Esse valor não é uma faixa de "até 1%", e sim uma aplicação direta de 1% caso ocorra a hipótese definida no artigo;
V – 3% no caso de reincidência, assim definida a ocorrência de nova infração, idêntica ou não à anterior, tipificada como ato lesivo do artigo 5º da Lei nº 12.846/13, em menos de 5 anos, contado da publicação do julgamento da infração anterior. Em caso de acordo de leniência, o prazo é contado da data da celebração até 5 anos após o cumprimento do acordo. Aqui, também não há uma faixa, mas sim um percentual único, como no item acima. Parágrafo único, artigo 22, Decreto nº 11.129/22
VI – no caso de contratos, convênios, acordos, ajustes e outros instrumentos similares mantidos ou pretendidos com o órgão ou com entidades lesadas, nos anos da pratica do ato lesivo, serão considerados os seguintes percentuais: a) 1% no caso da soma dos instrumentos totalizar valor superior a R$500.000,00; e, seguindo o mesmo critério; b)

2% – R$1.500.000,00; c) 3% – R$10.000.000,00; c) 4% – R$50.000.000,00; d) 5% – R$250.000.000,00.[23]

Com isso, já temos a somatória dos percentuais que aumentam a porcentagem. Passemos àqueles que podem diminuir, sendo subtraídos da base de cálculo:

I – até 0,5% em caso de não consumação – como, por exemplo, em casos em que foi feita a promessa / oferecimento de vantagem indevida, mas não concretizada;
II – até 1% caso (a) comprove-se a devolução espontânea, pela empresa, da vantagem auferida e o ressarcimento dos danos – aqui, só será fornecido o desconto máximo quando ocorrer a devolução integral dos valores mencionados; ou (b) inexista ou não seja comprovada a vantagem auferida e de danos ao ente envolvido;
III – até 1,5%, dependendo do grau de colaboração da empresa com a investigação e/ou apuração do ato lesivo, independentemente da leniência. Aqui, em minha opinião, entra todo o tipo de colaboração com autoridades, mesmo aquelas não relacionadas à leniência;
IV – até 2% no caso de admissão voluntária pela pessoa jurídica da responsabilidade objetiva pelo ato lesivo – aqui é um claro incentivo à autodenúncia, com um desconto bastante importante, que certamente poderá ser adicionado do percentual do item III acima. O percentual máximo deste item IV só será concedido se a admissão ocorrer antes da instauração do PAR;
V – até 5% no caso de comprovação da empresa possuir e aplicar um programa de integridade, conforme os parâmetros do Capítulo V do Decreto nº 11.129/22. Aqui, temos também um incentivo claro à prevenção, com um desconto robusto em caso de existência de um programa de integridade. O desconto máximo, contudo, só será atingido se o programa for anterior à prática do ato lesivo.

O limite mínimo da multa será o maior valor entre o da vantagem auferida e (a) 0,1% da base de cálculo ou (b) R$6.000,00, como já explicado, no caso de a empresa não ter faturamento para balizar a base de cálculo.

Já o limite máximo será o menor valor entre (a) 3 vezes o valor da vantagem pretendida ou auferida[24] (o que for maior), (b) 20% do faturamento bruto do último exercício anterior ao da instauração do

---

[23] Parágrafo único, artigo 22, Decreto nº 11.129/22.
[24] Você deve estar se perguntando: o que é a vantagem auferida ou pretendida? A resposta está no próximo item.

PAR/propositura da leniência, na forma do artigo 6º, inciso I, da Lei nº 12.846/13; ou (c) R$60.000.000,00, no caso de a empresa não ter faturamento para balizar a base de cálculo.

O limite máximo não será utilizado caso o valor que resultou deste cálculo seja inferior ao resultado calculado para o limite mínimo. E, caso não exista nenhum dos fatores de somatória ou subtração, ou quando o resultado for igual ou menor que zero, deve-se utilizar o limite mínimo.

Finalmente, temos o valor da multa. Agora vem uma boa notícia. A celebração do acordo de leniência, na forma do artigo 16, parágrafo 2º, reduzirá em até 2/3 o valor da multa aplicável.[25] Resta-nos saber como calcular essa redução.

Vamos aos primeiros critérios. Será observado, para a redução da multa, o seguinte:[26]

a) a tempestividade da autodenúncia e o ineditismo dos atos lesivos – será observado, aqui, se a empresa tomou medidas de investigação e reporte às autoridades dos fatos ali descobertos. Essa é uma novidade relevante trazida pela Portaria Normativa Interministerial nº 36, de 7 de dezembro de 2022, da CGU e AGU (Portaria 36/22), e menciona pela primeira vez o instituto da investigação interna, valorizando sua existência. Além disso, define como tempestiva a autodenúncia que seja efetuada em até 9 meses, contados do conhecimento do ato lesivo até a manifestação de interesse em celebrar o potencial acordo de leniência. Por fim, quanto ao ineditismo, dispõe que será avaliado levando em consideração a existência de fatos ou de informações reportadas pela empresa que sejam inéditas ao conhecimento público ou da CGU ou AGU, ainda que se refiram a fatos não inéditos;

b) a efetividade da colaboração da pessoa jurídica – aqui, segundo a Portaria nº 36/22, serão observados: I – os parâmetros de existência de investigação interna, bem como se estas práticas foram adequadas, efetivas, abrangentes e pertinentes (especialmente para verificar materialidade e autoria); II – se foram apresentados prontamente documentos e informações legalmente válidos sobre os atos lesivos, com adequado grau de precisão e alcance quanto aos fatos, avaliando-os

---

[25] Esse mesmo dispositivo deixa claro que, com o acordo de leniência, a pessoa jurídica será isenta das sanções de publicação extraordinária da decisão condenatória – já que o acordo se tornará público, bem como da proibição de receber incentivos, subsídios subvenções, doações ou empréstimos de órgãos ou entidades públicas e de instituições financeiras públicas ou controladas pelo Poder Público.

[26] Artigo 47 do Decreto nº 11.129/22.

com base em relevância, quantidade e suficiência (ou seja, quantitativa e qualitativamente), bem como sua organização, estruturação e correlação com o ato lesivo relatado; e III – a celeridade da negociação, analisando a completude, rapidez e precisão do relato de atos lesivos, com a assunção da responsabilidade pela pessoa jurídica e indicação dos demais envolvidos, além da presteza na realização das demais ações necessárias para a conclusão da negociação; e, por último,

c) o compromisso de assumir condições relevantes para o cumprimento do acordo – serão verificadas as condições de pagamento, e, em caso de parcelamento, o perfil das parcelas; a concessão de garantias, bem como suas características, para pagamentos em prazo superior a 6 meses.

Os percentuais de desconto relativos aos critérios listados podem ser diminuídos caso a empresa tenha desistido anteriormente da proposta de acordo ou resilido o memorando de entendimentos em negociação precedente. Isso certamente fará com que as empresas sopesem suas opções de maneira bastante atenta antes de abandonar a mesa de negociação.

Essa diminuição também poderá ser efetuada caso a empresa atrase a negociação com CGU/AGU pelo fato de estar em tratativa com outras autoridades, nacionais ou internacionais, salvo em caso de negociações coordenadas ou em situações excepcionais. Parece-nos, aqui, que este desconto só poderia ser aplicado caso a empresa, de má-fé, tornasse a negociação desnecessariamente longa por conta de outras autoridades, não podendo a pessoa jurídica ser punida por conta da demora ocasionada por outras autoridades, especialmente se forem também nacionais.

Por último, vale destacar que, com todos os descontos e reduções, o valor da multa poderá ser inferior ao limite mínimo do artigo 6º da Lei nº 12.846/13, ou seja, menor que 0,1% do faturamento bruto do último exercício anterior ao da instauração do PAR/propositura do acordo ou R$6.000,00, na forma do §1º do artigo 27 do Decreto nº 11.129/22.[27]

Vale destacar, ainda, que, seguindo estes cálculos de maneira direta, e tendo em vista a situação financeira de algumas empresas, o valor pode ser simplesmente impossível de ser pago (ainda mais se

---

[27] "Art. 27. Com a assinatura do acordo de leniência, a multa aplicável será reduzida conforme a fração nele pactuada, observado o limite previsto no §2º do art. 16 da Lei nº 12.846, de 2013.
§1º O valor da multa prevista no *caput* poderá ser inferior ao limite mínimo previsto no art. 6º da Lei nº 12.846, de 2013."

somarmos o ressarcimento do dano). Assim, cabe também um olhar da autoridade quanto à situação financeira e potencial de pagamento que a empresa tem, sem que se coloque em risco a continuidade de suas atividades e empregos gerados. Caso as obrigações pactuadas se tornem impossíveis de serem cumpridas depois do acordo, a empresa poderá efetuar pedido de alteração ou substituição destas, desde que presentes certos requisitos.[28]

Como se vê, muito embora se busque critérios objetivos para dar previsibilidade ao cálculo e redução da multa, estes ainda têm uma grande carga de subjetividade. Esperamos que, com o tempo, bem como com a aplicação continuada destes cálculos e descontos, possamos ter uma noção mais exata dos potenciais valores originados da já famosa multa da Lei nº 12.846/13.

2.5.2 Da reparação do dano

Falamos da multa com natureza de sanção. Agora, nossa discussão passa para a natureza de ressarcimento.

A Lei nº 12.846/13 deixa claro que a aplicação das sanções lá indicadas não exclui a reparação do dano.[29]

Pois bem, mas o que seria esse dano? A Instrução Normativa nº 2, da CGU, de 16 de maio de 2018, dispõe que o ressarcimento seria uma rubrica composta por três categorias de valores:

I. danos à Administração Pública – que, após serem acordados entre as partes, serão referidos como danos incontroversos;

---

[28] "Art. 54. Excepcionalmente, as autoridades signatárias poderão deferir pedido de alteração ou de substituição de obrigações pactuadas no acordo de leniência, desde que presentes os seguintes requisitos:
I – manutenção dos resultados e requisitos originais que fundamentaram o acordo de leniência, nos termos do disposto no art. 16 da Lei nº 12.846, de 2013;
II – maior vantagem para a administração, de maneira que sejam alcançadas melhores consequências para o interesse público do que a declaração de descumprimento e a rescisão do acordo;
III – imprevisão da circunstância que dá causa ao pedido de modificação ou à impossibilidade de cumprimento das condições originalmente pactuadas;
IV – boa-fé da pessoa jurídica colaboradora em comunicar a impossibilidade do cumprimento de uma obrigação antes do vencimento do prazo para seu adimplemento; e
V – higidez das garantias apresentadas no acordo.
Parágrafo único. A análise do pedido de que trata o caput considerará o grau de adimplência da pessoa jurídica com as demais condições pactuadas, inclusive as de adoção ou de aperfeiçoamento do programa de integridade."

[29] Artigo 6º, §3º.

II. propinas pagas – assim referido pela autoridade, mas correspondente às potenciais vantagens indevidas concedidas a agentes públicos ou terceiros a eles relacionados; e

III. lucro ou enriquecimento que seria razoável se não existisse o ato ilícito.

Na prática, vemos uma aplicação mista destes conceitos. O dano à Administração Pública, posteriormente referido como dano incontroverso, por si só, muitas vezes é difícil de calcular. Temos a referência no Decreto nº 11.129/22[30] de que este "corresponde aos valores dos danos admitidos pela pessoa jurídica ou àqueles decorrentes de decisão definitiva no âmbito do devido processo administrativo ou judicial". Contudo, ainda assim, é muito difícil a definição e apuração desse dano.

Tem-se visto que, muitas vezes, a autoridade requer o valor das vantagens indevidas pagas, bem como da vantagem auferida ou pretendida pela empresa (que pode ser caracterizada como o elemento do "lucro ou enriquecimento" referido na IN nº2, em nossa opinião) como ressarcimento.

Assim, potenciais vantagens indevidas pagas a agentes públicos ou a terceiros a eles relacionados são incluídas como dano pela autoridade.[31] A "propina", como referida pela autoridade, seria o primeiro componente, caso não seja possível comprovar o dano à Administração Pública.

Temos, então, o segundo componente. Para fechar essa guerra de conceitos, falta discutirmos o que seria a vantagem auferida ou pretendida. Segundo o artigo 26 do Decreto nº 11.129/22, "o valor da vantagem auferida ou pretendida corresponde ao equivalente monetário do produto ilícito, assim entendido como os ganhos ou os proveitos obtidos ou pretendidos pela pessoa jurídica em decorrência direta ou indireta da prática do ato lesivo". Este se aproxima muitíssimo do conceito previsto no artigo 19, I, da Lei nº 12.846/13, que dispõe sobre o perdimento dos bens direitos ou valores que representem vantagem ou proveito direta ou indiretamente obtidos da infração. Em nossa opinião, os conceitos devem ser utilizados de maneira complementar.

Sendo bastante honesto, esse conceito é mais fácil. O que complica é o fato concreto, já que os casos que chegam até um acordo de leniência

---

[30] Artigo 37, §2º.
[31] O mesmo, contudo, não pode ser dito da vantagem indevida oferecida ou prometida, mas não paga, em nossa opinião.

sempre têm um certo grau de complexidade. Mas, para atingir o nosso objetivo, vamos seguir em frente.

Bom, como se calcula isso? O Decreto nº 11.129/22 nos dá uma direção:

I. pelo valor total da receita auferida em contrato administrativo e seus aditivos, deduzidos os custos lícitos que a pessoa jurídica comprove serem efetivamente atribuíveis ao objeto contratado, na hipótese de atos lesivos praticados para fins de obtenção e execução dos respectivos contratos – a dedução dos custos lícitos pode ser um desafio, dependendo (a) de quando ocorreram os fatos; (b) da mistura de custos lícitos com custos ilícitos. De todo modo, é sempre uma redução bem-vinda;

II. pelo valor total de despesas ou custos evitados, inclusive os de natureza tributária ou regulatória, e que seriam imputáveis à pessoa jurídica caso não houvesse sido praticado o ato lesivo pela empresa infratora – é fácil ligar este cálculo a casos públicos ocorridos no passado, em que foram fornecidas vantagens indevidas a agentes públicos para extinguir obrigações tributárias, ou passar legislação que acarretaria tributação inferior àquela vigente à época;

III. pelo valor do lucro adicional auferido pela empresa decorrente de ação ou omissão na prática de ato do Poder Público que não ocorreria sem a prática do ato lesivo pela empresa infratora – casos públicos concretos não faltam aqui. Podemos discutir a obtenção de licenças de funcionamento por meio de vantagens indevidas, por exemplo.

O §2º do artigo 26 deixa claro, ainda, que o valor correspondente a vantagens indevidas pagas a agentes públicos ou terceiros a eles relacionados (a "propina" referida antes) não pode ser deduzido da estimativa. E, na prática, vemos também que as autoridades não tratam estes valores como custos, já que não seriam lícitos.

Mais uma observação importante: caso ocorra dano ao ente lesado e ao mesmo tempo acréscimo patrimonial indevido à empresa, e exista identidade entre ambos, este valor deverá ser computado uma única vez para fins do acordo de leniência, sendo classificado como ressarcimento de danos para fins contábeis, orçamentários e de sua destinação ao ente lesado.[32]

Assim, o que se vê na teoria é a somatória de dano à Administração Pública + "propina" + vantagem indevida ou pretendida. A existência dos três elementos, na prática, vai depender muito do caso concreto, com a situação fática direcionando a aplicação dos conceitos.

---

[32] Artigo 37, §3º, inciso II, do Decreto nº 11.129/22.

3 Medidas finais

Ufa. Finalmente chegamos até aqui. Requisitos cumpridos, viabilidade do acordo reconhecida e, não menos importante, penalidades negociadas e aceitas de parte a parte, com históricos de conduta já aprovados pela autoridade. E agora?

Não tenho a intenção de massacrar vocês com tecnicalidades. Afinal, vocês já passaram por capítulos bastante densos para chegar até aqui. Vamos pensar, juntos, nos grandes passos que teremos para fechar esse acordo.

Recebendo a proposta da autoridade, aqueles que assessoram as empresas têm um caminho essencial a percorrer, o da governança das pessoas jurídicas. Assim, dependendo do tamanho e da governança da empresa, deveremos ter um ciclo de aprovações internas formalizado, respeitando não só a lei aplicável a essa pessoa jurídica, mas também as alçadas e ritos internos.

Conseguindo estas aprovações, o aceite formal é enviado à autoridade competente. Em um momento anterior, em meio do andamento do processo, em casos de competência da CGU/AGU, normalmente estes órgãos informam formalmente o TCU[33] do andamento das negociações. Havendo um número mais concreto, é feita nova comunicação de CGU/AGU ao TCU, para que este, em até 90 dias, se manifeste sobre a possibilidade de não instaurar ou extinguir procedimentos administrativos de sua competência para a cobrança de danos em face da empresa, por considerar que os valores negociados atendem aos critérios de quitação de ressarcimento de dano, na forma do ACT.[34]

Dependendo da situação específica, o acordo em si já pode ter sido alvo, em paralelo, de discussão entre empresa/autoridade. Em geral, do acordo constará[35] (i) o compromisso de cumprimento dos requisitos previstos nos incisos II a VII do *caput* do artigo 37 – explicados no tópico "requisitos do acordo de leniência"; (ii) a perda dos benefícios

---

[33] Caso algum ilícito revelado na negociação envolva fatos sujeitos à jurisdição do TCU.

[34] De acordo com o ACT, três hipóteses podem ocorrer: (1) o TCU responde que os critérios de ressarcimento de dano são satisfatórios e, assim, dará quitação condicionada ao cumprimento do acordo; (2) o TCU responde que os critérios de ressarcimento de dano não são satisfatórios. A CGU/AGU podem efetuar negociação complementar ou formalizar o acordo sem quitação do TCU; (3) o TCU não se manifesta sobre os critérios e a CGU/AGU assinam o acordo com a empresa, contudo, sem quitação do ressarcimento do dano.

[35] Artigo 45 do Decreto nº 11.129/22.

pactuados, em caso de descumprimento; (iii) a natureza de título executivo extrajudicial; (iv) a adoção, aplicação ou aperfeiçoamento do programa de integridade;[36] (v) o pagamento das multas aplicáveis e do dano incontroverso; (vi) a possibilidade de utilização da parcela do dano incontroverso para compensar outros valores apurados em processos sancionatórios ou de prestação de contas, relativos aos fatos discutidos no acordo.

Além disso, do acordo normalmente constam dados mínimos sobre a conduta admitida, forma de pagamento dos valores negociados, regras sobre o compartilhamento dos dados com outras autoridades, eventuais garantias que devam ser prestadas e obrigações de parte a parte, como ocorre usualmente em contratos. Cabe destacar, por fim, que este acordo será público, ressalvadas as hipóteses legais de sigilo.[37]

Por fim, a empresa terá seus dados inscritos no CNEP – Cadastro Nacional de Empresas Punidas, na forma do artigo 60 do Decreto nº 11.129/22. As informações do CNEP, via de regra, são publicamente acessíveis, e serão registradas após a celebração do acordo, exceto se sua divulgação causar prejuízos às investigações ou ao processo administrativo. Essas informações serão retiradas do CNEP, por requerimento da empresa, após o cumprimento integral do acordo de leniência.[38]

4 Conclusão

Como se vê, ao completar dez anos, o acordo de leniência da Lei nº 12.846/13 ainda causa muitas dúvidas e incertezas. Contudo, a evolução é inegável, sendo motivo de orgulho para todos os que trabalham nessa área e que sonham com um ecossistema de *compliance* e combate à corrupção eficaz.

Do início em um contexto complicado, sendo testado com o maior, mais complexo e midiático caso ocorrido no Brasil, até os dias de hoje, foi uma caminhada e tanto. Vimos erros e acertos, mas o futuro é esperançoso. Alguns problemas já foram resolvidos ou, no mínimo, mitigados, como as questões de competência e de quantificação da multa. Outros, como a coordenação entre autoridades e o cálculo do

---

[36] Bem como eventual monitoramento dessas obrigações.
[37] Portaria Conjunta nº 4, de 9 de agosto de 2019, artigo 4º, §3º.
[38] Artigo 62, inciso II, alínea "a", do Decreto nº 11.129/22.

ressarcimento do dano permanecem, mas também já estão um pouco mais maduros.

Tivemos muitas novidades recentes, com o amadurecimento das avaliações dos programas de integridade, principalmente por parte da CGU, e as menções a uma futura avaliação dos processos de investigação interna conduzidos pelas empresas, que poderá resultar em potencial redução da multa nos casos de acordo de leniência. É certamente mais um passo para trazer um contorno mais institucional para as investigações internas, outra demanda crescente da comunidade de *compliance*.

O futuro é promissor. Já estou ansioso para o artigo de 20 anos! Esperamos que as evoluções continuem de maneira consistente e que a leniência se torne um instituto ainda mais forte, marcando essa virada cultural em direção de um Direito Negocial mais eficaz.

Referências

BRASIL. Lei nº 12.846, de 1º ago. 2013 (Dispõe sobre a responsabilização administrativa e civil de pessoas jurídicas pela prática de atos contra a administração pública, nacional ou estrangeira, e dá outras providências).

BRASIL. Decreto nº 11.129, de 11 jul. 2022 (Regulamenta a Lei nº 12.846, de 1º de agosto de 2013, que dispõe sobre a responsabilização administrativa e civil de pessoas jurídicas pela prática de atos contra a administração pública, nacional ou estrangeira).

BRASIL. Portaria Conjunta CGU e AGU nº 4, de 9 ago. 2019 (Define os procedimentos para negociação, celebração e acompanhamento dos acordos de leniência de que trata a Lei nº 12.846, de 1º de agosto de 2013, no âmbito da Controladoria-Geral da União e dispõe sobre a participação da Advocacia-Geral da União).

BRASIL. Acordo de Cooperação Técnica (ACT) entre CGU, AGU, MJSP e o TCU, de ago. 6 ago. 2020 (Acordo de Cooperação Técnica que entre si celebram o Ministério Público Federal, a Controladoria-Geral da União, a Advocacia-Geral da União, o Ministério da Justiça e Segurança Pública e o Tribunal de Contas da União em matéria de combate à corrupção no Brasil, especialmente em relação aos acordos de leniência da Lei nº 12.846/2013).

BRASIL. Instrução Normativa CGU nº 1, de 7 abr. 2015 (Estabelece metodologia para a apuração do faturamento bruto e dos tributos a serem excluídos para fins de cálculo da multa a que se refere o art. 6º da Lei nº 12.846, de 1º de agosto de 2013).

BRASIL. Instrução Normativa CGU nº 2, de 16 maio 2018 (Aprova metodologia de cálculo da multa administrativa prevista no art. 6, inciso I, da Lei nº 12.846, de 1º de agosto de 2013, a ser aplicada no âmbito dos acordos de leniência firmados pelo Ministério da Transparência e Controladoria-Geral da União).

DI PIETRO, Maria Sylvia Zanella; MARRARA, Thiago. *Lei Anticorrupção comentada*. 3. ed. Belo Horizonte: Fórum, 2021.

PIETH, Mark; LOW, Lucinda; BONUCCI, Nicola. *The OECD Convention on Bribery* – A Commentary. 2. ed. Cambridge: Cambridge University Press, 2014.

SIMÃO, Valdir Moyses; VIANNA, Marcelo Pontes. *O acordo de leniência na Lei Anticorrupção*: histórico, desafios e perspectivas. São Paulo: Trevisan Editora, 2017.

SORÉ, Raphael Rodrigues. *A Lei Anticorrupção em contexto*: estratégias para a prevenção e o combate à corrupção corporativa. Belo Horizonte: Fórum, 2019.

ZENKNER, Marcelo. *Integridade governamental e empresarial*: um espectro de repressão e da prevenção à corrupção no Brasil e em Portugal. Belo Horizonte: Fórum, 2019.

Informação bibliográfica deste texto, conforme a NBR 6023:2018 da Associação Brasileira de Normas Técnicas (ABNT):

FALCETTA, Giovanni. Acordo de leniência: passado, presente e futuro. *In*: ZENKNER, Marcelo; KIM, Shin Jae (coord.). *Lei Anticorrupção Empresarial*: perspectivas e expectativas – Edição comemorativa dos 10 anos de vigência da Lei nº 12.846/2013. Belo Horizonte: Fórum, 2023. p. 263-288. ISBN 978-65-5518-541-6.

LEI ANTICORRUPÇÃO EMPRESARIAL E VENDAS GOVERNAMENTAIS: ANÁLISE PRÁTICA E MÉTRICAS DA CGU

KARLA LINI MAEJI

BRUNNA PADOVAN ORTEGA DE ALMEIDA

FRANCO MIKULETIC NETO

1 Introdução

Para muitas empresas, o governo representa parcela relevante de faturamento. A prospecção, venda e execução do contrato público acontecem em ambiente regulado[1] e com significativo grau de escrutínio por órgãos de controle.

A evolução do marco legal aplicável às contratações públicas brasileiras guarda interessante intersecção com o combate à corrupção. E não por acaso: muitos dos grandes esquemas ilícitos desvelados ao longo de nossa história recente envolvem grandes contratos públicos, de diferentes objetos. Esses casos mostraram que o ambiente de vendas para o governo sem o fomento a uma cultura de integridade pode se tornar propício para condutas que atentam contra o caráter competitivo das licitações ou contra o equilíbrio econômico-financeiro dos contratos delas resultantes.

---

[1] Principalmente por meio da Lei nº 14.133/2021, que substitui a Lei nº 8.666/1993.

A Lei nº 12.846/2013 (Lei Anticorrupção Empresarial) veio para suprir o que o regulador entendeu como lacunas em ilícitos praticados em licitações e contratos públicos introduzindo atos lesivos, sanções[2] e responsabilidade objetiva. Além da responsabilização, a Lei Anticorrupção Empresarial trouxe também o incentivo à cultura de integridade, trazendo luz também para a importância de atuação preventiva.

No âmbito federal, a Controladora-Geral da União (CGU) vem adotando diversas medidas para prevenção, detecção e responsabilização de pessoas jurídicas por atos lesivos relacionados a contratações com o governo.

Preventivamente, a CGU recomenda que as empresas realizem a análise de perfil e riscos incluindo a participação em licitações[3] e a respectiva política de relacionamento com o setor público. Esse ponto, inclusive, faz parte do "Manual Prático de Avaliação do Programa de Integridade em PAR" no bloco de "Avaliação de Mecanismos, Políticas e Procedimentos de Integridade – MPI",[4] que traz item específico de prevenção de fraudes e ilícitos nas interações de PJ com a Administração Pública.

Em termos de detecção, a CGU também tem atuado para identificar com celeridade inconsistências em licitações e dar transparência às contratações. A ferramenta *Alice* (Análise de Licitações e Editais) resultou na atuação da CGU para ajustar, cancelar ou suspender licitações envolvendo o montante de R$ 8,61 bilhões.[5] Ações também foram adotadas durante a pandemia, como a criação do Painel Gerencial "Contratações Relacionadas à Covid-19",[6] para o acompanhamento de aquisições de bens, insumos e serviços federais, estaduais e municipais.

---

[2] Apresentação da MSC nº 52/2010, do Poder Executivo, que "submete à deliberação do Congresso Nacional o texto do projeto de lei que 'dispõe sobre a responsabilização administrativa e civil de pessoas jurídicas pela prática de atos contra a Administração Pública, nacional ou estrangeira e dá outras providências'".

[3] Programa de Integridade – Diretrizes para Empresas Privadas, disponível em: https://www.gov.br/cgu/pt-br/centrais-de-conteudo/publicacoes/integridade/arquivos/programa-de-integridade-diretrizes-para-empresas-privadas.pdf. Acesso em: 30 mar. 2023.

[4] Manual Prático de Avaliação do Programa de Integridade em PAR, disponível em: https://www.gov.br/cgu/pt-br/centrais-de-conteudo/publicacoes/integridade/arquivos/manual-pratico-integridade-par.pdf. Acesso em: 28 mar. 2023.

[5] Auditoria Preventiva em Licitações – Alice, disponível em: https://www.gov.br/cgu/pt-br/centrais-de-conteudo/campanhas/cgu-contra-corrupcao/temas/alice. Acesso em: 28 mar. 2023.

[6] CGU lança painel para dar transparência a contratações relacionadas à covid-19, disponível em: https://www.gov.br/cgu/pt-br/assuntos/noticias/2020/07/cgu-lanca-painel-para-dar-transparencia-a-contratacoes-relacionadas-a-covid-19. Acesso em: 28 mar. 2023.

E, para além de medidas de prevenção e detecção, condutas envolvendo vendas para o governo têm sido o principal foco de procedimentos administrativos de responsabilização conduzidos pela CGU[7] – mais, inclusive, do que o oferecimento de vantagem indevida para agente público. Acordos de leniência também mostram o foco em vendas para o governo, seja pelo escopo das condutas objeto de acordo, seja pelas obrigações de *compliance* impostas em razão do acordo.

Após dez anos de vigência, já há uma amostragem relevante de como as autoridades com jurisdição para aplicação da lei aqui comentada vêm aplicando-a. Especificamente quanto às licitações e contratações públicas, já há bastante material para análise. Esse artigo pretende explorar a importância do programa de integridade na prevenção de atos lesivos envolvendo licitações e contratos públicos e as medidas de responsabilização adotadas pela CGU com base na aplicação prática da Lei Anticorrupção Empresarial e nas métricas relacionadas ao tema.

2 Inclusão de ilícitos praticados em licitações e contratos públicos na Lei Anticorrupção Empresarial

À época da edição da Lei Anticorrupção Empresarial, havia uma percepção de que não existia no ordenamento jurídico brasileiro um estatuto efetivo para a punição de pessoas jurídicas envolvidas em ilícitos praticados contra o Poder Público.

A Lei de Improbidade Administrativa (Lei nº 8.429.1992) tem seu núcleo voltado a avaliar a conduta e punir agentes públicos – fato evidenciado com a reforma trazida pela Lei nº 14.230/2021. Com foco em agentes públicos, referida lei não apresenta uma disciplina detalhada para a responsabilização de terceiros, especialmente de empresas que de alguma forma tenham participado dos ilícitos, sendo necessária ampla elasticidade interpretativa para tanto.

A Lei nº 8.666/1993, por sua vez, previa punições para empresas, mas voltadas para irregularidades em licitações e descumprimentos contratuais, sem um foco exclusivo em práticas corruptas ou fraudulentas. Vigiava, portanto, sensação de impunidade para pessoas jurídicas pela suposta falta de um estatuto jurídico próprio.

---

[7] De acordo com o site da CGU, de um total de 1.528 processos administrativos instaurados, 685 têm origem em fraude em procedimento licitatório ou em contrato administrativo.

A Lei Anticorrupção Empresarial tinha por norte introduzir no sistema de normas positivas brasileiro um regime voltado exclusivamente para pessoas jurídicas, com responsabilização objetiva e punições severas juntamente com o fomento à cultura de integridade. E ainda que ela tipifique atos lesivos contra a Administração Pública como um todo, há um claro destaque para ilegalidades em contratações e licitações: diferenciando-se de legislações estrangeiras que também tratam do tema, a lei brasileira incorporou condutas que não necessariamente envolvam vantagem indevida a agente público, mas que constituam fraude a licitação e/ou a execução de contrato público em contexto de responsabilização objetiva.

Aliás, trata-se da categoria de condutas mais bem detalhada na lei, com um rol de sete tipos de atos lesivos ligados a licitações e contratos, todos eles envolvendo um elemento de fraude (art. 5º, IV),[8] o que deixa claro que a intenção não é punir puramente descumprimentos contratuais ou irregularidades administrativas, mas condutas antiéticas, com o intuito firme de causar dano à Administração Pública.

Portanto, a Lei Anticorrupção Empresarial inaugurou um novo momento no combate aos atos lesivos em licitações e contratos públicos. Avaliar como o regime da lei vem sendo aplicado dentro deste escopo é o objetivo dos itens seguintes deste artigo, com especial enfoque no âmbito federal, no qual a CGU adquiriu protagonismo não só na definição das políticas públicas, mas também na responsabilização de entes privados.

---

[8] Art. 5º, "IV - no tocante a licitações e contratos:
a) frustrar ou fraudar, mediante ajuste, combinação ou qualquer outro expediente, o caráter competitivo de procedimento licitatório público;
b) impedir, perturbar ou fraudar a realização de qualquer ato de procedimento licitatório público;
c) afastar ou procurar afastar licitante, por meio de fraude ou oferecimento de vantagem de qualquer tipo;
d) fraudar licitação pública ou contrato dela decorrente;
e) criar, de modo fraudulento ou irregular, pessoa jurídica para participar de licitação pública ou celebrar contrato administrativo;
f) obter vantagem ou benefício indevido, de modo fraudulento, de modificações ou prorrogações de contratos celebrados com a administração pública, sem autorização em lei, no ato convocatório da licitação pública ou nos respectivos instrumentos contratuais; ou
g) manipular ou fraudar o equilíbrio econômico-financeiro dos contratos celebrados com a administração pública".

3 Vendas governamentais e a Lei Anticorrupção Empresarial na prática

3.1 Cenário preventivo: programa de integridade

A existência e aplicação de um programa de integridade ganhou relevância com a Lei Anticorrupção Empresarial e sua regulamentação, especialmente ao passo que eventuais "mecanismos e procedimentos internos de integridade, auditoria e incentivo à denúncia de irregularidades e a aplicação efetiva de códigos de ética e de conduta no âmbito da pessoa jurídica"[9] passaram a ser levados em consideração na aplicação de sanção.

No recorte vendas para o governo, consta entre os parâmetros pelos quais o programa de integridade previsto pela Lei Anticorrupção Empresarial será avaliado: "procedimentos específicos para prevenir fraudes e ilícitos no âmbito de processos licitatórios, na execução de contratos administrativos ou em qualquer interação com o setor público, ainda que intermediada por terceiros, como pagamento de tributos, sujeição a fiscalizações ou obtenção de autorizações, licenças, permissões e certidões;".[10]

A partir dessas diretrizes, a CGU envidou esforços para o fomento e evolução da cultura de integridade por meio da publicação de vários manuais com orientações sobre a implementação e avaliação de programas de integridade. Vistos sobre a perspectiva de vendas para o governo, esses documentos trazem recortes interessantes sobre a expectativa da CGU.

O manual "Programa de Integridade – Diretrizes para Empresas Privadas", publicado pela CGU em setembro de 2015, traz os requisitos mínimos necessários e apresenta diretrizes claras para que empresas possam construir e aperfeiçoar seus programas de integridade. Um recorte interessante é o da importância de as empresas analisarem o nível de interação que têm com a Administração Pública, bem como "o quantitativo de contratos celebrados com entidades e órgãos públicos"[11] para desenharem o seu programa de integridade de acordo com os

---

[9] Lei nº 12.846/2013, disponível em: https://www.planalto.gov.br/ccivil_03/_Ato2011-2014/2013/Lei/L12846.htm#art7viii. Acesso em: 17 mar. 2023.
[10] Decreto nº 11.129/2022, disponível em: https://www.planalto.gov.br/ccivil_03/_Ato2019-2022/2022/Decreto/D11129.htm. Acesso em: 31 mar. 2023.
[11] Programa de Integridade – Diretrizes para Empresas Privadas, disponível em: https://www.gov.br/cgu/pt-br/centrais-de-conteudo/publicacoes/integridade/arquivos/programa-de-integridade-diretrizes-para-empresas-privadas.pdf.

riscos que surgem como resultado desses fatores. No Manual, a CGU também recomenda que as empresas estabeleçam vedações expressas em seu Código de Conduta à prática de fraudes em licitações e contratos com o governo.

Tendo como foco os servidores do Poder Executivo Federal, a CGU publicou o "Manual Prático de Avaliação do Programa de Integridade em PAR" em setembro de 2018 com o objetivo de auxiliar esses servidores na avaliação de programas de integridade no âmbito do processo administrativo de responsabilização (PAR). Além de servir como auxílio técnico para servidores na avaliação de programas de integridade, o Manual Prático também teve o intuito de uniformizar e otimizar o processo de avaliação do programa de integridade. A intenção foi de tornar o processo mais objetivo e célere e evitar discrepâncias entre as avaliações realizadas por diferentes órgãos e entidades.[12]

Nesse sentido, algumas das recomendações da CGU são para que os servidores analisem: (i) se as empresas conduzem a análise de perfil e riscos, em especial na probabilidade de ocorrência de fraudes e corrupção, inclusive ligadas a licitações e contratos, e o impacto desses atos lesivos nas suas operações; (ii) se nas políticas e procedimentos apresentados existem orientações sobre a conduta esperada, nos processos licitatórios e na execução de contratos administrativos, tanto dos empregados da empresa quanto dos terceiros que atuam em nome da empresa nos processos licitatórios e na execução de contratos administrativos; e (iii) se treinamentos específicos sobre as políticas e procedimentos existentes relacionados a licitações e contratos administrativos são direcionados aos empregados que tratam de licitações e contratos administrativos.

Como visto, a CGU vem desenvolvendo e dando ênfase ao lado preventivo introduzido pela Lei Anticorrupção Empresarial. Esse aspecto é corroborado pela edição do novo Decreto nº 11.129/2022, que trouxe entre suas atualizações que a essência e propósito do programa de integridade não é de somente prevenir, detectar e remediar irregularidades, mas de efetivamente fomentar uma alteração na cultura de integridade empresarial brasileira.

---

[12] Manual Prático de Avaliação do Programa de Integridade em PAR, disponível em: https://www.gov.br/cgu/pt-br/centrais-de-conteudo/publicacoes/integridade/arquivos/manual-pratico-integridade-par.pdf.

3.1.1 Pró-Ética

Criado em 9 de dezembro de 2010 pela CGU e o Instituto Ethos de Empresas e Responsabilidade Social (Ethos), o Pró-Ética tem por objetivo fomentar "a adoção voluntária de medidas de integridade pelas empresas, por meio do reconhecimento público daquelas que, independentemente do porte e do ramo de atuação, mostram-se comprometidas em implementar medidas voltadas para a prevenção, detecção e remediação de atos de corrupção e fraude".[13]

A Lei Anticorrupção Empresarial motivou uma reestruturação do Cadastro Empresa Pró-Ética (Pró-Ética) de forma a adequá-lo às mudanças trazidas pela lei. Essa reestruturação terminou em 2015, com a criação de uma nova metodologia de avaliação e de uma nova forma de divulgação das empresas aprovadas no Pró-Ética.[14]

Conforme exploraremos adiante, medidas que tenham como objetivo prevenir atos lesivos relacionados a vendas governamentais (*e.g.* existência de políticas e procedimentos de licitação, execução e monitoramento de contratos públicos e de interação com o poder público) têm sido o foco da CGU no âmbito dos programas de integridade e essa tendência é refletida no escopo de análise do Pró-Ética.

Apresentamos a seguir os principais pontos relevantes em vendas para o governo utilizando como base os relatórios publicados pela CGU com um estudo detalhado do perfil (atividade econômica, porte, localização e nacionalidade) e uma análise crítica sobre cada uma das áreas avaliadas dos programas de integridade das empresas que participaram dos ciclos do Pró-Ética de anos anteriores.

Duas das áreas avaliadas pelo Pró-Ética voltadas para disciplinar e disseminar as condutas apropriadas e esperadas em vendas governamentais compõem aproximadamente 57% dos pontos mínimos para aprovação de uma empresa no ano de 2020/2021: Políticas e Procedimentos e Análise de Risco e Monitoramento. Essas áreas compõem dois pilares distintos de um programa de integridade – "Análise de perfil e riscos" e "Estruturação das regras e instrumentos", conforme Manual disponibilizado pela CGU.[15]

---

[13] Disponível em: https://www.gov.br/cgu/pt-br/assuntos/integridade-privada/avaliacao-e-promocao-da-integridade-privada/empresa-pro-etica. Acesso em: 31 mar. 2023.

[14] Disponível em: https://www.gov.br/cgu/pt-br/assuntos/integridade-privada/avaliacao-e-promocao-da-integridade-privada/empresa-pro-etica/historico. Acesso em: 17 mar. 2023.

[15] Programa de Integridade – Diretrizes para Empresas Privadas, disponível em: https://www.gov.br/cgu/pt-br/centrais-de-conteudo/publicacoes/integridade/arquivos/programa-de-integridade-diretrizes-para-empresas-privadas.pdf. Acesso em: 17 mar. 2023

Ao avaliar as informações e documentos apresentados pelas empresas no âmbito do Pró-Ética, a CGU verifica, por exemplo, se as empresas possuem orientações específicas relativas à participação em licitações e celebrações de contratos com o Poder Público (*e.g.* estabelecem orientações e controles sobre temas como realização de reuniões, encontros e outros tipos de interações entre seus colaboradores e agentes públicos).

Nesse sentido, a partir da análise do relatório relativo aos anos de 2018/2019[16] percebemos que das 26 empresas aprovadas no Pró-Ética: (i) 78,3% contam com orientações específicas relativas à participação em licitações e celebrações de contratos com o Poder Público; (ii) 57,9% dão publicidade às informações sobre participação em licitações públicas; e (iii) 76% das empresas aprovadas estabelecem orientações e controles sobre temas relativos à interação com agentes públicos.[17]

Já a partir da análise do relatório relativo aos anos de 2020/2021, percebemos que das 67 empresas aprovadas no Pró-Ética: (i) 82,8% contam com orientações específicas relativas à participação em licitações e celebrações de contratos com o poder público; (ii) 33,5% dão publicidade às informações sobre participação em licitações públicas; e (iii) 78,4% das empresas aprovadas estabelecem orientações e controles sobre temas relativos à interação com agentes públicos.[18]

Ainda analisando o último relatório disponível relativo aos anos de 2020/2022, notamos que, apesar de 100% das empresas avaliadas estabelecerem as condutas permitidas e proibidas dentro da empresa em seus códigos de conduta, apenas 18,3% delas favorecem a contratação de terceiros que possuam programas de integridade implementados. Tal fato indica um *gap* nas salvaguardas implementadas pelas empresas, ao passo que, apesar da existência de políticas e procedimentos internos próprios, as empresas podem estar desprotegidas com relação a terceiros que muitas vezes agem em seu nome perante órgãos públicos.

---

[16] Disponível em: https://www.gov.br/cgu/pt-br/assuntos/integridade-privada/avaliacao-e-promocao-da-integridade-privada/empresa-pro-etica/pro-etica-em-numeros#p2018-2019.

[17] Os dados foram extraídos do "*Anexo I – Análise de todos os itens pelo critério de taxa de comprovação – TC*" do relatório de empresa pró-ética, referente aos anos de 2018 e 2019. A Taxa de Comprovação (TC) considerou a quantidade total de itens respondidos, desconsiderando itens não aplicáveis, e computando meio ponto (0,5) para aqueles considerados como parcialmente respondidos.

[18] Os dados foram extraídos do "*Anexo I – Análise de todos os itens pelo critério de taxa de comprovação – TC*" do relatório de empresa pró-ética, referente aos anos de 2018 e 2019. A Taxa de Comprovação (TC) considerou a quantidade total de itens respondidos, desconsiderando itens não aplicáveis, e computando meio ponto (0,5) para aqueles considerados como parcialmente respondidos.

O principal risco da falta de atenção e exigências em relação a terceiros com quem a empresa se relaciona é a responsabilidade objetiva prevista na Lei Anticorrupção Empresarial, que determina que a empresa poderá ser responsabilizada nos âmbitos administrativo e civil, pelos atos lesivos praticados por terceiros em seu interesse ou benefício, exclusivo ou não. Isso é relevante porque muitas empresas utilizam canais de vendas como representantes, revendedores e distribuidores para a promoção de negócios com o governo e, em tese, atos lesivos praticados por esses canais de vendas podem resultar em responsabilização da empresa se o ato for praticado em seu interesse ou benefício.

Por exemplo, e a depender do caso, se revendedores de uma determinada empresa se envolverem em prática anticompetitiva em uma licitação pública para vender produtos dessa empresa, ela pode estar exposta a responsabilização pela Lei Anticorrupção Empresarial (*i.e.* a empresa só efetuou a venda para o revendedor porque o revendedor sagrou-se vencedor da licitação por meio de fraude). Isso reforça a importância de as empresas se atentarem e exigirem que esses terceiros possuam um programa de integridade implementado, além de oferecer treinamento periódico e específico e implementar plano de monitoramento destinado exclusivamente para licitações e execução contratual.

Nesse sentido, nas considerações gerais feitas pela CGU em relação às avaliações do Pró-Ética de 2020/2021[19] a CGU ressaltou que a falta de planejamento de ações de comunicação e treinamento é uma das maiores falhas detectadas em edições anteriores e que se repetiu na última edição. A CGU usa como exemplo a ausência de treinamentos relacionados à participação em licitações e execução de contratos com agentes públicos.

Já no tópico Análise de Risco e Monitoramento, 96,5% das empresas tiveram a capacidade de comprovar a realização de análise de risco, mas apenas 31,3% das empresas comprovaram uma correlação entre os riscos identificados e as ações de capacitação previstas no plano de treinamento. Essa discrepância entre a realização de análise de risco e a efetiva aplicação dos resultados é um grande desafio enfrentado pelas empresas em termos de sofisticação e constante evolução do programa.

---

[19] Considerações Gerais Sobre a Avaliação – Pró-Ética 2020-2021, disponível em: https://www.gov.br/cgu/pt-br/assuntos/integridade-privada/avaliacao-e-promocao-da-integridade-privada/empresa-pro-etica/relatorios-de-avaliacao/2020-2021/consideracoes-gerais-sobre-a-avaliacao-pro-etica-2020-2021.pdf/view. Acesso em: 17 mar. 2023.

O desenvolvimento de um programa de integridade levando em consideração a realidade, porte, área de atuação e análise do perfil e riscos é essencial. Nesse sentido, caso exista qualquer tipo de interação da empresa com o setor público – nacional ou estrangeiro – e a empresa participe, mesmo que esporadicamente, de vendas governamentais, é indispensável que a empresa dedique recursos e invista na elaboração de políticas e procedimentos específicos e em um plano de treinamento direcionado ao público que tem atuação em vendas governamentais.

A análise dos relatórios referentes aos anos de 2018/2019 e 2020/2021 traz também dados e informações relevantes sobre o grau de preparação das empresas na estruturação de programas de integridade e, em especial, no estabelecimento de mecanismos e procedimentos destinados para vendas governamentais.

De início, podemos observar que, respectivamente nos relatórios de 2018/2019 e 2020/2021,[20] as micro e pequenas empresas correspondem a aproximadamente 5 e 3% das empresas admitidas no Pró-Ética. Já as micro e pequenas empresas aprovadas representam aproximadamente 7,7 e 1,5%.[21]

Apesar de ser ainda baixa a adesão e obtenção do selo Pró-Ética por micro e pequenas empresas, conforme dados obtidos pelo Sebrae,[22] há uma tendência de maior participação das micro e pequenas empresas (MPE) no mercado de vendas governamentais. Muito se deve à garantia de tratamento diferenciado em processos licitatórios para pequenos negócios, inclusive a microempreendedores individuais e pequenos agricultores, bem como exclusividade na participação de MPE nos itens de contratação cujo valor em compras seja de até R$ 80 mil.[23] Nesse sentido, em 2022, a categoria com participação mais relevante nos fornecedores cadastrados no sistema Compras.gov.br é a das

---

[20] Considerações Gerais Sobre a Avaliação – Pró-Ética 2020-2021, disponível em: https://www.gov.br/cgu/pt-br/assuntos/integridade-privada/avaliacao-e-promocao-da-integridade-privada/empresa-pro-etica/relatorios-de-avaliacao/2020-2021/consideracoes-gerais-sobre-a-avaliacao-pro-etica-2020-2021.pdf/view.

[21] Disponível em: https://www.gov.br/cgu/pt-br/assuntos/integridade-privada/avaliacao-e-promocao-da-integridade-privada/empresa-pro-etica/pro-etica-em-numeros#p2018-2019, acesso em: 17 mar. 2023.

[22] Participação das MPE nas compras públicas cresceu 93% nos últimos três anos, diz Sebrae, disponível em: https://revistapegn.globo.com/Economia/noticia/2022/07/participacao-das-mpe-nas-compras-publicas-cresceu-93-nos-ultimos-tres-anos-diz-sebrae.html. Acesso em: 17 mar. 2023.

[23] Lei Complementar nº 123, de 14 de dezembro de 2006, disponível em: https://www.planalto.gov.br/ccivil_03/leis/lcp/lcp123.htm. Acesso em: 17 mar. 2023.

microempresas, com 42%, enquanto a participação da categoria de empresas de pequeno porte é de 19%.

Considerando o exponencial aumento na participação das empresas de pequeno porte em vendas públicas, percebe-se uma lacuna importante na participação e no engajamento dessa fatia de entes privados no desenvolvimento de uma cultura ética e íntegra nos processos de vendas governamentais. Lacuna, inclusive, endereçada pela CGU na publicação da cartilha de integridade em pequenos negócios,[24] que traz tópico específico de procedimentos para a prevenção de fraudes e irregularidades em licitações e contratos com o seguinte trecho:

> É importante ter em mente que relações comerciais com a administração pública exigem cuidado redobrado. O dinheiro público envolve fiscalização, princípios e regras que não se aplicam entre particulares. Caso as regras e os princípios sejam violados, penas severas podem ser aplicadas. Fornecer para o governo pode ser um excelente negócio, mas para garantir que tudo dê certo e corra conforme o esperado é necessário implementar procedimentos específicos para prevenir fraudes e atos ilícitos no âmbito de processos licitatórios e na execução de contratos administrativos.

No geral, os dados advindos dos relatórios do Pró-Ética demonstram que houve uma sofisticação dos programas de integridade das empresas desde 2014, mas que permanece o desafio de adequar as políticas, procedimentos e treinamentos para a realidade da empresa e as vendas governamentais, pois esses dependem de uma customização indispensável, tanto na produção dos materiais quanto em sua aplicação.

3.1.2 Detecção

Em termos de detecção, a CGU tem atuado para identificar com celeridade inconsistências em licitações e dar transparência às contratações.

Uma das iniciativas da CGU é a ferramenta *Alice* (*Análise de Licitações e Editais*). Referida ferramenta verifica os editais publicados

---

[24] Disponível em: https://www.gov.br/cgu/pt-br/centrais-de-conteudo/publicacoes/integridade/arquivos/pequenos-negocios.pdf, acesso em: 31 mar. 2023.

diariamente no Portal de Compras do Governo Federal, em busca de fragilidades e inconsistências.

A *Alice* utiliza técnicas de mineração de textos e inteligência artificial que permitem selecionar automaticamente editais para alertar quanto a riscos na contratação e evitar o dispêndio de recursos da União mediante cancelamentos ou suspensões de pregões desnecessários ou com indícios de fraudes e, em outros casos, por meio de ajustes nos valores e quantidades estimadas.

De 2015, quando a *Alice* foi criada, até março de 2022, a CGU ajustou, cancelou ou suspendeu 58 pregões e licitações em andamento que apresentaram fragilidades e riscos, envolvendo o montante de R$ 8,61 bilhões.[25]

Outro exemplo de iniciativa relevante da CGU para a detecção de fraudes em vendas para o governo foi a adoção de uma série de medidas para monitoramento das ações adotadas pelo governo federal para o combate ao coronavírus e o grau de visibilidade dado a essas ações.

Durante o cenário pandêmico, o governo federal publicou a Lei nº 14.035/2020, que trouxe novas regras de flexibilização para aquisições de bens, serviços e insumos destinados ao enfrentamento da pandemia. A lei anterior já previa a dispensa de licitação para casos de compra de equipamentos e serviços de saúde, mas, após edição da nova lei, ficou permitida a dispensa de licitação para a aquisição ou contratação de bens, serviços, inclusive de engenharia, e insumos destinados ao enfrentamento à pandemia. A lei flexibilizou o processo administrativo de licitações e contratos públicos, incluindo, dentre outras: (i) a possibilidade de apresentação de termo de referência simplificado, (ii) a obrigação do contratado em aceitar aumentos ou diminuições de quantidade do objeto contratado equivalentes até 50% do valor inicial atualizado com contrato, e (iii) excepcionalmente mediante justificativa, a possibilidade de dispensa de cotação de preços no mercado.[26]

Ou seja, o cenário de aumento de gastos públicos em caráter de emergência aliado à redução de salvaguardas à lisura do processo de contratação transformou o cenário, já de alto risco, em propício para a ocorrência de erros e, infelizmente, para a ocorrência de irregularidades no contexto de compras governamentais.

---

[25] Auditoria Preventiva em Licitações – Alice, disponível em: https://www.gov.br/cgu/pt-br/centrais-de-conteudo/campanhas/cgu-contra-corrupcao/temas/alice. Acesso em: 28 mar. 2023.

[26] Lei nº 14.035/2020, disponível em: https://www.planalto.gov.br/ccivil_03/_ato2019-2022/2020/lei/l14035.htm. Acesso em: 1º abr. 2023.

Nesse sentido, à época, a CGU adotou medidas administrativas em função da emergência pública. Criou uma página[27] específica sobre o tema que disponibiliza informações sobre gastos federais e contratos e licitações, criou um canal exclusivo para o recebimento de denúncias, sugestões e outras manifestações, passou a monitorar a aplicação dos recursos federais repassados a estados e municípios, com o objetivo de identificar possíveis irregularidades e atuar quando verificada a ocorrência de fraudes, garantindo que o recurso seja empregado, de fato, em ações de enfrentamento à pandemia.[28]

Consequentemente, como resultado de referidas ações, a CGU atuou diretamente, desde abril de 2020, em 82 operações especiais, em conjunto com a Polícia Federal, Ministérios Públicos e outros órgãos parceiros, para combater desvios de recursos federais destinados ao enfrentamento da pandemia, em diversos entes federativos. O montante analisado nas contratações e licitações é de R$ 5,87 bilhões. O prejuízo potencial (que decorre dos desdobramentos das investigações) é de R$ 309,2 milhões.[29]

Além disso, a CGU realizou parcerias com Ministérios, como o da Saúde e o da Cidadania, e atuou diretamente na análise de processos de aquisições e contratações realizadas pelo Ministério da Saúde para o combate à pandemia. Referida análise identificou (i) empresas sem capacidade técnica/operacional, (ii) propostas com indicativos de fraude, (iii) contratos anteriores vigentes que podiam ser aditivados, (iv) propostas com sobrepreço e (v) possibilidades de melhoria nas justificativas de pesquisa de preços, o que resultou na revogação de R$ 900 milhões em licitação pelo Ministério da Saúde, após indicativo de fraude de empresa identificado pela CGU. Outro resultado foi a revogação de R$ 1 bilhão de dispensa de licitação, relativo à tentativa de aquisição da China de 15 mil unidades de respiradores.[30]

Essas iniciativas demonstram que a CGU vem atuando de forma estratégica em situações com grande potencial de cometimento de

---

[27] Disponível em: https://www.gov.br/cgu/pt-br/coronavirus/governo-federal. Acesso em: 1º abr. 2023.
[28] CGU monitora aplicação dos recursos federais repassados a estados e municípios, disponível em: https://www.gov.br/cgu/pt-br/coronavirus/cgu-monitora-aplicacao-dos-recursos-federais-repassados-a-estados-e-municipios. Acesso em: 1º abr. 2023.
[29] CGU monitora aplicação dos recursos federais repassados a estados e municípios, disponível em: https://www.gov.br/cgu/pt-br/coronavirus/cgu-monitora-aplicacao-dos-recursos-federais-repassados-a-estados-e-municipios. Acesso em: 1º abr. 2023.
[30] CGU divulga balanço das ações do órgão durante pandemia, disponível em: https://www.gov.br/cgu/pt-br/assuntos/noticias/2020/05/cgu-divulga-balanco-de-acompanhamento-das-acoes-do-orgao-durante-pandemia. Acesso em: 1º abr. 2023.

irregularidades e vem investindo em tecnologias que permitam a identificação de fragilidades e riscos em licitações de forma automatizada, imediata e constante. Nesse sentido, as medidas de prevenção adotadas pelas empresas se tornam ainda mais relevantes, especialmente porque esses instrumentos de detecção de condutas envolvendo vendas para o governo têm sido gatilho para procedimentos administrativos de responsabilização conduzidos pela CGU.

3.2 Cenário de responsabilização

O foco em temas relacionados a vendas governamentais no âmbito da Lei Anticorrupção Empresarial tem sido crescente, não somente sob a perspectiva de medidas preventivas como também sob a perspectiva de aplicação de sanções e imposição de obrigações decorrentes de processos administrativos de responsabilização e acordos de leniência.

As autoridades, com ênfase na CGU, têm cada vez mais investigado e sancionado práticas relacionadas a licitações e contratos previstas no artigo 5º, IV, da Lei Anticorrupção Empresarial do que outras práticas previstas no artigo 5º, I, II, III e V (*e.g.* referentes a promessa e oferecimento de vantagem indevida).

3.2.1 Processos Administrativos de Responsabilização

O PAR é a principal ferramenta para a aplicação de sanções a pessoas jurídicas que praticaram atos previstos no artigo 5º da Lei Anticorrupção Empresarial. Conforme dispõe o artigo 8º da referida Lei, a instauração e julgamento do PAR cabe à autoridade máxima de cada órgão ou entidade dos Poderes Executivo, Legislativo e Judiciário, tendo a CGU competência concorrente em todos os casos e sendo facultado a ela avocar processos iniciados por outras autoridades.

A CGU conta com o Painel de Correição em Dados, que disponibiliza dados e estatísticas sobre penalidades aplicadas a agentes públicos, empresas e entidades. A partir de uma análise dos dados disponibilizados no painel, conseguimos perceber a predominância de processos e sanções relacionadas a vendas governamentais e um aumento crescente desse foco ao longo dos anos.

Cenário de 2018 a 2022

Ano	Processos administrativos de responsabilização	Fraude em procedimento licitatório da administração pública nacional	Fraude em contrato administrativo celebrado com a administração pública nacional
2018	284	37	33
2019	138	46	27
2020	305	94	69
2021	229	91	53
2022	260	60	29

Ou seja, fraudes relacionadas a vendas governamentais representam, respectivamente:

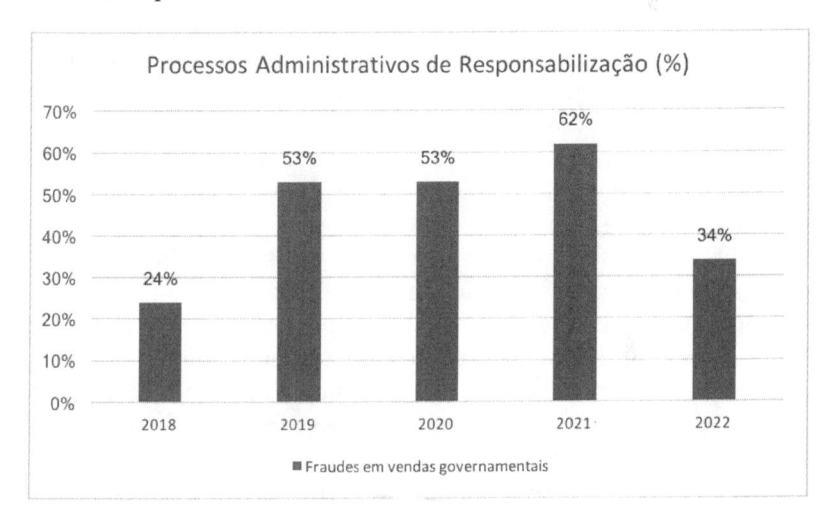

Processos Administrativos de Responsabilização (%)

Ano	Fraudes em vendas governamentais
2018	24%
2019	53%
2020	53%
2021	62%
2022	34%

Para ilustrar o impacto geral, nos últimos três anos foram instaurados 794 processos administrativos em face de entes privados, sendo que 396 processos administrativos são referentes a fraudes em vendas governamentais, totalizando uma porcentagem de, aproximadamente, 50%. Ou seja, aproximadamente metade dos processos administrativos instaurados em face de entes privados tem como foco atos indevidos praticados em licitações ou contratos dela decorrentes.

Consequentemente, provavelmente em razão dessa expressiva participação, houve um aumento exponencial da aplicação da sanção de restrição de contratar com a Administração Pública em processos administrativos de responsabilização (ainda que derivado de outras leis que não a Lei Anticorrupção Empresarial). Sendo que: (i) em 2018, foram aplicadas 68 sanções; (ii) em 2019, forma aplicadas 75 sanções; (iii) em 2020, foram aplicadas 84 sanções; (iv) em 2021, foram aplicadas 495 sanções; e (v) em 2022, foram aplicadas 1.263 sanções.[31]

Visto que essa sanção foi aplicada 2.052 vezes de 2012 a 2022 e somente em 2022 foram aplicadas 1.263, ou seja, aproximadamente, 61% do volume total, tal fato é um sinal de alerta para empresas que vendem para o governo pelo potencial impacto de referida sanção em seus resultados, bem como indicam uma tendência do regulador ao julgar esse tipo de ato lesivo.

3.3 Acordos de leniência

Os acordos de leniência previstos pela Lei Anticorrupção Empresarial podem ser celebrados pela autoridade máxima de cada órgão ou entidade pública como decorrência da prática dos atos lesivos previstos na Lei Anticorrupção Empresarial. Como visto no item anterior, é compreensível que muitos acordos de leniência tenham tido origem em irregularidades praticadas em vendas governamentais.

Os acordos de leniência têm como um de seus principais objetivos isentar e/ou atenuar a aplicação de sanções previstas na Lei Anticorrupção Empresarial (*e.g.* multa, publicação extraordinária da decisão administrativa sancionadora, proibição de receber incentivos, subsídios, doações e de contratar com a Administração Pública). No entanto, mesmo com a atenuação das sanções, as empresas que assinam acordos de leniência ficam sujeitas ao cumprimento de obrigações para garantir a efetividade do acordo e desenhadas especificamente para aperfeiçoar o programa de integridade das empresas signatárias, conforme artigos 44 e 45, IV, do Decreto nº 11.129/2022.

Em termos práticos, de 2014 a 2022, no âmbito federal, foram assinados 25 acordos de leniência com a CGU/AGU.[32] Como resultado desses acordos, tem sido cada vez mais crescente a imposição de

---

[31] Painel Correição em Dados – CGU, disponível em: https://centralpaineis.cgu.gov.br/visualizar/corregedorias. Acesso em: 29 mar. 2023.

[32] Painel Acordos de Leniência – CGU, disponível em: https://app.powerbi.com/view?r=eyJrIjoiZTU2MWI0MjYtY2EzOS00NzYyLTg3MWQtYWE3MmFiMmY0ODM4IiwidCI6IjY2NzhkOWZlLTA5MjEtNDE3ZC04NDExLTVmMWMxOGRlZmJiYiJ9&pageName=ReportSection.

obrigações relacionadas a vendas governamentais e interações com agentes públicos. Isso indica não somente a importância e relevância do tema, como também a constatação de que esses fatores foram necessariamente identificados como riscos pela CGU, já que a imposição de obrigações é resultado da identificação anterior de um risco.

A partir das informações disponíveis publicamente pela CGU,[33] as principais obrigações impostas que guardam relação com o tema de vendas governamentais são:
- demonstrar a aplicação da Política Anticorrupção, Política de Doações e Política de Relacionamento com o Poder Público;
- detalhar procedimentos preventivos a serem adotados nos processos de fusão, aquisição e reestruturação societária, especificando quais ações devem ser adotadas em caso de haver histórico de prática de atos lesivos relacionados à corrupção e fraude a licitação e contratos administrativos no terceiro envolvido na operação;
- elaborar política ou inserir dispositivo em política preexistente que estabeleça orientações e controles relacionados ao acompanhamento da execução dos contratos celebrados com a Administração Pública;
- disponibilizar publicamente informações sobre participação em licitações e os contratos/convênios celebrados com a Administração Pública, direta e indireta. Sendo que devem ser indicados:
- em relação às licitações: ente público licitante, o objeto e o resultado do certame;
- em relação aos contratos e convênios: o ente público contratante/conveniado, objeto e valor do contrato/convênio, data da celebração e da vigência do contrato/convênio, e os aditivos celebrados.

Reforçando a necessidade de algumas das obrigações impostas pela CGU em acordos de leniência, no âmbito do Pró-Ética, apenas 14,1% das empresas, dentre as que participam de licitações, comprovaram que divulgam na internet informações sobre tais participações (esse é o item de menor comprovação de toda a avaliação) e apenas 33,5% das empresas, dentre as que contratam com a Administração Pública, comprovaram que divulgam na internet informações sobre tais contratos.

---

[33] Painel Acordos de Leniência – CGU, disponível em: https://app.powerbi.com/view?r=eyJrIjoiZTU2MWI0MjYtY2EzOS00NzYyLTg3MWQtYWE3MmFiMmY0ODM4IiwidCI6IjY2NzhkOWZlLTA5MjEtNDE3ZC04NDExLTVmMWMxOGRlZmJiYiJ9.

Ou seja, tais porcentagens demonstram que muitas empresas estão encontrando dificuldades em refletir essas medidas internamente, seja por desconhecimento e/ou por questões técnicas.

Inclusive, a necessidade dessas medidas é muito discutida e o principal argumento das empresas é que as informações já estão publicamente disponíveis em sites governamentais e que não teria motivo para facilitar a exposição de suas participações e contratos administrativos para o mercado. Por sua vez, a CGU continua reforçando a importância e a aplicação dessas medidas, tanto em manuais como em imposições de obrigações.

4 Conclusão

Os dados apresentados demonstram que os atos lesivos envolvendo licitações e contratos públicos estão no foco da CGU e já correspondem a quase metade dos processos administrativos instaurados pelo órgão.

Para enfrentar esse cenário, as empresas que vendem para o governo, direta ou indiretamente, devem efetivamente dedicar tempo e recursos na estruturação de um programa de integridade, partindo de um mapeamento de riscos e de governança alinhada com o objetivo de conduzir negócios de forma transparente e íntegra.

Nesse sentido, é essencial que as empresas invistam na disseminação de uma cultura de integridade e transparência em suas interações com o governo com a adoção de medidas práticas para prevenir, detectar e remediar atos lesivos praticados contra a Administração Pública.

O programa de integridade deve ser pensado e implementado de acordo com a realidade, porte e estrutura da empresa. Deve conter previsões específicas relativas à participação em licitações e execução de contratos com o Poder Público, estabelecendo orientações e controles sobre temas relativos à interação com agentes públicos, favorecendo a contratação de terceiros que possuam programas de integridade implementados e planejando ações de comunicação e treinamentos específicos e direcionados ao público que tem atuação em vendas governamentais, sem se esquecer do monitoramento contínuo.

Essa dedicação contribuirá para um ambiente de negócios transparente, com a justa e leal concorrência e com as regras do jogo equilibradas para todos.

Informação bibliográfica deste texto, conforme a NBR 6023:2018 da Associação Brasileira de Normas Técnicas (ABNT):

MAEJI, Karla Lini; ALMEIDA, Brunna Padovan Ortega de; MIKULETIC NETO, Franco. Lei Anticorrupção Empresarial e vendas governamentais: análise prática e métricas da CGU. In: ZENKNER, Marcelo; KIM, Shin Jae (coord.). *Lei Anticorrupção Empresarial:* perspectivas e expectativas – Edição comemorativa dos 10 anos de vigência da Lei nº 12.846/2013. Belo Horizonte: Fórum, 2023. p. 289-307. ISBN 978-65-5518-541-6.

A APLICAÇÃO DO PRINCÍPIO DA PRESERVAÇÃO DA EMPRESA NA LEI Nº 12.846/2013: FUNDAMENTOS JURÍDICOS E APLICAÇÕES PRÁTICAS

MARCELO ZENKNER

1 A importância das empresas para os governos e para a sociedade

A doutrina sempre procurou estabelecer uma dicotomia conceitual entre os interesses público e privado, pois eles representariam dois tipos de interesses diferentes e, *a priori*, opostos.

Celso Antônio Bandeira de Mello, por exemplo, define interesse público como "aquele que, por ser compartilhado por todos ou pela generalidade dos administrados, reclama tutela, promoção e proteção pelo Estado e se impõe ao particular".[1] Hely Lopes Meirelles, por sua vez, conceitua interesse privado como "o interesse individual, particular, que pertence a cada pessoa em sua vida privada, nas suas relações sociais, econômicas, culturais e pessoais, sem interferência ou prejuízo aos interesses gerais da coletividade".[2]

O interesse público, assim, seria aquele referente aos interesses e necessidades da sociedade como um todo, enquanto que o interesse

---

[1] MELLO, Celso Antônio Bandeira de. *Curso de Direito Administrativo*. 34. ed. São Paulo: Malheiros, 2019, p. 67.

[2] MEIRELLES, Hely Lopes. *Direito Administrativo Brasileiro*. 47. ed. São Paulo: Malheiros, 2019, p. 99.

privado estaria vinculado aos interesses individuais de pessoas e empresas. Isso significa que, pela visão tradicional, o interesse público estaria relacionado ao bem-estar social, à justiça, à igualdade, à segurança, ao meio ambiente, dentre outros, enquanto que o interesse privado estaria voltado para o lucro, o crescimento, a vantagem competitiva, etc.

Apesar da clássica distinção conceitual, é inegável que as empresas possuem uma grande importância para as atividades que são inerentes à Administração Pública, pois são responsáveis não apenas por gerar empregos e produzir bens e serviços, mas também por contribuir para o desenvolvimento econômico do país. A partir dos recursos gerados pelos impostos e tributos pagos pelas empresas é que a Administração Pública financia programas sociais e investe em infraestrutura, saúde, educação, segurança e outros setores que são de interesse público.

Além disso, as empresas investem em pesquisa e desenvolvimento para criar novos produtos e tecnologias que sejam capazes de melhorar a qualidade de vida das pessoas e impulsionar o progresso científico e tecnológico. Podem, por fim, inspirar e incentivar outras pessoas a empreenderem e a criarem novos negócios, o que permite a geração de novos empregos, a aceleração da inovação e mais desenvolvimento econômico em geral.

Isso muito bem demonstra que os interesses público e privado não são incompatíveis entre si e podem perfeitamente estar alinhados na prática, principalmente a partir da ideia moderna de integridade corporativa. Empresas íntegras, nessa baliza, são aquelas que verdadeiramente compreendem o seu papel em sociedade e são capazes de materializar os elementos intangíveis de sua cultura, de seu propósito e de sua reputação para gerar o bem-estar a todos aqueles que, de alguma forma, se relacionam com suas operações. A integridade corporativa, no fim do dia, funciona como um elo de entre o interesse público e o interesse privado para permitir que eles se misturem, caminhem unidos e se fortaleçam reciprocamente.

Paul Polman, a esse respeito, fala em "empresa de impacto positivo", que seria "[...] aquela que melhora o bem-estar de todas as pessoas sobre as quais tem impacto e tem todas as escalas: todo produto, toda operação, toda região e todo país; e de todas as partes interessadas, inclusive funcionários, fornecedores, comunidades, clientes/consumidores e até mesmo as futuras gerações e o próprio planeta".[3] Polman ainda afirma que a empresa de impacto positivo vai operar de um modo diferente do que é considerado normal hoje em dia. Vai, por exemplo, eliminar mais carbono do que produz; usará apenas energia renovável e materiais vindos de fontes renováveis; não criará lixo e desenvolverá tudo para a circularidade total; e reaproveitará e tornará mais limpa toda a água que utilizar. Como uma empresa direcionada para as pessoas, garantirá que todos os que trabalhem na cadeia de valor tenham a dignidade de receber um salário decente. A empresa irá oferecer amplas oportunidades de inclusão de todas as raças e capacidades e alcançará o equilíbrio de gêneros na administração e a equiparação de salários. Através de seus produtos, serviços e iniciativas com propósito – e não da filantropia –, os consumidores e as comunidades ficarão em melhores condições.[4]

Não é por outro motivo que governos de muitas partes do mundo têm trabalhado em parceria com empresas privadas com o objetivo de identificar mais facilmente as reais necessidades das pessoas em cada localidade específica e, assim, desenvolver melhor as políticas públicas. Se bem conduzido, esse tipo de cooperação pode facilitar o entendimento entre as partes interessadas e, em última análise, funcionar como uma força motriz para políticas públicas capazes de promover melhores resultados.

Essa união de esforços entre o Poder Público e a iniciativa privada, a partir da ideia original da "função social da empresa",[5] é absolutamente fundamental para atender a uma série de necessidades comuns e, via de consequência, melhorar a qualidade de vida nas comunidades. Quando ocorre essa cooperação com repartição de encargos, automaticamente é criado um espaço muito maior para o empreendedorismo social e para

---

[3] POLMAN, Paul. *Impacto Positivo*, trad. Alves Calado. 1. ed. Rio de Janeiro: Sextante, 2022, p. 25.

[4] POLMAN, Paul. *Impacto Positivo*, trad. Alves Calado. 1. ed. Rio de Janeiro: Sextante, 2022, p. 27.

[5] No Brasil, com a Constituição de 1988, a empresa passou a ser encarada como entidade que deve efetivamente exercer uma *função social*, senão vejamos: "Art. 170. A ordem econômica, fundada na valorização do trabalho humano e na livre iniciativa, tem por fim assegurar a todos existência digna, conforme os ditames da justiça social, observados os seguintes princípios: I - soberania nacional; II - propriedade privada; III - função social da propriedade; IV - livre concorrência; V - defesa do consumidor; VI - defesa do meio ambiente, inclusive mediante tratamento diferenciado conforme o impacto ambiental dos produtos e serviços e de seus processos de elaboração e prestação; VII - redução das desigualdades regionais e sociais; VIII - busca do pleno emprego; IX - tratamento favorecido para as empresas de pequeno porte constituídas sob as leis brasileiras e que tenham sua sede e administração no País".

a inovação e, o que é ainda mais importante, fica fortalecida a relação de confiança entre os governantes e os destinatários de sua atividade-fim.

2 O princípio da preservação da empresa no âmbito do Direito Administrativo Sancionador

Por todas essas razões, a OCDE – Organização para a Cooperação e o Desenvolvimento Econômico – recomenda que os países membros desenvolvam sistemas judiciais eficazes e justos para lidar com a recuperação de empresas em dificuldades financeiras. Isso porque, diante das limitações econômicas e sociais derivadas de situações desse tipo, a liquidação de empresas em grande escala poderia trazer consequências sociais profundamente drásticas.

Assim, de acordo com a OCDE, torna-se crucial que a legislação de insolvência corporativa facilite a reorganização de empresas em detrimento da liquidação.[6] Foi exatamente nessa linha que a Lei de Recuperação Judicial e Falência (Lei nº 11.101/2005) estabeleceu o *princípio da preservação da empresa* como grande diferencial em relação ao antigo e revogado Decreto-Lei nº 7.661/45, que tratava da falência e do velho instituto da concordata e era muito mais preocupado com a satisfação dos interesses dos credores.

O seu artigo 47, por exemplo, é peremptório nesse sentido, ao estabelecer que "A recuperação judicial tem por objetivo viabilizar a superação da situação de crise econômico-financeira do devedor, a fim de permitir a manutenção da fonte produtora, do emprego dos trabalhadores e dos interesses dos credores, promovendo, assim, a preservação da empresa, sua função social e o estímulo à atividade econômica", enquanto que o §2º de seu artigo 75 prevê que "A falência é mecanismo de preservação de benefícios econômicos e sociais decorrentes da atividade empresarial, por meio da liquidação imediata do devedor e da rápida realocação útil de ativos na economia".

A legislação brasileira, portanto, já reconhecia expressamente, pelo menos desde 2005, não apenas a importância dos bens e serviços que são produzidos, dos empregos que são gerados, dos impostos que são recolhidos e dos interesses dos investidores acionistas, mas também da repercussão da atividade empresarial para a sociedade como um todo,

---

[6] *Corporate Bankruptcy and Reorganization Procedures in OECD and Central and Eastern European Countries*. Paris: OECD Publications and Information Centre, 1994.

inclusive tendo em vista sua função social. Vale lembrar, inclusive, que o artigo 170 da Constituição Federal estabelece que a ordem econômica está fundada na valorização do trabalho humano e na livre-iniciativa, os quais constituem, inclusive, fundamentos do próprio Estado brasileiro (artigo 1º, inciso IV, CF/88).

Grandes empresas brasileiras, em muitos municípios de pequeno e médio porte, funcionam como verdadeiros vértices da economia local. A CBMM (Companhia Brasileira de Metalurgia e Mineração), empresa líder mundial na produção e comercialização de produtos de nióbio, por exemplo, possui uma imensa estrutura industrial em Araxá, Minas Gerais, sendo absolutamente decisiva para o desenvolvimento econômico da região, gerando empregos diretos e indiretos, comprando insumos e serviços locais e pagando impostos ao município. Se essa empresa viesse a encerrar suas atividades, haveria, via de consequência, um enorme prejuízo para todas as esferas da atividade econômica e social daquela localidade e, por essa razão, é fundamental que a lei preveja medidas que sejam capazes de estabilizar, incentivar e trazer segurança jurídica para a sociedade.

O "princípio da preservação da empresa", assim, consolida-se como um conceito presente no Direito Empresarial que visa a manter a continuidade da empresa, garantindo a preservação dos empregos, dos créditos trabalhistas e dos investimentos realizados. A ideia é que, diante de situações de crise, ao invés de dissolver a empresa, sejam tomadas medidas para recuperá-la e mantê-la funcionando, preservando-se, assim, todo o seu alcance social. Nesse sentido,

> no princípio da preservação da empresa, o que se tem em mira é a proteção da atividade econômica como objeto de direito, cuja existência e desenvolvimento interessam não somente ao empresário, ou aos sócios da sociedade empresária, mas a um conjunto bem maior de sujeitos. Na locação identificadora do princípio, "empresa" é o conceito de sentido técnico bem específico e preciso. Não se confunde nem com o seu titular ("empresário") nem com o lugar em que a atividade é explorada ("estabelecimento empresarial"). O que se busca preservar, na aplicação do princípio da preservação da empresa, é, portanto, a atividade, o empreendimento.[7]

---

[7] COELHO, Fábio Ulhôa. *Curso de direito comercial*: direito de empresa. 23. ed. São Paulo: Saraiva, 2011 p. 79.

É esse princípio que impede, por exemplo, a busca e apreensão de bens considerados necessários para as atividades produtivas durante o processo de recuperação judicial, pois, apesar da inadimplência, essa constrição prejudicaria a eventual retomada das atividades da empresa: "Apesar de o credor titular da posição de proprietário fiduciário de bens móveis ou imóveis não se submeter aos efeitos da recuperação judicial, o juízo universal é competente para avaliar se o bem é indispensável à atividade produtiva da recuperanda. Nessas hipóteses, não se permite a venda ou a retirada do estabelecimento do devedor dos bens de capital essenciais à sua atividade empresarial" (STJ, AgInt no CC n. 149.798/PR, relatora Ministra Nancy Andrighi, Segunda Seção, julgado em 25.4.2018, DJe de 2.5.2018).

O princípio da preservação da empresa também deve orientar a atividade jurisdicional na hipótese de fraudes. Assim, identificado um caso de gestão abusiva ou fraudulenta de uma empresa, pelo regime de desconsideração da personalidade jurídica previsto no artigo 50 do Código Civil,[8] a constrição patrimonial deverá, em primeiro lugar, recair sobre os bens dos "sócios desonestos" e, apenas posteriormente, sobre o da pessoa jurídica. A premissa, a partir do princípio em destaque, é no sentido de que o indivíduo que se vale da pessoa jurídica para praticar abusos e fraudes é que deve ser punido, e não a pessoa jurídica propriamente dita pelo viés da inviabilidade da manutenção de sua atividade ou de sua própria extinção.

É a partir desse racional que a Convenção da OCDE sobre o Combate da Corrupção de Funcionários Públicos Estrangeiros em Transações Comerciais Internacionais, incorporada ao nosso ordenamento jurídico pelo Decreto Federal nº 3.678/2000, prevê que "cada parte deverá tomar todas as medidas necessárias ao estabelecimento das responsabilidades de pessoas jurídicas pela corrupção de funcionário público estrangeiro, de acordo com seus princípios jurídicos" (artigo 2º) e, "caso a responsabilidade criminal, sob o sistema jurídico da parte, não se aplique a pessoas jurídicas, a parte deverá assegurar que as pessoas jurídicas estarão sujeitas a sanções não criminais efetivas, proporcionais e dissuasivas contra a corrupção de funcionário público estrangeiro, inclusive sanções financeiras" (artigo 3º, item 2).

---

[8] Art. 50 do Código Civil. Em caso de abuso da personalidade jurídica, caracterizado pelo desvio de finalidade ou pela confusão patrimonial, pode o juiz, a requerimento da parte, ou do Ministério Público quando lhe couber intervir no processo, desconsiderá-la para que os efeitos de certas e determinadas relações de obrigações sejam estendidos aos bens particulares de administradores ou de sócios da pessoa jurídica beneficiados direta ou indiretamente pelo abuso.

Assim como acontece com os indivíduos, para guardar a devida proporcionalidade, a escolha e a gradação das sanções eventualmente aplicadas a pessoas jurídicas devem ser justas e adequadas à gravidade da infração (valor do bem jurídico atingido e aspecto subjetivo da conduta). Além disso, a partir dos ditames do princípio da preservação da empresa, a aplicação de penalidades deve também considerar a capacidade financeira da pessoa jurídica de suportar a penalidade a fim de que a sanção não seja excessivamente onerosa e/ou capaz de prejudicar a sua própria sobrevivência.

Assim, a partir do enunciado do princípio da preservação da empresa, uma série de elementos deve ser observada em favor da pessoa jurídica demandada no âmbito de um processo administrativo de responsabilização: (i) *presunção de inocência*, a qual está consagrada como direito e garantia constitucional fundamental na CF/88 (art. 5º, inciso LVII) e deve ser aplicável, inclusive, a pessoas jurídicas;[9] (ii) *adequação*, relacionada à escolha da(s) sanção(ões) que deve(m) ser aplicada(s) em desfavor de uma determinada empresa no caso concreto se comprovada a prática de um ato lesivo; (iii) *proporcionalidade*, que tem relação com a gradação das sanções adequadas, as quais podem possuir maior ou menor intensidade; (iv) *equidade*, reservando-se, no ambiente sancionatório, tratamento diferenciado e favorável às empresas que efetivamente cumprem a função social a elas conferida pela Constituição Federal e pelas leis em vigor.

A proteção dos bens jurídicos é função do Estado Democrático de Direito e decorre, inclusive, de convenções internacionais das quais o Brasil é signatário. Ao mesmo tempo, não pode ser ela aleatória e desestruturada, sob pena de se chegar a um resultado absolutamente injusto e desarrazoado em nome de uma pretensa justiça. Por isso, estabelecer sanções apropriadas e respeitar as balizas constitucionais

---

[9] "Como já se destacou em momentos anteriores, a presunção de inocência, nos seus vários desdobramentos, vem sendo aplicada para além do campo processual penal, notadamente na esfera administrativa sancionadora. Dessa forma, como a persecução penal é atividade com claro potencial sancionador, não se vê razão para mitigar a presunção de inocência quando o imputado for pessoa jurídica. [...] Para finalizar esse aspecto da presunção de inocência para a pessoa jurídica, cabe recordar que esse direito fundamental existe devido a uma opção constitucional de "como" deve ser concebido e aplicado um sistema criminal (penal e processual penal) a qualquer pessoa (física ou jurídica) a ele submetido. É, portanto, uma decorrência do Estado Democrático de Direito, fixado como primado de nossa atual Constituição. Não se trata, dessa forma, de se indagar se a pessoa é ou não física, mas qual o tipo de devido processo penal que se espera ver projetado e aplicado no Brasil" (MORAES, Maurício Zanoide de. *Presunção de inocência no Processo Penal Brasileiro*: análise de sua estrutura normativa para a elaboração legislativa e para a decisão judicial. Rio de Janeiro: Lumen Juris, 2010, p. 609).

acaba sendo um assunto tão importante quanto definir quais as condutas que devem ser tipificadas como crimes ou atos lesivos.

A diferença entre o antídoto e o veneno é a dose: o antídoto precisa ser aplicado na medida certa para que não se torne um veneno.

3 Modificações introduzidas na Lei de Defesa da Probidade Administrativa pela Lei nº 14.230/2021 e sua integração ao regime da Lei nº 12.846/2013

Talvez porque, à época, o princípio da preservação da empresa não se apresentasse de maneira clara e expressa no âmbito da legislação afeta ao Direito Administrativo Sancionador brasileiro, o Ministério Público de São Paulo propôs, em julho de 2018, ação por ato de improbidade administrativa pedindo, inclusive, a dissolução completa de cinco grandes empreiteiras: Odebrecht, Camargo Corrêa, Galvão Engenharia, Serveng e Queiroz Galvão.[10] A alegação contida na ação é no sentido de que ex-dirigentes do Departamento de Estradas de Rodagem de São Paulo (DER-SP) teriam recebido vantagem indevida das empresas durante as obras da Rodovia Comandante João Ribeiro de Barros (SP-255) e, assim, teriam todos eles incorrido na prática dos atos ilícitos preconizados na Lei nº 8.429/92.

Ao pedir a dissolução das empreiteiras, o Ministério Público afirmou, a título de fundamentação de seu pedido, que a constituição das sociedades anônimas estaria condicionada à "existência de objeto social lícito", *in verbis*:

> Está bastante claro que as empresas demandadas, por intermédio de seus representantes, adotaram procedimento que inviabiliza sua própria existência. [...]. Se desde a sua constituição, ou mesmo no curso de suas atividades, o escopo da empresa for antijurídico e/ou ferir a ordem pública, estará autorizada a sua dissolução ou a cassação do registro (autorização para o seu funcionamento). [...] Se é pressuposto para a constituição de qualquer sociedade empresária a existência de objeto não contrário à lei, à ordem pública e aos bons costumes, e tendo em vista a demonstração cabal de que as empresas demandadas atuaram

---

[10] Disponível em: https://www.estadao.com.br/politica/blog-do-fausto-macedo/promotoria-pede-o-fim-da-odebrecht-camargo-galvao-serveng-e-queiroz-por-bingo/?utm_source=estadao:app&utm_medium=noticia:compartilhamento. Acesso em: 7 fev. 2023.

exclusivamente em cartel, causando dano material ao Estado e moral à sociedade, seus respectivos atos constitutivos registrados devem ser anulados.

A providência adotada pelo Ministério Público no caso em questão é, apenas a título comparativo, completamente contrária aos indicativos do memorando de 2015 da Procuradora-Geral Adjunta do Departamento de Justiça dos Estados Unidos (DoJ – U.S. Departament of Justice), Sally Quillian Yates, intitulado "Responsabilidade Individual pela Má Conduta Corporativa".[11] Esse documento trouxe uma série de orientações no sentido de focar as investigações e punições referentes a violações da FCPA principalmente nos indivíduos responsáveis pelos ilícitos, e não nas empresas.

Após uma série de críticas dirigidas à atuação do DoJ, o qual estaria dispendendo suas energias apenas em relação à responsabilização empresarial,[12] reconheceu-se que as multas pagas por grandes corporações a partir de fundos corporativos não representavam impedimento suficiente para a má conduta corporativa. Se as corporações agem pelas mãos de indivíduos, apenas se estes sentirem diretamente o impacto da lei é que haverá uma dissuasão quanto à prática de condutas ilícitas. Além disso, o pagamento das multas com recursos de fundos corporativos acaba punindo apenas os acionistas, os quais são normalmente inocentes pela prática dos delitos e deles não se beneficiam, ainda que indiretamente. Por tudo isso, o documento parte da premissa de que os processos e a responsabilização de indivíduos constituem mecanismos fundamentais para combater a má conduta corporativa, *in verbis*:

> Uma das maneiras mais eficazes para combater a má conduta corporativa é buscando a responsabilização dos indivíduos que perpetraram o delito. Essa prestação de contas é importante por várias razões: ela impede futura atividade ilegal, que incentiva mudanças no comportamento das empresas, assegura que as partes apropriadas sejam responsabilizadas por suas ações e promove a confiança do público no nosso sistema de justiça.

---

[11] UNITED STATES OF AMERICA, U.S. Department of Justice Office of the Deputy Attorney General, Individual Accountability for Corporate Wrongdoing, Washington, DC, September 9, 2015. Disponível em: https://www.justice.gov/dag/file/769036/download, acesso em: 7 fev. 2023.

[12] Merece citação, por exemplo, RAKOFF, "The Financial Crisis: Why Have No High-Level Executives Been Prosecuted?", New York Review of Books, January 9, 2014. Disponível em: http://www.nybooks.com/articles/2014/01/09/financial-crisis-why-no-executive-prosecutions/?printpage=true, acesso em: 7 fev. 2023.

Já no primeiro tópico do documento há indicações no sentido de que, para uma empresa receber qualquer benefício oriundo de sua cooperação, deverá fornecer todos os dados relevantes a respeito dos indivíduos envolvidos em ilicitudes. Esta orientação visa não apenas incentivar a cooperação com o DoJ, mas também fomentar investigações precoces de indivíduos potencialmente culpados. Em outras palavras: para que receba a proteção legal e seja preservada, a empresa deverá, desde os primeiros momentos de uma investigação interna, buscar a identificação dos responsáveis pelo ilícito e reportar para o Departamento de Justiça, tanto em casos criminais como civis.

Fica claro, assim, que as autoridades americanas, atualmente, buscam a responsabilização pessoal dos indivíduos e, além disso, exigem uma análise muito mais cuidadosa por parte das empresas quando houver a necessidade de realização de uma investigação interna. Essa orientação, aliás, fica explícita no Tópico nº 2, o qual indica que "as investigações corporativas criminais e civis devem se concentrar, desde o início, nos indivíduos".

Essa referência é importante porque a aplicação das regras da FCPA nos Estados Unidos acaba gerando uma tendência para todo o sistema anticorrupção global, não restando dúvidas no sentido de que o Memorando Yates é capaz de influenciar na adoção de providências e até mesmo na alteração do arcabouço legislativo de outros países.

O fato é que, até 2021, o princípio da preservação da empresa não era diretamente tratado na legislação brasileira para resguardar as empresas de sanções desproporcionais e capazes de inviabilizá-las ou de causar-lhes a extinção. Ao que parece, foi aproveitada a janela de oportunidade para revisão da Lei de Defesa da Probidade Administrativa e, com a edição da Lei nº 14.230, de 25 de outubro de 2021, introduziu-se um novo parágrafo terceiro ao artigo 12 da Lei nº 8.429/1992, com a seguinte redação:

> Artigo 12. [...]. §3º Na responsabilização da pessoa jurídica, deverão ser considerados os efeitos econômicos e sociais das sanções, de modo a viabilizar a manutenção de suas atividades.

O dispositivo, que representa inegável evolução legislativa,[13] deixa claro que, doravante, o princípio da preservação da empresa deve

---

[13] "A alteração da Lei de Improbidade Administrativa, performada pela Lei 14.230/2021, é um progresso nesse sentido, demonstrando que todo o arcabouço teórico aqui apresentado, da função social da empresa, é absolutamente compatível com o regime

ser considerado no momento da aplicação das sanções em desfavor de uma pessoa jurídica na medida em que atos de improbidade praticados por indivíduos (agentes públicos ou particulares) podem prejudicar a imagem e a saúde financeira de uma empresa, impactando negativamente na sua capacidade de continuar operando e gerando empregos.

Muito melhor seria se tal dispositivo tivesse sido inserido na Lei nº 12.846/2013, consagrada como "Lei Anticorrupção Empresarial", pois é esta o *locus* adequado para tratar do sistema de punição a pessoas jurídicas envolvidas com a prática de atos lesivos. Aliás, o §2º do artigo 3º da Lei de Defesa da Probidade Administrativa, introduzido pela mesma Lei nº 14.230/2021, prevê que "As sanções desta Lei não se aplicarão à pessoa jurídica, caso o ato de improbidade administrativa seja também sancionado como ato lesivo à administração pública de que trata a Lei nº 12.846, de 1º de agosto de 2013", o que significa que a Lei nº 8.429/1992 é aplicável a pessoas jurídicas apenas subsidiariamente e em situações absolutamente excepcionais.

Resta saber, assim, se o novel dispositivo inserido na Lei de Defesa da Probidade Administrativa também deve ser considerado por ocasião da interpretação e da aplicação da Lei nº 12.836/2013.

O Brasil, em verdade, possui um grande conjunto normativo anticorrupção que envolve não apenas a descrição de condutas ilícitas, mas também a aplicação de sanções de natureza penal e administrativa a agentes públicos dos três Poderes da União e a particulares. Pode afirmar-se, inclusive, que, ante a sua gravidade, uma única conduta relacionada à corrupção, considerada aqui a expressão em seu sentido mais amplo, pode dar ensejo à incidência simultânea de várias normas de caráter repressivo, tanto no âmbito penal quanto no âmbito administrativo.

A Constituição Federal é o fundamento de validade de todas essas normas, tanto pelo critério de sua formação como na verificação de sua conformidade com os princípios e garantias constitucionais no momento de sua aplicação. Assim, se a Carta Magna prevê, no *caput* de

---

jurídico sancionatório [...]. Houve a positivação expressa da função social da pessoa jurídica como modulador da atividade sancionatória, o que impõe, em uma perspectiva mais abstrata, a análise dos efeitos econômicos e sociais das sanções e, em um prisma concreto, estabelece como regra a limitação dos efeitos das punições ao ente público lesado pelo ato de improbidade administrativa, com o fito de viabilizar justamente a manutenção da atividade daquelas organizações que possuem como objeto central as contratações com o Poder Público" (GARCIA, Victor. *O direito administrativo sancionador e a preservação da empresa*. Dissertação (Mestrado em Direito) – Faculdade de Direito do Instituto Brasileiro de Ensino Desenvolvimento e Pesquisa – IDP, Brasília, 2021, p. 32).

seu art. 37, a legalidade, a impessoalidade, a moralidade, a publicidade e a eficiência como princípios fundamentais da Administração Pública direta e indireta de qualquer dos Poderes da União, dos Estados, do Distrito Federal e dos Municípios, é óbvio que esses princípios devem orientar todas as normas que tratam dos ilícitos que podem ser praticados contra a Administração Pública, sejam elas de que natureza forem.

Fica claro, assim, que nenhuma lei pode ser interpretada e aplicada isoladamente, mas sim dentro do subsistema do qual faz parte. A existência de uma aproximação entre o Direito Administrativo Sancionador e o Direito Penal, em se tratando de combate à corrupção em sentido amplo, aliás, não pode ser negada, pois é vasto o arsenal legislativo brasileiro: além do próprio Código Penal, do Código de Processo Penal, da Lei de Defesa da Probidade Administrativa, da Lei de Licitações e da Lei nº 12.846/2013, também devem ser consideradas a Lei de Conflito de Interesses (Lei nº 12.813/2013), a Lei das Organizações Criminosas (Lei nº 12.850/2013), a Lei de Abuso de Autoridade (Lei nº 13.869/2019), a Lei Complementar nº 64/1990 (que estabelece os casos de inelegibilidade de agentes políticos), o Decreto nº 1.171/1994 (Código de Ética Profissional do Servidor Público Civil do Poder Executivo Federal), a Lei nº 8.027/1990 (Código de Conduta dos Servidores Públicos Federais), a Lei Complementar nº 101/2000 (Lei de Responsabilidade Fiscal),[14] o Decreto nº 7.203/2010 (vedação ao nepotismo), dentre outras.

Ora, se todas essas normas são esculpidas a partir da Constituição Federal e possuem o mesmo objetivo, é fundamental o reconhecimento da existência de um microssistema brasileiro de prevenção e combate à corrupção, ou seja, de uma instrumentalização harmônica dos diversos diplomas legais destinados ao trato específico da corrupção *lato sensu*, cuja amplitude e peculiaridades exigem interpretação e aplicação conjunta de seus comandos, sem apego a classificações puramente formais ou abstratas, em prol de uma unidade e de uma harmonia normativa. Claus-Wilhelm Canaris, ao justificar a necessidade de um pensamento sistemático no campo da ciência do Direito, registra que

> [...] a ideia do sistema jurídico justifica-se a partir de um dos mais elevados valores do Direito, nomeadamente do princípio da justiça e das suas concretizações no princípio da igualdade e na tendência para

---

[14] Art. 73 da LC nº 101/2000. As infrações dos dispositivos desta Lei Complementar serão punidas segundo o Decreto-Lei nº 2.848, de 7 de dezembro de 1940 (Código Penal); a Lei nº 1.079, de 10 de abril de 1950; o Decreto-Lei nº 201, de 27 de fevereiro de 1967; a Lei nº 8.429, de 2 de junho de 1992; e demais normas da legislação pertinente.

a generalização. Acontece ainda que outro valor supremo, a segurança jurídica, aponta na mesma direção.[15]

É essa segurança jurídica que impõe que os diversos diplomas legais anticorrupção sejam intercambiantes entre si, em um sistema de *cross-fertilization* hermenêutico e legislativo, até porque, em muitos casos, diferentes normas descrevem condutas praticamente idênticas, sem qualquer distinção ontológica entre os diversos ilícitos administrativo, civil, penal e político, a não ser para atribuir sanções de naturezas diversas para o mesmo ato de corrupção.

Vale ressaltar que a ideia de "microssistema" não é exclusiva da prevenção e do combate à corrupção, havendo que se falar, também, *v.g.*, na existência de um microssistema de defesa do consumidor, um microssistema tributário e em um microssistema de tutela coletiva. Em todos esses casos evidencia-se e caracteriza-se o *policentrismo* do Direito contemporâneo, os vários centros de poder e a harmonização sistemática, com a Constituição ao centro prevalecendo sobre todos os demais estatutos que integram qualquer microssistema, em razão de ser ela o fundamento de validade formal e material do ordenamento jurídico.

Não foi por outro motivo que o Acordo de Cooperação Técnica (ACT) celebrado, em agosto de 2020, entre a Controladoria-Geral da União (CGU), a Advocacia-Geral da União (AGU), o Ministério da Justiça e Segurança Pública (MJSP) e o Tribunal de Contas da União (TCU) em matéria de combate à corrupção no Brasil,[16] especialmente em relação aos acordos de leniência da Lei nº 12.846/2013, reconheceu, em seu oitavo princípio, a preservação da empresa como aplicável à matéria, *in verbis*:

> Oitavo princípio: da preservação da empresa e dos empregos, considerando que a continuidade das atividades de produção de riquezas é um valor a ser protegido sempre que possível, a fim de permitir a manutenção da fonte produtora e o emprego dos trabalhadores, preservando-se suas funções sociais e o estímulo à atividade econômica, observado o disposto no Artigo 5º da Convenção sobre o Combate da Corrupção de Funcionários Públicos Estrangeiros em Transações

---

[15] CANARIS, Claus-wilhem. *Pensamento sistemático e o conceito de sistema na ciência do direito*. Lisboa: Fundação Calouste Gulbenkian, 1996, p. 22.

[16] Disponível em: https://www.stf.jus.br/arquivo/cms/noticiaNoticiaStf/anexo/Acordo6agosto.pdf, acesso em: 26 mar. 2023.

Comerciais Internacionais, promulgado pelo Decreto 3.678, de 30 de novembro de 2000.

A própria Lei nº 12.846/2013, apesar de não trazer originariamente o princípio da preservação da empresa expresso em seus dispositivos, também já fazia menção a ele até mesmo em sua exposição de motivos: "19. Importante destacar que a proposta leva em consideração os *princípios da conservação da empresa e da manutenção das relações trabalhistas* ao estabelecer as sanções administrativas e civis, princípios de extrema importância especialmente no quadro atual de crise econômica mundial. No âmbito administrativo, por exemplo, o anteprojeto estabelece parâmetros claros para a aplicação da sanção de multa, instituindo limites mínimos e máximos para o seu valor, de forma a contemplar a realidade de faturamento tanto de pequenas e médias empresas como de grandes empresas, inclusive, exportadoras. Na esfera judicial, são previstas hipóteses específicas cuja gravidade justifica amplamente a sanção de dissolução compulsória da empresa"[17] – grifo nosso.

Assim, exatamente em razão do próprio enunciado do princípio da preservação da empresa, ao prever como sanção judicial a "dissolução compulsória da pessoa jurídica", a Lei nº 12.846/2013 estabeleceu alguns limitadores para sua aplicação nos incisos do §1º do artigo 19, quais sejam "ter sido a personalidade jurídica utilizada de forma habitual para facilitar ou promover a prática de atos ilícitos" ou "ter sido constituída para ocultar ou dissimular interesses ilícitos ou a identidade dos beneficiários dos atos praticados".[18]

Por isso, apesar da crítica afeta à localização da previsão do princípio da preservação da empresa em nossa legislação, a partir das bases estabelecidas pelo microssistema brasileiro de prevenção e combate à corrupção, deve ele ser, doravante, plenamente observado na aplicação das sanções em um processo administrativo de responsabilização, em uma ação de improbidade empresarial ou mesmo nas dosimetrias

---

[17] Exposição de Motivos Interministerial (EMI) nº 00011/2009, datada de 23 de outubro de 2009, lavrada pela Advocacia-Geral da União, pela Controladoria-Geral da União e pelo Ministério da Justiça.

[18] No mesmo sentido: "A dissolução da empresa em decorrência da utilização habitual de sua personalidade jurídica para prática de atos ilícitos implica também na extinção de postos de trabalho, de fonte de receita de tributos e do nascimento de uma lacuna no mercado, o que pode afetar fornecedores e consumidores" (VOSGERAU, Bruno Roberto; BERTONCINI, Mateus Eduardo S. N. A dissolução compulsória da pessoa jurídica na Lei Anticorrupção e o aparente conflito com o princípio da função social da empresa e o princípio da preservação da empresa. *In: Revista de Direito Administrativo e Gestão Pública*, Porto Alegre, v. 4, n. 2, p. 60-78, jul./dez. 2018).

próprias dos acordos de leniência e do julgamento antecipado do PAR (Portaria Normativa nº 19/2022).

4 Implementação de sistemas de integridade efetivos para preservação da empresa: existem incentivos a essa equação no regime legal vigente?

Como já ressaltado, o DoJ ("Department of Justice") tem se esforçado nos Estados Unidos no sentido de incentivar as empresas a desenvolverem um comportamento corporativo íntegro, inclusive pela notificação das autoridades sobre a ocorrência de atos ilícitos, pela cooperação total e completa com as investigações públicas e pela realização de tudo o que for necessário para remediar a conduta considerada ilícita.

Superada a prevenção e realizada a devida detecção, a comunicação daquilo que se apurou no âmbito de uma investigação interna às autoridades públicas está prevista em diversos estatutos ou regulamentos federais, dentre os quais se destacam: (i) a Lei Sarbanes-Oxley (2002), que exige a divulgação de todas as informações que tenham um efeito financeiro relevante para uma empresa de capital aberto em relatórios financeiros periódicos; (ii) a Lei de Sigilo Bancário dos Estados Unidos (1970), que exige que as instituições financeiras divulguem certas transações suspeitas ou transações monetárias superiores a US$ 10.000 (dez mil dólares); (iii) os Regulamentos Antilavagem de Dinheiro dos EUA, que exigem que as instituições financeiras relatem a constatação de um crime de lavagem de dinheiro consumado ou mesmo uma mera suspeita; (iv) o Anti-Kickback Enforcement Act (1986), que exige que as empresas contratadas pelo governo federal realizem uma "notificação oportuna" de violações da lei criminal federal ou de pagamentos indevidos em conexão com a concessão ou execução dos respectivos contratos ou subcontratos públicos, incluindo aqueles celebrados fora dos Estados Unidos.

Ao receberem o resultado de uma investigação interna, seja em decorrência de uma imposição legal ou não, para que possam avaliar os benefícios que serão fornecidos no sentido de preservar a empresa, tanto o DoJ quanto a SEC ("Securities and Exchange Commission") levarão em consideração as seguintes circunstâncias, dentre outras: a) a oportunidade e a voluntariedade da autorrevelação; b) a veracidade, a integralidade e a confiabilidade das informações fornecidas; c) a natureza e a extensão da cooperação; d) a importância e a utilidade daquela cooperação para uma investigação pública; e e) a remediação adequada, inclusive devolução dos lucros eventualmente obtidos.

De acordo com a Política de Execução Corporativa da FCPA ("FCPA Corporate Enforcement Policy"), sempre que uma empresa atender a todos os padrões relativos à "autorrevelação voluntária, à cooperação total e à remediação oportuna e apropriada", ela terá seu caso resolvido pela denominada "declination", ou seja, pela não abertura de um processo sancionatório e pela não aplicação de sanções. Para tanto, é necessário que seja constatada a ausência de circunstâncias agravantes, quais sejam: a) o envolvimento da Alta Administração; b) a obtenção de lucros significativos; c) a abrangência da conduta ilícita; e d) a reincidência.

As razões para a vigência dessa política são óbvias: se houve a detecção tempestiva do ato ilícito, se houve a apuração correta e eficiente dos fatos, se estes foram levados ao conhecimento das autoridades públicas (que nada sabiam a esse respeito) e se não houve o envolvimento da Alta Administração da empresa ou mesmo lucros significativos para esta em decorrência do ato ilícito, tudo isso bem demonstra que o sistema de integridade corporativa é robusto, está consolidado e funcionou adequada e tempestivamente.

Ainda segundo a mesma Política de Execução Corporativa da FCPA, mesmo nas hipóteses em que fatores agravantes são identificados, o DoJ poderá conceder (ou poderá recomendar a um tribunal que seja concedida) uma redução de 50% no piso da faixa de multa das "USSG – United States Sentencing Guidelines" (exceto em casos que envolvem reincidência criminal) para empresas que se autodenunciaram, cooperaram totalmente e corrigiram oportunamente e de forma adequada as falhas de seu sistema de *compliance*. Se a empresa não tiver reportado voluntariamente a má conduta, mas, por outro lado, cooperar com as investigações, a ela ainda será possível a concessão de uma redução de até 25% do limite inferior da faixa de multa das USSG.

Apenas a título exemplificativo, o DoJ, em 2020, utilizou a "declination" para não abrir um processo criminal em desfavor da empresa World Acceptance Corporation por violações a FCPA, mesmo com a comprovação do pagamento de vantagens indevidas a agentes públicos no México, o que atende perfeitamente aos ditames do princípio da preservação da empresa. A investigação encontrou evidências de que, entre 2010 e 2017, a subsidiária mexicana da empresa, por meio de seus colaboradores e agentes, repassou mais de US$ 4 milhões a intermediários terceirizados que foram usados, em parte, para pagar propinas a sindicalistas mexicanos e a agentes públicos a fim de obter contratos com os sindicatos e o governo.

Para chegar à decisão final no caso concreto, as autoridades americanas consideraram o seguinte: a) a comunicação voluntária e imediata da conduta imprópria; b) a cooperação total e proativa da empresa World Acceptance Corporation (incluindo o fornecimento de todos os fatos relevantes conhecidos sobre a ilicitude); c) a natureza e a gravidade do delito; d) a correção completa realizada pela empresa World Acceptance Corporation, incluindo-se, aí, o treinamento adicional sobre a FCPA adicionado ao sistema de *compliance*, a destituição dos executivos diretamente responsabilizados, bem como o encerramento do relacionamento comercial com os terceiros no México envolvidos no ilícito; e e) o fato de que a empresa World Acceptance Corporation repassará a SEC o valor integral de seus ganhos ilícitos.

São essas espécies de incentivos que estabelecem uma relação de plena confiança entre as empresas, os seus *compliance officers* e as autoridades públicas americanas, eis que laços fortes são estabelecidos a partir de interesses comuns. Além disso, uma consequência ainda mais importante daí se estabelece: as empresas que possuem sistemas de integridade efetivos podem desenvolver os seus negócios com tranquilidade na medida em que sabem que serão preservadas diante dos abalos financeiros e reputacionais decorrentes de um ilícito que seja eventual e excepcionalmente praticado e detectado internamente.

No Brasil, infelizmente, não funciona dessa maneira, estando aqui ancorada uma das críticas mais eloquentes contra a Lei nº 12.846/2013. Se o mesmo procedimento for adotado por uma empresa que detecta a prática de um ilícito, segundo a lei brasileira o máximo que ela conseguirá obter será a celebração de um acordo de leniência com remissão total das sanções de publicação extraordinária da decisão condenatória e de proibição de receber incentivos, subsídios, subvenções, doações ou empréstimos de órgãos ou entidades públicas e de instituições financeiras públicas ou controladas pelo Poder Público.

Ao mesmo tempo, por força de lei, essa mesma empresa suportará o pagamento de uma multa administrativa reduzida, na melhor das hipóteses, em 2/3 (dois terços), conforme previsão contida no §2º do artigo 16 da Lei nº 12.846/2013, podendo ainda sofrer a aplicação de outras sanções previstas nos demais diplomas legais sancionadores, como, por exemplo, a Lei de Licitações e Contratos Administrativos.

O Manual Prático de Cálculo de Multa e Responsabilização de Entes Privados da CGU,[19] aliás, é categórico nesse sentido (p. 25):

> Uma das situações que podem ensejar que um ente privado se delate é a existência de um eficiente programa de integridade, já que este deve buscar evitar a ocorrência do ato lesivo, mas, caso ele ocorra, deve ter a capacidade de detectá-lo. Além da capacidade de detecção, o programa de integridade efetivo deve prever rotinas de remediação, dentre elas a comunicação espontânea da ocorrência do ilícito às autoridades competentes. [...] via de regra, o ente privado que pretende comunicar a ocorrência de ilícito nas suas atividades, buscará a via do acordo de leniência, que não prescinde do cálculo da multa, *pois a previsão normativa não é de seu afastamento integral e, sim, de redução de até 2/3 (dois terços) do valor* – grifo nosso.

Em verdade, o legislador da Lei nº 12.846/2013 partiu de uma premissa completamente falsa, qual seja, a de que, "se um ato lesivo foi praticado, isso significa que o sistema de integridade da empresa não é efetivo". Como demonstrado, a efetividade do sistema estará demonstrada exatamente pela detecção e pela correção, caso a primeira barreira de prevenção seja superada. Por isso, fica difícil explicar para o empresário que, após a realização de um investimento considerável na implementação de um sistema de integridade robusto e, diante da detecção de uma transgressão, teria ele o dever de reportar os fatos às autoridades públicas para, ao final e se tudo correr bem, ainda pagar uma multa que pode chegar à terça parte do valor total que seria devido. No fim do dia, quais seriam os incentivos que o empresário brasileiro teria para a autorrevelação voluntária quando a ocorrência da ilicitude detectada internamente não é do conhecimento das autoridades públicas? Praticamente nenhum. Esse regime legal atende o princípio da preservação da empresa? Por óbvio que não.

O equívoco da legislação brasileira é tão gritante que a Medida Provisória nº 703, de 18 de dezembro de 2015 – a qual, infelizmente, já teve sua vigência encerrada –, tentou corrigir, ainda que de modo parcial, a redação da Lei nº 12.846/2013, acrescentando três incisos ao já mencionado §2º do artigo 16, com a seguinte redação:

---

[19] Disponível em: https://repositorio.cgu.gov.br/bitstream/1/44496/5/Manual_Calculo_de_Multas_1.pdf, acesso em: 15 mar. 2023.

Art. 16, §2º. O acordo de leniência celebrado pela autoridade administrativa: I - isentará a pessoa jurídica das sanções previstas no inciso II do caput do art. 6º e das sanções restritivas ao direito de licitar e contratar previstas na Lei nº 8.666, de 21 de junho de 1993, e em outras normas que tratam de licitações e contratos; II - poderá reduzir a multa prevista no inciso I do caput do art. 6º em até dois terços, não sendo aplicável à pessoa jurídica qualquer outra sanção de natureza pecuniária decorrente das infrações especificadas no acordo; e III - no caso de a pessoa jurídica ser a primeira a firmar o acordo de leniência sobre os atos e fatos investigados, a redução poderá chegar até a sua completa remissão, não sendo aplicável à pessoa jurídica qualquer outra sanção de natureza pecuniária decorrente das infrações especificadas no acordo.

É interessante notar que, à época da entrada em vigor da Medida Provisória nº 703, o próprio Poder Executivo reconheceu que a legislação brasileira estava "desalinhada" das melhores práticas internacionais, conforme se vê de um dos tópicos da Exposição de Motivos Interministerial (EMI) nº 207/2015 lavrada pela Advocacia-Geral da União, pela Controladoria-Geral da União e pelo Ministério da Justiça: "13. Outra inovação diz respeito à possibilidade de o acordo de leniência poder ser realizado com mais de uma pessoa jurídica nos casos de conluio. Com essa previsão, *o texto se alinha às normas internacionais*, permitindo que apenas a primeira empresa a se manifestar pelo acordo possa obter a remissão total da multa" – grifo nosso.

É verdade que a remissão total da multa, se a Medida Provisória nº 703 ainda estivesse produzindo efeitos, somente seria possível para a hipótese de consumação do ato lesivo descrito na alínea "a" do inciso IV do artigo 5º da Lei nº 12.846/2013 ("frustrar ou fraudar, mediante ajuste, combinação ou qualquer outro expediente, o caráter competitivo de procedimento licitatório público"), mas já representaria, ao menos, algum avanço. No entanto, mesmo o texto da Medida Provisória nº 703 já era contraditório em si próprio: na hipótese de cartel, que é um ato lesivo gravíssimo, a primeira empresa participante que reportasse às autoridades públicas teria direito à remissão total da multa, mas, nos demais atos lesivos previstos na Lei – a maioria deles muito mais brandos – isso não seria possível.

5 Aspectos práticos da aplicação do princípio da preservação da empresa no processo administrativo de responsabilização

5.1 Publicação da portaria de instauração: a preservação do nome e do CNPJ da pessoa jurídica acusada diante do princípio da presunção de inocência

A reputação, atualmente, representa um ativo valiosíssimo para toda e qualquer empresa, não apenas pela confiança que ela transmite aos consumidores de seus produtos e serviços, mas também pela possibilidade de atração e retenção de talentos que ela gera. Os profissionais mais qualificados querem atuar em empresas com boa reputação, onde se sintam orgulhosos de trabalhar e ostentar a marca.

Crises de imagem corporativa podem acontecer a todo momento, podem resultar de condutas de seus colaboradores dentro e fora do ambiente profissional e podem derivar de diversos fatores. Em maio de 2016, por exemplo, as ações do Bradesco entraram em queda livre e chegaram a despencar 7% após a notícia do indiciamento pela Polícia Federal de seu CEO, Luiz Carlos Trabuco, no inquérito instaurado para investigar um esquema de compra de decisões no Conselho Administrativo de Recursos Fiscais – CARF, naquela que ficou conhecida como "Operação Zelotes".[20] Dois anos mais tarde, a Sexta Turma do Superior Tribunal de Justiça (STJ) manteve a decisão do Tribunal Regional Federal da 1ª Região (TRF1), que trancou a ação penal movida pelo Ministério Público Federal contra Trabuco.[21]

Esse fato muito bem demonstra que, principalmente no tocante a empresas de capital aberto, a imagem corporativa tem um peso significativo nos resultados dos negócios. Empresas com ações em bolsa de valores têm sua reputação diretamente ligada àquilo que os investidores entendem como uma ameaça para os negócios: diante de qualquer sinal de risco, eles batem em retirada e deixam um rastro de enorme prejuízo.

Uma pesquisa realizada ano passado pela consultoria Weber Shandwick, que entrevistou profissionais de mercados ao redor do

---

[20] Disponível em: https://exame.com/invest/mercados/acoes-do-bradesco-despencam-mais-de-7-com-zelotes/, acesso em: 26 fev. 2023.
[21] Disponível em: https://www.terra.com.br/economia/turma-do-stj-mantem-trancamento-de-acao-contra,trabuco-em-operacao-zelotes-diz-bradesco,ae499bad97e794c0147fda7d9f275751ntep1qu2.html, acesso em: 26 fev. 2023.

mundo, mostrou que os executivos globais atribuem, em média, 63% do valor de mercado à reputação geral de sua empresa. Executivos em todas as regiões, exceto no Reino Unido e em Hong Kong, estimam que a reputação de suas empresas contribui com mais da metade de seu valor de mercado. Ainda de acordo com essa mesma pesquisa, os executivos brasileiros estão no topo da lista dentre os que mais valorizam a reputação corporativa, pois apontam que 76% do valor de mercado de uma empresa a ela estão atrelados.[22]

Apesar de a Lei nº 12.846/2013 ter ficado conhecida no Brasil como "Lei Anticorrupção Empresarial", muito melhor seria que tivesse sido adotada uma nomenclatura que melhor retratasse seus verdadeiros objetivos, como, por exemplo, "Lei de Integridade das Pessoas Jurídicas". Isso porque os atos lesivos nela descritos não guardam subsunção apenas com o crime de corrupção, possuindo uma abrangência e um alcance muito maior em decorrência dos compromissos internacionais assumidos pelo Brasil em áreas diversas.[23]

Essa má interpretação extraída da nomenclatura que acabou reproduzida na doutrina e na jurisprudência, aliás, vem causando imensos danos reputacionais à pessoa jurídica processada desde o início do processo, pois a publicação do nome da pessoa jurídica na portaria inaugural do PAR[24] acaba antecipando um efeito que seria produzido apenas em caso de eventual condenação, ao final, com a sanção de publicação extraordinária da decisão administrativa condenatória (artigo 6º, II, da Lei nº 12.846/2013).

Ora, não se pode dizer, por ocasião da abertura de um PAR, que as atividades da empresa "violaram os preceitos da Lei nº 12.846/2013": por força constitucional, o fato de existir apenas um processo administrativo em tramitação jamais pode repercutir negativamente em desfavor da

---

[22] SHANDWICK, Weber. *The State of Corporate Reputation in 2020: Everything Matters Now*. Disponível em: https://www.webershandwick.com/wp-content/uploads/2020/01/The-State-of-Corporate-Reputation-in-2020_executive-summary_FINAL.pdf, acesso em: 19 jun. 2021.

[23] ZENKNER, Marcelo. *Função social da empresa e integridade corporativa*: sistema regulatório e repercussões de sua inobservância no plano dos direitos e garantias constitucionais fundamentais [submetido à publicação].

[24] O processo administrativo de responsabilização é instaurado por um ato administrativo denominado "portaria", a qual, de acordo com o artigo 13 da Instrução Normativa CGU nº 13/2019, deve conter os seguintes elementos: I - o nome, o cargo e a matrícula dos membros integrantes da comissão; II - a indicação do membro que presidirá a comissão; III - o número do processo administrativo onde foi realizado o juízo de admissibilidade; IV - o prazo para conclusão dos trabalhos da comissão; e *V - o nome empresarial e o número do registro no Cadastro Nacional da Pessoa Jurídica - CNPJ da pessoa jurídica que responderá ao PAR* – grifo nosso.

empresa em qualquer questão. A prática, infelizmente, comprova que, desde a publicação dessa portaria no Diário Oficial e até mesmo antes da lavratura do Termo de Indiciação, a pessoa jurídica processada, muitas vezes, acaba sendo demandada por parceiros comerciais no sentido de fornecer explicações sobre fatos dos quais não tem conhecimento e quando ainda nem sabe precisamente do que está sendo acusada.

Isso bem demonstra que a simples publicação da portaria inaugural de um PAR já é capaz de gerar uma gravíssima crise de imagem para as sociedades empresárias, com consequências econômicas devastadoras, como, por exemplo, a queda do valor das ações em bolsas de valores, a perda de oportunidades comerciais ou a extinção de contratos com parceiros comerciais, situações absolutamente não desejadas pelo princípio da preservação da empresa.

Vale lembrar que o Decreto Federal nº 11.129/2022, que regulamenta a Lei nº 12.846/2013, prevê que apenas a decisão administrativa final proferida pela autoridade julgadora do PAR deve ser publicada no Diário Oficial e no sítio eletrônico do órgão ou da entidade pública responsável pelo julgamento do PAR (artigo 14), sendo ele absolutamente omisso em relação à portaria. Entretanto, a Instrução Normativa CGU nº 13/2019 acabou indo mais longe do que o próprio Decreto para prever que também a portaria inaugural deve ser publicada no Diário Oficial (§2º do artigo 13) e, assim, gerar efeito específico da sanção reputacional prevista em lei, o que viola não apenas o princípio da preservação da empresa, mas também o princípio da presunção de inocência.

Ao mesmo tempo, registre-se que a inserção do nome e do CNPJ da pessoa jurídica processada na portaria levada ao Diário Oficial não é decorrência obrigatória do princípio constitucional da publicidade. A uma porque, como visto, há outro princípio também de matiz constitucional que justifica que não se identifique a pessoa jurídica no ato de instauração (*i.e.*, o da presunção de inocência), de modo que se afigura cabível um juízo de ponderação. A duas porque a informação sobre a existência de PAR contra determinada pessoa jurídica continuaria sendo de pleno acesso público mediante solicitação de extração de certidão, tal como ocorre em processos criminais, ou mesmo pela aplicação dos regramentos afetos à Lei de Acesso à Informação.

Apesar de não se tratar de um ato administrativo sigiloso, deve ser ele praticado de modo reservado e com máxima cautela pela comissão processante, preferencialmente fazendo-se referência apenas às letras iniciais da pessoa jurídica, a fim de que não sofra ela uma sanção antecipada. É esse, por exemplo, o procedimento adotado pela Diretoria de Governança e Conformidade da Petrobras em relação aos processos administrativos de responsabilização que por ali tramitam, em homenagem plena e absoluta ao princípio da preservação da empresa.

Por todos esses motivos, a previsão contida no inciso V do artigo 13 da Instrução Normativa CGU nº 13/2019 é absolutamente ilegal e inconstitucional, sendo imperioso promover uma revisão da Instrução Normativa CGU nº 13/2019 – e suas similares nos demais entes federativos –, a fim de que, em nome dos princípios da preservação e da presunção de inocência da pessoa jurídica, não haja a sua identificação na portaria de instauração que é publicada no Diário Oficial.

5.2 Instauração do processo administrativo de responsabilização apenas diante de provas da autoridade e da materialidade de ato lesivo tipificado na Lei nº 12.846/2013

O princípio da preservação da empresa se apresenta de maneira tão enfática no âmbito do Direito Administrativo Sancionador que, em determinadas situações, seu enunciado faz com que as exigências para a abertura de um processo administrativo de responsabilização em desfavor de uma pessoa jurídica suplantem até mesmo aquelas estabelecidas no Código de Processo Penal para a abertura de um processo criminal contra um indivíduo.

Como se sabe, para a propositura de uma ação penal é exigida apenas e tão somente a apresentação de prova da materialidade do fato e de indícios suficientes de autoria, ou seja, de "justa causa",[25] na exata literalidade do inciso III do artigo 395 do Código de Processo Penal. Prevalece no momento do oferecimento da denúncia, assim, o princípio do *in dubio pro societate*, de modo que a certeza derivada da apresentação de provas poderá ser deixada para um momento posterior e ser alcançada apenas ao final do processo, após a instrução probatória.

Em termos gerais, prova é uma evidência que confirma ou estabelece a verdade de uma afirmação, enquanto um mero indício é apenas uma pista ou uma sugestão que pode apontar para a verdade de uma afirmação qualquer. A prova é usada para estabelecer a verdade dos fatos em um processo, enquanto que o indício é "a circunstância

---

[25] NUCCI, Guilherme de Souza. *Código de processo penal comentado*. São Paulo: Revista dos Tribunais, 2019; CAPEZ, Fernando. *Curso de Processo Penal*. São Paulo: Saraiva, 2017.

conhecida e provada, que, tendo relação com o fato, autoriza, por indução, concluir-se a existência de outra ou outras circunstâncias" (artigo 239 do Código de Processo Penal).

Um exemplo concreto de prova seria a existência de um vídeo gravado por uma câmera de segurança que flagra o momento em que uma pessoa comete um crime, o qual poderia perfeitamente ser usado como prova no processo penal para demonstrar de maneira incontestável a autoria e a materialidade do crime. Já a constatação de digitais do suspeito no local do crime seria apenas um indício, pois, embora possam elas indicar a presença do suspeito no local, não são uma prova conclusiva de que ele cometeu o crime (poderiam ter sido deixadas ali em outro momento ou por outra razão). Por isso, as digitais seriam consideradas um indício que, combinado com outras evidências, poderia levar a uma conclusão mais segura sobre a autoria do crime. Em resumo, a prova é um elemento de convicção que demonstra de forma incontestável a autoria e a materialidade do ilícito, enquanto o indício é um elemento que aponta para a possibilidade de autoria, mas que não é suficiente por si só para comprovar a culpa do acusado.

A produção de uma prova, por essa razão, exige um esforço maior por parte daquele que detém o ônus de demonstrar a verdade dos fatos, eis que o seu nível de exigência supera em muito aquele que é exigido para um simples indício.

É verdade que, no âmbito do sistema de responsabilização das pessoas jurídicas, "os órgãos e entidades do Poder Executivo federal deverão reportar à CGU quando do conhecimento ou recebimento de *indícios* da ocorrência de atos lesivos praticados contra a administração pública estrangeira" (Instrução Normativa CGU nº 13, de 8 de agosto de 2019) – grifo nosso.

Entretanto, para a abertura de um processo administrativo de responsabilização, diferentemente do que ocorre no âmbito do processo penal, são necessárias provas. Nesse sentido, o inciso II do §2º do artigo 6º do Decreto Federal nº 11.129/2022 prevê que o "ato de indiciação conterá, no mínimo [...] o *apontamento das provas* que sustentam o entendimento da comissão pela ocorrência do ato lesivo imputado [...]" – grifos nossos.

A Instrução Normativa CGU nº 13, de 8 de agosto de 2019, em seus artigos 7º e 8º, faz previsão de um juízo de admissibilidade acerca de notícia de ocorrência de ato lesivo previsto na Lei nº 12.846/2013 para efeito de decisão acerca da abertura ou não de um processo administrativo de responsabilização. A previsão é no sentido da necessidade de análise acerca da existência dos elementos de autoria e materialidade necessários para a instauração de PAR em relação aos fatos noticiados. Esses mencionados elementos, conforme consta do inciso II do artigo 8º, devem ser "provas suficientes para justificar a abertura do processo", e não meros indícios.

Por coerência, o artigo 10 da mesma Instrução Normativa ainda prevê que, caso a análise aponte pela prática de uma das condutas descritas no artigo 5º da Lei nº 12.846/2013, a manifestação conclusiva e fundamentada indicando a necessidade de instauração do PAR deverá indicar as provas existentes que sustentam a conclusão da ocorrência do ato lesivo descrito.

Assim, diferentemente do que ocorre no processo penal, que se contenta com meros indícios e deve observar o princípio *in dubio pro societate* (na dúvida em favor da sociedade) no momento do oferecimento da denúncia, o processo administrativo de responsabilização exige, para sua instauração, a apresentação de provas concretas da ocorrência dos fatos e, se houver apenas indícios nesse sentido, a hipótese será de arquivamento em homenagem ao princípio *in dubio pro societas* (na dúvida em favor da empresa).

O desrespeito a esse regramento, por óbvio, viola o devido processo legal administrativo e, por isso, pode dar ensejo à impetração de mandado de segurança para trancar o processo administrativo de responsabilização por ausência de "justa causa" para sua instauração.

5.3 Fixação de incentivos e benefícios mitigadores das sanções diante da comprovação de indicadores positivos relacionados à função social da empresa

Como já examinado, na dosimetria das sanções aplicáveis em um processo administrativo de responsabilização, um dos parâmetros de redução do percentual da multa é exatamente a comprovação por parte da pessoa jurídica interessada da existência de um efetivo sistema de integridade, conforme previsão do artigo 23, inciso V, do Decreto nº 11.129/2022. Deixando-se de lado todas as críticas já endereçadas a esse procedimento no item 4 deste artigo, o fato é que, de acordo com a legislação brasileira em vigor, a redução pode chegar a até 5%, a depender do nível de efetividade do programa, mitigando-se o impacto financeiro causado pela aplicação da sanção.

Essa ideia de redução da penalidade, em verdade, deveria ser utilizada em outra direção: para as hipóteses em que a empresa processada consegue demonstrar que cumpre a sua função social prevista constitucionalmente. O que se propõe, "*de lege ferenda*", é que sejam criados incentivos para prestigiar e incentivar as empresas que cumprem sua função social, conforme previsão constante dos artigos 116, parágrafo único,[26] e 154, *caput*,[27] da Lei nº 6.404/1976 (Lei das Sociedades Anônimas) e, sobretudo, do artigo 170 da Constituição Federal.

Apesar de estarmos diante de um conceito vago ou indeterminado, é inegável a importância da função social da empresa na hermenêutica e aplicação do Direito. O Enunciado nº 53, inclusive, aprovado nas Jornadas de Direito Civil do Centro de Estudos Judiciários do Conselho de Justiça Federal, estabelece que "Deve-se levar em consideração o princípio da função social na interpretação das normas relativas à empresa, a despeito da falta de referência expressa".[28]

Pode-se dizer, pela letra da Constituição Federal, que a expressão "função social" deve abranger obrigações empresariais que envolvam as áreas ambiental, trabalhista, consumerista e concorrencial. Trata-se, portanto, de um corolário da função social da propriedade que vincula o exercício da atividade empresarial a valores eleitos pelo legislador constituinte, especialmente a construção de uma sociedade livre, justa e solidária, e a preservação dos valores sociais do trabalho e da livre-iniciativa. Não se pode negar, por isso, a correlação existente entre interesse público e função social da empresa, eis que esta fomenta a defesa do meio ambiente, gera uma melhor distribuição das riquezas, possibilita o oferecimento de condições dignas de trabalho, propicia o pagamento de salários mais justos e dignos e atua em harmonia com os diversos atores da sociedade.

Aqui sim estaria justificada a fixação de um percentual de redução da multa aplicável às empresas em um processo administrativo de responsabilização, cabendo à interessada comprovar que cumpre a sua

---

[26] Artigo 116, parágrafo único, da Lei nº 6.404/1976. O acionista controlador deve usar o poder com o fim de fazer a companhia realizar o seu objeto e *cumprir sua função social* e tem deveres e responsabilidades para com os demais acionistas da empresa, os que nela trabalham e para com a comunidade em que atua, cujos direitos e interesses deve lealmente respeitar e atender – grifo nosso.

[27] Art. 154 da Lei nº 6.404/1976. O administrador deve exercer as atribuições que a lei e o estatuto lhe conferem para lograr os fins e no interesse da companhia, *satisfeitas as exigências do bem público e da função social da empresa*.

[28] Jornadas de Direito Civil I, III, IV e V: enunciados aprovados. Coordenador científico Ministro Ruy Rosado de Aguiar Júnior. Brasília: Conselho da Justiça Federal, Centro de Estudos Judiciários, 2012. Disponível em: https://www.cjf.jus.br/cjf/corregedoria-da-justica-federal/centro-de-estudos-judiciarios-1/publicacoes-1/jornadas-cej/EnunciadosAprovados-Jornadas-1345.pdf, acesso em: 22 fev. 2023.

função social prevista na Constituição Federal de diversas maneiras, tais como: (i) respeitando as leis trabalhistas e garantindo condições dignas de trabalho para seus colaboradores, com remuneração justa, benefícios e políticas de saúde e segurança no trabalho; (ii) respeitando os direitos humanos e os valores éticos em todas as suas operações e relacionamentos comerciais e combatendo a discriminação, o assédio moral ou sexual e qualquer forma de violência ou exploração; (iii) promovendo ações de responsabilidade social que contribuam para o desenvolvimento da comunidade em que estão inseridas, como a promoção de programas de educação e treinamento, apoio a instituições beneficentes, ações de voluntariado, entre outras; (iv) respeitando o meio ambiente e adotando práticas sustentáveis em suas operações diárias, como a redução de resíduos, o uso de energia renovável e a adoção de práticas de reciclagem; (v) investindo em tecnologias sustentáveis e inovações que possam contribuir para a redução do impacto ambiental e social de suas operações, tais como a utilização de materiais biodegradáveis e a produção de energia renovável; (vi) adotando políticas de transparência e governança corporativa que garantam a prestação de contas e o diálogo com os *stakeholders* (clientes, colaboradores, fornecedores, comunidade local, acionistas, entre outros); e (vii) participando ativamente do debate público e contribuindo para a construção de uma sociedade mais justa, solidária e sustentável, em consonância com os valores da Constituição Federal.

Empresas que cumprem a sua função social se conectam diretamente com os valores da integridade corporativa e, por isso, tendem a ser mais longevas. Políticas ESG ("Environmental, Social & Governance") são, atualmente, absolutamente fundamentais para qualquer organização, pois constroem uma imagem positiva junto ao público e estabelecem uma relação mais forte e duradoura com seus clientes. Além disso, atraem e retêm colaboradores mais engajados e comprometidos com a empresa, o que contribui para o aumento da produtividade e da qualidade dos produtos e serviços; reduzem seus riscos e custos, uma vez que evitam sanções legais, multas e danos à imagem causados por ações ilegais ou antiéticas; recebem mais apoio dos *stakeholders*, como fornecedores, comunidade local e investidores, o que contribui para a construção de um ambiente de negócios mais favorável e duradouro; são mais resilientes e capazes de enfrentar crises e turbulências, uma vez que possuem uma base sólida de valores e princípios que orientam as suas decisões e ações.[29]

Organizações que cumprem efetivamente a sua função social, por tudo isso, tendem a criar um ambiente mais favorável e duradouro para a sua atuação, o que contribui para a sua longevidade e sucesso a longo prazo. Assim, a existência de incentivos legais claros e expressos nesse sentido é absolutamente fundamental para que seja atendido em sua plenitude o princípio da preservação da empresa.

Conclusões finais

Em conclusão, pode-se afirmar que a observância do princípio da preservação da empresa na aplicação de sanções previstas na Lei nº 12.846/2013 é fundamental para garantir a efetividade da responsabilização das pessoas jurídicas que se envolvem com a prática de atos lesivos contra a Administração Pública, pois funciona como ponto de equilíbrio entre a devida punição e a continuidade da atividade econômica da empresa.

A fábula da galinha dos ovos de ouro traz uma importante lição sobre a importância da moderação. Na história, um homem tinha uma galinha que todos os dias botava um ovo de ouro, mas, ansioso por resultados mais rápidos, ele decidiu matar a galinha para se apropriar de todos os ovos de uma só vez. Ao fazer isso, descobriu que a galinha não tinha ovos de ouro em seu organismo, perdendo, assim, definitivamente a sua fonte de riqueza permanente.

A história ilustra muito bem a importância de cuidar e preservar as fontes geradoras de riqueza, ao invés de, de modo irracional, destruí-las em nome da obtenção de resultados imediatos e ineficazes.

As autoridades públicas dos órgãos sancionadores da Lei nº 12.846/2013 precisam ter em mente que o objetivo desse poderoso instrumento legislativo é o de desenvolver um ambiente negocial íntegro em nosso país para, em decorrência, atrair mais investidores, permitir a criação de novas empresas, gerar mais empregos e fomentar o recolhimento de mais impostos em favor do Poder Público. A lei se propõe, assim, à geração de riqueza e não a punir de forma desarrazoada

---

[29] Nesse sentido: GALINDO, Fábio; ZENKNER, Marcelo; KIM, Yoon Jung. *Fundamentos do ESG*: geração de valor para os negócios e para o mundo. Belo Horizonte: Fórum, 2023.

e, muito menos, a causar prejuízos reputacionais para as empresas antes da declaração de responsabilização.

Uma visão de longo prazo, por tudo isso, é absolutamente decisiva não apenas para os empresários no desenvolvimento de seus negócios, mas também para as autoridades públicas que receberam a importante missão de tornar vivos e concretos os preceitos da Lei nº 12.846/2013.

Referências

BRASIL. Lei nº 12.846, de 1º ago. 2013 (Dispõe sobre a responsabilização administrativa e civil de pessoas jurídicas pela prática de atos contra a administração pública, nacional ou estrangeira, e dá outras providências).

BRASIL. Lei Federal nº 10.406, de 10 jan. 2002 (Institui o Código Civil).

BRASIL. Lei nº 8.429, de 2 jun. 1992 (Dispõe sobre as sanções aplicáveis aos agentes públicos nos casos de enriquecimento ilícito no exercício de mandato, cargo, emprego ou função na administração pública direta, indireta ou fundacional e dá outras providências).

BRASIL. Lei nº 6.404, de 15 dez. 1976 (Dispõe sobre as Sociedades por Ações).

BRASIL. Exposição de Motivos Interministerial nº 11, de 23 out. 2009. Lavrada pela Advocacia-Geral da União, pela Controladoria-Geral da União e pelo Ministério da Justiça para submeter à consideração da Presidência da República o PL que resultou na Lei nº 12.846, de 1º de agosto de 2013.

BRASIL. Medida Provisória nº 703, de 18 dez. de 2015. Altera a Lei nº 12.846, de 1º de agosto de 2013, para dispor sobre acordos de leniência.

BRASIL. Exposição de Motivos Interministerial nº 207, de 18 dez. 2015. Lavrada pela Advocacia-Geral da União, pela Controladoria-Geral da União e pelo Ministério da Justiça para submeter à consideração da Presidência da República Proposta de Medida Provisória, com vistas a alterar a Lei nº 12.846, de 1º de agosto de 2013.

BRASIL. Instrução Normativa CGU nº 13, de 8 ago. 2019 (Define os procedimentos para apuração da responsabilidade administrativa de pessoas jurídicas de que trata a Lei nº 12.846, de 1º de agosto de 2013, a serem observados pelos órgãos e entidades do Poder Executivo federal).

BRASIL. Acordo de Cooperação Técnica (ACT) entre CGU, AGU, MJSP e o TCU, de agosto 6 ago. 2020 (Acordo de Cooperação Técnica que entre si celebram o Ministério Público Federal, a Controladoria-Geral da União, a Advocacia-Geral da União, o Ministério da Justiça e Segurança Pública e o Tribunal de Contas da União em matéria de combate à corrupção no Brasil, especialmente em relação aos acordos de leniência da Lei nº 12.846/2013).

CANARIS, Claus-wilhem. *Pensamento sistemático e o conceito de sistema na ciência do direito*. Lisboa: Fundação Calouste Gulbenkian, 1996.

CAPEZ, Fernando. *Curso de Processo Penal*. São Paulo: Saraiva, 2017.

COELHO, Fábio Ulhôa. *Curso de direito comercial*: direito de empresa. 23. ed. São Paulo: Saraiva, 2011.

ESTADOS UNIDOS. FCPA Corporate Enforcement Policy. Disponível em: https://www.justice.gov/criminal-fraud/file/838416/download.

ESTADOS UNIDOS. U.S. Department of Justice Office of the Deputy Attorney General, Individual Accountability for Corporate Wrongdoing. Disponível em: https://www.justice.gov/dag/file/769036/download.

ESTADOS UNIDOS. USSG – United States Sentencing Guidelines. Disponível em: https://www.ussc.gov/guidelines/2018-guidelines-manual-annotated.

ESTADOS UNIDOS. Deputy Attorney General Rosenstein Delivers Remarks at the 34th International Conference on the Foreign Corrupt Practices Act. Disponível em: https://www.justice.gov/opa/speech/deputy-attorney-general-rosenstein-delivers-remarks-34th-international-conference-foreign Acesso em: 9 set. 2021.

GALINDO, Fábio; ZENKNER, Marcelo; KIM, Yoon Jung. *Fundamentos do ESG*: geração de valor para os negócios e para o mundo. Belo Horizonte: Fórum, 2023.

GARCIA, Victor. *O direito administrativo sancionador e a preservação da empresa*. Dissertação [Mestrado em Direito] – Faculdade de Direito do Instituto Brasileiro de Ensino Desenvolvimento e Pesquisa – IDP, Brasília, 2021.

MEIRELLES, Hely Lopes. *Direito Administrativo Brasileiro*. 47. ed. São Paulo: Malheiros, 2019.

MELLO, Celso Antônio Bandeira de. *Curso de Direito Administrativo*. 34. ed. São Paulo: Malheiros, 2019.

MORAES, Maurício Zanoide de. *Presunção de inocência no Processo Penal Brasileiro*: análise de sua estrutura normativa para a elaboração legislativa e para a decisão judicial. Rio de Janeiro: Lumen Juris, 2010.

NUCCI, Guilherme de Souza. *Código de Processo Penal comentado*. São Paulo: Revista dos Tribunais, 2019.

OECD. *Corporate Bankruptcy and Reorganization Procedures in OECD and Central and Eastern European Countries*. Paris: OECD Publications and Information Centre, 1994.

POLMAN, Paul. *Impacto Positivo*, trad. Alves Calado. 1. ed. Rio de Janeiro: Sextante, 2022.

SHANDWICK, Weber. *The State of Corporate Reputation in 2020: Everything Matters Now*. 2020. Disponível em: https://www.webershandwick.com/wp-content/uploads/2020/01/The-State-of-Corporate-Reputation-in-2020_executive-summary_FINAL.pdf.

VOSGERAU, Bruno Roberto; BERTONCINI, Mateus Eduardo S. N. A dissolução compulsória da pessoa jurídica na Lei Anticorrupção e o aparente conflito com o princípio da função social da empresa e o princípio da preservação da empresa. *In*: *Revista de Direito Administrativo e Gestão Pública*, Porto Alegre, v. 4, n.2, jul./dez. 2018.

ZENKNER, Marcelo. *Integridade Governamental e Empresarial:* um espectro do combate à corrupção no Brasil e em Portugal. Belo Horizonte: Fórum, 2019.

ZENKNER, Marcelo. *Função social da empresa e integridade corporativa*: sistema regulatório e repercussões de sua inobservância no plano dos direitos e garantias constitucionais fundamentais. Submetido à publicação.

ZYMLER, Benjamin; DIOS, Laureano Canabarro. *Lei Anticorrupção (Lei nº 12.846/2013):* uma visão do controle externo. Belo Horizonte: Fórum, 2016.

Informação bibliográfica deste texto, conforme a NBR 6023:2018 da Associação Brasileira de Normas Técnicas (ABNT):

ZENKNER, Marcelo. A aplicação do princípio da preservação da empresa na Lei nº 12.846/2013: fundamentos jurídicos e aplicações práticas. *In*: ZENKNER, Marcelo; KIM, Shin Jae (coord.). *Lei Anticorrupção Empresarial:* perspectivas e expectativas – Edição comemorativa dos 10 anos de vigência da Lei nº 12.846/2013. Belo Horizonte: Fórum, 2023. p. 309-339. ISBN 978-65-5518-541-6.

O CONTRADITÓRIO NO PROCESSO ADMINISTRATIVO DE RESPONSABILIZAÇÃO: NOTAS PARA O EXERCÍCIO DE UMA DEFESA EFETIVA DA PESSOA JURÍDICA

MARCELO ZENKNER

GABRIEL ENE GARCIA

1 Considerações iniciais

Completando dez anos, a Lei nº 12.846/2013 ainda vem sendo paulatinamente assimilada pelos órgãos públicos, principalmente no tocante à implantação dos mecanismos necessários para a responsabilização administrativa. Seu regime diferenciado, baseado em responsabilidade objetiva, demanda que os atores envolvidos na sua aplicação estejam preparados, seja na perspectiva do órgão público, para analisar adequadamente a incidência da norma, seja na perspectiva da pessoa jurídica acusada, para realizar uma defesa consistente com esse regime.

Neste sentido, a lógica usual defensiva calcada na responsabilidade subjetiva, afeta à improbidade ou ao regime de licitações e contratos públicos, por exemplo, não permite uma atuação adequada da defesa diante de uma acusação fundada na Lei nº 12.846/2013.

Há, então, um perigo duplo em relação a isso: se a defesa não for capacitada para identificação das matérias passíveis de discussão, pode, inclusive, haver uma condenação indevida da pessoa jurídica, principalmente se a discussão, por exemplo, for conduzida para questões ínsitas ao dolo ou culpa.

O presente artigo, nesta perspectiva, observa de maneira objetiva as bases em que se funda a responsabilização da pessoa jurídica sob os ditames da Lei nº 12.846/2013, descortinando os pontos de atenção que devem ser observados quando do exercício da defesa, a fim de contribuir para a correta aplicação da norma.

2 Base axiológica para o desenvolvimento da defesa

Um dos pontos mais relevantes para a solidez da defesa da pessoa jurídica é a compreensão da base principiológica que sustenta o processo administrativo de responsabilização e, portanto, fixa os limites em que as sanções previstas na Lei nº 12.846/2013 podem ser impostas. A atuação da defesa, ao fim e ao cabo, é orientada, direta ou indiretamente, pelos princípios que condicionam o poder sancionatório, o que demonstra a relevância de sua correta apreensão para a construção de uma estratégia não só eficaz, mas também coerente.

Com efeito, a atividade sancionadora do Estado, seja ela exercida no domínio administrativo ou judicial, deve observância, para se revestir de legitimidade, a uma série de princípios e regras constitucionais, corolários do próprio Estado Democrático de Direito.

Neste contexto, a Lei nº 12.846/2013 representa uma das mais atuais manifestações do Direito Administrativo Sancionador, vinculando-se, no momento de sua interpretação e aplicação, a esses princípios e regras que conformam a ação punitiva estatal, sem os quais restariam deturpados o *rule of law* e a legitimidade democrática do exercício do poder sancionador.

Com efeito, há uma série de direitos constitucionais fundamentais especificamente voltados à proteção do particular quando confrontado pelo poder punitivo estatal. Em evidência, para os fins de delimitação de sua atuação defensiva, estão os direitos ao contraditório, à ampla defesa e ao devido processo legal, todos aplicáveis, sem qualquer margem de dúvida, ao processo administrativo.[1]

---

[1] Constituição Federal, art. 5º Todos são iguais perante a lei, sem distinção de qualquer natureza, garantindo-se aos brasileiros e aos estrangeiros residentes no País a inviolabilidade do direito à vida, à liberdade, à igualdade, à segurança e à propriedade, nos termos seguintes: [...] LIV - ninguém será privado da liberdade ou de seus bens sem o devido processo legal; LV - aos litigantes, em processo judicial ou administrativo, e

Desse esquema constitucional decorrem tantos outros princípios que salvaguardam o particular. Veja-se, por exemplo, aqueles positivados no artigo 2º da Lei Federal nº 9.784/1999, que determina a obediência da Administração Pública, em sede de processo administrativo, aos princípios da legalidade, finalidade, motivação, razoabilidade, proporcionalidade, moralidade, segurança jurídica, interesse público e eficiência. Mais do que isso, a obediência a tais princípios pressupõe a observância de parâmetros de atuação, como, por exemplo, a adequação entre meios e fins, de modo a obstar a imposição de obrigações, restrições e sanções em medida superior àquelas estritamente necessárias ao atendimento do interesse público, e o respeito às formalidades essenciais à garantia dos direitos dos administrados.

Há, portanto, uma sólida base constitucional que irradia uma série de exigências sobre (i) a atuação legislativa em matéria de Direito Sancionatório e (ii) a atuação administrativa sancionadora, cuja inobservância resulta na ilegitimidade democrática da sanção.

Nesta toada, a Lei nº 12.846/2013 instaura um regime de responsabilização objetiva e preconiza sanções gravíssimas para os seus atos lesivos, os quais, no espírito do Direito Punitivo, devem ser prévia e suficientemente tipificados na própria lei. Isto é, a Lei nº 12.846/2013 concebeu o PAR como instrumento destinado exclusivamente à persecução administrativa afeta aos atos lesivos à Administração Pública que a própria lei descreve. Assume protagonismo, nesta perspectiva, o princípio da legalidade estrita, que impõe limites à responsabilização ao demandar prévia tipificação das condutas que são passíveis de punição.

Como explica Fábio Medina Osório, analisando a questão especificamente sob a ótica do Direito Administrativo Sancionador:

> Pode-se dizer, nesse passo, que o princípio da tipicidade das infrações administrativas, além de encontrar ressonância direta ou indireta nesse substancial conjunto de direitos fundamentais, decorre, ainda, genericamente, do princípio da legalidade fundamentadora do Estado de Direito, vale dizer, da garantia de que "ninguém será obrigado a fazer ou deixar de fazer alguma coisa senão em virtude de lei" (art. 5.º, II, CF/88). Some-se a isso o fato de que Administração Pública, ademais, está submetida à exigência de legalidade administrativa (art. 37, caput, CF/88), o que pode implicar, em semelhante contexto, necessária tipicidade permissiva para elaborar modelos de condutas proibidas e

---

aos acusados em geral são assegurados o contraditório e ampla defesa, com os meios e recursos a ela inerentes.

sancioná-las. (...) Por tudo isso, a garantia de que as infrações estejam previamente tipificadas em normas sancionadoras integra, por certo, o devido processo legal da atividade sancionatória do Estado (art. 5.º, LIV, CF/88), como tem sido nos países civilizados, mormente no berço histórico do instituto, visto que sem a tipificação do comportamento proibido resulta violada a segurança jurídica da pessoa humana ou jurídica, que se expõe ao risco de proibições arbitrárias e dissonantes dos comandos legais.[2]

Mais além, isso significa que não se pode admitir, no âmbito de aplicação da lei – e, portanto, da utilização do PAR –, a extensão das condutas nela tipificadas, por exemplo. Isso se extrai diretamente dessa base constitucional principiológica, materializando-se em duas vedações para as quais a defesa precisa estar sempre atenta: a proibição de interpretação extensiva e de analogia *in malam partem*, questões essenciais à compreensão da tipicidade formal, que serão adiante abordadas.

Deste modo, é a partir do esquema de valores de cunho constitucional que as teses defensivas vão se esquadrinhando, razão pela qual tais princípios não podem ser olvidados ou subestimados, devendo ser invocados e salvaguardados durante todo o contraditório.

3 Da delimitação das imputações e da necessidade de correlação: a relevância do termo de indiciação

O PAR somente deve ser instaurado quando estiver em discussão o cometimento de um ato lesivo, *i.e.*, uma conduta que se enquadre em uma das hipóteses taxativamente arroladas nos incisos do artigo 5º da Lei nº 12.846/2013, e quando houver provas concretas a esse respeito.[3] Afinal, é incontestável que a mera instauração de um PAR já produz, para a pessoa jurídica acusada, efeitos reputacionais negativos, podendo, a depender da gravidade, comprometer as atividades negociais da empresa.

A isso se soma que, como exigência da garantia constitucional ao contraditório e à ampla defesa, a imputação à pessoa jurídica seja

---

[2] OSÓRIO, Fábio Medina. *Direito administrativo sancionador*. 3. ed. São Paulo: Thomson Reuters Brasil, 2020, livro eletrônico.
[3] Neste sentido, cfr. o item 5.2 do artigo *A Aplicação do Princípio da Preservação da Empresa na Lei nº 12.846/2013*: Fundamentos Jurídicos e Aplicações Práticas, desta obra.

feita de maneira compreensível e delimitada, possibilitando o exercício de uma defesa coesa e efetiva. Isso porque o acusado (em processo de qualquer natureza) se defende a partir dos fatos consignados na notificação ou no ato de instauração do processo, havendo, assim, uma delimitação do objeto do processo.

Para se desincumbir deste ônus acusatório, com a devida demonstração da justa causa para a persecução administrativa, é necessário que a comissão processante lavre o Termo de Indiciação (ou documento equivalente[4]), procedendo à descrição clara e objetiva do ato lesivo imputado, com as suas circunstâncias relevantes, as provas que sustentam o entendimento da comissão pela ocorrência deste ato e o respectivo enquadramento legal. Em suma, é necessário que seja realizado um juízo de tipicidade, demonstrando a subsunção da conduta ao ato lesivo imputado e os elementos probatórios que sustentam a instauração do PAR. O raciocínio aqui é o mesmo que prevalece, por exemplo, no tocante à petição inicial da ação de improbidade:

> Da mesma forma, o devido processo legal, em seus aspectos formal e substancial, é, evidentemente, prestigiado, quer pelo que foi exposto anteriormente, quer, entre outros aspectos, pela exigência de que a inicial descreva exatamente o ato atribuído a cada réu, permitindo a ampla defesa em contraditório, facultando a ampla participação do réu na instrução e na alegação de fatos e circunstâncias relevantes, a serem considerados no julgamento, e na própria segurança decorrente da estrita descrição dos atos tidos como ímprobos.[5]

No âmbito da Administração Pública Federal, essa obrigação relativa à delimitação da imputação já decorreria da própria Lei Federal

---

[4] Na prática, observa-se que a nomenclatura "Termo de Indiciação" ou "Nota de Indiciação" é utilizada principalmente nos PARs em trâmite na Administração Pública Federal. No âmbito das Administrações Estaduais ou Municipais, pode haver variação do termo, ou inclusive a limitação à existência de uma notificação que cumpra o seu papel. De todo modo, caso a regulamentação estadual ou municipal não preveja a existência de um documento específico para a delimitação das imputações, entende-se que ela necessariamente deve constar da notificação da pessoa jurídica acusada.

[5] GAJARDONI, Fernando da Fonseca; FRANCO, Fernão Borba; CRUZ, Luana Pedrosa de Figueiredo; GOMES JUNIOR, Luiz Manoel; FAVRETO, Rogerio. *Comentários à nova Lei de Improbidade Administrativa*. 4. ed. São Paulo: Thomson Reuters Brasil, 2023, livro eletrônico. No mesmo sentido, aliás, é a jurisprudência dos Tribunais, como, por exemplo, colhe-se do seguinte precedente: "Não deve ser acolhida a petição inicial em relação a um dos réus que apenas descreve genericamente os atos de improbidade administrativa, pois a imputação por atos desta natureza deve ser detalhada e específica." (TJDFT, Processo nº 0012749-73.2006.8.07.0000, Relator Hector Valverde Santanna, 5ª Turma Cível, julgamento em 31/10/2007).

nº 9.784/1999, que exige que a intimação contenha a indicação dos fatos e fundamentos legais pertinentes (art. 26, §1º, VI).

Especificamente no caso do PAR, a necessidade de elaboração do termo de indiciação já era positivada na Instrução Normativa nº 13/2019, mas foi recentemente alçada para o Decreto Federal nº 11.129/2022, em seu artigo 6º, §2º,[6] o que reforça a sua importância.

Essa explicitação, inclusive, harmoniza-se com a nova Lei de Abuso de Autoridade (Lei nº 13.869/2019), que prevê como crime a conduta de dar início ou proceder à persecução administrativa sem justa causa fundamentada. Deste modo, sem descrição do ato, de seu enquadramento legal e da indicação dos elementos que o subsidiam, estar-se-á diante da ausência de justa causa para o PAR, o que, em tese, pode ensejar a responsabilização criminal dos agentes públicos envolvidos.

A delimitação feita no Termo de Indiciação (ou na notificação), ademais, obsta que outro objeto seja considerado quando da prolação da decisão final. Em outras palavras, estabelece-se uma exigência de congruência entre a imputação e a decisão. Nisso consiste, justamente, o princípio da correlação (ou da congruência), que reclama a existência de identidade entre o objeto inicial do processo e aquele que compõe a decisão final. Explicitando o conteúdo deste princípio, Gustavo Badaró afirma que:

> A regra da correlação entre o fato imputado e o fato constante na sentença implica que o objeto do processo permaneça inalterado, durante todo o desenvolver do iter procedimental. Não pode haver alteração do objeto do processo, considerado em seus momentos extremos. Desde o momento inicial, com a acusação, até o seu término, com a sentença, o objeto do processo não pode, em regra, sofrer alterações. [...] Mais do que simples garantia de defesa, a correlação entre acusação e sentença visa a preservar o próprio exercício do contraditório. De nada adiantaria conferir às partes o direito de alegar e provar, buscando influir sobre o convencimento judicial, se o juiz, no momento culminante do processo, pudesse considerar na decisão fatos que escaparam ao debate judicial.

---

[6] Art. 6º Instaurado o PAR, a comissão avaliará os fatos e as circunstâncias conhecidas e indiciará e intimará a pessoa jurídica processada para, no prazo de trinta dias, apresentar defesa escrita e especificar eventuais provas que pretenda produzir. [...] §2º O ato de indiciação conterá, no mínimo: I - a descrição clara e objetiva do ato lesivo imputado à pessoa jurídica, com a descrição das circunstâncias relevantes; II - o apontamento das provas que sustentam o entendimento da comissão pela ocorrência do ato lesivo imputado; e III - o enquadramento legal do ato lesivo imputado à pessoa jurídica processada.

O contraditório é que impõe o limite da imutabilidade do objeto do processo.[7]

Merece referência, a esse respeito, o §10-F do artigo 17 da Lei nº 8.429/1992, recentemente atualizada, o qual, em relação ao processo judicial de responsabilização, estabelece que "Será nula a decisão de mérito total ou parcial da ação de improbidade administrativa que: I - condenar o requerido por tipo diverso daquele definido na petição inicial". Ora, se nem mesmo um magistrado pode inovar para condenar uma empresa por ato de improbidade administrativa, com muito mais razão não podem a comissão processante ou a autoridade julgadora de um processo administrativo de responsabilização agir de maneira análoga, exatamente porque o ferimento aos direitos e garantias constitucionais fundamentais seria absolutamente o mesmo.

Vale ressaltar, assim, que a aplicabilidade do princípio em questão é também válida e necessária aos processos administrativos, uma vez que o fundamento é o princípio do contraditório, que, de natureza constitucional, é assegurado a todos os litigantes, em processo judicial ou administrativo (artigo 5º, LV, da CF).[8]

Nesta toada, o recente Decreto Federal nº 11.129/2022 também corroborou a incidência do princípio da correlação no PAR, reforçando a necessidade da clareza da imputação. Isto porque a norma regulamentadora passou a prever que, caso as novas provas juntadas aos autos justifiquem alterações na nota de indiciação inicial, uma nova indiciação ou um complemento sejam lavrados, abrindo-se novo prazo para a defesa (art. 8º, §1º). Trata-se de outra incorporação do que já era previsto na IN CGU nº 13/2019, tornando inquestionável a necessidade de congruência entre a decisão e o termo de indiciação.

Destarte, para fins da defesa da pessoa jurídica, é necessário estar atento não só à descrição adequada da imputação, mas também à congruência entre esta e a decisão que será proferida, a fim de preservar o direito ao contraditório.

---

[7] BADARÓ, Gustavo Henrique. *Correlação entre acusação e sentença*. 4. ed. São Paulo: Thomson Reuters Brasil, 2019, versão eletrônica.

[8] Nesta toada: "A ausência de correlação entre a imputação formulada na portaria instauradora do procedimento administrativo-disciplinar com a motivação da posterior sanção aplicada pela autoridade administrativa não é admissível, pois viola o direito fundamental ao devido processo legal e ao pleno exercício do direito de defesa e do contraditório, assegurados constitucionalmente (art. 5º, LIV e LV da Carta da República)." (TJ-RS, Apelação nº 70082911322, Rel. Des. Eduardo Uhlein, Quarta Câmara Cível, j. em 29/01/2020).

4 Juízo de tipicidade formal

Para que se concretize um ato lesivo, é necessário que seja demonstrada a existência de tipicidade formal, isto é, que a conduta apontada como ilícita se enquadre perfeitamente em uma das situações previstas nos incisos do artigo 5º da Lei nº 12.846/2013.

Neste sentido, em primeiro lugar, é oportuno rememorar que o rol de atos lesivos previsto nos incisos do artigo 5º da Lei nº 12.846/2013 é taxativo.[9] Apenas as condutas que se amoldarem às previsões descritas na lei é que caracterizarão um ato lesivo apto a ensejar a responsabilização objetiva e a imposição das sanções previstas no artigo 6º.

Consoante abordado ao enfrentar os limites da atividade sancionatória, o princípio da legalidade representa uma das grandes conquistas civilizatórias do Estado de Direito, impondo que apenas condutas legais e previamente tipificadas como infrações possam ser sancionadas pelo Poder Público. É, verdadeiramente, uma barreira de contenção do arbítrio, garantindo segurança jurídica às relações sociais.

Em suas últimas consequências, é ínsita ao princípio da legalidade a impossibilidade da utilização de interpretação extensiva ou de analogia *in malam partem* na aplicação das normas que descrevem condutas ilícitas (não só em matéria penal, mas também administrativa), obstando que elas sejam ampliadas no momento da aplicação da lei. Importa consignar, neste tocante, que a aplicabilidade dessas vedações ao processo administrativo já foi há muito chancelada pela jurisprudência pátria, consolidando-se em posicionamento das Cortes Superiores.[10]

Assim, ao verificar a tipicidade formal da imputação, a defesa deve estar atenta à decomposição do ato lesivo para observar se os elementos que o integram estão efetivamente presentes, sem que para

---

[9] Neste sentido: "É o art. 5º da Lei nº 12.846/2013 que traz a listagem dos atos lesivos à Administração Pública, nacional ou estrangeira, capazes de gerar responsabilização administrativa e civil de pessoas jurídicas. Importa ressaltar, preliminarmente, que, diferentemente do que ocorre na Lei de Defesa da Probidade Administrativa, o rol de ilícitos constante dos incisos do citado artigo é taxativo, não comportando qualquer tipo de extensão. Isso porque a LIPJ [Lei de Integridade das Pessoas Jurídicas] utiliza, no caput do mencionado art. 5º, a expressão "assim definidos", a fim de deixar explícito que as condutas que o legislador quis reprimir são única e exclusivamente aquelas ali listadas." (ZENKNER, Marcelo. *Integridade governamental e empresarial:* um espectro da repressão e da prevenção à corrupção no Brasil e em Portugal. Belo Horizonte: Fórum, 2019, p. 175).

[10] Nesta esteira, por todos, RMS n. 21.922/GO, relator Ministro Teori Albino Zavascki, Primeira Turma, em 5/6/2007; REsp 1.216.190/RS, Rel. Ministro Mauro Campbell Marques, Segunda Turma, em 02/12/2010; e AgInt no REsp 1.643.337/MG, Rel. Ministro Sérgio Kukina, Primeira Turma, em 19/04/2018.

atestá-los seja necessário recorrer a critérios hermenêuticos incompatíveis com a legalidade estrita, como é o caso da interpretação extensiva e da analogia *in malam partem*.

Duas situações têm apresentado recorrência prática e, por se relacionarem diretamente com a (a)tipicidade formal, possibilitam perceber a importância deste juízo para a defesa da pessoa jurídica acusada.

4.1 A figura da tentativa

Sabe-se que a figura da tentativa é bem delineada no Direito Penal, havendo vasto desenvolvimento doutrinário e jurisprudencial sobre os pressupostos de responsabilização de infrações tentadas. Com efeito, a adequação típica de um crime tentado ocorre, em regra, pela dita subordinação mediata, ampliada ou por extensão, operada por força do que dispõe o artigo 14, II, do Código Penal.[11] Como explica Cleber Masson:

> A adequação típica de um crime tentado é de subordinação mediata, ampliada ou por extensão, já que a conduta humana não se enquadra prontamente na lei penal incriminadora, reclamando-se, para complementar a tipicidade, a interposição do dispositivo contido no art. 14, II, do Código Penal. Logo, a norma definidora da tentativa é uma norma de extensão ou ampliação da conduta.[12]

Um exemplo de fácil compreensão é o caso do furto tentado. A responsabilização penal pelo crime de furto decorre da tipificação da conduta de "subtrair, para si ou para outrem, coisa alheia móvel", tal como prevista no artigo 155 do Código Penal. Assim, a partir do momento em que há a subtração da coisa alheia, configura-se o furto, atraindo a responsabilidade penal do indivíduo. No entanto, caso o agente não consiga levar a cabo a subtração, mas tenha iniciado os atos de execução (*e.g.*, tentava abrir um veículo para retirar o celular que nele estava, mas foi impedido por abordagem policial), essa conduta

---

[11] Art. 14 - Diz-se o crime: [...] II - tentado, quando, iniciada a execução, não se consuma por circunstâncias alheias à vontade do agente.

[12] MASSON, Cleber. *Direito Penal*: parte geral (arts. 1º a 120). Vol. 1. 15. ed. Rio de Janeiro: Forense; Método, 2021, p. 290.

não se enquadra de maneira exata na previsão do artigo 155, uma vez que não está tipificada a conduta de "tentar subtrair".

No entanto, diante da norma de extensão do artigo 14, II, do Código Penal, o agente ainda assim fica sujeito à responsabilização, diante da subordinação mediata que se opera no artigo 155. É por essa razão, então, que a denúncia por furto tentado imputa expressamente ao indivíduo a prática de infração do artigo 155 combinado com o artigo 14, II, ambos do Código Penal. Sem a norma de extensão, portanto, a conduta tentada não seria formalmente típica, pois não se amoldaria com perfeição àquela tipificada.

A mesma conclusão, destarte, deve imperar quando em exame atos lesivos previstos na Lei nº 12.846/2013, justamente em razão dos consectários da legalidade estrita que rege a sua aplicação: a vedação de interpretação extensiva.[13] Em outras palavras, a tentativa só pode ser punida se houver expressa previsão legal, seja diretamente no tipo, tipificando uma conduta de "tentar fazer", seja por meio de uma norma de extensão, tal como o artigo 14, II, do Código Penal.

No caso específico da Lei nº 12.846/2013, não existe uma norma geral de extensão que permita a punição da mera tentativa dos atos lesivos previstos no artigo 5º. Ou seja, não há um dispositivo na lei que possibilite a imputação "mediata", tal como nas denúncias criminais. Por consequência, inexistindo um dispositivo de "ampliação da conduta", a punição da tentativa só será admitida, em relação aos ilícitos trazidos no artigo 5º da Lei nº 12.846/2013, quando o próprio ato lesivo descrever uma conduta de modalidade tentada.

Isso se confirma diante da redação da alínea "c" do inciso IV do artigo 5º, que descreve como ato lesivo as condutas de "afastar ou procurar afastar licitante". Afinal, é princípio básico e secular de interpretação jurídica que a lei não contém palavras inúteis (*verba cum effectu sunt accipienda*), de modo que a inserção da conduta "procurar

---

[13] Assim é a posição da doutrina especializada: "Cabe ressaltar que não há previsão de enquadramento de condutas nos tipos previstos na Lei Anticorrupção em razão da mera tentativa. Ou seja, em razão da falta de previsão legal, a empresa não pode ser apenada em razão de ter iniciado a execução do fato típico se este não foi concluído por circunstâncias alheias a sua vontade." (ZYMLER, Benjamin; DIOS, Laureano Canabarro. *Lei Anticorrupção (Lei nº 12.846/2013)*: uma visão do controle externo. Belo Horizonte: Fórum, 2016, p. 85). Em igual sentido: "A tentativa pode constituir fato típico administrativo, desde que expressamente previsto em lei. Os atos lesivos (fatos típicos) passíveis de sanção com base na Lei 12.846/2013 são aqueles arrolados exaustivamente no art. 5º. Não quis o legislador tipificar a tentativa. É de se concluir então, que as infrações legalmente previstas não admitem a forma tentada." (SANTOS, José Anacleto Abduch; BERTONCINI, Mateus; CUSTÓDIO FILHO, Ubirajara. *Comentários à Lei 12.846/2013*: Lei Anticorrupção. 2. ed. rev., atual. e ampl. São Paulo: Editora Revista dos Tribunais, 2015, p. 229).

afastar" apenas evidencia que os demais atos lesivos não comportam punição na modalidade tentada. Entendimento contrário ignora a redação da norma e, por consequência, tornaria inócua a previsão "procurar afastar licitante" contida neste ato lesivo.

Não se desconhece a existência de posição segundo a qual o teor do inciso III do artigo 7º da Lei Anticorrupção[14] tornaria punível a tentativa de ato lesivo. Não obstante, tal argumento acaba rechaçado pelos próprios princípios orientadores da atividade sancionatória do Estado.

Isso porque o dispositivo em questão apenas determina a consideração da consumação na dosimetria, o que se dá justamente porque há hipótese em que a tentativa vem, ao lado da consumação, expressamente tipificada como ato lesivo. É o caso da mencionada conduta de "procurar afastar licitante, por meio de fraude ou oferecimento de vantagem de qualquer tipo".

Por essa razão, procurar extrair fundamento para a punição de ato lesivo tentado a partir do artigo 7º, III, da Lei nº 12.846/2013, configura violação do princípio da legalidade, porque pressupõe a ele conferir intepretação extensiva – dele extraindo algo que não está posto (sequer há nele o termo "tentativa") –, o que é vedado em sede de Direito Punitivo.

No âmbito federal, essa compreensão foi corretamente adotada no Manual Prático de Cálculo de Multa no Processo Administrativo de Responsabilização (PAR), publicado em dezembro de 2018 pela Controladoria-Geral da União, em comentário sobre o inciso I do artigo 18 do Decreto Federal nº 8.420/2015, que repetia o inciso III do artigo 7º da Lei Anticorrupção. Observe-se o que constou do referido Manual:

> O primeiro parâmetro prevê a redução de 1% no percentual da multa para o caso de "não consumação da infração". O inciso I do art. 18 foi colocado no Decreto 8.420/15 para atender ao inciso III do art. 7º da Lei 12.846 que previu que "será levado em consideração na aplicação das sanções [...] a consumação ou não da infração". Registre-se que a redação do dispositivo constante do Decreto apenas replicou a redação que já constava na lei. Crítica se faz acerca da existência desse parâmetro porque, sempre que uma comissão de PAR estiver examinando o referido parâmetro para fins de dosimetria da sanção de multa, a infração estaria consumada, de forma que esse parâmetro não será utilizado na prática para fins de

---

[14] Art. 7º Serão levados em consideração na aplicação das sanções: [...] III - a consumação ou não da infração.

redução do valor da multa a ser aplicada à pessoa jurídica. Por outro lado, na hipótese de a comissão de PAR entender que a infração não se consumou, essa constatação não irá reduzir o percentual da multa. Essa constatação irá fazer com que a multa nem sequer seja calculada, pois nessa hipótese, a comissão deverá sugerir o arquivamento do processo sem a aplicação da sanção. Portanto, a não consumação da infração não é um atenuante para fins de cálculo de multa no PAR; trata-se, na verdade, de um excludente de sanção pecuniária. Ao que parece, o legislador pretendeu conceder uma atenuante para o caso de a pessoa jurídica não conseguir o resultado esperado com o ato lesivo.[15]

Esse posicionamento foi reiterado também nos Manuais Práticos de Cálculo de Sanções da Lei Anticorrupção, publicados em maio de 2019,[16] outubro de 2019[17] e maio de 2020,[18] com a seguinte redação:

> O primeiro parâmetro prevê a redução de 1% no percentual da multa para o caso de "não consumação da infração", constando do regulamento em atenção ao inciso III do art. 7º da Lei nº 12.846/2013, que previu que "será levado em consideração na aplicação das sanções [...] a consumação ou não da infração". O decreto incorreu em atecnia legislativa ao utilizar o termo "não consumação", quando efetivamente pretendia falar do alcance ou não da finalidade pretendida pela conduta. Interpretação distinta do dispositivo levaria ao esvaziamento do seu conteúdo e consequente inaplicabilidade da norma ou, ainda, tentativa de criação do instituto da "tentativa", quando a lei não dispôs sobre essa possibilidade. [...] Logo, para correta inteligência deste dispositivo, deve-se ter uma atenção redobrada com os verbos da tipificação dos atos lesivos.

Não obstante, em seu último Manual Prático de Cálculo de Sanções da Lei Anticorrupção, publicado em setembro de 2020, a CGU alterou seu posicionamento, admitindo a responsabilização por ato lesivo tentado. Tal alteração, contudo, revela-se, como visto, em descompasso com os princípios norteadores da aplicação da lei.

Em especial, observa-se que, para justificar a punição da tentativa, o Manual recorre ao conceito de infrações plurissubsistentes, mas não

---

[15] Disponível em: https://repositorio.cgu.gov.br/bitstream/1/44497/5/Manual%20pr%c3%a1tico_c%c3%a1lculo%20de%20multa_PAR_dez%202018.pdf. Acesso em: 27 mar. 2023.
[16] Disponível em: https://repositorio.cgu.gov.br/bitstream/1/44486/5/Manual%20Pr%c3%a1tico%20de%20C%c3%a1lculo%20da%20Multa.pdf. Acesso em: 27 mar. 2023.
[17] Disponível em: https://repositorio.cgu.gov.br/bitstream/1/44496/5/Manual_Calculo_de_Multas_1.pdf. Acesso em: 27 mar. 2023.
[18] Disponível em: https://repositorio.cgu.gov.br/bitstream/1/45546/8/Manual_Pratico_Multa_1.pdf. Acesso em: 27 mar. 2023.

cita qual o fundamento normativo que possibilitaria o enquadramento da conduta no ato legalmente tipificado. Isso porque, ao recorrer a exemplo do Direito Penal, o Manual acaba por ignorar a existência do artigo 14, II, do Código Penal, e a paralela inexistência de norma de extensão na Lei nº 12.846/2013, de modo que a conclusão atingida não subsiste às exigências da legalidade estrita.

Assim, necessário que a defesa da pessoa jurídica seja consistente com o arcabouço principiológico e, nesta medida, posicione-se em defesa da legalidade estrita, o que, inclusive, demanda que a CGU reveja sua posição, voltando a adotar aquilo que corretamente consignava em seus manuais.

4.2 Os elementos objetivos do tipo: o caso das contratações diretas

Conforme realçado, cada ato lesivo traz em sua descrição os elementos objetivos que o compõem, sendo vedado ao intérprete ampliá-los no momento de aplicação da lei. Neste sentido, ponto que vem demandando atenção da defesa da pessoa jurídica diz respeito ao enquadramento de condutas relacionadas à contratação direta como ato lesivo previsto na alínea "d" do inciso IV do artigo 5º da Lei nº 12.846/2013.

O referido dispositivo tipifica como sujeito à responsabilização no regime da Lei nº 12.846/2013 a conduta de "fraudar licitação pública ou contrato dela decorrente". Assim, a verificação da tipicidade depende do preenchimento desses pressupostos: ocorrência de fraude no âmbito de uma licitação pública ou de um contrato que decorra de uma licitação pública. Ausente algum desses elementos, o resultado do juízo de tipicidade formal é invariavelmente negativo.

Com efeito, a licitação tem natureza constitucional (artigo 37, XXI[19]), consubstanciando um dever da Administração Pública que dá concretude aos princípios da legalidade, impessoalidade, moralidade e isonomia, a fim de garantir a prevalência do interesse público em

---

[19] CF, art. 37. [...] XXI - ressalvados os casos especificados na legislação, as obras, serviços, compras e alienações serão contratados mediante processo de licitação pública que assegure igualdade de condições a todos os concorrentes, com cláusulas que estabeleçam obrigações de pagamento, mantidas as condições efetivas da proposta, nos termos da lei, o qual somente permitirá as exigências de qualificação técnica e econômica indispensáveis à garantia do cumprimento das obrigações.

suas contratações. O próprio dispositivo constitucional especifica que o escopo do processo de licitação pública é "assegurar igualdade de condições a todos os concorrentes". Nesta toada, colhe-se da clássica obra de Hely Lopes Meirelles que:

> Licitação é o procedimento administrativo mediante o qual a Administração Pública seleciona a proposta mais vantajosa para o contrato de seu interesse. Tem como pressuposto a competição. Por isso visa a propiciar iguais oportunidades aos que desejam contratar com o Poder Público, dentro dos padrões previamente estabelecidos pela Administração, e atua como fator de eficiência e moralidade nos negócios administrativos. (...) Na verdade, a licitação é uma sucessão ordenada de atos que se desencadeiam, para o público, com o edital e se findam com a adjudicação de seu objeto ao vencedor.[20]

Ou seja, a partir do texto constitucional, conforme leciona Hely Lopes Meirelles, a licitação pública pressupõe a possibilidade de concorrência entre diferentes interessados, isto é, a existência de uma competição para, em igualdade de condições, aferir a proposta mais vantajosa à Administração Pública.

No entanto, como é cediço, há casos em que a competição se revela fática ou juridicamente inviável, ou, ainda, contrária ao interesse público. Tal possibilidade também foi prevista constitucionalmente, mitigando-se a obrigatoriedade de licitações públicas nos casos estabelecidos pela legislação ordinária. São as denominadas hipóteses de contratação direta, por dispensa ou inexigibilidade, nas quais o contrato não é precedido de um procedimento licitatório. Como leciona José dos Santos Carvalho Filho:

> Por conseguinte, pode-se oferecer um conceito de contratação direta, como sendo a celebração de contrato administrativo sem a realização de prévia licitação e, em consequência, sem o critério seletivo que rege as contratações em geral, nos casos enumerados na lei.[21]

Tem-se, portanto, que os casos de contratação direta ocorrem justamente sem licitação pública.

---

[20] MEIRELLES, Hely Lopes. *Licitação e Contrato Administrativo*. 15. ed. Atualizada por José Emmanuel Burle Filho, Carla Rosado Burle e Luís Fernando Pereira Franchini. São Paulo: Malheiros, 2010, p. 28 e 31.

[21] CARVALHO FILHO, José dos Santos. *Manual de Direito Administrativo*. 33. ed. rev., atual. e ampl. São Paulo: Atlas, 2020, p. 288.

Transpondo esses conceitos para a perspectiva de aplicação da Lei nº 12.846/2013, percebe-se que a contratação direta (*e.g.*, por inexigibilidade ou dispensa), então, não se amolda com perfeição no elemento "licitação pública". Veja-se que, para considerar os casos de contratação direta como licitação pública, é necessário recorrer à interpretação extensiva, o que, como já assentado, não se permite em matéria de Direito Administrativo Sancionador.

Nesta perspectiva, observa-se que o trecho final do ato lesivo em comento (*i.e.*, "ou contrato dela decorrente") também limita a caracterização do ilícito nos casos em que o contrato fraudado tenha decorrido de uma licitação pública. Em outras palavras, a Lei nº 12.846/2013 não trata, nesta hipótese, de um instrumento qualquer celebrado pela Administração Pública, mas apenas daqueles contratos que decorram de uma licitação, observando-se seu pressuposto de possibilidade de competição. Por isso, a ampliação exegética do dispositivo para incluir contrato decorrente de contratação direta ou convênio, por exemplo, ensejaria inegável violação ao princípio da legalidade estrita.

Nesta toada, cabe recorrer à interpretação já consolidada do análogo artigo 96 da Lei nº 8.666/1993. Isto porque, frise-se desde logo, os parâmetros de hermenêutica afetos ao Direito Administrativo Sancionador inegavelmente se identificam com aqueles que prevalecem no Direito Penal, dada a reconhecida vedação de analogia *in malam partem* e de interpretação extensiva.

O aludido tipo penal tipificava como crime a conduta de "fraudar, em prejuízo da Fazenda Pública, licitação instaurada para aquisição ou venda de bens ou mercadorias, ou contrato dela decorrente". Aqui, como ocorre no âmbito da Lei nº 12.846/2013, há os elementos "licitação" e "contrato dela decorrente". Sobre tais elementos, afigura-se oportuno colacionar a explicação de Cezar Roberto Bittencourt:

> Haveria, indiscutivelmente, absoluta inadequação típica, e embora seja compreensível essa opção do legislador, a verdade é que a taxatividade da tipicidade e o princípio da legalidade não admitem tal extensão. (...) Nessa mesma linha, destacamos que também estão excluídas dessa infração penal condutas fraudulentas em contratos ou relações contratuais que não decorram de licitações públicas, isto é, obrigações contratuais que não tenham se originado em licitações públicas. Assim, por exemplo, estão excluídas eventuais condutas fraudulentas praticadas em contratos ou decorrentes de contratos nas hipóteses de dispensa ou

inexigência de licitação, porque, basicamente, falta a elementar típica "licitação instaurada" (...).[22]

Assim, procedendo-se à interpretação em conformidade com a legalidade estrita, não há como abarcar as hipóteses de contratação direta na previsão do artigo 5º, IV, "d", como também já reconhece a doutrina em comentários específicos à Lei nº 12.846/2013:

> Devido ao princípio da tipicidade, não pode ser aplicada aos casos de contratos decorrentes de dispensa ou inexigibilidade de licitação, eis que as normas punitivas não admitem interpretação ampliativa. Há também uma razão lógica a justificar esse entendimento. É preciso que algo exista para que possa ser fraudado. Não se pode fraudar algo que inexiste. Inexistindo uma licitação não é possível, portanto, fraudá-la.[23]

Por fim, vale dizer que a norma pode ser aperfeiçoada para, então, incluir tais hipótese no seu âmbito de responsabilização, o que, inclusive, parece oportuno no momento de reflexão dos seus dez anos. Contudo, cabe somente ao legislador fazê-lo, eis que, como afirmado pelo STJ:

> Os tribunais devem exercer o controle da legalidade e da constitucionalidade das leis, deixando ao legislativo a tarefa de legislar e de adequar as normas jurídicas às exigências da sociedade. Interpretações elásticas do preceito legal incriminador, efetivadas pelos juízes, ampliando-lhes o alcance, induvidosamente, violam o princípio da reserva legal, inscrito no art. 5º, inciso II, da Constituição de 1988: "ninguém será obrigado a fazer ou deixar de fazer alguma coisa senão em virtude de lei".[24]

Se nem mesmo o Poder Judiciário pode ampliar o alcance de infrações ao aplicar a lei, muito mais cautela devem ter os órgãos administrativos responsáveis pela condução dos PARs, a fim de promover a segurança jurídica.

---

[22] BITTENCOURT, Cezar Roberto. *Direito Penal das Licitações*. São Paulo: Saraiva, 2012, p. 335-336.
[23] HARGER, Marcelo. *Comentários à lei anticorrupção* – Lei 12.846/2013. Rio de Janeiro: Lumen Juris, 2019, p. 105.
[24] REsp n. 1.111.566/DF, relator Ministro Marco Aurélio Bellizze, relator para acórdão Ministro Adilson Vieira Macabu (Desembargador Convocado do TJ/RJ), Terceira Seção, julgado em 28.3.2012, *DJe* de 4.9.2012.

5 Juízo de tipicidade material

Por outro lado, além da subsunção da conduta em algum dos atos lesivos previstos no artigo 5º, assiste à defesa da pessoa jurídica a possibilidade de verificar a tipicidade material, isto é, que a conduta a ser reprimida denote também ofensividade ou potencial de ofensividade ao bem jurídico tutelado.

Com efeito, em primeiro lugar, vale destacar que, cada vez mais, vem sendo reconhecida a possibilidade de discutir a tipicidade material também em relação a infrações administrativas.

Neste sentido, a existência de uma aproximação entre o Direito Administrativo Sancionador e o Direito Penal, em se tratando de combate à corrupção em sentido amplo, não pode ser negada, pois é vasto o arsenal legislativo brasileiro, que impõe o reconhecimento de um Microssistema Brasileiro de Prevenção e Combate à Corrupção.[25]

A partir desse contexto, é possível inferir a necessidade de adequação e proporcionalidade entre os processos que tramitam em diferentes instâncias, aproveitando-se, com base no microssistema brasileiro de prevenção e combate à corrupção, os institutos jurídicos que podem se correlacionar.

Com efeito, o Código Penal brasileiro, em seu artigo 17,[26] descreve a figura do chamado "crime impossível", que se dá diante da completa e total impossibilidade de consumação do ato ilícito, seja pela utilização de um meio ineficaz ou pela impropriedade do objeto. A primeira modalidade – ineficácia do meio – diz respeito à arma ou ao instrumento utilizado para cometer o crime, que não tem eficácia; já impropriedade do objeto refere-se à pessoa ou à coisa contra a qual o ilícito é cometido, cujas condições tornam impossível a consumação do ato ilícito.

Como já mencionado, o entendimento de que a tipicidade material deve ser ostentada também nos ilícitos administrativos vem se tornando cada vez mais robusto. A própria CGU, por exemplo, ao apreciar a incidência do princípio da insignificância às infrações disciplinares, espécie que compõe o Direito Administrativo Sancionador, aponta em seu Manual de Processo Administrativo Disciplinar que:

---

[25] Sobre a caracterização do Microssistema Brasileiro de Prevenção e Combate à Corrupção, ver o item 3 do artigo *A Aplicação do Princípio da Preservação da Empresa na Lei nº 12.846/2013: Fundamentos Jurídicos e Aplicações Práticas*, nesta obra.

[26] Art. 17 do Código Penal. Não se pune a tentativa quando, por ineficácia absoluta do meio ou por absoluta impropriedade do objeto, é impossível consumar-se o crime.

Certas condutas, entretanto, poderão ser atípicas no Direito Penal, em virtude da inexpressiva ofensa que tiverem causado ao bem jurídico tutelado. Este é o fundamento do Princípio da Insignificância ou da Bagatela, defendido por alguns doutrinadores sob o argumento de que a tipicidade também exige que o bem jurídico protegido pela norma que prevê a infração seja efetivamente afetado, e, assim, a irrelevância da lesividade material do ato o excluiria do âmbito de proibição da norma, deixando de existir a tipicidade. Seria possível adaptar este princípio ao Direito Disciplinar, abarcando aquelas condutas que à primeira vista seriam enquadráveis legalmente, mas que devido ao ínfimo potencial ofensivo, não são capazes de afetar o interesse público tutelado. Contudo, como ele não consta expressamente reconhecido no ordenamento jurídico administrativo, pode também ser considerado uma decorrência dos princípios da razoabilidade e da proporcionalidade.[27]

Dessa construção constante do Manual da CGU é seguro inferir, então, que a análise da tipicidade, em matéria de tipo administrativo sancionador, deve ser formal e material, seja como decorrência do *cross-fertilization* próprio do microssistema em que se insere a Lei nº 12.846/2013, seja como imposição dos princípios da razoabilidade e da proporcionalidade.

Isso significa, portanto, que, diante de uma conduta que não apresenta lesividade ou potencial de lesividade ao bem jurídico tutelado pela Lei nº 12.846/2013, não haverá tipicidade material e, por consectário, não poderá haver a responsabilização.

Para manter o paralelismo com o Direito Penal, pode-se citar o clássico caso de uma fraude grosseira, que, como se sabe, conduz à conclusão de que o crime é impossível por ineficácia absoluta do meio.[28] A título de exemplo, se um licitante apresenta um documento grosseiramente falsificado, de modo que a falsificação seja facilmente perceptível por qualquer pessoa, estar-se-á diante de um caso em que o bem jurídico tutelado nunca esteve sob ameaça de lesão.

---

[27] CGU. *Manual de Processo Administrativo Disciplinar*. Janeiro 2021. Disponível em: https://repositorio.cgu.gov.br/handle/1/64869. Acesso em: 26 mar. 2023.

[28] Neste sentido: "APELAÇÃO. Falsificação de documento público e falsidade ideológica. Documento que não teria aptidão para produzir efeitos diante da falsificação grosseira e de sua conferência obrigatória pelo órgão a que foi apresentado. Ineficácia absoluta do meio. Reconhecimento da hipótese de crime impossível. Absolvição que se impõe. Recurso defensivo provido." (TJSP, Apelação Criminal 1513937-57.2021.8.26.0037, Relator Des. Leme Garcia, 16ª Câmara de Direito Criminal, Data do Julgamento: 10.10.2022).

Assim, necessário que a defesa observe, além do enquadramento formal da conduta, se houve efetiva ou potencial lesão ao bem jurídico tutelado, para fins de avaliar a existência de tipicidade material.

6 Os limites da responsabilidade objetiva

Como visto, há uma dificuldade mais acentuada na defesa da pessoa jurídica a quem é imputado ato lesivo previsto na Lei nº 12.846/2013, especialmente em razão do que dispõe o seu artigo 2º, que preconiza a responsabilidade de natureza objetiva, dispensando-se perquirir a existência de dolo ou culpa para a imposição de sanção.

Não há dúvida de que é da tônica da legislação, na linha dos compromissos internacionais assumidos pelo Brasil, promover um compartilhamento do dever de diligência entre Poder Público e sociedades empresárias no tocante à prevenção da prática de ilicitudes por parte dos sócios, administradores, colaboradores ou representantes das pessoas jurídicas. Vem exatamente daí a fiscalização e o controle que são realizados não apenas em relação a estes indivíduos, mas também a terceiros contratados para exercer atividades em seu nome.

Com efeito, pode-se dizer que a responsabilidade objetiva estabelecida na Lei nº 12.846/2013 está calcada em quatro requisitos: (i) nexo etiológico entre a conduta do agente e o resultado; (ii) o resultado atentar contra o patrimônio público nacional ou estrangeiro, contra os princípios da Administração Pública ou contra os compromissos internacionais assumidos pelo Brasil; (iii) a existência de uma relação jurídica entre o agente e a pessoa jurídica capaz de legitimar o primeiro a agir em nome da segunda; e (iv) a existência de interesse ou benefício da pessoa jurídica em relação ao resultado.

Neste sentido, ausente algum desses elementos, não haverá que se falar em responsabilidade, ainda que a lei preveja sua natureza objetiva. Exploram-se, a seguir, algumas das hipóteses em que haverá a limitação da responsabilidade objetiva.

6.1 A ausência de interesse ou benefício à pessoa jurídica

O clássico exemplo diz respeito ao funcionário de uma empresa que, parado em, seu período de descanso, em uma operação policial de trânsito, oferece propina ao agente policial para ser liberado sem que ocorra a apreensão de seu veículo ou a imposição de multa de trânsito. Tal atividade não tem qualquer relação com a pessoa jurídica empregadora e, portanto, não pode gerar para a empresa uma imputação do ato lesivo previsto no artigo 5º, I, da Lei nº 12.846/2013. Veja-se que a existência de "interesse" ou "benefício" em favor da pessoa jurídica, prevista no artigo 2º da Lei nº 12.846/2013, consubstancia verdadeiro elemento integrante do tipo, agregando-se a cada um dos atos lesivos previstos no artigo 5º, de modo a pressupor a demonstração da forma pela qual o ato lesivo poderia, de algum modo, favorecer a empresa acusada.

No caso hipotético, a empresa não pode ser responsabilizada por conduta adotada por seu funcionário – ou até por seu sócio – cometida sem qualquer relação com a atividade empresarial, que nenhum benefício ou interesse representou para a pessoa jurídica. De modo sintético, a doutrina explica que:

> (...) a análise objetiva da situação da pessoa física no quadro fático da ocorrência do ato lesivo permite também embasar o vínculo de legitimidade da qualificação da conduta à PJ interessada ou beneficiada. Em outros termos, a pessoa jurídica será responsabilizada, porque as circunstâncias objetivas da atuação de pessoas naturais demonstram ato lesivo, cuja prática está voltada para atender a determinados interesses dela; ou a pessoa jurídica será responsabilizada, porque as circunstâncias objetivas da atuação de pessoas naturais revelam obtenção ou manutenção de determinado benefício, através da prática do ato lesivo descrito na lei.[29]

Assim, quando a prática do ato, por si, não produzir qualquer benefício à pessoa jurídica ou, ainda, quando não atender a nenhum de seus interesses, não haverá nexo de causalidade apto a ensejar a responsabilização objetiva.

6.2 A atuação do representante em excesso de mandato

Outro é o caso daquele representante que atua em excesso de mandato. Com efeito, preconiza o Código Civil, em seu artigo 662, que:

---

[29] DI PIETRO, Maria Sylvia Zanella; MARRARA, Thiago (coord.). *Lei Anticorrupção comentada*. Belo Horizonte: Fórum, 2021, p. 31.

Art. 662. Os atos praticados por quem não tenha mandato, ou o tenha sem poderes suficientes, são ineficazes em relação àquele em cujo nome foram praticados, salvo se este os ratificar.
Parágrafo único. A ratificação há de ser expressa, ou resultar de ato inequívoco, e retroagirá à data do ato.

A análise do dispositivo legal permite a pronta conclusão de que inexiste uma relação jurídica subjacente entre mandante e mandatário no tocante ao ato por este praticado sem que tivesse poderes suficientes, razão pela qual a lei civil dispõe que o ato é, inclusive, ineficaz em relação àquele em cujo nome foi praticado. Desenvolvendo o tema, Fábio Ulhoa Coelho explica que:

> A regra, em suma, é a da irresponsabilidade do mandante pelos atos do mandatário praticados com excesso de mandato. Assim deve ser porque para além dos limites dos poderes que recebeu, o mandatário não representa o mandante, não fala por ele; encontra-se na mesma condição jurídica do não mandatário. A regra de exoneração da responsabilidade do mandante pelos atos estranhos ao objeto do mandato prestigia a noção da vontade como fonte última das obrigações. O mandante responde pelos atos praticados em seu nome pelo mandatário insertos no objeto do mandato porque essa, e somente essa, é a sua vontade declarada. Ao outorgar a procuração, ele manifestou a vontade de responder pelas obrigações indicadas nesse documento, sempre que o outorgado as assumisse em nome dele. Em relação aos demais atos, não compreendidos no objeto do mandato, não há declarada nenhuma vontade do mandante no sentido de se obrigar. Não pode haver obrigação, portanto. Em vista dessa regra geral, por outro lado, quem negocia com procurador e não diretamente com a parte, deve acautelar-se no exame dos termos da procuração. (...) Mesmo que o negócio em questão pudesse ser, em tese, do interesse do mandante, a responsabilidade é unicamente do mandatário em razão do excesso de mandato (CC, art. 663, in fine).[30]

A relação estabelecida com o representante, portanto, é diferente daquela que se desenvolve com um empregado, por exemplo. Os atos praticados pelo representante, mesmo que sob o prisma da responsabilidade objetiva, somente podem vincular o representado se estiverem nos limites do mandato conferido, sob pena, como alerta Fabio Ulhoa

---

[30] COELHO, Fábio Ulhoa. *Curso de direito civil: contratos*. vol. 3. 2. ed. São Paulo: Thomson Reuters Brasil, 2020, livro eletrônico.

Coelho, de ampliar o mandato sem lastro na fonte da obrigação, que é a manifestação de vontade do representado.

É o caso, por exemplo, daquele a quem é conferido poder para representar uma empresa em evento, mas se utiliza do poder outorgado para assinar um contrato administrativo em nome da empresa, que logrou por meio de propina paga a agente público. Ainda que o ato, em tese, beneficie a empresa, se não houver a ratificação do mandante em relação à assinatura do instrumento (expressa ou resultante de ato inequívoco), não pode haver a sua responsabilização em relação à propina paga ao agente público.[31]

6.3 A limitação frente às contratações terceirizadas

Aliás, nessa mesma linha, encontra-se fundamento para a limitação da responsabilidade objetiva frente ao princípio da preservação da empresa.[32]

No tocante aos atos praticados por representantes de empresas terceirizadas, a análise deve ser ainda mais profunda. Considere-se, nesse contexto, uma empresa que pretende contratar outra para prestar serviços em seu benefício e interesse. A contratante, possuidora de um sistema de integridade profundamente robusto, realiza a *Due Diligence* de Integridade, não constatando qualquer apontamento negativo em relação à empresa a ser contratada. Realiza, também, o *Background Check* de Integridade, o qual também nada aponta em relação aos sócios e àqueles que irão executar o serviço. Além disso, por força de seus controles internos, são inseridas cláusulas anticorrupção bem entabuladas no contrato a ser assinado. Por fim, os colaboradores da

---

[31] Nesta perspectiva: "O Superior Tribunal de Justiça, no julgamento do REsp nº 1.063.474/RS, sob o rito dos recursos repetitivos, no que diz respeito à responsabilidade do endossatário, firmou o entendimento de que o este só responde pelos danos morais e materiais decorrentes do protesto indevido se extrapolar os poderes do mandato ou em virtude de ato culposo próprio. 4. Esta Corte reconhece a responsabilidade objetiva e solidária do mandante, mesmo na hipótese de culpa exclusiva do endossatário-mandatário. O primeiro somente se exime de responsabilidade se provar alguma das causas gerais de exclusão da responsabilidade objetiva ou se demonstrar que o ato não foi praticado em razão do mandato, o que não se verifica no caso em tela." (STJ, EEDcl no AgInt no REsp 1765132/MS, Rel. Ministro Ricardo Villas Bôas Cueva, Terceira Turma, julgado em 15 mar. 2021).

[32] Sobre o desenvolvimento do conceito e aplicação deste princípio, ver o artigo *A Aplicação do Princípio da Preservação da Empresa na Lei nº 12.846/2013*: Fundamentos Jurídicos e Aplicações Práticas, nesta obra.

terceirizada escolhidos para prestar o serviço, devidamente nominados no contrato, submetem-se a um rigoroso treinamento anticorrupção ministrado pela contratante.

Em suma: a empresa contratante, na linha preconizada pelas melhores práticas internacionais, realiza todas as diligências preventivas cabíveis antes e no momento da contratação, a fim de atender o verdadeiro sentido da lei (que, rememore-se, provém do espírito de compartilhamento dos deveres de diligência para evitar a prática dos atos lesivos).

Entretanto, como a falibilidade dos seres humanos é absolutamente insuperável e incontrolável, o prestador de serviço contratado, mesmo diante de todas as medidas preventivas adotadas pela contratante, pode, por exemplo, acabar oferecendo uma vantagem indevida a um determinado agente público no momento em que presta os serviços contratados, incorrendo na hipótese prevista no inciso I do artigo 5º da Lei nº 12.846/2013.

Nessa situação, não atende aos parâmetros de razoabilidade compreender que a contratante pudesse ser responsabilizada pelo ato em questão. Em situações tais, se a empresa contratante agiu com o máximo dever de diligência, não deveria jamais poder ser responsabilizada por um ato lesivo praticado pelo representante de sua contratada.

Aqui caberia, inclusive, um paralelo com o dever de diligência dos administradores previstos no artigo 153 da Lei das Sociedades Anônimas,[33] o qual impõe ao gestor apenas o dever de empregar todos os conhecimentos e habilidades disponíveis para que sejam tomadas as melhores decisões em benefício da empresa ou organização que administram. Trata-se de uma obrigação de meio e não de resultado, o que significa que os administradores não são obrigados a alcançar resultados específicos ou garantir o sucesso absoluto da empresa, mas sim a agir com diligência, prudência e lealdade, buscando sempre o melhor interesse da organização e de seus *stakeholders*.

Mesmo em um regime de responsabilidade objetiva existem limites estabelecidos para que injustiças e excessos sejam evitados. Um deles é exatamente a "força maior", ou seja, a ocorrência de um acontecimento externo e fora do controle das partes envolvidas e que, exatamente por essa razão, não pode ser evitado ou controlado. Caio Mário da Silva Pereira, inclusive, conceitua "força maior" como "um

---

[33] Art. 153 da Lei nº 6.404/1976. O administrador da companhia deve empregar, no exercício de suas funções, o cuidado e diligência que todo homem ativo e probo costuma empregar na administração dos seus próprios negócios.

acontecimento imprevisível, irresistível e insuperável, que rompe o nexo causal e impossibilita a execução da obrigação".[34]

Daí que em caso de ato lesivo praticado por agentes de empresa terceirizada, ainda que atuando em interesse ou benefício da empresa contratante, não pode e não deve esta ser sancionada se demonstrar que adotou previamente todas as cautelas necessárias para prevenir a ocorrência ilícita, pois sua conduta atendeu plenamente ao comando da lei no sentido de empreender todos os esforços possíveis para evitar a ocorrência de um ato lesivo. Assim procedendo, a devida e completa diligência prévia da empresa rompe o nexo de causalidade.

Entendimento em sentido contrário acabaria gerando um efeito profundamente devastador: cientes de que realizando ou não as devidas diligências preventivas o efeito será o mesmo, é claro que as empresas não mais se preocupariam com essas questões em suas contratações até mesmo por razões de economicidade, o que acabaria frustrando o real objetivo da lei.

Portanto, mesmo em um regime de responsabilidade objetiva, é preciso estar atento aos parâmetros que a limitam e, ao fim e ao cabo, rechaçam-na, tal como o rompimento do nexo de causalidade nas hipóteses aludidas.

7 O julgamento antecipado do PAR

Conforme asseverado inicialmente, para ser sólida, a defesa da pessoa jurídica deve ser coerente, não só para levantar as teses defensivas que eventualmente suportem o arquivamento do processo, como também para reconhecer outros caminhos que resguardem da melhor maneira a aplicação justa da Lei nº 12.846/2013.

Neste sentido, há casos em que, devidamente formalizada a imputação, com lastro probatório robusto, o melhor caminho pode consistir na celebração de um acordo.

Uma ressalva inicial relevante diz respeito à viabilidade da celebração de acordos em casos de Processo Administrativo de Responsabilização. Nesta toada, não há qualquer vedação legal que impeça a autoridade competente para o julgamento de negociar e celebrar, com a pessoa jurídica acusada, um compromisso para encerrar o processo.

---

[34] PEREIRA, Caio Mário da Silva. *Direito Civil Brasileiro*. vol. 3. Rio de Janeiro: Forense, 2016, p. 127.

Aliás, ao contrário: há expressa permissão legal para tanto. É o que se infere do artigo 26, *caput*, da Lei de Introdução às Normas do Direito Brasileiro,[35] reconhecidamente um permissivo genérico para a celebração de acordos administrativos, inclusive nas hipóteses de situação contenciosa, tal como o processo destinado à aplicação de sanções previstas na Lei nº 12.846/2013.

Trata-se de dispositivo legal de aplicabilidade plena que independe de regulamentação específica e que possibilita a celebração do acordo em qualquer momento, seja antes da instauração do processo administrativo ou até mesmo após a prolação de decisão administrativa.[36] Além de possuir aplicabilidade plena, tal disposição legal gera para todo e qualquer administrado, inclusive pessoas jurídicas, um direito subjetivo de reivindicar a celebração de compromisso com a Administração Pública.

Marçal Justen Filho, por exemplo, afirma que "o direito de celebrar compromisso é decorrência do artigo 26 da LINDB" e que "o administrado tem direito subjetivo à celebração de compromisso desde que estejam presentes as condições e requisitos legais e regulamentares".[37] Também Hely Lopes Meirelles reconhece que "a celebração de compromisso é um direito subjetivo do administrado" e que "o artigo 26 da LINDB é o dispositivo legal que prevê esse direito, ao exigir a intervenção de terceiros que devam anuir para a validade do negócio jurídico".[38] José dos Santos Carvalho Filho, por fim e na mesma linha, destaca que "o

---

[35] Art. 26. Para eliminar irregularidade, incerteza jurídica ou situação contenciosa na aplicação do direito público, inclusive no caso de expedição de licença, a autoridade administrativa poderá, após oitiva do órgão jurídico e, quando for o caso, após realização de consulta pública, e presentes razões de relevante interesse geral, celebrar compromisso com os interessados, observada a legislação aplicável, o qual só produzirá efeitos a partir de sua publicação oficial.

[36] "[...] a Lei nº 13.655/18 expressamente confere competência consensual de ordem geral ao Poder Público brasileiro. Isso significa que qualquer órgão ou ente administrativo encontra-se imediatamente autorizado a celebrar compromisso, nos termos do art. 26 da Lei, não se fazendo necessária a edição de qualquer outra lei específica, decreto ou regulamentação interna. [...] Como a LINDB não especifica em qual momento processual o compromisso pode ser firmado, entende-se viável a terminação consensual do processo administrativo em qualquer uma das seguintes fases: 1. Antes da instauração do processo administrativo; 2. No curso do processo administrativo; 3. Na fase de decisão, ou seja, quando da edição do ato administrativo – em geral, para substituí-lo; 4. Na fase recursal; e 5. Na constituição da coisa julgada administrativa" (GUERRA, Sergio; PALMA, Juliana Bonacorsi de. Art. 26 da LINDB - Novo regime jurídico de negociação com a Administração Pública. *Revista de Direito Administrativo*, [S. l.], p. 146 e 152, 2018).

[37] JUSTEN FILHO, Marçal. *Curso de Direito Administrativo*. 10. ed. São Paulo: Revista dos Tribunais, 2018, p. 455.

[38] MEIRELLES, Hely Lopes. *Direito Administrativo Brasileiro*. 46. ed. São Paulo: Malheiros, 2020, p. 497.

administrado tem direito subjetivo à celebração de compromisso, desde que sejam observados os requisitos legais e regulamentares" e que "o artigo 26 da LINDB é a norma que fundamenta esse direito".[39]

O racional aqui desenhado, aliás, é exatamente aquele estabelecido para o acordo de leniência, uma espécie derivada do Direito Premial, cuja pretensão à celebração é considerada pela doutrina especializada um "direito subjetivo das empresas", senão vejamos:

> O direito à celebração de acordo de leniência pode ser considerado um *direito subjetivo das empresas*, desde que atendidos os requisitos legais e regulamentares para sua celebração. Isso decorre da necessidade de preservar a livre concorrência e a economia de mercado, bem como da garantia do devido processo legal e do contraditório. Assim, a celebração do acordo pode ser vista como uma forma de proteção à empresa, que, por meio da colaboração com o Estado, busca evitar sanções mais gravosas e preservar sua atividade econômica[40] (grifo nosso).

Assim, se a permissão genérica do artigo 26 da LINDB já é dotada de aplicabilidade plena e a envolve direito subjetivo do administrado, a inexistência de previsão específica na Lei nº 12.846/2013 para outras espécies derivadas do Direito Premial não constitui fundamento suficiente para a rejeição de plano de pedido de eventual avença no âmbito do PAR, sob pena de violação do devido processo legal administrativo e, via de consequência, de nulidade do processo.

Não foi por outro motivo que, no âmbito federal, a CGU editou um ato normativo interno – a Portaria Normativa nº 19, de 22 de julho de 2022 –, que dispõe sobre o procedimento de julgamento antecipado dos PARs. A despeito do nome que lhe foi atribuído (julgamento antecipado), a análise da norma demonstra que se trata, de fato, de um acordo celebrado entre a pessoa jurídica e a CGU, mesmo sem qualquer previsão expressa na Lei nº 12.846/2013, constituindo seu pressuposto de validade legal exatamente a norma prevista na LINDB. Em outras palavras: o julgamento antecipado é apenas mais um instituto de Direito Premial, amparado legalmente na LINDB, por meio do qual a pessoa jurídica admite a responsabilidade objetiva pelos atos lesivos em discussão no processo e, em troca, obtém determinados benefícios, consistentes na possibilidade de (i) isenção da sanção de publicação

---

[39] CARVALHO FILHO, José dos Santos. *Manual de Direito Administrativo*. 33. ed. rev., atual. e ampl. São Paulo: Atlas, 2020, p. 663.
[40] MOREIRA NETO, Diogo de Figueiredo. *Curso de Direito Administrativo*. 19. ed. Rio de Janeiro: Forense, 2016, p. 1003.

extraordinária da decisão condenatória, (ii) atenuação das sanções impeditivas de licitar e contratar com o Poder Público e (iii) aplicação de graus relativos às circunstâncias atenuantes previstas no artigo 23 do Decreto nº 11.129/2022 para o cálculo da multa devida.

Registre-se que a possibilidade de reivindicar a celebração de acordo *lato sensu* no âmbito de um PAR ou de qualquer outro processo administrativo dispensa esse tipo de regulamentação normativa, não podendo os demais órgãos sancionadores que ainda não percorreram esse mesmo caminho recusar de plano eventual pedido de "celebração de compromisso" sob o argumento de que inexiste previsão legal a esse respeito ou de que não há, naquele órgão, regulamentação interna específica, sob pena de nulidade.

Especificamente no que diz respeito ao julgamento antecipado do PAR, algumas questões relevantes devem ser observadas na defesa da pessoa jurídica acusada. A primeira diz respeito à competência para celebração do acordo (ou realização do julgamento antecipado). Isso porque, conforme se observa na Nota Técnica nº 2036/2022/COREP2,[41] a CGU adotou o entendimento no sentido de limitar a aplicação do julgamento antecipado aos processos instaurados ou avocados pela própria CGU, uma vez que "o fundamento de validade da Portaria Normativa CGU nº 19/2022 se encontra, entre outros, no art. 16, §2º, da LAC, o qual permite que a redução das sanções, inclusive a isenção da sanção de publicação extraordinária, seja negociada por meio de acordos de leniência", a fazer com que "também apenas a própria CGU possa regulamentar a sua aplicação a Processos Administrativos de Responsabilização".

Não parece, contudo, que o fundamento para a realização do julgamento antecipado do PAR consista no dispositivo legal do acordo de leniência. Neste aspecto, aliás, percebe-se que o artigo 26 da LINDB constitui permissão expressa para a celebração de acordo administrativo, tornando de todo desnecessária a construção elástica de identidade de fundamento para o acordo de leniência e o julgamento antecipado, para firmar a competência exclusiva da CGU.

Assim, é oportuno que se faça uma revisão da norma, de modo a possibilitar que as autoridades originalmente competentes para o julgamento do PAR possam também celebrar acordos de julgamento antecipado, afastando a necessidade de avocação do processo pela CGU. Essa necessidade, aliás, pode inclusive comprometer a capacidade do

---

[41] Disponível em: https://repositorio.cgu.gov.br/handle/1/68588. Acesso em: 28 mar. 2023.

órgão de conduzir seus próprios processos, tornando-os mais morosos em prejuízo à garantia constitucional fundamental à razoável duração do processo.

Por fim, outra questão afeta ao julgamento antecipado diz respeito à possibilidade de parcelamento da multa. Isso porque, tratando-se de instituto de Direito Premial e considerando como seu fundamento o artigo 26 da LINDB, não há qualquer óbice para que o valor imposto a título de multa tenha seu pagamento parcelado, especialmente em respeito ao princípio da preservação da empresa.

Em casos recentes de julgamento antecipado, contudo, a CGU tem condicionado o pagamento parcelado à "inscrição da penalidade da pessoa jurídica no sistema CNEP [Cadastro Nacional de Empresas Punidas] e manutenção dessa até a integral quitação", como se vê no Relatório Final que analisou o pedido referente ao PAR nº 00190.100906/2022-57.[42]

Tal condicionamento, porém, evidentemente desnatura um dos principais benefícios do julgamento antecipado, relativo à sanção reputacional. Considerando a boa-fé da pessoa jurídica acusada ao celebrar o acordo, bem como o compromisso assumido para pagamento da multa, a opção de parcelamento não poderia depender da inscrição de seu nome no CNEP, já que o próprio julgamento antecipado contempla a isenção da pena de publicação extraordinária da decisão condenatória.

Considerando que o descumprimento das condições assumidas no julgamento antecipado já tem o condão de desconstituir o acordo, retomando a integralidade das sanções aplicáveis, afigura-se mais consentâneo com o princípio da preservação da empresa que a inclusão no CNEP também se dê somente no caso de inadimplemento de alguma das parcelas.

8 Considerações finais

Inicialmente, fica evidente que a Lei nº 12.846/2013, apesar de instaurar um regime completamente distinto no tocante à natureza da responsabilização (*i.e.*, objetiva), compartilha da mesma base axiológica que sustenta o Direito Administrativo Sancionador e, como visto, ilumina o Microssistema Brasileiro de Prevenção e Combate à Corrupção.

---

[42] Disponível em: https://repositorio.cgu.gov.br/bitstream/1/73564/3/Relatorio_Final_SCS.pdf. Acesso em: 28 mar. 20223.

Os dez anos de aplicação da Lei nº 12.846/2013 evidenciam que esses dois pontos, a raiz principiológica e a responsabilidade objetiva, ainda estão sendo paulatinamente apreendidos por parte dos órgãos aplicadores da norma, especialmente no âmbito da responsabilização administrativa. Neste sentido, como a instauração e o julgamento do processo administrativo de responsabilização cabem à autoridade máxima de cada órgão ou entidade dos Poderes Executivo, Legislativo e Judiciário, há uma severa disparidade entre a habituação na aplicação da lei por parte de órgãos como a Controladoria-Geral da União, que diariamente lida com processos dessa natureza, e outros em Estados e Municípios, alguns, inclusive, ainda sem regulamentação infralegal.

Neste contexto é que assume maior relevância o papel da defesa da pessoa jurídica acusada, porquanto é inegável que, diante de uma legislação cuja aplicação ainda não se difundiu de modo equânime, há um alto potencial de violação de direitos constitucionais fundamentais, que devem ser preservados para garantir a legitimidade democrática de qualquer sanção.

Foi nesta perspectiva que se evidenciaram os pontos principais que devem ser observados quando da defesa da pessoa jurídica acusada, desde a instauração do processo, com a existência de provas que demonstrem a justa causa, até a decisão final condenatória, cuja legalidade depende de congruência, passando ainda por estratégias para garantir a aplicação justa da lei, como é o caso da celebração de possível acordo.

Assim, espera-se contribuir com o aprimoramento na condução das defesas das pessoas jurídicas acusadas, o que, a seu turno, refletirá na melhor aplicação da lei por parte dos órgãos públicos responsáveis, estimulando o fortalecimento da probidade empresarial sem, contudo, descurar da salvaguarda de direitos e garantias constitucionais fundamentais.

Referências

BADARÓ, Gustavo Henrique. *Correlação entre acusação e sentença*. 4. ed. São Paulo: Thomson Reuters Brasil, 2019, versão eletrônica.

BITTENCOURT, Cezar Roberto. *Direito Penal das Licitações*. São Paulo: Saraiva, 2012.

BRASIL. Ministério da Transparência e Controladoria-Geral da União (CGU). Corregedoria-Geral da União (CRG). *Manual Prático de Cálculo da Multa no Processo Administrativo de Responsabilização (PAR)*. Brasília, dezembro 2018.

BRASIL. *Manual Prático de Cálculo de Multa no Processo Administrativo de Responsabilização (PAR)*. Brasília, maio 2019.

BRASIL. *Manual Prático de Multa no Processo de Responsabilização de Entes Privados*. Brasília, outubro 2019.

BRASIL. *Processo Administrativo de Responsabilização. Manual Prático de Cálculo de Multa*. Brasília, maio 2020.

BRASIL. *Manual de Processo Administrativo Disciplinar*. Brasília, janeiro 2021.

CARVALHO FILHO, José dos Santos. *Manual de Direito Administrativo*. 33. ed. rev., atual. e ampl. São Paulo: Atlas, 2020.

COELHO, Fábio Ulhoa. *Curso de direito civil*: contratos. Vol. 3. 2. ed. São Paulo: Thomson Reuters Brasil, 2020, livro eletrônico.

DI PIETRO, Maria Sylvia Zanella; MARRARA, Thiago (coord.). *Lei Anticorrupção comentada*. Belo Horizonte: Fórum, 2021.

GAJARDONI, Fernando da Fonseca; FRANCO, Fernão Borba; CRUZ, Luana Pedrosa de Figueiredo; GOMES JUNIOR, Luiz Manoel; FAVRETO, Rogerio. *Comentários à nova Lei de Improbidade Administrativa*. 4. ed. São Paulo: Thomson Reuters Brasil, 2023, livro eletrônico.

GUERRA, Sergio; PALMA, Juliana Bonacorsi de. Art. 26 da LINDB – Novo regime jurídico de negociação com a Administração Pública. *Revista de Direito Administrativo*, [S. l.], p. 135-169, 2018.

HARGER, Marcelo. *Comentários à lei anticorrupção – Lei 12.846/2013*. Rio de Janeiro: Lumen Juris, 2019.

JUSTEN FILHO, Marçal. *Curso de Direito Administrativo*. 10. ed. São Paulo: Revista dos Tribunais, 2018.

MASSON, Cleber. *Direito Penal*: parte geral (arts. 1º a 120). Vol. 1. 15. ed. Rio de Janeiro: Forense; Método, 2021.

MEIRELLES, Hely Lopes. *Direito Administrativo Brasileiro*. 46. ed. São Paulo: Malheiros, 2020, p. 497.

MEIRELLES, Hely Lopes. *Licitação e Contrato Administrativo*. 15. ed. Atualizada por José Emmanuel Burle Filho, Carla Rosado Burle e Luís Fernando Pereira Franchini. São Paulo: Malheiros, 2010.

MOREIRA NETO, Diogo de Figueiredo. *Curso de Direito Administrativo*. 19. ed. Rio de Janeiro: Forense, 2016.

OSÓRIO, Fábio Medina. *Direito administrativo sancionador*. 3. ed. São Paulo: Thomson Reuters Brasil, 2020, livro eletrônico.

PEREIRA, Caio Mário da Silva. *Direito Civil Brasileiro*. Vol. 3. Rio de Janeiro: Forense, 2016.

SANTOS, José Anacleto Abduch; BERTONCINI, Mateus; CUSTÓDIO FILHO, Ubirajara. *Comentários à Lei 12.846/2013: Lei Anticorrupção*. 2. ed. rev., atual. e ampl. São Paulo: Revista dos Tribunais, 2015.

ZENKNER, Marcelo. *Integridade governamental e empresarial*: um espectro da repressão e da prevenção à corrupção no Brasil e em Portugal. Belo Horizonte: Fórum, 2019.

ZYMLER, Benjamin; DIOS, Laureano Canabarro. *Lei Anticorrupção (Lei nº 12.846/2013):* uma visão do controle externo. Belo Horizonte: Fórum, 2016.

Informação bibliográfica deste texto, conforme a NBR 6023:2018 da Associação Brasileira de Normas Técnicas (ABNT):

ZENKNER, Marcelo; GARCIA, Gabriel Ene. O contraditório no Processo Administrativo de Responsabilização: notas para o exercício de uma defesa efetiva da pessoa jurídica. *In*: ZENKNER, Marcelo; KIM, Shin Jae (coord.). *Lei Anticorrupção Empresarial:* perspectivas e expectativas – Edição comemorativa dos 10 anos de vigência da Lei nº 12.846/2013. Belo Horizonte: Fórum, 2023. p. 341-371. ISBN 978-65-5518-541-6.

INOVAÇÕES INTRODUZIDAS PELO DECRETO Nº 11.129/2022 NA REGULAMENTAÇÃO DA LEI ANTICORRUPÇÃO EMPRESARIAL

RENATA MUZZI GOMES DE ALMEIDA

FABIO RAWET HEILBERG

1 Introdução

A criação da Lei Federal nº 12.846/2013 (também conhecida como Lei Anticorrupção Empresarial ou LAC) advém de compromissos internacionais assumidos pelo Brasil e inaugurou um marco regulatório que, posteriormente, evoluiu para a criação de um microssistema normativo. Como todo novo marco regulatório, dificuldades emergem no momento da sua compreensão e aplicação, que, neste caso específico, entre outras coisas, visam a promoção da integridade no âmbito corporativo.

Os parâmetros de integridade corporativa estabelecidos pelos compromissos internacionais firmados pelo Brasil são muito superiores ao quanto estabelecido pela legislação brasileira, o que impõe uma maior regulamentação e detalhamento da LAC.

Desse modo, a LAC precisou se valer de regulamentações adicionais que visassem estabelecer parâmetros de avaliação de integridade no âmbito corporativo e da regulação da própria norma punitiva daqueles que a transgridam. Isso, inclusive, foi previsto na própria LAC, conforme dispõe seu art. 7º, parágrafo único.[1]

Além disso, a regulamentação adicional serviu também como uma forma de proporcionar maior efetividade à LAC, assim como maior segurança jurídica a todos aqueles sujeitos à sua aplicação. Dessa forma, nasceu o Decreto nº 8.420/2015, que entrou em vigor um pouco mais de um ano após a vigência da LAC, justamente para regulamentá-la, e que em julho de 2022 foi substituído pelo decreto. Hoje também é possível notar que a regulamentação adicional, que vai muito além dos decretos,[2] foi essencial para que a LAC pudesse alcançar o seu *status* atual de aplicação da norma.

Em grande medida, o decreto é a formalização e concretização do amadurecimento pelo qual toda a área de *compliance* e anticorrupção passou ao longo de quase 10 anos de vigor da LAC. Além disso, o decreto reflete algumas regras e práticas que já vinham sendo aplicadas pela Controladoria-Geral da União (CGU) e pela Advocacia-Geral da União (AGU), mas que ainda não eram formalizadas.

Nesse sentido, o decreto traz regras mais claras e maior segurança jurídica a pessoas jurídicas que respondam Processos Administrativos de Responsabilização (PARs) ou assinem acordos de leniência. O processo, como um todo, está mais eficiente e visa dar mais tempo de investigação às autoridades, mas, por outro lado, acelera mais as resoluções dos processos, o que beneficia tanto o setor público quanto o privado.

Por outro lado, o decreto traz maior responsabilidade e impacto para as pessoas jurídicas a fim de que não só implementem e operem um sistema de integridade eficiente, mas que difundam a cultura da integridade para os seus colaboradores internos e externos. As alterações introduzidas no âmbito das multas pelo decreto são um ótimo exemplo para ilustrar esta tendência. Empresas que difundam a cultura de integridade e mantenham um programa de integridade robusto e eficiente podem se valer de maiores reduções de multas em caso de descumprimento. Por outro lado, aumentaram-se os fatores de punição para violações e foram abrangidas as aplicações de multa em contratos de menores vultos do que anteriormente.

---

[1] Art. 7º, parágrafo único. Os parâmetros de avaliação de mecanismos e procedimentos previstos no inciso VIII do *caput* serão estabelecidos em regulamento do Poder Executivo federal.

[2] A título exemplificativo, podemos citar a Portaria da Controladoria-Geral da União nº 909/2015, que dispõe sobre a avaliação de programas de integridade; Instrução Normativa CGU nº 13/2019, que define os procedimentos para apuração da responsabilidade administrativa.

Com a entrada em vigor do novo decreto, foram introduzidas diversas alterações e inovações com o objetivo de aprimorar a aplicação da LAC, dentre as quais, destacamos as questões mais relevantes:

- menção aos objetivos do Estado com os acordos de leniência, além da definição do monitoramento do programa de integridade como condição para a celebração de acordos de leniência, bem como a possibilidade de compensação dos valores pagos a título de reparação de danos em eventuais outros processos sancionatórios;
- maior detalhamento de parâmetros para avaliação do programa de integridade, indicando diretrizes da Recomendação da Organização para a Cooperação e o Desenvolvimento Econômico (OCDE) sobre integridade pública;
- aumento do escopo para investigação preliminar nos Processos Administrativos de Responsabilização, com novas possibilidades de atos necessários para a elucidação dos fatos sob apuração;
- mudanças nos percentuais dos fatores utilizados para dosimetria da multa a ser aplicada nos casos de violação à LAC, em especial destaca-se a mudança de 4% para 5% do fator de redução da multa, no caso de a pessoa jurídica possuir um programa de integridade robusto.

Como pode ser verificado nas alterações e inovações mencionadas, percebe-se que a nova regulamentação trouxe um maior nível de detalhamento de pontos essenciais para a promoção da integridade corporativa no Brasil.

A regulamentação introduzida tanto pelo antigo Decreto nº 8.420/2015 quanto pelo decreto trouxe um amadurecimento nas regras de incentivo à integridade corporativa e combate aos atos contra a Administração Pública no Brasil. O antigo decreto, ao introduzir e regular uma lei nova, em um dos momentos mais importantes no combate à corrupção no Brasil e no mundo, e o atual, trazendo maior alinhamento entre os órgãos da Administração Pública responsáveis pela aplicação da LAC, a tornam um marco regulatório mais claro e efetivo.

2 Inovações introduzidas pelo Decreto nº 11.129/2022

Não foram poucas as inovações trazidas pelo decreto[3] no cenário de *compliance* e anticorrupção brasileiro. Na realidade, o decreto reflete a evolução e o amadurecimento do tema no Brasil. Trouxe ou especificou regras sobre praticamente todos os principais temas relativos à LAC, que vão desde os acordos de leniência, passando pelas avaliações dos programas de integridade por autoridades públicas, o impacto nas multas sob a LAC e os PARs.

Passados quase 10 anos da aplicação da LAC, com grandes casos, acordos e decisões, as empresas e os seus executivos se tornaram mais conscientes das suas responsabilidades e deveres no combate à corrupção e na difusão da integridade no ambiente corporativo no Brasil. Até 2014, eram raras as pessoas jurídicas de quaisquer portes com um programa de integridade no Brasil. Mesmo nas multinacionais, onde geralmente se encontravam os programas mais robustos, não havia tanta aderência no Brasil. Agora, as empresas brasileiras e internacionais estão muito mais sofisticadas no assunto integridade. Os controles, comunicações e políticas endereçam os riscos da empresa e os colaboradores estão muito mais preparados para lidar com situações que gerem risco.

O decreto acompanhou esta evolução. As análises de programas de integridade estabelecidas dão um peso bem maior não apenas à existência de elementos de um programa de integridade, mas também à sua eficácia e à cultura de integridade.

Do lado do combate à corrupção, a LAC foi tão inovadora, que logo se viu diversos órgãos da Administração Pública concorrendo, muitas vezes concomitantemente, para aplicá-la. As diferentes aplicações também geraram, por vezes, diversas interpretações, tanto para a propositura e assinatura dos acordos de leniência quanto para o cálculo de aplicação de multas. Essa, de forma geral, era uma das principais críticas que se fazia à aplicação da LAC. Da mesma forma, passados estes 10 anos, as competências para a aplicação da LAC estão bem mais claras. Com isso, o decreto também passou a ir mais a fundo ao regulamentar a aplicação da LAC, criando ferramentas para tal aplicação, como a definição das regras para a investigação preliminar e a obrigatoriedade do monitoramento, dentre as condições para a celebração dos acordos de leniência.

---

[3] O decreto entrou em vigor no dia 18 de julho de 2022 e revogou o Decreto nº 8.420/2015.

Estes são apenas alguns exemplos das inovações trazidas pelo decreto. É possível afirmar que o decreto foi a norma mais importante no cenário brasileiro de promoção da integridade corporativa e combate anticorrupção desde a criação da LAC. Com este contexto histórico, trazemos a seguir as principais inovações introduzidas pelo decreto em cada um destes temas.

2.1 Acordos de leniência

As inovações trazidas pelo decreto em relação aos acordos de leniência englobam não só o estabelecimento de um conceito formal, mas também inovaram ao estabelecer os objetivos buscados pelo Estado ao negociarem e assinarem acordos de leniência:

> Art. 32. O acordo de leniência é ato administrativo negocial decorrente do exercício do poder sancionador do Estado, que visa à responsabilização de pessoas jurídicas pela prática de atos lesivos contra a administração pública nacional ou estrangeira.
> Parágrafo único. O acordo de leniência buscará, nos termos da lei:
> I - o incremento da capacidade investigativa da administração pública;
> II - a potencialização da capacidade estatal de recuperação de ativos; e
> III - o fomento da cultura de integridade no setor privado.

A formalização do conceito da cultura de integridade, trazida pelo inciso III do art. 32, é uma grande evolução das estruturas e sistemas de integridade, que vai além das normas escritas. A cultura de integridade vai além da mera implementação de elementos ou de um programa de integridade.

De acordo com Flavio Serebrinic:

> conceitualmente, cultura organizacional corresponde a um conjunto complexo de valores, crenças e ações que definem a forma como a organização conduz seus negócios. Uma cultura de compliance abrange a difusão da ética, integridade e transparência na atuação da instituição.[4]

A cultura de integridade deve estar entranhada na cultura da própria empresa. Em uma empresa com um bom programa de

---

[4] Disponível em: https://www.migalhas.com.br/depeso/341695/sinais-da-cultura-de-integridade, acesso em: 30 mar. 2023.

integridade, o funcionário consulta o código ou a política para verificar se pode tomar uma ação. Em uma empresa com cultura de integridade, o funcionário sabe qual ação deve tomar e ainda traz de volta eventuais casos práticos para que sirvam de exemplo para outros colaboradores. Para que isso ocorra, é imprescindível que a integridade esteja entranhada na liderança da empresa, como as raízes de uma árvore. Essa liderança surge de cima através de exemplo e é aplicada por gestores e multiplicadores, até chegar ao mais baixo escalão da companhia e até para fora dela.

O decreto formalizou essa tendência prevendo no art. 51 que, como parte dos acordos de leniência, a Controladoria-Geral da União deve monitorar a "adoção, implementação e aperfeiçoamento do programa de integridade" das pessoas jurídicas lenientes, embora isso possa ser dispensado a depender do caso.

O decreto também beneficiou as pessoas jurídicas signatárias de acordos ao fornecer mais detalhes sobre as obrigações assumidas pelos lenientes, mas também sobre os benefícios que o acordo pode trazer. Especificamente, o Decreto trouxe novos parâmetros para o cálculo da redução de até 2/3 da multa que estabelece o parágrafo segundo do art. 16 da LAC. De acordo com o art. 47 do decreto, o percentual de redução do valor da multa deve levar em consideração:

I - a tempestividade da autodenúncia e o ineditismo dos atos lesivos;
II - a efetividade da colaboração da pessoa jurídica; e
III - o compromisso de assumir condições relevantes para o cumprimento do acordo.[5]

---

[5] Ao final de 2022, a CGU e a AGU publicaram a Instrução Normativa CGU/AGU nº 36 (IN 36), que dispõe sobre os critérios para redução em até dois terços do valor da multa aplicável no âmbito da negociação dos acordos de leniência previstos na LAC. A IN nº 36 reúne orientações quanto à incidência dos critérios estabelecidos no art. 47 do decreto para o cálculo do percentual redutor do valor da multa aplicável em acordos de leniência e aumenta a previsibilidade das sanções aplicadas nos acordos celebrados com a CGU e a AGU no âmbito da LAC.
A IN nº 6 apresenta a metodologia, já utilizada pelas comissões que negociam os acordos de leniência com as empresas colaboradoras, para mensurar a margem de redução da multa, que combina incentivos a determinados comportamentos e posturas das pessoas jurídicas entendidos como adequados no contexto das negociações, com incentivos ao atingimento dos objetivos da política de sanção negociada e colaboração no tocante a atos lesivos à Administração Pública.
A título de exemplo, a IN nº 36 orienta que, no tocante ao grau de colaboração da pessoa jurídica, seja considerado no percentual redutor se a pessoa jurídica promoveu investigação interna em abrangência adequada quanto aos ilícitos e envolvidos nos atos lesivos, valorizando a relevância das informações de colaboração, a qualidade dos documentos comprobatórios das condutas relatadas e a presteza em realizar os atos necessários à negociação do acordo dentro do prazo previsto.

A adoção destes requisitos também privilegia as pessoas jurídicas que adotem e fortaleçam uma cultura de integridade. Pessoas jurídicas com bons programas de integridade até conseguem identificar violações de forma rápida e eficiente. Mas pessoas jurídicas com uma forte cultura de integridade possuem muito mais confiança para trazer às autoridades potenciais violações, sem que precisem se preocupar (até certa medida) com os impactos da colaboração com as autoridades públicas.

Por outro lado, o decreto endureceu as obrigações das pessoas jurídicas signatárias de acordos de leniência. Se anteriormente o Decreto nº 8.420/2015 apenas expressava a necessidade de admissão pelas empresas de sua participação em infrações administrativas, o novo decreto estabelece a necessidade de empresas lenientes admitirem a responsabilidade objetiva quanto aos atos lesivos.[6] Esta assumpção de responsabilidade objetiva deve ser avaliada em face da boa-fé da empresa em reportar à Administração Pública a descrição e a comprovação de todos os atos ilícitos, desde o momento da propositura do acordo até o seu total cumprimento.

Se por um lado a alteração deixa a assumpção de responsabilidade das pessoas jurídicas mais ampla com a responsabilidade objetiva (o que não causa tanto impacto prático, já que as pessoas jurídicas possuem responsabilidade objetiva sob a LAC), ela também confia, em grande medida na boa-fé objetiva das lenientes – o que é outro sinal de amadurecimento na relação entre o privado e o público no âmbito dos acordos de leniência.

Além disso, o decreto inovou ao estabelecer que pessoas jurídicas signatárias de acordos de leniência devem reparar integralmente a parcela incontroversa do dano causado[7] e perder os valores de acréscimo patrimonial indevido ou de enriquecimento ilícito direta ou indiretamente obtidos da infração.[8] Isto passou a ser um requisito formal do acordo de leniência.[9]

A IN nº 6 e os demais normativos e publicações já editados pela CGU e AGU formam um conjunto integrado de normas que visam incentivar as pessoas jurídicas envolvidas em práticas ilícitas contra a Administração Pública a promover, de forma célere, medidas preventivas e remediativas em consonância com o interesse público e com a promoção da integridade na relação público-privada.

[6] Artigo 37, III. Admitir sua responsabilidade objetiva quanto aos atos lesivos.
[7] Artigo 37, VI. Reparar integralmente a parcela incontroversa do dano causado.
[8] Artigo 37, VII. Perder, em favor do ente lesado ou da União, conforme o caso, os valores correspondentes ao acréscimo patrimonial indevido ou ao enriquecimento ilícito direta ou indiretamente obtido da infração, nos termos e nos montantes definidos na negociação.
[9] Artigo 37, V. Fornecer informações, documentos e elementos que comprovem o ato ilícito.

A parcela incontroversa do dano corresponde aos valores dos danos admitidos pela pessoa jurídica ou àqueles decorrentes de decisão definitiva no âmbito do devido processo administrativo ou judicial. Ela pode ser utilizada para a compensação com outros valores porventura apurados em outros processos sancionatórios ou de prestação de contas, quando relativos aos mesmos fatos que compõem o escopo do acordo.[10]

De forma prática, isso significa que, caso uma pessoa jurídica pratique atos que violem tanto a LAC como a Lei nº 14.133/2021 (Lei de Licitações), por exemplo, causando danos a um determinado órgão público, os danos ressarcidos através do acordo de leniência sob a LAC também valem para fins das violações da Lei de Licitações. Para além de proteger as empresas de pagarem duas vezes pelo mesmo dano, esta importante regra fornece ferramentas às pessoas jurídicas de se defenderem caso mais de um órgão resolva pleitear o ressarcimento do dano causado. Isso traz maior segurança jurídica ao instrumento do acordo de leniência.

Caso, de determinado ato ilícito, decorra simultaneamente dano causado ao ente lesado e acréscimo patrimonial indevido à pessoa jurídica responsável pela prática do ato, e haja identidade entre ambos, os valores devem ser computados uma única vez para que seja realizada a quantificação do acordo de leniência e devem ser classificados como ressarcimento de danos para fins contábeis, orçamentários e de sua destinação para o ente lesado.[11]

A discussão para o ressarcimento do dano causado é geralmente extensa durante a negociação de um acordo de leniência justamente pela dificuldade existente em estimá-lo e calculá-lo, sobretudo em grandes investigações que envolvam mais de um contrato público ou mais de um ato ilícito praticado. Neste sentido, a regra introduzida no decreto é bem-vinda para esclarecer e até mesmo proteger a pessoa jurídica leniente de ter computado duas vezes em seu acordo o ressarcimento de um eventual dano causado.

Por fim, talvez uma das mais importantes inovações trazidas pelo decreto em relação aos acordos de leniência (ou, no mínimo, uma inovação que causa grande impacto para as lenientes) é a obrigatoriedade

---

[10] Artigo 45, VI. A possibilidade de utilização da parcela a que se refere o inciso VI do *caput* do art. 37 para compensação com outros valores porventura apurados em outros processos sancionatórios ou de prestação de contas, quando relativos aos mesmos fatos que compõem o escopo do acordo.

[11] Artigo 37, §3º, II. Classificados como ressarcimento de danos para fins contábeis, orçamentários e de sua destinação para o ente lesado.

da inclusão do monitoramento dentre as condições para a celebração dos acordos de leniência.

O art. 45 do decreto já estabelecia no decreto antigo as cláusulas que deveriam estar contidas nos acordos de leniência. A inovação veio em seu inciso IV, que, além de estabelecer o aperfeiçoamento do programa de integridade como um dos requisitos, agora também exige o prazo e as condições do monitoramento. É delegada à CGU a responsabilidade de realizar este monitoramento, direta ou indiretamente, ou mesmo dispensá-lo, a depender das circunstâncias do caso.[12]

O decreto foi além e estabeleceu não apenas a obrigatoriedade das disposições sobre o monitoramento, mas também a forma que ele deve ter, ou seja, através de relatórios, documentos e informações fornecidos pela pessoa jurídica, obtidos de forma independente ou por meio de reuniões, entrevistas, testes de sistemas e de conformidade com as políticas e visitas técnicas.[13] Há proteção aos sigilos legais e aos interesses das investigações internas no âmbito do monitoramento, ainda que a CGU deva publicar em seu site as etapas do processo de monitoramento.[14]

2.2 Programas de integridade

No que tange aos programas de integridade, a principal inovação trazida pelo decreto foi a realização de alterações nos parâmetros de avaliação e monitoramento, além de introduzir o conceito de fomento à cultura de integridade no ambiente organizacional, como já mencionamos.

---

[12] Artigo 51. O monitoramento das obrigações de adoção, implementação e aperfeiçoamento do programa de integridade de que trata o inciso IV do *caput* do art. 45 será realizado, direta ou indiretamente, pela Controladoria-Geral da União, podendo ser dispensado, a depender das características do ato lesivo, das medidas de remediação adotadas pela pessoa jurídica e do interesse público.

[13] Artigo 51, §1º. O monitoramento a que se refere o caput será realizado, dentre outras formas, pela análise de relatórios, documentos e informações fornecidos pela pessoa jurídica, obtidos de forma independente ou por meio de reuniões, entrevistas, testes de sistemas e de conformidade com as políticas e visitas técnicas.

[14] Artigo 51, §2º. As informações relativas às etapas do processo de monitoramento serão publicadas em transparência ativa no sítio eletrônico da Controladoria-Geral da União, respeitados os sigilos legais e o interesse das investigações.

Via de regra, os programas de integridade não são obrigatórios no Brasil, diferente do que ocorre em outros países.[15] Para fins da LAC, um programa de integridade só será avaliado pelas autoridades públicas em caso de violações, seja para firmar um acordo de leniência, seja em um PAR. Possuir um programa de integridade bem estruturado (e agora também uma cultura de integridade) é um grande fator mitigador em caso de multas por violações à LAC, como explicamos a seguir. Com esta finalidade, o Decreto nº 8.420/2015 já trazia os parâmetros para a avaliação dos programas de integridade.[16] O agora art. 57 do decreto acrescentou alguns novos parâmetros e acrescentou elementos a outros.

O comprometimento inequívoco da alta direção da pessoa jurídica é um dos elementos mais importantes de um programa de integridade, até por isso, esse comprometimento já era o parâmetro número um do Decreto nº 8.420/2015. Contudo, o novo decreto agora indica que uma forma de se avaliar este apoio inequívoco é através da destinação dos recursos adequados ao programa.[17] O decreto não indica o que caracteriza a destinação de recursos adequados, isto deve ser definido e determinado caso a caso. Por outro lado, a falta de recursos é mais fácil de ser identificada, por exemplo: o *background check* que teve que ser feito sem nenhuma ferramenta de busca, a equipe de uma só pessoa, o programa elaborado sem uma análise de riscos, o treinamento que não pode ser realizado presencialmente, entre tantos outros.

A propósito, o treinamento dos colaboradores e até de parceiros também é outro elemento fundamental de um programa de integridade. O decreto trouxe, além dos treinamentos, as ações de comunicação como parâmetro de avaliação dos programas de integridade.[18] Novamente, o decreto não especifica as ações de comunicação, mas as empresas podem fazê-lo de diversas formas, incluindo e-mails corporativos, cartões, ações de identidade visual, entre outros.

Com esta inclusão, a mensagem trazida pelo legislador foi a de que não basta a pessoa jurídica realizar um treinamento uma vez por

---

[15] STEPHENS, Niki; GEARY, Alison; WEAVING, Min; REYA, Elizabeth Hope Mishcon de. *UK Compliance Requirements*. Home. Guides. The Guide to Compliance. 2 de setembro de 2022. Disponível em: https://globalinvestigationsreview.com/guide/the-guide-compliance/first-edition/article/ukcompliance-requirements, acesso em: 29 mar. 2023.

[16] Artigo 42. Para fins do disposto no §4º do art. 5º, o programa de integridade será avaliado, quanto a sua existência e aplicação, de acordo com os seguintes parâmetros.

[17] Artigo 57, I. Comprometimento da alta direção da pessoa jurídica, incluídos os conselhos, evidenciado pelo apoio visível e inequívoco ao programa, bem como pela destinação de recursos adequados.

[18] Artigo 57, IV. Treinamentos e ações de comunicação periódicos sobre o programa de integridade.

ano e não tocar mais no assunto com os colaboradores até o próximo treinamento. Para criar uma cultura de integridade, o tema deve ser tratado e comunicado periodicamente ao público interno e até ao público externo.

O Professor José Marcelo Martins Proença sintetizou bem o princípio por trás das alterações deste ponto do decreto:

> Para garantir que as políticas e os procedimentos estejam verdadeiramente incorporados na empresa deve haver, portanto, comunicação e treinamento suficientes sobre os preceitos neles contidos para que todas as pessoas afetadas saibam, a todo momento, a cada situação e a cada desafio, o que e como fazer efetivamente, sem receio, em determinadas situações.[19]

O Decreto nº 8.420/2015 também elencava a análise periódica de riscos para adaptações ao programa de integridade com um parâmetro de avaliação. Para o decreto novo, estes riscos também devem ser geridos adequadamente pelo programa de integridade, incluindo a sua análise, a reavaliação periódica e a alocação eficiente de recursos para mitigá-los.[20] Isto significa que, pelo novo decreto, não basta a realização de análises de riscos constantes que identifiquem os mesmos riscos com as mesmas probabilidades sistematicamente. Estes riscos devem ser geridos e mitigados pelas empresas, quando não eliminados. Em outras palavras, indicar um risco periodicamente na análise justificando que é inerente à atividade da empresa não será mais suficiente para fins da avaliação da gestão de risco.

De certa forma, apesar de não constar formalmente no Decreto nº 8.420/2015, esta ideia já estava imbuída na avaliação que a CGU realizava nos programas de integridade. O Manual Prático de Avaliação de Programas de Integridade em PAR (Manual),[21] elaborado sob o antigo decreto prevê que

---

[19] PROENÇA, José Marcelo Martin. *Questões atuais do compliance*. p. 145. vol. 1. Câmara de Comércio Brasil-Canadá, 2022.

[20] Artigo 57, V. Gestão adequada de riscos, incluindo sua análise e reavaliação periódica, para a realização de adaptações necessárias ao programa de integridade e a alocação eficiente de recursos.

[21] O Manual foi elaborado pela CGU em 2018 com o objetivo de auxiliar, de forma prática, os servidores públicos, especialmente aqueles que compõem as Comissões de Processo Administrativo de Responsabilização a avaliarem programas de integridade no âmbito do PAR. Como foi elaborado em 2018, o Manual contém as regras então vigentes, do Decreto nº 8.420/2015. Após a entrada em vigor do novo decreto, a CGU e a AGU publicaram a Portaria Conjunta nº 6/2022 estabelecendo um adendo ao Manual para orientar e esclarecer sobre as novas regras para o cálculo dos percentuais aplicados às multas nas

Com base nos riscos identificados, serão desenvolvidas as regras, políticas e procedimentos para prevenir, detectar e remediar a ocorrência dos atos indesejados. É importante que o processo de mapeamento de riscos seja periódico a fim de identificar eventuais novos riscos, sejam eles decorrentes de alteração nas leis vigentes ou de edição de novas regulamentações, ou de mudanças internas na própria empresa, como ingresso em novos mercados, áreas de negócios ou abertura de filiais, por exemplo.

Ou seja, o novo decreto apenas esclareceu e formalizou este padrão de avaliação.

Outra inovação do decreto no campo dos programas de integridade foi indicar o tratamento das denúncias como parâmetro para avaliação.[22] O decreto manteve dentre os parâmetros avaliados outros elementos da estrutura de comunicação e reporte, como um canal de denúncia amplamente divulgado e com proteção a denunciantes de boa-fé. Agora, a empresa também será avaliada sobre o passo tomado após o recebimento da denúncia através do canal. Ou seja, como esta denúncia é avaliada, apurada, endereçada, os resultados obtidos, eventuais melhorias endereçadas após a conclusão da apuração e assim por diante.

Vale destacar que o decreto não menciona a avaliação sobre a possibilidade de se fazer denúncias de forma anônima através do canal, o que costuma ser recomendado como uma boa prática, inclusive pela CGU,[23] para garantir a independência do canal e incentivar eventuais denunciantes que possam temer retaliações.

Uma das inovações mais debatidas e de maior impacto para as empresas foi para a realização de diligências apropriadas, baseadas em risco, para contratação e supervisão de terceiros. Especificamente, o inciso XIII do art. 57 menciona nominalmente os despachantes, consultores e representantes comerciais como terceiros que devem ser supervisionados. Além deles, o inciso destacou a importância na

---

avaliações de programas de integridade, que foram alterados no novo decreto. A Portaria Conjunta nº 6/2022 indicou que um novo manual seria publicado no segundo semestre de 2022, mas até a data da publicação deste artigo ainda não havia sido publicado.

[22] Artigo 57, X. Canais de denúncia de irregularidades, abertos e amplamente divulgados a funcionários e terceiros, e mecanismos destinados ao tratamento das denúncias e à proteção de denunciantes de boa-fé.

[23] Manual Prático de Avaliação de Programa de Integridade em PAR. Ministério Da Transparência e Controladoria-Geral Da União, Quadra 01, Bloco A, Edifício Darcy Ribeiro 70070-905 – Brasília-DF. 26 de agosto de 2022. "Para garantir a efetividade dos canais, é necessário que existam garantias de proteção ao denunciante de boa-fé como, por exemplo, o recebimento de denúncias anônimas, a proibição de retaliação de denunciantes e regras de confidencialidade."

supervisão em contratações de pessoas politicamente expostas e para patrocínios e doações, que não possuíam o mesmo destaque no Decreto nº 8.420/2015.

O Manual já traz um bloco de avaliação específico sobre diligências para a contratação e supervisão de terceiros. Nele, é recomendada a adoção de

> verificações apropriadas para contratação e supervisão de fornecedores, prestadores de serviço, agentes intermediários e associados, entre outros, principalmente em situações de elevado risco à integridade.

Contudo, nem o antigo decreto e nem o Manual indicavam claramente quais eram estes terceiros, quais relações geram maior risco etc. (até porque é algo que pode variar, caso a caso). Além disso, nem o antigo decreto e nem o Manual indicavam riscos relacionados a pessoas politicamente expostas, doações e patrocínios, temas que geralmente ensejam grandes riscos de integridade, pois, uma vez que o dinheiro sai da empresa, o controle sobre o seu destino dificulta-se consideravelmente.

Por fim, e como mencionado mais adiante, o decreto passou a dar maior importância aos programas de integridade ao aumentar de 4% para 5% o fator máximo de redução de multa às pessoas jurídicas que consigam comprovar que possuem um programa de integridade considerado robusto pelas autoridades, nos parâmetros estabelecidos pelo decreto, caso haja uma violação da LAC.[24]

2.3 Processos Administrativos de Responsabilização

O decreto também trouxe diversas inovações no tratamento do PAR, que visa a apuração da responsabilidade administrativa de pessoas jurídicas que incidem em atos lesivos à Administração Pública. Na realidade, muitas das mudanças trazidas já eram aplicadas na prática pela CGU ou já estavam estabelecidas na Instrução Normativa CGU nº 13/2019 (IN nº 13), que define os procedimentos para apuração da responsabilidade administrativa de pessoas jurídicas a serem observados pelos órgãos e entidades do Poder Executivo federal. Ou seja, apesar de

---

[24] Artigo 23, V. Até cinco por cento no caso de comprovação de a pessoa jurídica possuir e aplicar um programa de integridade, conforme os parâmetros estabelecidos no Capítulo V.

não trazer tantas mudanças práticas, a formalização das regras adotadas traz maior segurança jurídica e transparência ao processo como um todo.

Primeiramente, destaca-se a alteração da estrutura do Capítulo II – Da Responsabilização Administrativa do Decreto (antigo Capítulo I do Decreto nº 8.420). O decreto antigo trazia as regras todas dispostas de forma única dentro do capítulo. O decreto atual optou por separar os dispositivos em duas seções diferentes: Seção I – Da Investigação Preliminar e Seção II – Do Processo Administrativo de Responsabilização. Esta organização dá maior previsibilidade e transparência a todo o processo de responsabilização.

Dentre as principais inovações da Seção I, estão as regras e procedimentos aplicáveis à investigação preliminar. Embora o caráter sigiloso e não punitivo da investigação preliminar tenha se mantido, o decreto inovou principalmente ao dispor sobre as diligências investigativas cabíveis, trazendo rol exemplificativo de medidas legais a serem adotadas para a elucidação dos fatos. O prazo para a investigação também pode ficar maior. Pelo decreto antigo, o prazo de investigação era de 180 dias, podendo ser prorrogado por igual período. O decreto manteve os 180 dias, mas agora simplesmente admite prorrogação, sem o limite do mesmo período.

Dentre as diligências cabíveis, destacam-se (i) a solicitação de informações bancárias sobre movimentação de recursos públicos, mesmo que sigilosas, nos contextos de compartilhamento do sigilo com órgãos de controle; e (ii) a requisição, por meio da autoridade competente, do compartilhamento de informações tributárias da pessoa jurídica investigada, conforme previsão do inciso II, §1º, do art. 198 do Código Tributário Nacional.

O dispositivo do decreto não dispõe expressamente se a quebra do sigilo bancário deverá ser precedida de autorização judicial. Note que a exigência de ordem judicial para a violação do sigilo bancário encontra respaldo no artigo 5º, da Constituição Federal, e na Lei Complementar nº 105/2001, a qual dispõe em seu artigo 1º que "as instituições financeiras conservarão sigilo em suas operações ativas e passivas e serviços prestados". Nesse mesmo sentido, vai o Manual de Responsabilização de Entes Privados da CGU de 2022:

> no âmbito dos processos administrativos, não é possível a determinação administrativa de interceptação telefônica, de quebra dos dados telefônicos particulares ou do sigilo bancário. Trata-se de hipóteses cuja autorização excepcional é reservada ao Poder Judiciário.

Em face do dispositivo constitucional e das diretrizes da CGU poderíamos assumir que a quebra de sigilo bancário prescinde de autorização judicial. No entanto, tal entendimento não merece prosperar, uma vez que o Supremo Tribunal Federal[25] tem posicionamento no sentido de que o resguardo do sigilo bancário é afastado nos casos envolvendo recursos públicos.

O Parecer Plenário nº 5/2017/CNU/CGU/AGU[26] corrobora o entendimento do Supremo Tribunal Federal ao dispor que o sigilo bancário não é preservado nas hipóteses em que a contraparte da instituição financeira é pessoa jurídica de direito público ou em que a operação bancária envolva recursos públicos, ainda que parcialmente:

> EMENTA: Direito Administrativo. Acesso às informações protegidas por sigilo bancário pelos órgãos de controle. Princípio da publicidade. Extensão ou compartilhamento de sigilo. Prevalência do princípio constitucional da publicidade, nos termos deste parecer. Oponibilidade do sigilo, quando existente, a órgãos de controle.
> 1. Além das hipóteses previstas no art. 1º, §§3º e 4º, da Lei Complementar nº 105, de 2001, não incide a proteção ao sigilo bancário, em decorrência da incidência do princípio constitucional da publicidade, ao menos nas seguintes situações: a) operação bancária em que a contraparte da instituição financeira é pessoa jurídica de direito público; ou b) operação bancária que envolva recursos públicos, ainda que parcialmente, independentemente da contraparte da instituição financeira.
> 2. Para este fim, devem ser considerados recursos públicos aqueles previstos nos orçamentos da União, dos Estados, do Distrito Federal ou dos Municípios, incluídos os orçamentos previstos no §5º do art. 165 da Constituição.
> 3. Por coerência, também devem ser considerados públicos os recursos titularizados não pela coletividade como um todo, mas por coletividades parciais (como os trabalhadores regidos pela CLT ou servidores públicos) que sejam administrados pelo poder público, tal como o FGTS e o Fundo PIS-PASEP, mas apenas em relação à sua aplicação pelas instituições financeiras, excluídas as operações bancárias realizadas entre o banco e o titular de contas individualizadas (cotista do fundo), que continuam protegidas pelo sigilo bancário.

---

[25] BRASIL. Supremo Tribunal Federal (Segunda Turma). Recurso Ordinário em Habeas Corpus. RHC 133.118. Relator: Dias Toffoli. Julgamento: 26.09.2017. Disponível em: Pesquisa de jurisprudência – STF, acesso em: 24 abr. 2023.

[26] BRASIL. Advocacia-Geral da União. Parecer Plenário nº 56/2017/CNU/CGU/AGU. Brasília. 28 de dezembro de 2018. Disponível em: https://repositorio.cgu.gov.br/bitstream/1/45640/3/Parecer%20PLENARIO%205-2017-CNU-CGU-AGU.pdf, acesso em: 30 mar. 2023.

4. A exceção ao sigilo bancário decorrente do princípio da publicidade atinge apenas a operação inicial de transferência dos recursos públicos, e não as operações subsequentes realizadas pelo tomador dos recursos e decorrentes da disponibilização destes em conta corrente ou por outro meio.

Por sua vez, na hipótese de obtenção de informações tributárias, o Código Tributário Nacional estabelece que a divulgação de informações fiscais apenas é cabível por meio de requisição judicial e, ainda, que a transferência de informações sujeitas ao sigilo fiscal entre entes da Administração Pública não importa em quebra do sigilo fiscal (artigo 198, *caput*, §1º, inciso I, e §2º). Nesse sentido, a ADI nº 2.859/DF:[27]

[...]
7. O art. 1º da Lei Complementar 104/2001, no ponto em que insere o §1º, inciso II, e o §2º ao art. 198 do CTN, não determina quebra de sigilo, mas transferência de informações sigilosas no âmbito da Administração Pública. Outrossim, a previsão vai ao encontro de outros comandos legais já amplamente consolidados em nosso ordenamento jurídico que permitem o acesso da Administração Pública à relação de bens, renda e patrimônio de determinados indivíduos.[28]

Tal entendimento também está previsto no Parecer nº 053/2019/CONSUNIAO/CGU/AGU:[29]

[...]
II - Informações protegidas por sigilo fiscal, sob custódia de órgãos da Administração Tributária Federal, podem ser compartilhadas com os órgãos administrativos federais de controle (TCU e CGU), transferindo-se-lhes o sigilo, na forma do art. 198, do Código Tributário Nacional.
III - A solicitação pode ser feita por autoridade administrativa no interesse da Administração Pública, na forma do art. 198, §1º, II, do CTN, quando

---

[27] BRASIL. Supremo Tribunal Federal (Plenário). Ação Direta de Inconstitucionalidade nº 2.859. Relatora: Min. Dias Toffoli. 24 de fevereiro de 2016. Disponível em: https://redir.stf.jus.br/paginadorpub/paginador.jsp?docTP=TP&docID=11899965https://redir.stf.jus.br/paginadorpub/paginador.jsp?docTP=TP&docID=11899965, acesso em: 30 mar. 2023.

[28] BRASIL. Supremo Tribunal Federal (Plenário). Ação Direta de Inconstitucionalidade nº 2.859. Relatora: Min. Dias Toffoli. 24 de fevereiro de 2016. Disponível em: https://redir.stf.jus.br/paginadorpub/paginador.jsp?docTP=TP&docID=11899965https://redir.stf.jus.br/paginadorpub/paginador.jsp?docTP=TP&docID=11899965, acesso em: 30 mar. 2023.

[29] BRASIL. Advocacia-Geral da União. Parecer nº AM – 8. Brasília. 17 de outubro de 2019. Disponível em: https://www.planalto.gov.br/ccivil_03/AGU/Pareceres/2019-2022/PRC-AM-08-2019.htm, acesso em: 30 mar. 2023.

(i) comprovada a instauração regular de processo administrativo, no órgão ou na entidade respectiva, (ii) com o objetivo de investigar o sujeito passivo (pessoa física ou jurídica determinada) a que se refere a informação, por prática de infração administrativa.[30]

Outra inovação promovida pelo decreto consiste na indicação do rito a ser seguido após a instauração do PAR, o qual deverá ser precedido da indiciação formal e da intimação da pessoa jurídica processada para que, no prazo de trinta dias, apresente defesa escrita e pedido de produção de provas.[31]

No tocante à indiciação formal, o decreto traz em rol taxativo os requisitos a serem obrigatoriamente abordados, conforme dispõe o §2º do artigo 6º:

§2º O ato de indiciação conterá, no mínimo:
I - a descrição clara e objetiva do ato lesivo imputado à pessoa jurídica, com a descrição das circunstâncias relevantes;
II - o apontamento das provas que sustentam o entendimento da comissão pela ocorrência do ato lesivo imputado; e
III - *o enquadramento legal do ato lesivo imputado à pessoa jurídica processada.*
(g.n.)

A exigência de enquadramento mais preciso do ato lesivo imputado à pessoa jurídica processada atribui maior segurança jurídica ao instituto do PAR, à medida que corrobora que a Administração Pública apenas promova a indiciação de pessoas jurídicas contanto que a subsunção do ato lesivo à legislação sancionadora aplicável seja coesa e evidente.

Apesar desta inovação trazer maior segurança jurídica e ampla defesa ao processo como um todo, não é possível afirmar que se trata de uma novidade. Isso porque, apesar de não estar expressa no antigo decreto, ela já era prevista no inciso III, do art. 17, da IN nº 13. Na verdade, o inciso III do §2º do art. 6º é basicamente a cópia do que já previa a IN nº 13. Ou seja, o decreto formalizou as regras que já vinham

---

[30] BRASIL. Advocacia-Geral da União. Parecer nº AM – 08. Brasília. 17 de outubro de 2019. Disponível em: https://www.planalto.gov.br/ccivil_03/AGU/Pareceres/2019-2022/PRC-AM-08-2019.htm, acesso em: 30 mar. 2023.
[31] Artigo 6º. Instaurado o PAR, a comissão avaliará os fatos e as circunstâncias conhecidas e indiciará e intimará a pessoa jurídica processada para, no prazo de trinta dias, apresentar defesa escrita e especificar eventuais provas que pretenda produzir.

sendo aplicadas pela CGU, o que não deixa de ter o seu valor, mesmo que formal.

Para fins práticos, a previsão de que o ato de indiciação indique as provas e as circunstâncias dos atos lesivos garante à pessoa jurídica processada mais elementos para a elaboração de defesa escrita e de pedido de produção de provas mais robustos, ampliando assim o direito ao contraditório e à ampla defesa.

O direito ao contraditório e à ampla defesa também é resguardado pelo decreto ao permitir a intimação da pessoa jurídica estrangeira na pessoa do gerente, representante ou administrador de sua filial, agência sucursal, estabelecimento ou escritório instalado no Brasil.[32]

Por sua vez no regime anterior, para a pessoa jurídica sem sede, filial ou representação no país e, se frustrada a intimação por meio eletrônico, via postal ou por qualquer outro meio que assegurasse a certeza de ciência da pessoa jurídica, seria feita nova intimação por meio de edital publicado na imprensa oficial e no *website* do responsável pela apuração do PAR.[33] Assim, o decreto formaliza a facilitação para a notificação e intimação das pessoas jurídicas estrangeiras. Sob este prisma, foi fortalecido o princípio da responsabilização daqueles que violem a LAC e, eventualmente, queiram se evadir de suas responsabilidades através da sua jurisdição.

Outra inovação do decreto veio no parágrafo único do art. 12 e diz respeito à parte final do processo. Segundo este dispositivo,

> transcorrido o prazo previsto no caput [de até 10 dias para a manifestação da pessoa jurídica processada], a autoridade instauradora determinará à corregedoria da entidade ou à unidade competente que analise a regularidade e o mérito do PAR.

---

[32] Artigo 7º. §3º. Pessoa jurídica estrangeira poderá ser notificada e intimada de todos os atos processuais, independentemente de procuração ou de disposição contratual ou estatutária, na pessoa do gerente, representante ou administrador de sua filial, agência, sucursal, estabelecimento ou escritório instalado no Brasil.

[33] Artigo 7º. *Caput*. §1º. As intimações serão feitas por meio eletrônico, via postal ou por qualquer outro meio que assegure a certeza de ciência da pessoa jurídica acusada, cujo prazo para apresentação de defesa será contado a partir da data da cientificação oficial, observado o disposto no Capítulo XVI da Lei nº 9.784, de 29 de janeiro de 1999. Caso não tenha êxito a intimação de que trata o *caput*, será feita nova intimação por meio de edital publicado na imprensa oficial, em jornal de grande circulação no Estado da federação em que a pessoa jurídica tenha sede, e no sítio eletrônico do órgão ou entidade pública responsável pela apuração do PAR, contando-se o prazo para apresentação da defesa a partir da última data de publicação do edital.

Esta análise da comissão julgadora é mais uma das regras incorporadas da IN nº 13,[34] mas com uma mudança: a IN nº 13 estabelece a análise de regularidade do PAR, enquanto o decreto traz ainda a análise do mérito, o que se apresenta mais abrangente. De toda a forma, vale destacar que o relatório final da comissão julgadora tem caráter de recomendação,[35] o que afasta eventuais riscos de revisão de mérito em desfavor da empresa julgada.

A despeito de todas as novidades e formalizações trazidas e os benefícios gerais que elas acarretam ao processo e às partes, o decreto também perdeu pelo menos uma outra oportunidade de melhoria.

O seu art. 15 estabelece a possibilidade de pedido de reconsideração por parte da pessoa jurídica à decisão administrativa sancionadora que lhe desfavorece. Apesar de, na prática, funcionar como um recurso, o decreto deixou passar a oportunidade de criar um recurso de fato, com prazo e instâncias formais, o que ampliaria ainda mais o direito ao contraditório da empresa processada. De toda forma, as inovações trazidas pelo decreto são bem-vindas e o saldo é certamente positivo.

2.4 Impacto nas multas da Lei Anticorrupção Empresarial

Pelo aspecto punitivo da LAC, o decreto também realizou alterações importantes, principalmente nos percentuais dos fatores utilizados para a dosimetria da multa a ser aplicada à pessoa jurídica que a viola.

O art. 6º da LAC e os seus incisos trazem as sanções que podem ser aplicadas às pessoas jurídicas em caso de violações. As sanções administrativas incluem multa entre 0,1% e 20% do faturamento bruto do exercício anterior ao da instauração do processo administrativo[36] e publicação extraordinária da decisão condenatória, na forma de extrato

---

[34] Artigo 23. Recebida a manifestação de defesa prevista no art. 22, a autoridade instauradora determinará à corregedoria ou à unidade que exerça essa função que analise a regularidade processual do PAR.

[35] Artigo 13. Parágrafo Único. Na hipótese de decisão contrária ao relatório da comissão, esta deverá ser fundamentada com base nas provas produzidas no PAR.

[36] Artigo 6º. I. Para fins do cálculo da multa, são excluídos os tributos do faturamento bruto. A multa nunca deve ser inferior à vantagem auferida (quando estimável) pela pessoa jurídica.

de sentença, em meios de comunicação de grande circulação na área de prática da infração e atuação da pessoa jurídica.[37]

O valor da multa pode ser reduzido em até dois terços caso a pessoa jurídica celebre um acordo de leniência com as autoridades, além de isentá-la da publicação extraordinária da decisão.[38] A obrigação de reparar integralmente o dano causado à Administração Pública permanece mesmo com o acordo.[39]

Sobre a aplicação das sanções, o inciso VIII do art. 7º da LAC estabelece que entre os fatores que serão levados em consideração está

> a existência de mecanismos e procedimentos internos de integridade, auditoria e incentivo à denúncia de irregularidades e a aplicação efetiva de códigos de ética e de conduta no âmbito da pessoa jurídica

O decreto vem justamente para regulamentar os parâmetros para a avaliação do que traz o inciso VIII,[40] o programa de integridade e sua efetividade, como já descrevemos, mas também para estabelecer a base de cálculo da multa prevista no art. 6º da LAC, com base no faturamento bruto da pessoa jurídica,[41] esteja ela respondendo um PAR ou sendo signatária de acordo de leniência, caso em que se aplicaria a redução em até dois terços do valor.

Uma inovação trazida pelo decreto foi para a obtenção da informação do faturamento bruto das pessoas jurídicas, que é a base e ponto de partida para o cálculo da multa. Esta informação parece simples e objetiva, mas os dados nem sempre estão tão claros. O decreto agora permite, além da possibilidade do envio das informações pela

---

[37] Artigo 6º. II. §5º. A publicação extraordinária da decisão condenatória ocorrerá na forma de extrato de sentença, a expensas da pessoa jurídica, em meios de comunicação de grande circulação na área da prática da infração e de atuação da pessoa jurídica ou, na sua falta, em publicação de circulação nacional, bem como por meio de afixação de edital, pelo prazo mínimo de 30 (trinta) dias, no próprio estabelecimento ou no local de exercício da atividade, de modo visível ao público, e no sítio eletrônico na rede mundial de computadores.

[38] Artigo 16. §2º. A celebração do acordo de leniência isentará a pessoa jurídica das sanções previstas no inciso II do art. 6º e no inciso IV do art. 19 e reduzirá em até 2/3 (dois terços) o valor da multa aplicável.

[39] Artigo 16. §3º. O acordo de leniência não exime a pessoa jurídica da obrigação de reparar integralmente o dano causado.

[40] Artigo 7º. Parágrafo único. Os parâmetros de avaliação de mecanismos e procedimentos previstos no inciso VIII do *caput* serão estabelecidos em regulamento do Poder Executivo federal.

[41] Artigo 20. A multa prevista no inciso I do *caput* do art. 6º da Lei nº 12.846, de 2013, terá como base de cálculo o faturamento bruto da pessoa jurídica no último exercício anterior ao da instauração do PAR, excluídos os tributos.

própria pessoa jurídica, o compartilhamento de informações tributárias por outras autoridades públicas. O que significa que a autoridade pode solicitar à Fazenda Pública informações sobre a situação econômica ou financeira da empresa.[42]

O cálculo da multa é feito detalhadamente, através da aplicação de parâmetros agravantes e atenuantes que somam ou subtraem percentuais da base de cálculo da multa. "Os parâmetros de definição da multa foram revisados, inclusive em relação aos percentuais para definição da alíquota".[43]

Pela perspectiva das agravantes, que aumentam a dosimetria da multa, houve as seguintes alterações:

1. Adição de até 4% caso haja concurso de atos lesivos (ou seja, se a pessoa jurídica cometer mais de uma infração da LAC). O Decreto nº 8.420/2015 previa de 1% a 2,5% caso houvesse continuidade dos atos lesivos no tempo;

2. Os percentuais em caso de tolerância ou ciência da alta administração aumentaram de até 2,5% no decreto anterior para até 4% no novo decreto. Isso também reforça a importância que está sendo dada para a cultura de integridade nas empresas;

3. Redução nos percentuais de aumento da dosimetria de 5% para 3% no caso de reincidência do infrator em menos de cinco anos contados da publicação do julgamento anterior ou da celebração de acordo de leniência (ou seja, caso o infrator seja reincidente, a sua multa pode aumentar em até 3% no cálculo final);

Nos casos em que o ato lesivo afeta contratos, convênios ou acordos com órgãos públicos (instrumentos),[44] houve aumento do percentual na dosimetria da multa e redução dos valores dos instrumentos para fins de sua aplicação:

a. 1% caso o somatório dos instrumentos seja superior a R$ 500.000,00. No Decreto nº 8.420/2015, este valor começava com instrumentos totalizando R$ 1.500.000,00;

b. 2% caso o somatório dos instrumentos seja superior a R$ 1.500.000,00. No Decreto nº 8.420/2015, aplicavam-se 2% para instrumentos acima de R$ 10.000.000,00;

---

[42] Artigo 20. §1º. I. Compartilhamento de informações tributárias, na forma do disposto no inciso II do §1º do art. 198 da Lei nº 5.172, de 1966 – Código Tributário Nacional.

[43] Disponível em: https://tozzinifreire.com.br/boletins/decreto-federal-n-111292022-regulamenta-a-aplicacao-da-lei-anticorrupcao-empresarial, acesso em: 30 mar. 2023.

[44] O Decreto nº 8.420/2015 falava apenas em "contratos". O decreto incluiu também a previsão para acordos e convênios, da forma mais abrangente possível.

c. 3% caso o somatório dos instrumentos seja superior a R$ 10.000.000,00. No Decreto nº 8.420/2015, aplicavam-se 3% para instrumentos acima de R$ 50.000.000,00;

d. 4% caso o somatório dos instrumentos seja superior a R$ 50.000.000,00. No Decreto nº 8.420/2015, aplicavam-se 4% para instrumentos acima de R$ 250.000.000,00;

e. 5% caso o somatório dos instrumentos seja superior a R$ 250.000.000,00. No Decreto nº 8.420/2015, aplicava-sem 5% para instrumentos acima de R$ 1.000.000.000,00.

Já na perspectiva dos fatores atenuantes, o decreto também endureceu. Estas foram as principais mudanças nos fatores de diminuição do cálculo da multa:

1. Houve redução de 1% para 0,5% no caso de não consumação da infração;

2. No caso da comprovação da devolução espontânea das vantagens auferidas e do ressarcimento do dano causado, a redução passou de 1,5% para 1%. Essa mesma redução se aplica em caso de comprovação de inexistência da vantagem auferida ou danos causados, o que não existia no Decreto nº 8.420/2015;

3. No caso de admissão voluntária da pessoa jurídica pelo ato lesivo causado, houve pequeno ajuste no percentual aplicado, que antes era de 2% e agora de "até" 2%, o que abre margem para um desconto menor do que os 2% a depender das circunstâncias e conteúdo da admissão voluntária da empresa. Neste aspecto, o texto do decreto também foi alterado. O decreto anterior trazia a comunicação espontânea antes da instauração do PAR como o fator de redução, enquanto o decreto atual indica a admissão voluntária da responsabilidade objetiva pela pessoa jurídica como o redutor;

4. Por fim, o único fator atenuante da multa que teve a sua porcentagem aumentada foi o da comprovação da existência e aplicação de um programa de integridade robusto, nas bases indicadas no item b. Agora, um programa de integridade efetivo poderá reduzir a multa em até 5%, ante os 4% do Decreto nº 8.420/2015.

As inovações trazidas pelo decreto para as multas não pararam por aí. Como a eventual vantagem auferida pela pessoa jurídica é elemento importante no cálculo da multa, que não pode ser menor do que a vantagem,[45] o decreto estabeleceu uma metodologia para estimar o valor de uma vantagem auferida.

Segundo o art. 26 do decreto, o valor da vantagem auferida corresponde ao equivalente monetário do produto do ilícito, entendido como os ganhos ou os proveitos obtidos ou pretendidos pela pessoa jurídica em decorrência direta ou indireta da prática do ato lesivo. Assim, a vantagem auferida pode ser estimada considerando:

(i) o valor total da receita auferida pela pessoa jurídica nos contratos administrativos (ou aditivos), subtraídos os custos lícitos que a pessoa jurídica possa comprovar que tenha incorrido;

(ii) o valor total das despesas ou custos evitados pela pessoa jurídica em decorrência do ato lesivo praticado; ou

(iii) pelo valor do lucro adicional obtido pela pessoa jurídica, que não ocorreria sem a prática do ato lesivo.

O cálculo da vantagem auferida é sempre tema controverso nas negociações com as autoridades públicas justamente pela dificuldade em seu cálculo. Por isso, esta inovação traz uma maior segurança jurídica ao processo como um todo.

Além disso, as inovações trazidas pelo decreto no contexto das multas impostas pela LAC confirmam a tendência de amadurecimento na relação entro o público e o privado, dando mais segurança e credibilidade àquelas empresas que cuidaram em implementar e manter um programa de integridade robusto, mas em contrapartida traz maior contundência nas sanções das empresas infratoras.

Referências

BRASIL. Lei nº 12.846, de 1º ago. 2013 (Dispõe sobre a responsabilização administrativa e civil de pessoas jurídicas pela prática de atos contra a administração pública, nacional ou estrangeira, e dá outras providências).

BRASIL. Decreto nº 11.129, de 11 jul. 2022 (Regulamenta a Lei nº 12.846, de 1º de agosto de 2013, que dispõe sobre a responsabilização administrativa e civil de pessoas jurídicas pela prática de atos contra a administração pública, nacional ou estrangeira).

BRASIL. Instrução Normativa CGU nº 13, de 8 ago. 2019 (Define os procedimentos para apuração da responsabilidade administrativa de pessoas jurídicas de que trata a Lei nº

---

[45] Artigo 25. Prescrevem em 5 (cinco) anos as infrações previstas nesta Lei, contados da data da ciência da infração ou, no caso de infração permanente ou continuada, do dia em que tiver cessado.

12.846, de 1º de agosto de 2013, a serem observados pelos órgãos e entidades do Poder Executivo federal).

BRASIL. Advocacia-Geral da União. Parecer nº AM – 8. Brasília. 17 de outubro de 2019. Disponível em: https://www.planalto.gov.br/ccivil_03/AGU/Pareceres/2019-2022/PRC-AM-08-2019.htm. Acesso em: 30 mar. 2023.

BRASIL. Advocacia-Geral da União. Parecer Plenário nº 56/2017/CNU/CGU/AGU. Brasília. 28 de dezembro de 2018. Disponível em: https://repositorio.cgu.gov.br/bitstream/1/45640/3/Parecer%20PLENARIO%205-2017-CNU-CGU-AGU.pdf. Acesso em: 30 mar. 2023.

BRASIL. Supremo Tribunal Federal (Segunda Turma). Recurso Ordinário em Habeas Corpus. RHC 133.118. Relator: Dias Toffoli. Julgamento: 26.09.2017. Disponível em: Pesquisa de jurisprudência – STF. Acesso em: 24 abr. 2023.

BRASIL. Supremo Tribunal Federal (Plenário). Ação Direta de Inconstitucionalidade nº 2.859. Relatora: Min. Dias Toffoli. 24 de fev. 2016. Disponível em: https://redir.stf.jus.br/paginadorpub/paginador.jsp?docTP=TP&docID=11899965https://redir.stf.jus.br/paginadorpub/paginador.jsp?docTP=TP&docID=11899965. Acesso em: 30 mar. 2023.

SEREBRINIC, Flavio. Sinais da Cultura de Integridade. *Migalhas*. 12 mar. 2021. Disponível em: https://www.migalhas.com.br/depeso/341695/sinais-da-cultura-de-integridade. Acesso em: 30 mar. 2023.

STEPHENS, Niki; GEARY, Alison; WEAVING, Min; REYA, Elizabeth Hope Mishcon de. *UK Compliance Requirements*. Home. Guides. The Guide to Compliance. 2 de setembro de 2022. Disponível em: https://globalinvestigationsreview.com/guide/the-guide-compliance/first-edition/article/ukcompliance-requirements, acesso em: 29 mar. 2023.

TOZZINIFREIRE. Decreto Federal nº 11.129/2022 regulamenta a aplicação da Lei Anticorrupção Empresarial. 13 de jul. 2022. Disponível em: https://tozzinifreire.com.br/boletins/decreto-federal-n-111292022-regulamenta-a-aplicacao-da-lei-anticorrupcao-empresarial. Acesso em: 30 mar. 2023.

Informação bibliográfica deste texto, conforme a NBR 6023:2018 da Associação Brasileira de Normas Técnicas (ABNT):

ALMEIDA, Renata Muzzi Gomes de; HEILBERG, Fabio Rawet. Inovações introduzidas pelo Decreto nº 11.129/2022 na regulamentação da Lei Anticorrupção Empresarial. *In*: ZENKNER, Marcelo; KIM, Shin Jae (coord.). *Lei Anticorrupção Empresarial*: perspectivas e expectativas – Edição comemorativa dos 10 anos de vigência da Lei nº 12.846/2013. Belo Horizonte: Fórum, 2023. p. 373-396. ISBN 978-65-5518-541-6.

A IMPORTÂNCIA DOS RELATÓRIOS DE PERFIL E DE CONFORMIDADE NA MITIGAÇÃO DOS EFEITOS DA RESPONSABILIZAÇÃO DERIVADA DA LEI Nº 12.846/2013

SHIN JAE KIM

ISABELA LUCIANA COLETO

RENATO ARTHUR OLIVEIRA MELO

1 Introdução

A Lei nº 12.846/2013 ou Lei Anticorrupção Empresarial (LAE)[1] foi proposta com o intuito de criar medidas que visam coibir, prevenir e combater a prática de ilícitos, além de moralizar as relações entre empresas privadas e a Administração Pública.

A responsabilização das pessoas jurídicas passou a ser objetiva, nos âmbitos administrativo e civil, com penas severas, pelos atos lesivos previstos na LAE, ainda que cometidos por terceiro em seu interesse ou benefício, de forma exclusiva ou não e, em caso de violação, as pessoas jurídicas podem sofrer Processo Administrativo de Responsabilização (PAR) ou buscar a celebração de acordos de leniência, que são firmados

---

[1] BRASIL. Lei nº 12.846, de 1º de agosto de 2013. Dispõe sobre a responsabilização administrativa e civil de pessoas jurídicas pela prática de atos contra a administração pública, nacional ou estrangeira, e dá outras providências. Brasília, 1º de agosto de 2013; 192º da Independência e 125º da República.

entre a autoridade máxima de cada órgão ou entidade pública com as pessoas jurídicas responsáveis pela prática dos atos previstos na lei que colaborem efetivamente com as investigações e com o processo administrativo.

Como inovação, seguindo tendências internacionais, a LAE deu destaque ao mecanismo de prevenção ao incentivar a adoção de programas de integridade pelas pessoas jurídicas. O programa de integridade encontra-se definido no artigo 56 do Decreto nº 11.129/2022 como um "conjunto de mecanismos e procedimentos internos de integridade, auditoria e incentivo *à* denúncia de irregularidades e na aplicação efetiva de códigos de *ética* e de conduta, políticas e diretrizes"[2] com o objetivo de detectar e sanar desvios, fraudes, irregularidades e atos ilícitos praticados contra a Administração Pública, nacional ou estrangeira, além de fomentar e manter uma cultura de integridade.

Além disso, a LAE, regulamentada pelo Decreto nº 11.129/2022, estabelece que o programa de integridade pode reduzir em até 5% da base de cálculo da multa se a pessoa jurídica possuir e aplicar efetivamente um programa de integridade, de acordo com os parâmetros previstos em seu Capítulo V.

Como consequência, a partir da publicação da LAE, os primeiros programas de integridade foram criados, ainda restritos aos requisitos formais da LAE, mas aos poucos, percebeu-se que o incentivo à implantação de um programa de integridade vai muito além da redução de multa, e o que se viu ao longo dos últimos 10 anos no mundo corporativo foi um aumento significativo de adoção de programas de integridade pelas empresas.

A perspectiva do mercado sobre a legislação de combate à corrupção no Brasil evoluiu e o programa de integridade ganhou relevância, deixou de ser um mero "*check in the box*" para ser uma estrutura composta de elementos pertinentes às características e riscos atuais, concatenados com funcionalidades aderentes ao perfil da empresa, fortalecendo a cultura de integridade empresarial.

Nessa evolução, os relatórios de perfil e de conformidade têm tido um papel importante, pois por meio deles a pessoa jurídica, no curso de um PAR ou em negociação de acordo de leniência, apresenta seu programa de integridade para avaliação das autoridades.

---

[2] BRASIL. Decreto nº 11.129, de 11 de julho de 2022. Regulamenta a Lei nº 12.846, de 1º de agosto de 2013, que dispõe sobre a responsabilização administrativa e civil de pessoas jurídicas pela prática de atos contra a administração pública, nacional ou estrangeira. Brasília, 11 de julho de 2022; 201º da Independência e 134º da República.

No Brasil, considerando somente os números da CGU,[3] 1.524 processos administrativos de responsabilização (PARs) foram instaurados de 2014 até 2023, tendo sido 840 deles concluídos, e 25 acordos de leniência já foram firmados, de 78 propostas feitas desde 2015.[4]

Dessa forma, um número considerável de relatórios de perfil e conformidade já foi avaliado pelos órgãos avaliadores do governo, tendo levado a CGU a publicar, durante esse período, diversos manuais e orientações em conferências ou fóruns de discussões que abordam o que esperar de um programa de integridade robusto. Vale lembrar que o recente Decreto nº 11.129/2022 adiciona expressamente que o programa de integridade consiste, no âmbito de uma pessoa jurídica, no conjunto de mecanismos e procedimentos internos de integridade, auditoria e incentivo à denúncia de irregularidades e na aplicação efetiva de códigos de ética e de conduta, políticas e diretrizes, com o objetivo de não somente de prevenir, detectar e sanar desvios, fraudes, irregularidades e atos ilícitos praticados contra a Administração Pública, nacional ou estrangeira, mas também de fomentar e manter uma cultura de integridade no ambiente organizacional.

Seja pela experiência adquirida com base na avaliação de inúmeros relatórios de perfil e de conformidade por parte das autoridades, seja pelo amadurecimento do mercado de que a mera formalidade não gera efetividade aos programas, é necessário que as empresas se atentem ao preenchimento dos relatórios, de forma a transmitir o valor de seus programas de integridade.

Este artigo tem a finalidade de avaliar os requisitos e dados práticos que são tratados nos relatórios de perfil e de conformidade.

2 Avaliação de programas de integridade, sob a ótica do relatório de perfil

A avaliação de programas de integridade não é uma tarefa fácil, já que o programa é dinâmico. Não se pode esperar que, por meio de descrições apresentadas nos relatórios pelas pessoas jurídicas, as

---

[3] PAINEL DE CORREIÇÃO EM DADOS DA CGU. cgu.gov. Disponível em: https://centralpaineis.cgu.gov.br/visualizar/corregedorias. Acesso em: 30 mar. 2023.

[4] PAINEL DE ACORDOS DE LENIÊNCIA DA CGU. cgu.gov. Disponível em: https://app.powerbi.com/view?r=eyJrIjoiZTU2MWI0MjYtY2EzOS00NzYyLTg3MWQtYWE3MmFi MmY0ODM4IiwidCI6IjY2NzhkOWZlLTA5MjEtNDE3ZC04NDExLTVmMWMxOGRlZm JiYiJ9. Acesso em: 30 mar. 2023.

autoridades tenham condições de aferir a real efetividade do programa e que consigam capturar todas as vulnerabilidades e pontos a melhorar. Por outro lado, é a metodologia comumente usada para avaliação de programas por vários órgãos nacionais e internacionais, tendo em vista os recursos limitados, mas também, como já informado, a experiência adquirida pelo volume de relatórios já avaliados.

Ciente da complexidade para orientar a avaliação dos programas de integridade, foi publicado o "Manual Prático de Avaliação de Programa de Integridade em PAR" ("Manual" ou "Manual da CGU"), cuja última versão data de 2018.[5] O Manual tem como objetivo auxiliar, de forma prática, os servidores do Poder Executivo Federal, especialmente aqueles que compõem as Comissões de Processo Administrativo de Responsabilização (CPAR), a avaliarem o programa de integridade no âmbito do PAR. Conforme a orientação publicada também pela CGU em julho de 2020, "Avaliação de Programas de Integridade em Acordos de Leniência",[6] esse documento é também diretriz aplicável aos casos de acordos de leniência. O Manual é contemporâneo e está em plena conformidade a diversos outros documentos nacionais e internacionais que tratam das bases necessárias para um programa de integridade efetivo, tais como: "*ICC Business Integrity Compendium*",[7] "Guia Programas de *Compliance* – CADE"[8] e "Recomendação do Conselho da OCDE sobre Integridade Pública".[9]

De acordo com o Manual, as questões relacionadas ao perfil da companhia são meramente preliminares, isto é, feitas com o intuito de adaptar a avaliação à realidade da pessoa jurídica avaliada. Desse modo, a depender da resposta conferida a tais "questões preliminares", o Relatório de Conformidade da pessoa jurídica é impactado das

---

[5] MANUAL PRÁTICO DE AVALIAÇÃO DE PROGRAMA DE INTEGRIDADE EM PAR. gov.br. Disponível em: https://www.gov.br/cgu/pt-br/centrais-de-conteudo/publicacoes/integridade/arquivos/manual-pratico-integridade-par.pdf. Acesso em: 9 mar. 2023.

[6] AVALIAÇÃO DE PROGRAMAS DE INTEGRIDADE EM ACORDOS DE LENIÊNCIA. gov.br. Disponível em: https://repositorio.cgu.gov.br/bitstream/1/46350/1/Publicacao_Acordo_de_Leniencia_Empresas.pdf. Acesso em: 30 mar. 2023.

[7] ICC BUSINESS INTEGRITY COMPENDIUM. International Chamber of Commerce. Disponível em: https://cdn.iccwbo.org/content/uploads/sites/3/2017/12/icc-business-integrity-compendium2017-web.pdf. Acesso em: 31 mar. 2023.

[8] GUIA PROGRAMAS DE COMPLIANCE – CADE. Conselho Administrativo de Defesa Econômica. Disponível em: https://cdn.cade.gov.br/Portal/centrais-de-conteudo/publicacoes/guias-do-cade/guia-compliance-versao-oficial.pdf. Acesso em: 31 mar. 2023.

[9] RECOMENDAÇÃO DO CONSELHO DA OCDE SOBRE INTEGRIDADE PÚBLICA. Organização para a Cooperação e Desenvolvimento Econômico. Disponível em: https://www.oecd.org/gov/ethics/integrity-recommendation-brazilian-portuguese.pdf. Acesso em: 31 mar. 2023.

seguintes maneiras: (i) as perguntas dos blocos de avaliação podem ser consideradas não aplicáveis e a respectiva pontuação redistribuída entre as demais perguntas; ou (ii) pode haver variação nos pesos atribuídos a alguns questionamentos.

Dessa forma, é razoável afirmar que o Relatório de Perfil tem como objeto central a contextualização do avaliador sobre as particularidades da empresa avaliada, como os setores do mercado em que atua, as atividades desenvolvidas, a existência ou não de condenações anteriores por corrupção e o nível de interação que tem com a Administração Pública. Assim o avaliador poderá analisar os riscos a que se submete a empresa no exercício de suas atividades, bem como as ações apresentadas para mitigar esses riscos, conforme suas especificidades.

Além de preliminares, as questões relativas ao perfil da companhia são fundamentais na medida em que permeiam toda a avaliação do Relatório de Conformidade da empresa. Durante a avaliação do programa de integridade de uma companhia, o avaliador utiliza uma planilha de cálculo dos fatores a serem avaliados de acordo com determinados pesos e pontuações. Para o preenchimento dessa planilha, o Manual da CGU orienta que o avaliador tenha em mente, dentre outros fatores, dois principais: (i) "em geral, as perguntas são diretas e autoexplicativas" e (ii) "as medidas são adequadas ao perfil da pessoa jurídica".

Portanto, sob um prisma técnico, o Relatório de Perfil tem em si uma função estrutural sobre a modelagem da avaliação do programa de integridade. Isto é, serve como um elemento introdutório que construirá toda a base da avaliação a ser executada pela autoridade pública. A maturação na aplicação prática do próprio processo de avaliação feito pela Administração Pública evidencia a necessidade de um maior cuidado e detalhamento com a análise de perfil das empresas. Afinal, essa é uma etapa fundamental para que sejam avaliados de forma eficiente e coesa os programas de integridade nos processos administrativos de responsabilização (PARs) e nos acordos de leniência.

A avaliação pelo órgão público é feita por meio de uma planilha que assinala pesos diferentes às diversas seções do relatório de conformidade, de acordo com o que foi trazido pela pessoa jurídica em seu relatório de perfil. Na prática, o relatório de perfil é composto por sete seções, que serão expostas neste capítulo, e deve também, de modo a reiterar seu objeto, ser elaborado de forma a fornecer o contexto sob o qual a empresa será avaliada no relatório de conformidade.

Com a primeira seção do relatório de perfil, cujo título é "indicar os setores do mercado em que atua (no Brasil e, conforme aplicável, no exterior)", entende-se que os órgãos públicos avaliadores procuram extrair informações acerca dos eventuais riscos de integridade a que a companhia pode estar submetida a partir do (i) mercado em que atua, sendo certo que existem mercados em que a interação com agentes públicos é mais frequente e (ii) se esse mercado é doméstico ou envolve outras jurisdições, o que poderia acarretar riscos de *compliance* transnacionais. Além disso, os órgãos públicos avaliadores procuram entender se a companhia é de capital aberto e tem valores mobiliários negociados no exterior, para que se tenha um contexto de como e onde a companhia opera – e por quais autoridades regulatórias é eventualmente supervisionada.

De modo reflexivo, se a empresa atua no setor de varejo, por exemplo, e não tem contratos com agentes públicos, seu grau de interação com entidades governamentais seria muito reduzido em comparação com uma empresa do setor de infraestrutura. Nesse sentido, a empresa deve ter o cuidado de explicitar no relatório de perfil exatamente o ramo em que atua e o grau de interação com o agente público, que nesse caso é reduzida a, por exemplo, obtenção de licenças ou autorizações.

A segunda seção solicita à pessoa jurídica "apresentar sua estrutura organizacional, hierarquia interna, processo decisório e principais competências de conselhos, diretorias, departamentos ou setores". Com essa pergunta, os órgãos avaliadores buscam entender se a estrutura de governança da companhia, além de concreta, está de acordo com o porte e com o mercado em que atua. Nessa seção, há também a busca da compreensão sobre a extensão do poder decisório e o grau de independência dessa estrutura, como pode ser inferido pela pergunta "informar se a pessoa jurídica necessita de autorizações ou determinações de outras pessoas jurídicas (matriz ou outra empresa do grupo econômico)".

Ainda, hipoteticamente, se uma empresa sediada nos Estados Unidos que tenha filial brasileira identifica que ilícitos foram cometidos no Brasil, seria importante esclarecer a estrutura de governança (se há autonomia na gestão, as decisões que precisam de aprovação da matriz ou não, se há executivos da matriz alocados para as atividades brasileiras, se os executivos expatriados participam ativamente das discussões de negócios e operacionais, se os executivos estão ligados na rede local, etc.). Ou seja, a descrição simplificada da estrutura organizacional da filial quando pertencente a um grupo econômico não parece suficiente.

Para entender o contexto societário da empresa, a terceira seção é intitulada "Descrever as participações societárias em que está envolvida na condição de controladora, controlada, coligada ou consorciada".

Com essa seção, os *órgãos* públicos buscam compreender a estrutura societária de investida e de investidora da companhia, solicitando detalhamentos acerca de seus acionistas e questionando se faz parte de grupo econômico. Ainda, solicita-se que, caso a companhia realize operações de fusão, aquisição, incorporação, *joint venture*, consórcios, parcerias e associações, informe a razão social das demais empresas envolvidas na operação. Com isso, pretende-se identificar outras pessoas jurídicas relacionadas que podem ser afetadas pelo PAR ou pelo acordo de leniência.

Sobre essa seção, é importante ressaltar que a responsabilidade pela multa em casos de empresas de mesmo grupo econômico é solidária[10] e, em casos de aquisição, a responsabilidade pelos atos ilícitos elencados na Lei nº 12.846/13 ou Lei Anticorrupção Empresarial é objetiva.[11] Ainda, com base na resposta desse item, o órgão público avaliador, por meio do Relatório de Conformidade da companhia, buscará entender se a pessoa jurídica realiza as diligências necessárias para evitar o cometimento de irregularidades ou ilícitos ou identificar a existência de vulnerabilidades nas pessoas jurídicas envolvidas nessas operações (por meio de *due diligence, background check* e outros mecanismos de controle).

Na seção 4, "informar o quantitativo de empregados, funcionários e colaboradores", *é* preciso informar o número de funcionários em cada cargo e explicar se há terceiros contratados que fazem parte das atividades da pessoa jurídica. É também questionado quantos deles têm acesso à internet. Um dos itens de relevância para o relatório de conformidade é que as políticas de integridade da companhia sejam acessíveis, tanto em termos de linguagem quanto em termos de facilidade de acesso ao documento em si, por todos os colaboradores da pessoa jurídica. Caso a companhia sinalize que alguns colaboradores não têm acesso à internet, é importante que, no relatório de conformidade, enderece quais são as práticas da companhia para tornar tais políticas acessíveis a esse público.

A seção 5, "sobre as interações com a administração pública nacional ou estrangeira", pretende aferir o grau de interação da companhia com autoridades públicas, sendo que nesse item são endereçados (i) quais as licenças, autorizações e permissões ambientais são obtidas pela companhia e com que frequência, destacando-se,

---

[10] Art. 4º, §2º da Lei nº 12.846, de 1º de agosto de 2013.
[11] Art. 4º, §2º da Lei nº 12.846, de 1º de agosto de 2013.

especialmente, se a empresa é regulada por algum ente regulador, (ii) quantitativo e valores de contratos celebrados ou vigentes com entidades e órgãos públicos brasileiros nos últimos três anos e a participação destes no faturamento anual da jurídica e (iii) frequência e relevância da utilização de agentes intermediários, como procuradores, despachantes, consultores ou representantes comerciais, nas interações com o setor público. O grau de interação da pessoa jurídica com agentes públicos e a potencial utilização de terceiros como intermediários desse contato são o que norteia os potenciais riscos a serem considerados na avaliação das políticas anticorrupção, de interação com agentes públicos e de terceiros apresentada pela pessoa jurídica em seu relatório de conformidade.

A seção 6, "a pessoa jurídica pode ser qualificada como microempresa ou empresa de pequeno porte, nos termos da Lei Complementar nº 123/2016", mais objetiva, procura prover subsídios para que a estrutura do programa de integridade e sua avaliação sejam compatíveis com o porte da companhia. Nesse sentido, uma planilha de avaliação alternativa seria utilizada para a avaliação do relatório de conformidade pelo órgão público avaliador.[12]

O relatório de perfil termina com perguntas a respeito (i) da data em que a pessoa jurídica entende que o programa foi instituído (antes ou após a ocorrência do ato lesivo investigado no PAR) e (ii) se o programa de integridade é global, isto é, se é o mesmo programa aplicado em todos os países em que a pessoa jurídica atua. Com essas perguntas, o avaliador deverá avaliar os mecanismos do programa com foco em verificar se existiam controles internos suficientes que poderiam ter impedido que o ato investigado ocorresse ou que se repita no futuro, tanto em nível local quanto em nível global.

Pela perspectiva prática, da forma como o relatório de perfil é estruturado atualmente, a relevância do relatório é a de indicar as premissas a serem adotadas na avaliação pelos órgãos avaliadores do relatório de conformidade da pessoa jurídica investigada. Assim, para além de oferecer contexto ao relatório de conformidade, os relatórios de perfil devem abordar informações que sejam particularidades da pessoa jurídica que eventualmente poderiam ter sido causadoras ou até circunstanciais que levaram a justificar a estrutura do seu programa de integridade.

---

[12] PORTARIA CONJUNTA CGU/SMPE Nº 2.279 de 09.09.2015. gov.br. Disponível em: https://pesquisa.in.gov.br/imprensa/jsp/visualiza/index.jsp?data=10/09/2015&jornal=1&pagina=2&totalArquivos=80. Acesso em: 14 mar. 2023.

3 Avaliação de programas de integridade, sob a ótica do relatório de conformidade

Como visto anteriormente, o relatório de perfil deve trazer informações que apresentem de forma clara a estrutura de administração, do negócio e das pessoas da empresa, já o relatório de conformidade irá descrever elementos que permitam avaliar o grau de adequação do programa de integridade ao perfil da empresa e de sua efetividade.

De acordo com o artigo 57 do Decreto nº 11.129/2022, o programa de integridade será avaliado, quanto a sua existência e aplicação, de acordo com 15 parâmetros: I - comprometimento da alta direção da pessoa jurídica, incluídos os conselhos, evidenciado pelo apoio visível e inequívoco ao programa, bem como pela destinação de recursos adequados; II - padrões de conduta, código de ética, políticas e procedimentos de integridade, aplicáveis a todos os empregados e administradores, independentemente do cargo ou da função exercida; III - padrões de conduta, código de ética e políticas de integridade estendidas, quando necessário, a terceiros, tais como fornecedores, prestadores de serviço, agentes intermediários e associados; IV - treinamentos e ações de comunicação periódicos sobre o programa de integridade; V - gestão adequada de riscos, incluindo sua análise e reavaliação periódica, para a realização de adaptações necessárias ao programa de integridade e a alocação eficiente de recursos; VI - registros contábeis que reflitam de forma completa e precisa as transações da pessoa jurídica; VII - controles internos que assegurem a pronta elaboração e a confiabilidade de relatórios e demonstrações financeiras da pessoa jurídica; VIII - procedimentos específicos para prevenir fraudes e ilícitos no âmbito de processos licitatórios, na execução de contratos administrativos ou em qualquer interação com o setor público, ainda que intermediada por terceiros, como pagamento de tributos, sujeição a fiscalizações ou obtenção de autorizações, licenças, permissões e certidões; IX - independência, estrutura e autoridade da instância interna responsável pela aplicação do programa de integridade e pela fiscalização de seu cumprimento; X - canais de denúncia de irregularidades, abertos e amplamente divulgados a funcionários e terceiros, e mecanismos destinados ao tratamento das denúncias e à proteção de denunciantes de boa-fé; XI - medidas disciplinares em caso de violação do programa de integridade; XII - procedimentos que assegurem a pronta interrupção de irregularidades ou infrações detectadas e a tempestiva remediação dos danos gerados; XIII - diligências apropriadas, baseadas em risco, para: a) contratação e, conforme o caso, supervisão de terceiros, tais como fornecedores, prestadores de serviço, agentes intermediários, despachantes, consultores, representantes comerciais e associados; b) contratação e, conforme o caso, supervisão de pessoas expostas politicamente, bem como de seus familiares, estreitos colaboradores e pessoas jurídicas de que participem; e c) realização e supervisão de patrocínios e doações; XIV - verificação, durante os processos de fusões, aquisições e reestruturações societárias, do cometimento de irregularidades ou ilícitos ou existência de vulnerabilidades nas pessoas jurídicas envolvidas; e XV - monitoramento contínuo do programa de integridade visando ao seu aperfeiçoamento na prevenção, na detecção e no combate à ocorrência dos atos lesivos previstos no art. 5º da Lei nº 12.846, de 2013. §1º Na avaliação dos parâmetros de que trata o *caput*, serão considerados o porte e as especificidades da pessoa jurídica, por meio de aspectos como: I - a quantidade de funcionários, empregados e colaboradores; II - o faturamento, levando ainda em consideração o fato de ser qualificada como microempresa ou empresa de pequeno porte; III - a estrutura de governança corporativa e a complexidade de unidades internas, tais como departamentos, diretorias ou setores, ou da estruturação de grupo econômico; IV - a utilização de agentes intermediários, como consultores ou representantes comerciais; V - o setor do mercado em que atua; VI - os países em que atua, direta ou indiretamente; VII - o grau de interação com o setor público e a importância de contratações, investimentos e subsídios públicos, autorizações, licenças e permissões governamentais em suas operações; e VIII - a quantidade e a localização das pessoas jurídicas que integram o grupo econômico.

Nos termos da Portaria da CGU nº 909/2015[13] e do "Manual Prático de Avaliação de Programa de Integridade em PAR",[14] publicado pela CGU, o relatório de conformidade é dividido em três grandes blocos: (i) Cultura Organizacional de Integridade; (ii) mecanismos, políticas e procedimentos de integridade; e (iii) atuação da pessoa jurídica em relação ao ato lesivo, abrangendo os 15 parâmetros estabelecidos no artigo 57 do Decreto nº 11.129/2022. Em geral, a avaliação segue a metodologia prevista no Manual Prático de Avaliação de Programa

---

[13] PORTARIA Nº 909, de 7 de abril de 2015. Base de conhecimento da CGU. Disponível em: https://repositorio.cgu.gov.br/handle/1/34001. Acesso em: 14 mar. 2023.
[14] MANUAL PRÁTICO DE AVALIAÇÃO DE PROGRAMA DE INTEGRIDADE EM PAR. gov.br. Disponível em: https://www.gov.br/cgu/pt-br/centrais-de-conteudo/publicacoes/integridade/arquivos/manual-pratico-integridade-par.pdf. Acesso em: 14 mar. 2023.

de Integridade do PAR, e que vem sendo igualmente aplicada nas avaliações de programas em acordos de leniência.

3.1 Cultura organizacional e de integridade

O ambiente organizacional que permita fomentar e manter uma cultura de integridade entre todos aqueles que se relacionam à pessoa jurídica é essencial para assegurar a efetividade do programa de integridade. No entanto, é um desafio permanente de todas as organizações, já que vários fatores como mudanças da liderança, de negócios etc. podem afetar a manutenção da cultura da integridade.

a) Estrutura organizacional e sua relação com a integridade

Neste item o órgão público busca verificar se (i) a estrutura organizacional da companhia está formalizada, (ii) entender sua governança e (iii) analisar a existência ou não de órgãos colegiados que tratem de temas relacionados à ética e integridade, e se esses contam com a participação ou não de membros da alta direção e envolvimento de diferentes departamentos.

É necessário comprovar por meio de documentos que demonstram a criação de comitês, da estrutura do departamento de integridade além de estatutos, regimentos, atas de reuniões, pautas, etc. Ainda, podem ser apresentadas telas da intranet ou *links* que evidenciem que a empresa comunica e divulga informações sobre sua estrutura organizacional. A comprovação pode ser feita também com evidências de que esses órgãos se reúnem com periodicidade. Há de se notar que os órgãos públicos avaliadores exigem que sejam enviadas cópias de mais de uma ata de reunião realizada nos últimos 12 meses anteriores à instauração do processo sancionador.

b) Comprometimento da alta direção

Buscando-se aferir o *"tone at the top"* da companhia, esse item aborda o comprometimento da alta direção com relação à cultura organizacional de integridade. São exemplos de critérios aferidos pelo órgão público sobre essa questão: (i) existência de critérios de integridade para a escolha de membros da alta direção; (ii) demonstração de apoio pela alta direção ao programa de integridade da companhia – por exemplo: a alta direção envia avisos periódicos, abre e/ou participa de treinamentos? Algumas empresas possuem orientações internas com padrões e critérios de comportamento ético que devem ser seguidas para selecionar e contratar membros do órgão colegiado de ética e *compliance*.

Há de se notar que o *"tone at the top"* é um dos destaques do guia preparado pelo Departamento de Justiça dos Estados Unidos (DoJ) sobre a legislação anticorrupção americana, o *Foreign Corrupt Practices Act* ("FCPA"), *"A Resource Guide to the U.S. Foreign Corrupt Practices Act, Second Edition"*.[15] De acordo com o guia, dentro de uma organização empresarial, o *compliance* começa com o conselho de administração e os executivos seniores definindo o tom adequado para o resto da empresa.

O "Manual Prático de Avaliação de Programa de integridade em PAR" indica documentos como *"job description"* de membros da alta direção, atas de reunião que abordam temas de integridade e trocas de e-mails entre a alta direção e os responsáveis pelo programa de integridade. Além do que já foi dito anteriormente, uma companhia cuja cultura esteja alinhada com o programa de integridade busca realizar *background checks* antes da contratação de alta direção e estabelecer sua cultura ética já em treinamentos *"on boarding"* da alta administração. Documentos comprobatórios dessa prática seriam aceitos pelo órgão público. É recomendável se atentar às questões de privacidade e trabalhistas na realização de *background checks*, mas existem soluções e ferramentas no mercado que buscam dados públicos para uma checagem preliminar.

d) Instância interna responsável pelo programa de integridade

Ainda, tratando-se da estrutura organizacional da companhia, o órgão público busca aferir a existência e o funcionamento da instância interna responsável pelo programa de integridade da empresa. Nesse item, o órgão público quer entender se existe uma estrutura responsável pelo programa de integridade e se essa estrutura é (i) formalmente constituída – por meio de estatutos, por exemplo, (ii) de quantos colaboradores é composta e (iii) se os colaboradores dedicados ao programa de integridade têm dedicação exclusiva ao tema. Além disso, para compreender o nível de independência da estrutura de integridade, o órgão público ainda pergunta se o responsável ou responsáveis pelo programa têm a prerrogativa de reportar para a mais alta instância da companhia e se essa prerrogativa é de fato exercida.

---

[15] A RESOURCE GUIDE TO THE U.S. FOREIGN CORRUPT PRACTICES ACT – SECOND EDITION. Justice.gov. Disponível em: https://www.justice.gov/criminal-fraud/file/1292051/download. Acesso em: 30 mar. 2023.

Opções de comprovação desses pontos são a apresentação de documentos internos que indiquem a existência da instância e as suas atribuições; organogramas; atas de reunião de diretoria ou conselho indicando a criação da instância e/ou designando o responsável por essas atividades, trocas de e-mail entre o responsável pelo *compliance* da companhia e os membros do Conselho de Administração. Também é importante deixar evidenciado se o responsável pela instância interna possui garantias expressas que possibilitam o exercício das suas atribuições com independência e autoridade, como proteção contra punições arbitrárias, mandato, autonomia para solicitar documentos e entrevistar empregados de qualquer departamento.

Deve ser demonstrado que o programa conta com investimentos adequados e autonomia da estrutura de *compliance*.

Sabe-se que, em estruturas enxutas, é inevitável que haja acúmulo de funções, caso em que se deve buscar uma estrutura que evite situações de conflitos funcionais. Por exemplo, deve-se evitar que a função de gestor de programa de integridade seja acumulada por um profissional que atue nas áreas de qualidade/comercial de uma empresa de alimentação. O conflito funcional pode afetar a independência do profissional para condução de suas atividades.

e) Código de Ética e Conduta

O Código de Conduta é o documento mais relevante de uma organização dentro de um programa de integridade, é onde deve refletir os valores éticos e os padrões de conduta esperados de acordo com os riscos atuais da pessoa jurídica. Ele é a base sobre a qual um cumprimento efetivo programa é construído.[16] Neste item, é necessário (i) apresentar também as políticas e diretrizes que estabelecem os padrões de conduta esperados pelos empregados, administradores e, se aplicável, pelos terceiros, (ii) demonstrar que esses documentos são acessíveis a todos os colaboradores da empresa, e (iii) destacar como é dada publicidade ao documento – por meio de e-mails, atividades e/ou ações ligadas à sua divulgação.

Como comprovação de publicidade e acessibilidade do documento, podem ser encaminhados e-mails/comunicados enviados aos colaboradores e a terceiros com informações sobre o Código, *links* de páginas eletrônicas, termos de recebimento assinados pelas partes

---

[16] A RESOURCE GUIDE TO THE U.S. FOREIGN CORRUPT PRACTICES ACT – SECOND EDITION. Justice.gov. Disponível em: https://www.justice.gov/criminal-fraud/file/1292051/download . Acesso em: 30 mar. 2023.

e até cláusula contratual que contenha indicação de localização do Código. É esperado que a empresa atualize e demonstre que o código e políticas estão acessíveis em poucos cliques em seu sitio eletrônico e que há versões em português.

f) Estrutura para realização de treinamentos relacionados ao programa de integridade

Um parâmetro relevante de avaliação é a disseminação. A pessoa jurídica deve comprovar que seus colaboradores foram treinados e educados sobre seu Código de Conduta e suas políticas e diretrizes.

Para que haja a comprovação deste item, faz-se necessária a apresentação de planos ou de treinamentos com os responsáveis por ela indicados. Lista de presença, planilhas de controle, relatórios, apresentações interativas e formulários com respostas são elementos que possibilitam a demonstração de que os empregados e administradores, bem como terceiros, conforme o caso, participam desses treinamentos. A adequação e o planejamento de treinamentos devem, também, levar em consideração a audiência e a matéria. Por exemplo, treinamentos sobre os cuidados no relacionamento com concorrentes precisam ser priorizados com os empregados, funcionários e colaboradores da área comercial.

3.2 Mecanismos, políticas e procedimentos de integridade

O segundo bloco do relatório de conformidade busca aferir como, na prática, por meio de seus mecanismos de detecção e de prevenção, a pessoa jurídica lida com os riscos ligados às suas atividades.

a) Análise de riscos para elaboração ou aperfeiçoamento do programa

Um programa de integridade bem elaborado é aquele que parte de uma avaliação de riscos de integridade da pessoa jurídica e, a partir dessa análise, promove aperfeiçoamentos constantes ao programa com revisão periódica de avaliação de seus riscos. É esperado que se comprove por meio de apresentação de matriz de riscos ou relatórios elaborados pela empresa ou por terceiros nos últimos 24 meses. Também é esperado que a pessoa jurídica apresente políticas e regimentos internos que demonstram um planejamento para realização da análise de riscos, se existirem. É devida também a comprovação de que a empresa efetua análise de riscos e utiliza seus resultados para o aprimoramento contínuo do programa de integridade e que essa análise é atualizada periodicamente (pelo menos anual).

Um programa de integridade efetivo está em constante aprimoramento, para que seja adaptado aos novos riscos e contextos da companhia. Esse item busca aferir o aprimoramento de programas de integridade.

b) Prevenção de ilícitos nas interações com a Administração Pública

O elemento preventivo de ilícitos nas interações com a Administração Pública é o questionamento que segue. Aqui, o órgão público requer que sejam apresentados políticas e procedimentos a respeito da conduta esperada dos colaboradores em interação com agentes públicos.

Alguns dos exemplos de comprovação do item incluem (i) a apresentação de política que trate do tema, como o Política Anticorrupção, indicando como ela pode ser acessada pelos colaboradores e (ii) a apresentação de procedimentos esperados na interação com agentes públicos, como, por exemplo, requisito de que temas tratados em reunião sejam reduzidos a atas.

c) Políticas e procedimentos específicos para a prevenção de fraudes e ilícitos no âmbito de processos licitatórios e na execução de contratos administrativos

O item referido busca aferir se a pessoa jurídica tem procedimentos e políticas específicos para os contextos de licitação e execução de contratos administrativos nos casos em que a pessoa jurídica participe de licitação.

Sugestão de comprovação deste tópico são formulários preenchidos, pedidos de autorização para oferecimento/recebimento de presentes, publicação de agenda de reuniões com agentes públicos e treinamentos dos funcionários ou parceiros comerciais que cuidam dos contratos administrativos ou processos licitatórios, bem como *printscreens* de páginas da intranet, entre outros exemplos.

d) Precisão, clareza e confiabilidade dos registros contábeis e demonstrações financeiras

O objeto central desse item é a compreensão de que a empresa possui controles internos capazes de detectar e prevenir fraudes.

Em geral, a comprovação deste tópico pode ser feita através da apresentação de políticas e regimentos internos relacionados à realização de registros contábeis, fluxogramas, telas de sistemas, relatórios de auditorias e comunicações internas sobre o tema. A depender dos assuntos que estão sendo objeto de PAR ou de acordo de leniência, é recomendável avaliar uma amostragem de registros contábeis realizados pela empresa, para dar o conforto às autoridades da seriedade de seus registros contábeis.

e) Diligências para a contratação e supervisão de terceiros

A companhia deve, em sequência, indicar as diligências realizadas para a contratação e supervisão de terceiros, informando se realiza diligências específicas para a seleção de parceiros em consórcios, *joint ventures*, sociedades de propósito específico ou outros tipos de parceria. Com este item, o órgão público busca aferir se a empresa se assegura de que seus parceiros comerciais estão em conformidade com os padrões éticos e de integridade.

A demonstração probatória do item é feita pela apresentação de documentos como políticas, formulários, telas de consulta em bancos de dados governamentais, fluxogramas, relatórios sobre terceiros e controles internos que indicam *red flags* e contratos contendo cláusula anticorrupção. Também devem ser informados a periodicidade e os responsáveis pelas diligências. Além disso, sugere-se monitoramento mensal dos procedimentos de *due diligence* de fornecedores, reconciliando a lista de novos fornecedores submetidos à triagem.

Ressalta-se que, de acordo com o guia do DOJ, "*A Resource Guide to the U.S. Foreign Corrupt Practices Act, Second Edition*",[17] além de considerar a devida diligência de uma empresa perante terceiros, o DOJ e a SEC também avaliam se a empresa informou a terceiros o seu programa de conformidade e o compromisso com práticas comerciais éticas e legais e, quando apropriado, se buscou garantias de terceiros, através de certificações e, de outra forma, de compromissos recíprocos. Estas podem ser formas significativas de mitigar o risco de terceiros.

f) Diligências prévias a processos de fusões e aquisições

Neste item, empresas que participem de processos de fusões e aquisições devem indicar se realizam as devidas diligências para aferir se as empresas com as quais realiza operações e seus sócios têm histórico de prática de atos lesivos.

---

[17] A RESOURCE GUIDE TO THE U.S. FOREIGN CORRUPT PRACTICES ACT – SECOND EDITION. Justice.gov. Disponível em: https://www.justice.gov/criminal-fraud/file/1292051/download. Acesso em: 30 mar. 2023.

Alguns dos exemplos de comprovação são documentos das últimas diligências feitas, como formulários, relatórios de consultorias, consultas a bases de dados e sistemas, relato de entrevistas com os vendedores ou parceiros de negócios, se houver. Importante notar que não devem ser confundidas com as diligências realizadas normalmente em operações de fusões e aquisições, que focam em identificar e quantificar as contingências tradicionais como fiscais, trabalhistas, cíveis, administrativas. As diligências de integridade devem ser feitas por profissionais com experiência, que sabem dos riscos que precisam ser mapeados e oferecem recomendações para a sua mitigação, incluindo revisão de cláusulas nos contratos de aquisições, e ainda indicam elementos que precisam ser mais bem avaliados e aperfeiçoados após a conclusão das transações.

g) Canais de denúncia

Neste item o órgão público, para além de procurar entender se a pessoa jurídica possui canais de denúncia que assegurem (i) o anonimato e (ii) a proteção ao denunciante, busca compreender se esse canal é divulgado e utilizado pelos colaboradores da empresa.

Algumas das comprovações para este item são: campanhas de divulgação dos canais nos últimos 12 meses, telas da intranet onde o colaborador pode acessar o canal. Sugere-se, adicionalmente, destacar, sempre que possível, em campanhas e divulgações, o anonimato da denúncia e a proteção ao denunciante, já que um ambiente que oferece conforto ao denunciante é propício ao maior recebimento de denúncias e, com isso, há maior efetividade em detectar riscos ou pontos de melhoria no programa de integridade. É recomendável a existência de uma política de canal de denúncia com o estabelecimento de diretrizes e procedimentos para apuração.

3.3 Atuação da pessoa jurídica em relação ao ato lesivo

Por fim, o último item do relatório de conformidade solicita informações detalhadas sobre a capacidade da companhia de evitar a consumação de infrações por meio de controles existentes. Os órgãos públicos responsáveis pela avaliação do programa de integridade também procuram saber se a companhia comunicou às autoridades competentes os fatos antes da instauração do Processo Administrativo de Responsabilização (PAR) e se reparou integralmente o dano causado.

A empresa também deve informar as ações tomadas em relação aos envolvidos nos atos lesivos, destacando se foram afastados dos quadros funcionais ou dos cargos/funções que exercem. Os órgãos públicos responsáveis avaliarão se a empresa apresentou cópia do termo de rescisão do contrato ou outro documento oficial que comprove o desligamento ou afastamento do cargo. Nesse ponto, cabe destacar a importância da política de gestão de consequências e/ou política de medidas disciplinares. Em empresas multinacionais, deve-se ressaltar que tais medidas a serem elencadas na matriz de medidas disciplinares estarão em conformidade com a legislação trabalhista vigente no país.

Além disso, a empresa deve informar se foram realizadas investigações internas ou se contratou uma organização independente para verificar se ocorreram atos semelhantes ao investigado no Processo Administrativo de Responsabilização (PAR). Há que se ressaltar a importância de conduzir uma investigação que siga as melhores práticas do mercado, devidamente documentada com registros das etapas investigativas e suas limitações. Também deve informar se foram adotados novos procedimentos preventivos ou se aprimorou os já existentes para evitar que o ato lesivo ocorra novamente. Para isso, a empresa deve apresentar a comprovação da realização de treinamentos sobre os novos procedimentos, se existentes, bem como a comprovação da aplicação desses novos procedimentos.

Por fim, tendo analisado os requisitos dos relatórios de perfil e conformidade, é possível concluir que os questionamentos feitos tanto no relatório de perfil quanto no de conformidade estão alinhados com os requisitos de um programa de integridade postulados no Decreto nº 11.129/2022. Afinal, todos os requisitos esperados de um programa de integridade são averiguados, tais como: (i) auditorias, (ii) procedimentos internos de integridade, (iii) nível de incentivo à denúncia, (iv) efetividade dos códigos, políticas e diretrizes internas para prevenção, detecção e reparo de qualquer forma de irregularidade e (v) ato ilícito praticado contra a Administração Pública. Para além de atender os requisitos, no entanto, os relatórios estão alinhados com a evolução dos programas de integridade no Brasil, na medida em que, por meio deles, é possível acessar a cultura de integridade da companhia, conforme disposto no artigo 57 do decreto.

4 Relatórios de perfil e de conformidade – aplicação em casos hipotéticos

Os 10 anos da Lei nº 12.846/13 trazem a reflexão da evolução do *compliance* no Brasil. Se antes considerado um *"check in the box"*, hoje já há o entendimento por boa parte das empresas de que um programa de integridade e governança deve determinar a cultura de uma empresa. Isso é, inclusive, fomentado com o novo Decreto nº 11.129/2022, que, para além de se referir a um programa de integridade, menciona uma cultura de integridade no ambiente organizacional.[18] A própria CGU, principal avaliadora de relatórios de perfil e conformidade, na sua última edição do Selo Pró-Ética,[19] fala em um incentivo para que empresas busquem uma cultura de prevenção, detecção e punição aos responsáveis por atos ilícitos no relacionamento entre os setores público e privado.

Dessa mesma forma e como consequência da maturidade do *compliance* no Brasil, o uso e avaliação de relatórios de perfil por entidades sancionadoras devem ser entendidos não como um apêndice ao relatório de conformidade, mas um instrumento por meio do qual a empresa demonstra conhecer seu perfil (sendo este entendido, de forma ampla, como porte, contexto operacional e missão, visão e valores e principais riscos aos quais está submetida) e o quanto este está alinhado à sua cultura de integridade. Ou, por outro lado, como forma de identificar possíveis déficits em sua cultura de integridade.

Ao mesmo passo, o relatório de conformidade deverá ser utilizado como comprovação da existência de um programa de integridade que é reflexo de uma cultura de integridade. Nesse processo o *compliance* seria o guardião do programa, na medida em que documenta, acompanha, revisa e ajusta os processos da empresa, em função da melhoria contínua de um sistema que evolui de acordo com os novos contextos e desafios impostos ao dia a dia da companhia.

Para ilustrar essa questão, a seguir dois casos hipotéticos que tratam de perfis diferentes de empresas com comentários a seus respectivos relatórios de perfil.

---

[18] Art. 56 do Decreto nº 11.129, de 11 de julho de 2022.
[19] O PRÓ-ÉTICA. gov.br. Disponível em: https://www.gov.br/cgu/pt-br/assuntos/integridade-privada/avaliacao-e-promocao-da-integridade-privada/empresa-pro-etica/historico. Acesso em: 20 mar. 2023.

4.1 Caso "A"

Uma empresa familiar, de pequeno porte, que vende peças de automóveis apenas para o setor privado e responde por um processo de responsabilização porque um de seus colaboradores frustrou atividade de fiscalização na empresa.

Tal instituição, ainda que avaliada de acordo com os parâmetros estabelecidos na Portaria Conjunta CGU/SMPE nº 2.279, de 09.09.2015, que, conforme exposto anteriormente, prevê critérios mais simples para a avaliação de programas de integridade para pequenas e microempresas, pode perder pontos ou mesmo ter sua nota zerada em seu relatório de conformidade se não provar que tem políticas instituídas, tais como os elementos formais fundantes de um programa de integridade: (i) código de ética e de conduta; (ii) políticas e procedimentos escritos ligados aos temas de corrupção e fraudes internas (exemplo: política anticorrupção, política de doações e patrocínios, política de contratação de terceiros, política de partes relacionadas, etc.); (iii) realização de treinamentos a colaboradores e terceiros sobre temas relevantes do ponto de vista de *compliance*; (iv) realização de avaliação de riscos de *compliance*; (v) regras de contratação e monitoramento de terceiros, especialmente *due diligence* prévia à contratação; (vi) existência de cláusula anticorrupção nos contratos firmados; (vii) canal de denúncias; e (viii) instância interna responsável pelo programa de integridade ou pessoa responsável pelos assuntos de *compliance*.

Entretanto, no caso em que os sócios dessa empresa realizam ações como (i) procedimentos internos, ainda que não documentados, a respeito da conduta esperada de seus colaboradores em situações de interação com agentes públicos e privados, (ii) conversas periódicas com seus colaboradores a respeito da cultura e ética da empresa, (iii) controles sobre compras e contabilidade da empresa, de modo que todas as contas a receber e a pagar devam ser encaminhadas aos sócios da empresa e (iv) contratação de empresas para realizar diligências de terceiros antes de realizar contratação.

Essa empresa não poderia alegar que tem um programa de integridade?

Em uma empresa familiar, os valores e a cultura muitas vezes são um reflexo dos valores e conduta da própria família, que exerce influência na condução dos negócios no dia a dia. Nesses casos, as regras são comunicadas inclusive pela própria presença e pelo envolvimento desses indivíduos nas decisões e no gerenciamento do negócio. Esses indivíduos são intuitivamente referência.[20] A ausência de um programa de integridade formalmente constituído e denominado como tal não é equivalente à falta de um programa por si só.

Defende-se, portanto, que um relatório de perfil com narrativa clara de forma a reconhecer as práticas mencionadas e seu alinhamento com o porte, setor de atuação e nível de interação com agentes públicos da empresa garantirá contexto para que a entidade avaliadora confira pontos ao seu relatório de conformidade.

É importante ressaltar, por outro lado, que, por melhor e mais contextualizado que seja o relatório de perfil, é preciso comprovar esses itens por meio do relatório de conformidade. Por isso, aconselham-se pequenas e microempresas a documentarem todas as suas iniciativas, relacionadas ou não à integridade, como forma de terem embasamento em um contexto de responsabilização. São formas de documentação: armazenamento de e-mails com diretrizes tidas como importantes para os administradores na condução do negócio, gravação por meio de vídeos de conversas com colaboradores a respeito de condutas esperadas, armazenamento de materiais contábeis utilizados no embasamento do controle financeiro da empresa, como balancetes e conciliações manuais das contas da empresa.

4.2 Caso "B"

Uma empresa estrangeira de tecnologia com *compliance* robusto gerido pela matriz que mantém relações comerciais não exclusivas com terceiros para distribuir seus produtos está respondendo em um processo de responsabilização porque um de seus terceiros ofereceu vantagem indevida a agente público para obter contratos em nome da empresa.

Essa empresa poderia aferir zero como pontuação em diversas seções de seu Relatório de Conformidade, tais como (i) "a companhia possui Código de Conduta em português ou versões em português de suas políticas?", (ii) "a companhia possui um canal de denúncias em língua portuguesa?", (iii) "os códigos de políticas da companhia fazem referência aos ilícitos previstos na Lei Anticorrupção Empresarial?", (iv)

---

[20] S. MARGARIDA DE LA RIVA, Governança e a importância dos programas de integridade e gestão de riscos in Questões Atuais de Compliance Volume 1 – Visão Prática, Câmara de Comércio Brasil-Canadá (2022).

"a companhia possui política de integridade para terceiros?", dentre outras perguntas.

Supondo-se, porém, que, sob a ótica de um Relatório de Perfil bem elaborado, a empresa esclarece que, como parte de seu modelo de negócios, não possui estrutura no Brasil, mas que (i) realizou *due diligence* em relação aos terceiros que a representam no Brasil, (ii) aplicou treinamentos a esses terceiros, inclusive em relação aos ilícitos da Lei nº 12.846/13 ou Lei Anticorrupção Empresarial, e (iii) seu programa de integridade, ainda que nos Estados Unidos, realizava monitoramento periódico dos terceiros sediados no Brasil.

Não seria possível aferir que, apesar de a empresa não possuir um *compliance* no Brasil, para seu nível de atividade no Brasil, as ações tomadas de prevenção podem ser consideradas suficientes?

Do ponto de vista prático, a existência de um programa de integridade e a realização das diligências e treinamentos necessários não são garantia de que ilícitos não serão cometidos, mas garantia de que a companhia fez o seu melhor para instituir um ambiente de integridade internacional. Dessa forma, ao invés de penalizá-la por não possuir um programa de integridade no Brasil, um relatório de perfil com narrativa clara e circunstanciada poderia defender que as medidas tomadas pela empresa foram suficientes e proporcionais às suas atividades no Brasil, devendo seu programa de integridade, portanto, ser bem pontuado.

Assim como no exemplo anterior, é fundamental, no entanto, que as iniciativas supracitadas sejam devidamente documentadas. Nesse sentido, é importante que se estabeleça que (i) existem políticas escritas que provem a realização de *due diligence* e oferecimento de treinamentos a terceiros e (ii) essas políticas são postas em prática – por meio da apresentação de relatórios com os resultados de *due diligence* efetuados e de materiais utilizados em treinamentos a terceiros, como apresentações e listas de presença assinadas.

5 Conclusão

Quando da publicação da Lei nº 12.846/13, os programas de integridade eram compreendidos e implementados de forma limitada e formal.

Todavia, ao longo dos últimos 10 anos, houve uma clara evolução de que os programas de integridade, para que sejam efetivos, precisam fazer parte de uma engrenagem ou sistema de ações e controles, com incentivos, que devem estar concatenados e integrados às atividades desenvolvidas pela pessoa jurídica, considerando seus riscos atuais, com fins de fomentar e manter sua cultura de integridade corporativa. Isso cria um ambiente virtuoso ativado pela cultura de integridade corporativa, onde o programa de integridade consegue proteger as empresas e mitigar os impactos negativos causados pela prática de ilícitos que sejam passivos de responsabilização por meio de processo administrativo de responsabilização (PAR) ou negociações de acordo de leniência.

No processo de avaliação de programa de integridade, os órgãos avaliadores focam o exame principalmente nos relatórios de perfil e de conformidade e as comprovações apresentadas pela pessoa jurídica.

Em se tratando especificamente do relatório de perfil, nota-se que sua aplicação prática é a de um documento preliminar para a análise de relatórios de conformidade. Ou seja, na realidade atual, as informações são preenchidas por parte das empresas de forma genérica, e, consequentemente, sua avaliação por parte dos órgãos públicos avaliadores é encarada como meras informações que deverão ser levadas em conta para preencher a tabela em determinados pontos do relatório de conformidade.

Contudo, a contemplação mais detalhada e cuidadosa de um relatório de perfil se faz necessária na medida em que retirar seu caráter introdutório é fazer uso de um pilar que permeia a avaliação de todo o relatório de conformidade. Afinal, um relatório de perfil que apresente de forma clara e didática ao avaliador o contexto operacional da empresa, seus riscos, suas particularidades, missão, visão e valores e como esses dialogam com seu programa de integridade, demonstra conhecimento por parte da empresa e seu preparo para lidar com a materialização de riscos e sua cessação ou mitigação e, se possível, sua remediação.

Da mesma forma, se anteriormente o relatório de conformidade poderia ser entendido como um *"check in the box"*, hoje deve ser entendido como uma oportunidade que a empresa avaliada tem de mostrar como sua cultura de integridade é comunicada e efetivada em seus processos. Assim, considerando que a avaliação de programa de integridade segue ainda um rito formal e documental, o relatório de conformidade precisa demonstrar, na resposta a cada parâmetro, através de comprovações e descrições que a pessoa jurídica implantou processos e controles que são constante e periodicamente atualizados em função da melhoria contínua de um sistema que evolui de acordo com os novos contextos e desafios impostos ao dia a dia da companhia. Há ainda muitos desafios enfrentados por pessoas jurídicas, especialmente quanto ao registro, documentação e arquivos que comprovem cada um dos parâmetros avaliados. As empresas precisam documentar e arquivar os registros dos casos vivenciados com a aplicação de suas políticas e procedimentos. São essas informações que poderão de fato demonstrar que o programa de integridade é efetivo.

Afinal, o profundo conhecimento demonstrado, com comprovações documentadas ou não, através de relatórios de perfil e de conformidade pela pessoa jurídica, deve ajudar os órgãos públicos de avaliação a compreender melhor a contextualização dos fatos e avaliar de fato a efetividade do programa de integridade.

Referências

A RESOURCE GUIDE TO THE U.S. FOREIGN CORRUPT PRACTICES ACT – SECOND EDITION. Justice.gov. Disponível em: https://www.justice.gov/criminal-fraud/file/1292051/download . Acesso em: 30 mar. 2023.

AVALIAÇÃO DE PROGRAMAS DE INTEGRIDADE EM ACORDOS DE LENIÊNCIA. gov.br. Disponível em: https://repositorio.cgu.gov.br/bitstream/1/46350/1/Publicacao_Acordo_de_Leniencia_Empresas.pdf. Acesso em: 30 mar. 2023.

BRASIL. Decreto nº 11.129, de 11 de julho de 2022. Regulamenta a Lei nº 12.846, de 1º de agosto de 2013, que dispõe sobre a responsabilização administrativa e civil de pessoas jurídicas pela prática de atos contra a administração pública, nacional ou estrangeira. Brasília, 11 de julho de 2022; 201º da Independência e 134º da República.

BRASIL. Lei nº 12.846, de 1º de agosto de 2013. Dispõe sobre a responsabilização administrativa e civil de pessoas jurídicas pela prática de atos contra a administração pública, nacional ou estrangeira, e dá outras providências. Brasília, 1º de agosto de 2013; 192º da Independência e 125º da República.

GUIA PROGRAMAS DE COMPLIANCE – CADE. Conselho Administrativo de Defesa Econômica. Disponível em: https://cdn.cade.gov.br/Portal/centrais-de-conteudo/publicacoes/guias-do-cade/guia-compliance-versao-oficial.pdf. Acesso em: 31 mar. 2023.

ICC BUSINESS INTEGRITY COMPENDIUM. International Chamber of Commerce. Disponível em: https://cdn.iccwbo.org/content/uploads/sites/3/2017/12/icc-business-integrity-compendium2017-web.pdf. Acesso em: 31 mar. 2023.

MANUAL PRÁTICO DE AVALIAÇÃO DE PROGRAMA DE INTEGRIDADE EM PAR. gov.br. Disponível em: https://www.gov.br/cgu/pt-br/centrais-de-conteudo/publicacoes/integridade/arquivos/manual-pratico-integridade-par.pdf. Acesso em: 9 mar. 2023.

O PRÓ-ÉTICA. gov.br. Disponível em: https://www.gov.br/cgu/pt-br/assuntos/integridade-privada/avaliacao-e-promocao-da-integridade-privada/empresa-pro-etica/historico. Acesso em: 20 mar. 2023.

PAINEL DE ACORDOS DE LENIÊNCIA DA CGU. cgu.gov. Disponível em: https://app.powerbi.com/view?r=eyJrIjoiZTU2MWI0MjYtY2EzOS00NzYyLTg3MWQtYWE3MmFiMmY0ODM4IiwidCI6IjY2NzhkOWZlLTA5MjEtNDE3ZC04NDExLTVmMWMxOGRlZm-JiYiJ9. Acesso em: 30 mar. 2023.

PAINEL DE CORREIÇÃO EM DADOS DA CGU. cgu.gov. Disponível em: https://centralpaineis.cgu.gov.br/visualizar/corregedorias. Acesso em: 30 mar. 2023.

PORTARIA CONJUNTA CGU/SMPE Nº 2.279, DE 09.09.2015. gov.br. Disponível em: https://pesquisa.in.gov.br/imprensa/jsp/visualiza/index.jsp?data=10/09/2015&jornal=1&pagina=2&totalArquivos=80. Acesso em: 14 mar. 2023.

PORTARIA Nº 909, DE 7 DE ABRIL DE 2015. Base de conhecimento da CGU. Disponível em: https://repositorio.cgu.gov.br/handle/1/34001. Acesso em: 14 mar. 2023.

RECOMENDAÇÃO DO CONSELHO DA OCDE SOBRE INTEGRIDADE PÚBLICA. Organização para a Cooperação e Desenvolvimento Econômico. Disponível em: https://www.oecd.org/gov/ethics/integrity-recommendation-brazilian-portuguese.pdf. Acesso em: 31 mar. 2023.

SMITH, Margarida de la Riva. Governança e a importância dos programas de integridade e gestão de riscos in Questões Atuais de Compliance Volume 1 – Visão Prática, Câmara de Comércio Brasil-Canadá (2022).

The Complete Compliance and Ethics Manual 2023, publicado pela SCCE & HCCA– the Society of Corporate Compliance and Ethics & Health Care Compliance Association, Eden Prairie, MN. Disponível em: https://www.compliancecosmos.org.

Informação bibliográfica deste texto, conforme a NBR 6023:2018 da Associação Brasileira de Normas Técnicas (ABNT):

KIM, Shin Jae; COLETO, Isabela Luciana; OLIVEIRA MELO, Renato Arthur. A importância dos relatórios de perfil e de conformidade na mitigação dos efeitos da responsabilização derivada da Lei nº 12.846/2013. *In*: ZENKNER, Marcelo; KIM, Shin Jae (coord.). *Lei Anticorrupção Empresarial:* perspectivas e expectativas – Edição comemorativa dos 10 anos de vigência da Lei nº 12.846/2013. Belo Horizonte: Fórum, 2023. p. 397-421. ISBN 978-65-5518-541-6.

A EXPERIÊNCIA DO SISTEMA BRASILEIRO DE DEFESA DA CONCORRÊNCIA COM PROGRAMAS DE LENIÊNCIA – UM REFERENCIAL PARA O PROGRAMA DE LENIÊNCIA DA CONTROLADORIA-GERAL DA UNIÃO[1]

MARCELO CALLIARI

VIVIAN FRAGA

NICHOLAS COZMAN

I Introdução

No Brasil, a origem dos acordos de leniência remonta à esfera concorrencial, no ano de 2000. Desde então, mais de 100 acordos de leniência foram celebrados pelo SBDC.[2] Em 2018, o Tribunal do CADE declarou que a introdução do programa representou um *passo fundamental* no combate efetivo à impunidade, pois conferiu às autoridades instrumento que facilitou a *detecção e punição a cartéis de toda natureza*, especialmente em licitações.[3] Nesse sentido, em anos recentes, há

---

[1] Agradecimento a Matheus Matakas, graduando em Direito pela Universidade de São Paulo (USP), e João Diwali, graduando em Direito pela Pontifícia Universidade Católica (PUC-SP), que colaboraram com o levantamento de material para o artigo.

[2] De 2003 a 2023 o número total de acordos de leniência celebrados totalizou 109. Disponível em: https://www.gov.br/cade/pt-br/assuntos/programa-de-leniencia/estatisticas.

[3] CADE. Nota de Esclarecimento. Acordo de Leniência. 28 de agosto de 2020.

relevante correlação entre o número de acordos de leniência celebrados pelo CADE e de processos administrativos instaurados pela autoridade.[4]

Paralelamente, desde o ano de 2000, programas de leniência foram criados em diferentes esferas e hoje se veem em estágios diferentes de maturidade.[5] Essa difusão, ainda que salutar, traz incertezas para a delicada estrutura de incentivos que determina o sucesso ou fracasso de um programa, especialmente pelo fato de uma mesma conduta poder gerar repercussões jurídicas de naturezas e em esferas distintas. Desse modo, é importante que os programas de leniência nacionais tenham estruturas sólidas e harmoniosas e que haja articulação entre as diversas autoridades investigadoras responsáveis por eles.[6]

Nesse contexto, a trajetória de consolidação do programa de leniência do SBDC pode servir como um referencial para o desenho e implementação de programas de leniência em outras esferas. A origem dos artigos que regulamentam o acordo de leniência anticorrupção atesta a pertinência desse exercício: em medida considerável, os artigos foram baseados nas previsões legais que regulamentam o programa de leniência concorrencial.[7] Para esse propósito, é interessante destacar as decisões legais, normativas e de rotinas administrativas que possibilitaram o desenvolvimento do programa de leniência do SBDC, de modo que essa experiência possa ser aproveitada por outras autoridades investigadoras em curso de implementação de seus próprios programas de leniência.

---

[4] Embora não guarde uma relação direta, a proximidade entre o número de acordos de leniência celebrados pelo SBDC e o número de processos concorrenciais instaurados aponta para a importância dos programas de leniência no combate a cartéis. De 2018 a 2020, 19 acordos de leniência foram instaurados e 48 processos administrativos foram instaurados, cf. dados disponíveis no website oficial do programa de leniência do CADE e no CADE em números.

[5] Conforme previsto na Lei Anticorrupção (Lei nº 12.846/2013), a Controladoria-Geral da União (CGU) detém competência exclusiva para celebrar acordos de leniência com empresas investigadas pela prática de atos lesivos no âmbito do Poder Executivo federal e contra a administração pública estrangeira. O programa já conta com 25 acordos celebrados, totalizando R$ 18,30 bilhões em valores acordados. Em 2017, o então Presidente Michel Temer sancionou a Lei nº 13.506/2017, que dispõe quanto a infrações, penas, medidas coercitivas e meios alternativos de solução para bancos e outras instituições regulamentadas sob as diretrizes do sistema financeiro nacional, permitindo, inclusive, a celebração de acordos de leniência para eventuais infratores.

[6] *Thus, an important agenda, recently brought about by the Car Wash Operation, is the necessity of a more effective coordination with other governmental agencies responsible for prosecuting crimes that are frequently related to cartel conduct, e.g. corruption. The Federal Prosecution Service ("MPF" in its acronym in Portuguese) and the Office of the Comptroller General ("CGU" in its acronym in Portuguese) also sign agreements that give immunity and/or penalty/fine reductions* (p. 3). Disponível em: https://one.oecd.org/document/DAF/COMP/WP3/WD(2018)13/en/pdf.

[7] Antiga Lei de Defesa da Concorrência, sucedida pela Lei nº 12.529/2011.

O processo de consolidação do programa de leniência do SBDC é marcado por uma constante preocupação das autoridades em trazer previsibilidade, transparência e segurança jurídica para as relações com agentes privados, características necessárias para o sucesso de um instrumento baseado em confiança.[8] Nesse sentido, a sensibilidade e a capacidade de adaptação a situações concretas enfrentadas no curso de negociações e investigações decorrentes de acordos de leniência permearam a implementação e condução do sistema, sempre tendo em vista a regra de ouro dos programas de leniência: aquele que decidiu colaborar não pode se ver em situação pior que os demais investigados.[9] Assim, este artigo procura destacar as escolhas do SBDC que trouxeram transparência, previsibilidade e segurança jurídica para o programa de leniência concorrencial, de forma a iluminar o caminho a ser percorrido por outras autoridades, especialmente a Controladoria-Geral da União, na consolidação de seus programas de leniência.

Para tanto, este artigo é estruturado em seis seções, incluindo esta introdução. Na seção II, é feita uma recapitulação da origem do programa de leniência concorrencial e são tecidos breves comentários sobre o estágio atual do programa, incluindo números históricos e desafios atuais. Na seção III, o artigo discute escolhas normativas, tanto no plano legal quanto infralegal, que foram tomadas de forma a garantir a proteção à confiança nas relações entre as autoridades investigadoras e agentes privados interessados em negociar acordos de leniência. Na seção IV, são apresentados exemplos de medidas de rotinas administrativas que foram adotadas também de modo a trazer previsibilidade, transparência e segurança jurídica para o programa. Na seção V, apresenta-se um quadro comparativo com aspectos qualitativos e dados dos programas de leniência concorrencial e anticorrupção.

---

[8] Cf. ATHAYDE, Amanda. *Manual dos Acordos de Leniência*. Teoria e Prática Belo Horizonte: Fórum, 2021. p. 32. Os três pilares que se considera serem necessários para a estruturação de um programa de leniência efetivo são: alto risco de detecção da prática; receio de severas punições; e transparência, previsibilidade e segurança jurídica.

[9] A regra de ouro dos programas de leniência foi difundida junto ao setor privado no início do programa de leniência. *"Not only did they explain the Leniency Program to the audiences, they made the clear commitment that a leniency applicant would be the Antitrust Division's partner in the investigation and the Antitrust Division would help the applicant to qualify for leniency. This collaborative approach was engendered by trust – often a leap of faith. The Antitrust Division also promised what was later called the "Golden Rule of Leniency" – that the applicant would never be worse off than if it had not applied at all.* ABA Magazine/ Magazine Online. Volume 36, Issue 3. Summer 2022. A Really New Leniency Program: A Positive, Cooperative, and Enthusiastic Partnership for Effective Antitrust Enforcement. Donald C Klawiter. September 09, 2022. Disponível em: https://www.americanbar.org/groups/antitrust_law/resources/magazine/2022-summer/really-new-leniency-program/.

Por fim, com base nessas análises, a seção VI do artigo traz uma breve conclusão, apontando os principais desafios que se colocam para ambos os programas de leniência.

II Programa de leniência concorrencial – origem e estágio atual

II.1 Origem e evolução

O programa de leniência concorrencial brasileiro foi instituído no ano de 2000, a partir da edição da Medida Provisória nº 2.055-4 e de sua posterior conversão em lei.[10] As alterações introduziram na LDC o artigo 35-B, que previa parâmetros para a celebração de acordos de leniência, e o artigo 35-C, que conferia imunidade criminal ao signatário do acordo.

O histórico legislativo da alteração traz pistas sobre o propósito e sobre a inspiração do programa. Em seu parecer, o Deputado Múcio Sá, relator do projeto de conversão da Medida Provisória em Lei, apontou que as alterações vinham "no sentido de tornar mais efetiva a ação dos órgãos encarregados de defender ordem econômica inscrita no art. 170 e seguintes da Constituição Federal".[11] A exposição de motivos da proposta de conversão da Medida Provisória em Lei revela a inspiração da decisão de trazer a imunidade criminal para o sistema de leniências.[12] A experiência norte-americana na detecção de cartéis a partir da concessão de imunidades criminais foi expressamente citada como uma referência de sucesso no parecer de aprovação da lei de conversão emitido pela CCJ, que assinalou: "registre-se, a propósito, que esse instrumento é tão efetivo nos Estados Unidos, onde é conhecido como *Leniency Program*, que o número de cartéis descobertos aumentou cinco vezes desde a sua adoção".[13]

---

[10] Disponível em: https://www2.camara.leg.br/legin/fed/medpro/2000/medidaprovisoria-2055-4-7-dezembro-2000-354516-norma-pe.html / Lei de Conversão. Disponível em: https://www2.camara.leg.br/legin/fed/lei/2000/lei-10149-21-dezembro-2000-353887-norma-pl.html.

[11] Diário do Congresso Nacional - 15/12/2000, Página 28117 (Exposição de Motivos), p. 86 de 144. Disponível em: http://imagem.camara.gov.br/dc_20.asp?selCodColecaoCsv=J&Datain=15/12/2000&txpagina=28117&altura=700&largura=800.

[12] Disponível em: http://imagem.camara.gov.br/dc_20.asp?selCodColecaoCsv=J&Datain=15/12/2000&txpagina=28117&altura=700&largura=800.

[13] Diário do Congresso Nacional - 15/12/2000, Página 28117 (Exposição de Motivos), p. 86 de 144. Disponível em: http://imagem.camara.gov.br/dc_20.asp?selCodColecaoCsv=J&Datain=15/12/2000&txpagina=28117&altura=700&largura=800.

A análise do histórico legislativo do programa de leniência concorrencial torna evidente o aproveitamento da experiência de outras jurisdições. Da mesma maneira, há uma oportunidade de aproveitamento dos acertos que se deram na esfera concorrencial para a implementação do programa de leniência conduzido pela Controladoria-Geral da União.

Com a instituição do programa de leniência concorrencial nacional e com a assinatura do primeiro acordo de leniência no ano de 2003,[14] teve início o acúmulo de conhecimento por parte do SBDC. De forma geral, o que permeou a experiência do SBDC foi a abertura a melhorias e sua disposição em proteger a confiança nas relações com os agentes privados. Quando da edição da Lei nº 12.529/2011, que reestruturou o SBDC, parte relevante desses aprendizados foi incorporada no texto legal, como exposto neste artigo.

II.2 Estágio atual e desafios

II.2.1 Estágio atual – consolidação do programa

O programa de leniência do SBDC passou por um forte processo de consolidação desde sua instituição. O histórico de acordos celebrados, que pode ser visualizado no gráfico, evidencia esse processo.

---

[14] "O primeiro candidato à leniência antitruste no Brasil apresentou-se à extinta Secretaria de Direito Econômico do Ministério da Justiça (SDE/MJ) – cujas funções eram semelhantes às atualmente exercidas pela Superintendência-Geral do Cade – em 2003, após a realização de duas operações de busca e apreensão naquele ano, momento no qual a Secretaria já havia obtido reputação positiva perante a comunidade empresarial quanto à sua habilidade de expor e apurar práticas anticompetitivas. Desde então, o Cade tem aperfeiçoado o instituto da leniência antitruste no Brasil com o intuito de torná-lo mais transparente, previsível, eficiente e seguro." Disponível em: https://cdn.cade.gov.br/Portal/centrais-de-conteudo/publicacoes/guias-do-cade/2020-06-02-guia-do-programa-de-leniencia-do-cade.pdf.

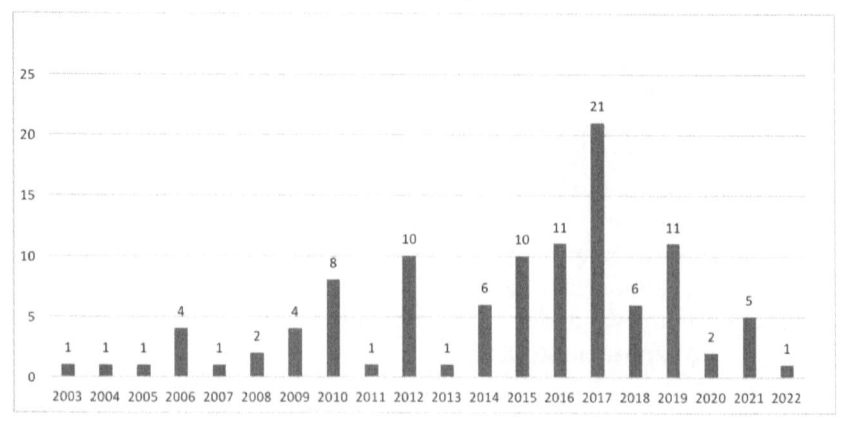

GRÁFICO 1
Acordos de leniência celebrados pelo SBDC (2003 a 2022)[15]

Ano	2003	2004	2005	2006	2007	2008	2009	2010	2011	2012	2013	2014	2015	2016	2017	2018	2019	2020	2021	2022
Acordos	1	1	1	4	1	2	4	8	1	10	1	6	10	11	21	6	11	2	5	1

Como o gráfico revela, o programa de leniência concorrencial atingiu seu pico no ano de 2017, quando 21 acordos foram celebrados. Essa máxima decorreu em grande medida do número de acordos relacionados à investigação Lava-Jato: segundo dados oficiais do CADE, 12 dos 21 acordos celebrados em tal ano se deram no contexto da investigação.[16]

II.2.2 Desafios

Após a alta de acordos de leniência nos anos 2015-2019, observa-se um arrefecimento significativo no número de leniências concorrenciais, à semelhança de outras jurisdições.[17] Os motivos para essa queda podem ser divididos em duas categorias, uma delas destinada a aspectos que afetam diferentes jurisdições e outra, a questões específicas do Brasil.

---

[15] Fonte: Site do CADE. Disponível em: https://www.gov.br/cade/pt-br/assuntos/programa-de-leniencia/estatisticas/estatisticas-do-programa-de-leniencia-do-cade, acesso em: 6 mar. 2023.

[16] Fonte: site do CADE. Disponível em: https://www.gov.br/cade/pt-br/assuntos/programa-de-leniencia/estatisticas/estatisticas-do-programa-de-leniencia-do-cade, acesso em: 6 mar. 2023.

[17] *"In Europe, the number of leniency applications steadily declined for the period 2015 to 2020. Leniency applications were 70.5% lower in 2020 than 2015. [...] In the Americas, the number of leniency applications declined, although not as steadily as in Europe. Nonetheless, leniency applications were 68.6% lower in 2020 than 2015".* Disponível em: https://www.oecd.org/competition/oecd-competition-trends.htm.

Em comum, esses fatores guardam a introdução de novos custos e incertezas na decisão de negociar, exigindo uma gestão clara dos riscos pelo agente privado, que navega um sistema baseado em confiança ainda mais complexo.

II.2.2.1 Desafios internacionais

Os desafios que jurisdições enfrentam atualmente para a efetividade dos seus programas de leniência são essencialmente: *(i)* a disseminação de jurisdições com programas de leniência, com regras nem sempre harmoniosas entre si,[18] e *(ii)* o crescimento do *enforcement* privado e do ajuizamento de ações de reparação de danos concorrenciais.[19]

O aumento de jurisdições com programas de leniência introduz novas regras para acordos de leniência, os quais muitas vezes têm como objeto uma mesma conduta. Por exemplo, incertezas quanto à confidencialidade dos documentos produzidos na negociação tornam-se salientes, já que a abertura desses documentos pode robustecer pleitos de reparação de danos concorrenciais.[20]

Complementarmente, o crescimento do *enforcement* privado – que muitas vezes se dá em jurisdições diferentes daquelas em que houve a celebração do acordo de leniência – traz variáveis adicionais para o complexo sistema de incentivos subjacente ao programa de leniência concorrencial. O acordo de leniência concorrencial brasileiro, em

---

[18] Cf. Executive Summary of the Roundtable on Challenges and co-ordination of leniency programmes. Disponível em: https://one.oecd.org/document/DAF/COMP/WP3/M(2018)1/ANN2/en/pdf.

[19] Cf. Executive Summary of the Roundtable on Challenges and co-ordination of leniency programmes. Disponível em: https://one.oecd.org/document/DAF/COMP/WP3/M(2018)1/ANN2/en/pdf.

[20] *A big concern nowadays is the balance between public and private enforcement of cartel conducts. Although civil actions for damages are still incipient in Brazil, leniency applicants are concerned about the consequences of signing an agreement with CADE, as they are likely to be the first (and easier) target for follow-on civil damages actions. 4. The disadvantage of being sued first and being held liable for the full amount of the cartel can of course be a major disincentive for a leniency application. To ensure that the leniency recipient does not suffer worse consequences from damages actions than its co-cartelists, CADE is now working on a resolution to regulate the access to documents by third parties. 5. There is also the Senate legislative bill No. 283/2016 that recommends that a leniency recipient and the ones who have signed Cease and Desist Agreements (TCC in its acronym in Portuguese) should be exempted from paying double restitution in case of civil damages claims and should not be held jointly liable for the damages caused by the cartel* (p. 3). Disponível em: https://one.oecd.org/document/DAF/COMP/WP3/WD(2018)13/en/pdf. Cf. artigo 86, IV, da Lei nº 12.529/2011.

específico, coloca o signatário do acordo em posição de especial vulnerabilidade a pleitos de reparação civil, já que implica a confissão do ilícito concorrencial.[21]

Como medidas aptas a mitigar as incertezas trazidas por esses fatores, a literatura costuma sugerir esforços de harmonização nos procedimentos de negociação de jurisdições diferentes com garantias mínimas de segurança jurídica e a criação de regimes de maior proteção para o signatário de acordos de leniência diante de pleitos de reparação civil.[22]

II.2.2.2 Desafios nacionais

As incertezas trazidas pela multiplicidade de balcões podem ser observadas em casos de violações coletivas ao processo licitatório (por exemplo, por meio de propostas de cobertura ou supressão de propostas).[23] Nesse cenário, a *mesma* conduta de um agente pode gerar exposição jurídica para o *mesmo* agente em *diferentes* esferas. Por exemplo, ela pode ser considerada, sob o ponto de vista concorrencial, acordo anticompetitivo e, sob o ponto de vista do combate à corrupção, fraude ao processo licitatório.

Nesse sentido, estudo publicado em 2021 sinalizou que 83,3% dos acordos de leniência celebrados até 1º de junho de 2020 tinham como objeto conduta também reportada ao SBDC no contexto do programa de leniência concorrencial.[24]

---

[21] Cf. artigo 86, IV, da Lei nº 12.529/2011.

[22] Cf. Executive Summary of the Roundtable on Challenges and co-ordination of leniency programmes. Disponível em: https://one.oecd.org/document/DAF/COMP/WP3/M(2018)1/ANN2/en/pdf. Nesse sentido, a edição da Lei nº 14.470, em novembro de 2022, em alteração à Lei nº 12.529/2011, estabeleceu parâmetros de proteção para o signatário do acordo de leniência diante de pleitos de reparação civil importantes: (i) a previsão de que os prejudicados por cartéis terão direito a ressarcimento em dobro pelos danos sofridos, exceto em relação aos signatários de acordos com o CADE, e (ii) a retirada dos signatários de acordos com a autoridade da responsabilidade solidária pelos danos causados por outros autores da infração.

[23] A multiplicidade de balcões competentes para lidar com práticas que violam o processo licitatório é aventada pelo CADE no Guia de Combate a Cartéis em Licitações. Disponível em: https://cdn.cade.gov.br/Portal/Not%C3%ADcias/2019/Cade%20publica%20Guia%20de%20Combate%20a%20Cart%C3%A9is%20em%20Licita%C3%A7%C3%A3o__guia-de-combate-a-carteis-em-licitacao-versao-final-1.pdf. Páginas 19 e 20.

[24] A partir de dados disponíveis em: Uma análise das sobreposições existentes entre os acordos de leniência da Lei Anticorrupção e Antitruste – Vista do v. 2 n. 51 (2021): Sistema

Desse modo, para que as autoridades investigadoras sejam capazes de atrair o interesse de agentes envolvidos na prática, elas devem se mostrar cientes da importância de conferir segurança jurídica aos interessados e capazes de interlocução entre si. Em especial, a criação com regras claras de confidencialidade e o estrito compromisso de conformidade com elas por parte das autoridades são salutares.

Ademais, processos administrativos decorrentes de acordos de leniência levam, em média, 7,5 anos para sua conclusão.[25] Essa demora na instrução por parte do CADE diminui a percepção de risco de *enforcement* de infratores potencialmente interessados em celebrar acordos de leniência com o CADE. Isso, por sua vez, desestimula a busca pelo acordo de leniência por parte de agentes privados.

Muitas vezes, essa demora tem como fator relevante a dificuldade de notificação de investigados por parte do CADE. Desse modo, costuma-se entender que a aceleração das investigações poderia passar pelo estabelecimento de parâmetros claros para a inclusão de pessoas no polo passivo por parte da autoridade.

II.3 Conclusão

A trajetória do programa de leniência concorrencial brasileiro mostra uma história de consolidação. Assim como em outras jurisdições, o programa nacional enfrenta desafios, ainda sem soluções claras. Contudo, a experiência nacional aponta para a possibilidade de que o melhor caminho de enfrentamento passa pela disposição da autoridade em aperfeiçoar o seu programa, conhecendo e lidando com as inseguranças que afetam os agentes interessados em celebrar acordos.

III Escolhas normativas

Desde a sua criação em 2000, o arcabouço normativo que regulamenta o programa de leniência nacional passou por uma série

---

de precedentes e a coerência do direito: em busca da segurança jurídica (idp.edu.br) Raylla Ferreira Matos.
[25] Cf. dados apresentados por Rodrigo Belon no evento: 15 anos de Acordo de Leniência Antitruste. 23 de agosto de 2018.

de mudanças, tanto de natureza legal quanto infralegal. Para melhor visualização, apresenta-se linha do tempo com os desdobramentos relevantes para a consolidação do programa de leniência do CADE.

IMAGEM 1
Linha do tempo – Marcos legais – Programa de leniência do SBDC

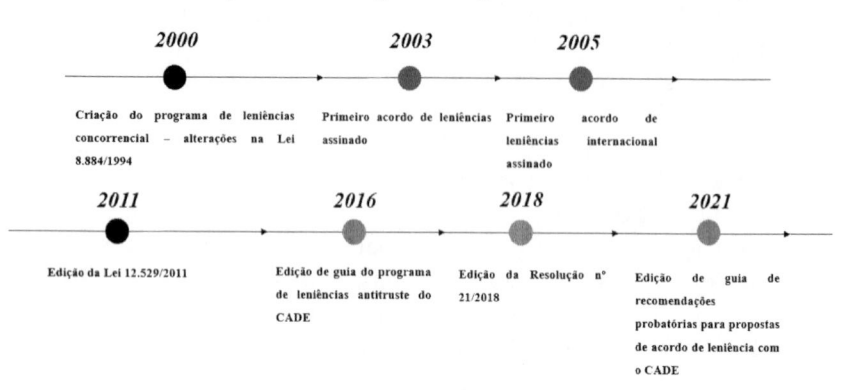

2000 — Criação do programa de leniências concorrencial – alterações na Lei 8.884/1994

2003 — Primeiro acordo de leniências assinado

2005 — Primeiro acordo de leniências internacional assinado

2011 — Edição da Lei 12.529/2011

2016 — Edição de guia do programa de leniências antitruste do CADE

2018 — Edição da Resolução nº 21/2018

2021 — Edição de guia de recomendações probatórias para propostas de acordo de leniência com o CADE

A principal dessas alterações se deu com a Lei nº 12.529/2011, que reestruturou o Sistema Brasileiro de Defesa da Concorrência. Entre as principais mudanças trazidas pela nova Lei, em termos de desenho institucional, está a substituição do Departamento de Proteção e Defesa Econômica (DPDE) da antiga Secretaria de Direito Econômico (SDE), responsável até então pela negociação e celebração de acordos de leniência, pela Superintendência-Geral, como órgão do CADE.

Com base na experiência acumulada pelo SBDC desde a instituição de seu programa de leniência no ano de 2000, a redação da Lei nº 12.529/2011 trouxe mudanças relativas ao programa de leniência, apresentadas a seguir. As alterações tiveram como propósito comum a eliminação de pontos de incerteza e a conferência de maior transparência e previsibilidade aos interessados em negociar leniências com a autoridade, além de procurar coesão no novo modelo institucional. O quadro a seguir traz um sumário das principais alterações do texto normativo que regulamenta o programa de leniência concorrencial.[26]

---

[26] Para fins deste quadro-sumário, foram deixadas de lado alterações de natureza eminentemente técnico-legislativa, como as alterações das previsões relativas a pessoas físicas constantes do §2º do artigo 35-B da Lei nº 8.884/1994 e do §2º do artigo 86 da Lei nº 12.529/2011.

QUADRO-SUMÁRIO 1
Comparação – Acordo de leniência concorrencial –
Lei nº 8.884/1994 vs. acordo de leniência na Lei nº 12.529/2011

(continua)

#	Alteração	Racional
1	Supressão da vedação de celebração de acordos de leniência por líderes da infração, ponto de incerteza na redação da antiga lei. Supressão do §1º do art. 35-B da Lei nº 8.884/1994	Supressão de ponto de insegurança que a redação da antiga lei trazia. A análise da liderança de um cartel é um exercício complexo e que podia colocar em risco os esforços do leniente, especialmente tendo em vista que, por colaborar com a autoridade, as provas de seu envolvimento constam em grande número.[27]
2	Previsão de que empresas do mesmo grupo econômico da infratora possam celebrar acordos de leniência. art. 35-B, §6º, Lei nº 8.884/1994 -> art. 86, §6º, Lei nº 12.529/2011	Aumento de incentivos para a procura do programa de leniência concorrencial. Possibilidade de proteção não só para o agente infrator, mas também para as empresas de seu grupo, mitigando o risco de responsabilização de outras entidades do grupo.[28]
3	Previsão de que as normas que regulamentarão o acordo de leniência serão editadas pelo Tribunal do CADE, e não mais pelo Ministro de Estado da Justiça. art. 35-B, §11, Lei nº 8.884/1994 -> art. 86, §11, da Lei nº 12.529/2011	Parte da reforma institucional do SBDC.
4	Previsão de que o descumprimento de acordo de leniência impedirá o beneficiário de celebrar novo acordo de leniência pelo prazo de três anos. art. 35-B, §11, Lei nº 8.884/1994 -> art. 86, §12, Lei nº 12.529/2011	Desincentivar o descumprimento de acordos de leniência por proponentes.

---

[27] A mudança legislativa suprimiu a vedação de celebração de acordos de leniência com os líderes dos cartéis. Este posicionamento é justificado pela dificuldade de se definir quem é o líder e pelo fato do líder poder trazer informações valiosas para a investigação, que não são de conhecimento de outros integrantes. Fonte: Relatório Projeto de Lei nº 3.937 de 2004, p. 47.

[28] Mecanismo apresentado pelo PL nº 5.877/05, apenso ao PL nº 3.937, que resultou na Lei nº 12.529/2011. O PL trouxe alterações para o §6º do art. 87 da Lei, possibilitando a extensão dos efeitos do acordo de leniência às empresas do mesmo grupo e aos empregados envolvidos na infração. Fonte: Relatório Projeto de Lei nº 3.937 de 2004, p. 15, 47.

(conclusão)

#	Alteração	Racional
5	Esclarecimento da extensão da imunidade criminal conferida pelo acordo de leniência, com o texto legal prevendo que ela compreende não apenas os crimes contra a ordem econômica tipificados na Lei nº 8.137/1990, mas também outros crimes diretamente relacionados à prática de cartel, como aqueles tipificados na Lei de Licitações e no Código Penal. art. 35-C, Lei nº 8.884/1994 -> art. 87, Lei nº 12.529/2011	Conferir segurança jurídica quanto à extensão da imunidade criminal.[29]

À edição da Lei nº 12.529/2011 sucedeu-se uma série de iniciativas que visaram a aumentar a transparência e previsibilidade do programa de leniência. Em 2016, foi editada versão guia do programa de leniência antitruste, que trazia um detalhamento do processo de negociação de acordos e das salvaguardas existentes.[30] Em 2018, a autoridade editou a Resolução nº 21, que estabeleceu disciplina relativa à articulação entre persecução pública e privada às infrações contra a ordem econômica, bem como regulamentou os procedimentos e as hipóteses de acesso aos documentos e às informações confidenciais constantes de processos administrativos.[31] Na mesma linha, em setembro de 2021, a autoridade emitiu guia com recomendações probatórias para propostas de acordos de leniência com o CADE.[32]

IV Escolhas – consolidação do programa de leniência

Para o sucesso do programa de leniência, tão importante quanto a clareza das previsões legais são as rotinas administrativas capazes de conferir transparência, previsibilidade e segurança jurídica aos

---

[29] O projeto de lei procurou fortalecer o programa de leniência na esfera criminal, estendendo os efeitos do acordo para os crimes conexos ao cartel. Fonte: Relatório Projeto de Lei nº 3.937 de 2004, p. 47.

[30] Desde sua edição, o guia foi constantemente atualizado, e versão em inglês do documento foi disponibilizada. A última atualização data de dezembro de 2021.

[31] Cf. Resolução nº 21/2018. Disponível em: https://dspace.mj.gov.br/bitstream/1/2785/2/RES_CADE_2018_21.html.

[32] CADE. Guia – Recomendações probatórias para propostas de acordo de leniência com o CADE. Setembro de 2021.

interessados em negociar acordos de leniência com a autoridade. Em especial, rotinas que protejam a confidencialidade da leniência e do material produzido em seu contexto são fundamentais para o sucesso do programa. Nesse sentido, desde a instituição de seu programa de leniência, o SBDC se mostrou aberto a mudanças para preservar e reforçar a estrutura da qual depende o sucesso do programa, mantendo-se em constante comunicação com as partes.

O acúmulo de experiências se desdobrou em aperfeiçoamentos que trouxeram maior transparência, previsibilidade e segurança jurídica para as relações com os interessados em negociar leniências. Esses aperfeiçoamentos, para fins deste artigo, são classificados em duas categorias: os de natureza prática e aqueles relativos ao desenho institucional da autoridade.

Os quadros a seguir apresentam um sumário de medidas bem-sucedidas que trouxeram maior segurança ao programa. As iniciativas apresentadas estão organizadas de acordo com a sua natureza. Dessa forma, o Quadro-Sumário 2 traz as medidas de ordem prática e o Quadro-Sumário 3, aquelas relativas ao desenho institucional da autoridade.

IV.1 Medidas administrativas

QUADRO-SUMÁRIO 2
Sumário – Medidas administrativas para trazer maior
segurança jurídica ao programa de leniência

(continua)

#	Medida	Racional
1	Criação de *marker*.	*Markers* consistem em registros da data e momento da aplicação para o acordo de leniência. O documento informa a posição na fila de cada proponente e garante ao primeiro deles o direito de receber imunidade caso contribua de forma suficiente. O sistema traz transparência, previsibilidade e segurança para o proponente.[33]

---

[33] Cf. Guia Programa Leniência Antitruste CADE, p. 28-30; Disponível em: https://cdn.cade.gov.br/Portal/centrais-de-conteudo/publicacoes/guias-do-cade/Guia-do-Programa-de-Leniencia-do-Cade_Vers%C3%A3o_Atualizada.pdf; e *Competition and the use of markers in leniency programmes* – OECD. Disponível em: https://www.oecd.org/daf/competition/markers-in-leniency-programmes.htm. CADE. Portaria nº 416, de 09 de setembro de 2021

(continua)

#	Medida	Racional
2	Criação do termo de rejeição.	O termo de rejeição traz garantias importantes para o processo de negociação, promovendo a confiança na relação entre a autoridade concorrencial e o proponente. Caso a Superintendência-Geral entenda que as informações e os documentos obtidos não foram capazes de comprovar a conduta reportada, ela emitirá um termo de rejeição, no qual ela garante ao proponente: *(i)* não confissão e não reconhecimento da ilicitude – as informações fornecidas pela empresa durante as negociações não importarão em confissão de fatos nem reconhecimento da ilicitude da conduta, *(ii)* não divulgação – a negociação frustrada do acordo de leniência permanecerá em sigilo, e não afetará e *(iii)* impedimento de investigação *ex-officio* – autoridade concorrencial apaga de seus servidores e arquivos eletrônicos todos os documentos apresentados no contexto da negociação de leniência. [34]
3	Cuidados com a geração de materiais sujeitos a *Discovery*.	De forma a reduzir o risco de que o material produzido em negociações de leniência seja acessado em decorrência de ordens judiciais no contexto de procedimentos estrangeiros de *discovery*, a autoridade passou a adotar cuidados como a indicação de que tais materiais são seus, afastando-os do escopo dessas expedições.
4	Criação do *waiver* para cooperação com outras autoridades.	A criação de parâmetros para cooperação internacional entre autoridades traz maior transparência, previsibilidade e segurança jurídica para a relação com o proponente. A autoridade concorrencial brasileira não compartilha informações de um acordo de leniência com autoridades concorrenciais estrangeiras, exceto se houver concordância prévia dos proponentes. O compartilhamento pode contemplar aspectos formais e materiais.[35]

(Estabelece normas de recebimento e tratamento de pedido de senha (pedido de *marker*) para negociação de Acordo de Leniência por meio eletrônico – Clique Leniência).

[34] Fonte: Guia Programa Leniência Antitruste CADE, p. 42; Disponível em: https://cdn.cade.gov.br/Portal/centrais-de-conteudo/publicacoes/guias-do-cade/Guia-do-Programa-de-Leniencia-do-Cade_Vers%C3%A3o_Atualizada.pdf; Fonte: *Competition and the use of markers in leniency programmes* – OECD. Disponível em: https://www.oecd.org/daf/competition/markers-in-leniency-programmes.htm.

[35] Fonte: Guia Programa Leniência Antitruste CADE, p. 71; Disponível em: https://cdn.cade.gov.br/Portal/centrais-de-conteudo/publicacoes/guias-do-cade/Guia-do-Programa-de-Leniencia-do-Cade_Vers%C3%A3o_Atualizada.pdf.

(continua)

#	Medida	Racional
5	Compreensão do órgão judicante, responsável por confirmar o cumprimento pelo proponente e conferir-lhe os benefícios do acordo, da sensibilidade da posição do signatário e da importância de garantir segurança jurídica ao programa.	Nos últimos anos, o Tribunal do CADE trouxe precedentes relevantes[36] para a proteção de leniência em caso de insuficiência das evidências de uma investigação para uma condenação, antigo ponto de insegurança no programa de leniência do CADE. Uma possível interpretação do texto da lei colocava a necessidade de condenação dos investigados em decorrência da leniência como requisito de validade do próprio acordo. Caso o Tribunal adotasse essa interpretação, poderia considerar que os requerentes não cumpriram os seus deveres, de modo que a imunidade poderia ser retirada se não houvesse condenação de outros investigados. Evidentemente, impor um ônus tão alto à leniência criaria um risco para os potenciais requerentes e até impediria futuras aplicações. Contudo, o Tribunal do CADE vem afastando tais preocupações ao atestar que os requisitos foram cumpridos, mesmo que todas as acusações sejam rejeitadas. A jurisprudência do Tribunal do CADE nesses casos se robusteceu nos últimos anos. Até o momento, 46 processos decorrentes de acordos de leniência foram julgados. Desse universo, 31 processos foram julgados entre 2018 e 2022 (67,4%).[37]
6	Utilização de marcas d'água no material da leniência.	Aplicam-se marcas d'água com a identificação do responsável pela manutenção em sigilo de cópias do material da leniência. Caso haja vazamentos, é possível rastreá-lo, o que gera um desincentivo para a quebra de confidencialidade.
7	Calibragem dos benefícios conferidos a signatários de Termos de Compromisso de Cessação (TCCs) de maneira a não desestimular a busca por acordos de leniência.	A autoridade concorrencial procura um equilíbrio adequado entre os incentivos concedidos a cada tipo de acordo, de forma a garantir que os acordos de leniência permaneçam como uma opção preferencial para aqueles que estão dispostos a colaborar com as autoridades, fornecendo informações valiosas e contribuindo para o fortalecimento do ambiente concorrencial.[38]

---

[36] Cf. posições do Tribunal nos casos: Processo Administrativo nº 08012.000773/2011-20 e Processo Administrativo nº 08700.000756/2015-68. CALLIARI, Marcelo; CRUZ, Tatiana. Cf. Evolution of Leniency and Challenges to Preserving Incentives in a More Complex World: the Brazilian Experience. Marcelo Calliari and Tatiana Cruz. Competition Policy International. Maio de 2019. Páginas 67 e 68. Nesse sentido, em 2021, a autoridade emitiu robusto guia com orientações para o setor privado sobre *standard* probatório para a celebração de acordos de leniência. CADE. Guia Recomendações probatórias para propostas de acordos de leniências com o Cade. Setembro de 2021.

[37] Conforme dados disponíveis em: https://www.gov.br/cade/pt-br/assuntos/programa-de-leniencia/processos-julgados-1/processos-julgados. CADE. Página oficial com informações sobre o programa de leniência, com guias, legislação, modelos, estatísticas, processos julgados e publicações relacionadas.

[38] Aos primeiros proponentes de TCC é conferida uma redução de 30% a 50% do valor da contribuição pecuniária. Fonte: Guia de TCC para casos de cartel. Disponível em: https://cdn.cade.gov.br/Portal/centrais-de-conteudo/publicacoes/guias-do-cade/guia-tcc-atualizado-11-09-17.pdf. Acesso em: 27 mar. 2023.

(conclusão)

#	Medida	Racional
8	Proteção à confidencialidade do material produzido na leniência por meio de negativas a pedidos de acesso feitos por terceiros.	A autoridade costumeiramente rejeita pedidos de acesso ao material da leniência apresentados por terceiros interessados,[39] o que confere segurança aos proponentes de acordos de que o material produzido no contexto de negociações não vazará e subsidiará pleitos judiciais de reparação de danos concorrenciais.
9	Declarações da autoridade.	A autoridade concorrencial, reiteradamente, posiciona-se institucionalmente[40] em reforço de seu compromisso com a higidez de seu programa de leniência.

IV.2 Escolhas de desenho institucional

QUADRO-SUMÁRIO 3
Sumário – Escolhas institucionais – Programa de leniência concorrencial e maior segurança jurídica

(continua)

#	Medida	Racional
1	Criação de unidade específica para a negociação de acordos de leniência envolta por uma *chinese wall*.	A medida traz maior segurança jurídica para interessados em negociar acordos de leniência com a autoridade concorrencial. Em essência, a criação da unidade: *(i)* reduz o risco de vazamentos, já que há uma unidade com pessoal alocado especificamente para o fim de negociações de acordos de leniência, *(ii)* traz consigo canais de comunicação eficientes entre interessados em acordos e autoridade, propiciando maior agilidade e transparência no processo, *(iii)* reduz o risco de contaminação, pelo material produzido em negociações de acordos de leniência, de investigações em curso ou a serem iniciadas, e *(iv)* traz maior autonomia e independência na condução das negociações.

---

[39] Cf. negativas nos Processos nº 08700.007823/2022-02, 08700.005417/2021-16, 08700.004000/2021-36, 08700.004001/2021-81, 08700.001039/2021-00, 08700.003997/2020-26, 08012.010338/2009-99, 08700.004633/2015-04.

[40] Cf. declarações do Tribunal, por exemplo, em 2020 e 2007. Disponíveis em: *(i)* https://www.gov.br/cade/pt-br/assuntos/noticias/nota-de-esclarecimento, e *(ii)* https://www.gov.br/cade/pt-br/assuntos/noticias/nota-de-esclarecimento-sobre-materia-publicada-pelo-jornal-folha-de-sao-paulo-em-11-11-2007.

(conclusão)

#	Medida	Racional
2	Disposição das autoridades do SBDC para interagir com outros atores de forma a conscientizá-los do delicado sistema de incentivos sobre o qual o programa de leniência se escora.	Diante de riscos à confidencialidade do material produzido em acordos de leniência, a autoridade concorrencial se mostrou disposta a interagir com outras autoridades. Por exemplo, caso haja a perspectiva de ordem judicial pela quebra da confidencialidade desse material, a autoridade concorrencial está aberta a entrar em contato com o Poder Judiciário para expor a importância da confidencialidade para o programa de leniência e, em última análise, para a tutela da livre-concorrência no país.
3	Inclusão do Ministério Público na assinatura de acordos de leniência concorrenciais.	A iniciativa do SBDC de chamar o Ministério Público à mesa para a assinatura de acordos de leniência teve como finalidade evitar a judicialização de dispositivos legais (art. 35-C, Lei nº 8.884/1994 e art. 87, Lei nº 12.529/2011) que previam imunidade criminal a signatários do acordo. Por meio desse movimento, o SBDC evitou potenciais judicialização que poderiam colocar em risco o próprio benefício criminal, um dos pilares e principais incentivos para o programa de leniência concorrencial nacional.

V Comparação – escopo e quantidades

Para fins de comparação, apresenta-se o quadro referente aos programas de leniência concorrencial e anticorrupção. Na parte quantitativa, a fim de expor os estágios de maturidade dos programas, são incluídos também dados referentes ao programa de leniência concorrencial quando este completava 10 anos, idade atingida neste ano pelo programa de leniência anticorrupção.

QUADRO-SUMÁRIO 4
Estágios dos programas de leniência – Anticorrupção e Concorrencial

(continua)

Comparação Material		
	Anticorrupção	**Concorrencial**
Autoridade responsável	Controladoria-Geral da União	Conselho Administrativo de Defesa Econômica
Contempla pessoas físicas?	Não	Sim
Arcabouço normativo	• Artigos 16 e 17 da Lei nº 12.846/2013 • Portaria Conjunta CGU/AGU nº 04/2019 • IN nº 02/2018 • Portaria CGU nº 909/07/04/2015 • IN nº 02/2015 • IN nº 01/2015 • Decreto nº 8.420/2015	• Lei nº 12.529/2011 • Resolução nº 21/2018 • Portaria CADE nº 416/2021
Escopo	(I) prometer, oferecer ou dar, direta ou indiretamente, vantagem indevida a agente público, ou a terceira pessoa a ele relacionada; (II) - comprovadamente, financiar, custear, patrocinar ou de qualquer modo subvencionar a prática dos atos ilícitos previstos na Lei Anticorrupção; (III) comprovadamente, utilizar-se de interposta pessoa física ou jurídica para ocultar ou dissimular seus reais interesses ou a identidade dos beneficiários dos atos praticados; (IV) fraudar processos licitatórios e contratos; (V) dificultar atividade de investigação ou fiscalização de órgãos, entidades ou agentes públicos, ou intervir em sua atuação, inclusive no âmbito das agências reguladoras e dos órgãos de fiscalização do sistema financeiro nacional.	Aplicável às infrações previstas no artigo 36 da Lei nº 12.529/2011, anteriormente previstas nos artigos 20 e 21 da Lei nº 8.884/1994, geralmente, às práticas de cartel.

(conclusão)

Comparação Material		
	Anticorrupção	Concorrencial
Requisitos	A – Identificação dos demais envolvidos na infração, quando couber; B – Obtenção célere de informações e documentos que comprovem o ilícito sob apuração; C – Primeiro a se manifestar sobre seu interesse em cooperar para a apuração do ato ilícito; D – Cessão de envolvimento; E – Admissão de participação e plena e permanente cooperação com as investigações.	A – Identificação dos demais envolvidos na infração; B – Obtenção de informações e documentos que comprovem a infração noticiada ou sob investigação; C – Primeiro a se qualificar com respeito à infração noticiada ou sob investigação; D – Superintendência-Geral não dispõe de provas suficientes para assegurar a condenação da empresa ou pessoa física por ocasião da propositura do acordo; E – Confissão de participação no ilícito e plena e permanente cooperação com as investigações e com o processo administrativo.
Comparação quantitativa		
	Anticorrupção[41]	Concorrencial[42]
		10 primeiros anos / Dados gerais
Número de acordos firmados	25	34 / 109

VI Conclusão

A trajetória de consolidação do programa de leniência concorrencial é marcada por constantes aperfeiçoamentos por parte das autoridades, com vistas a conferir transparência, previsibilidade e segurança jurídica para as relações com os agentes privados. Essa postura aberta a adaptações é necessária para a efetividade do sistema, erigido sobre um sensível sistema de incentivos e com partes em constante movimento. Essa abordagem é particularmente importante neste momento em que incertezas pairam sobre programas de leniência,

---

[41] Cf. website oficial – Acordo de Leniência, CGU. Disponível em: https://www.gov.br/cgu/pt-br/assuntos/integridade-privada/acordo-leniencia.

[42] Cf. Site do CADE. Disponível em: https://www.gov.br/cade/pt-br/assuntos/programa-de-leniencia/estatisticas/estatisticas-do-programa-de-leniencia-do-cade, acesso em: 6 mar. 2023.

exigindo, entre outros cuidados, elevado grau de coordenação e interlocução institucional.

Desse modo, a experiência do SBDC pode servir como um referencial importante para programas de leniência. Da mesma maneira que o programa concorrencial se beneficiou da experiência de programas de leniência internacionais, o conhecimento acumulado pelo SBDC pode iluminar o caminho a ser percorrido por outras autoridades, especialmente a Controladoria-Geral da União, tendo em vista a semelhança dos marcos normativos que regulamentam os programas.

Referências

ATHAYDE, Amanda. *Manual dos Acordos de Leniência*. Teoria e Prática. Belo Horizonte: Fórum, 2021.

BRASIL. Lei nº 8.884, de 11 de junho de 1994 (Transforma o Conselho Administrativo de Defesa Econômica (CADE) em autarquia, dispõe sobre a prevenção e a repressão às infrações contra a ordem econômica e dá outras providências).

BRASIL. Lei nº 10.149, de 21 de dezembro de 2000 (Altera e acrescenta dispositivos à Lei nº 8.884, de 11 de junho de 1994, que transforma o Conselho Administrativo de Defesa Econômica (CADE) em autarquia, dispõe sobre a prevenção e repressão às infrações contra a ordem econômica, e dá outras providências).

BRASIL. Lei nº 12.529, de 30 de novembro de 2011 (Estrutura o Sistema Brasileiro de Defesa da Concorrência; dispõe sobre a prevenção e repressão às infrações contra a ordem econômica; altera a Lei nº 8.137, de 27 de dezembro de 1990, o Decreto-Lei nº 3.689, de 3 de outubro de 1941 – Código de Processo Penal, e a Lei nº 7.347, de 24 de julho de 1985; revoga dispositivos da Lei nº 8.884, de 11 de junho de 1994, e a Lei nº 9.781, de 19 de janeiro de 1999, e dá outras providências).

BRASIL. Exposição de Motivos. Conversão da Medida Provisória nº 2.055-4 na Lei 10.149, de 21 de dezembro de 2020. Relator Deputado Múcio Sá.

BRASIL. Relatório do Projeto de Lei nº 3.937/2004 na Comissão de Desenvolvimento Econômico, Indústria e Comércio, que posteriormente resultou na edição da Lei nº 12.529/2011. Câmara dos Deputados.

BRASIL. Resolução CADE nº 21, de 11 de setembro de 2018 (Disciplina os procedimentos previstos nos arts. 47, 49, 85 e 86 da Lei nº 12.529, de 2011, relativos à articulação entre persecução pública e privada às infrações contra a ordem econômica no Brasil. Regulamenta os procedimentos de acesso aos documentos e às informações constantes dos Processos Administrativos para Imposição de Sanções Administrativas por Infrações à Ordem Econômica, inclusive os oriundos de Acordo de Leniência, de Termo de Compromisso de Cessação (TCC) e de ações judiciais de busca e apreensão, além de fomentar as Ações Civis de Reparação por Danos Concorrenciais (ACRDC)(.

CADE. Portaria nº 416, de 9 de setembro de 2021 (Estabelece normas de recebimento e tratamento de pedido de senha (pedido de *marker*) para negociação de acordo de leniência por meio eletrônico – Clique Leniência).

CADE. Guia – Programa de Leniência Antitruste do CADE. Maio de 2016 (atualizada em dezembro de 2021).

CADE. Guia – Termo de Compromisso de Cessação para casos de cartel. Maio de 2016.

CADE. Guia – Recomendações probatórias para propostas de acordo de leniência com o CADE. Setembro de 2021.

CADE. CADE em números. Dados referentes a processos administrativos.

CADE. Página oficial com informações sobre o programa de leniência, com guias, legislação, modelos, estatísticas, processos julgados e publicações relacionadas.

CADE. Nota de Esclarecimento. Acordo de Leniência. 28 de agosto de 2020.

CADE. Nota de Esclarecimento sobre matéria publicada pelo jornal Folha de São Paulo. 12 de novembro de 2007.

CALLIARI, Marcelo; CRUZ, Tatiana. Cf. Evolution of Leniency and Challenges to Preserving Incentives in a More Complex World: the Brazilian Experience. Marcelo Calliari and Tatiana Cruz. Competition Policy International. Páginas 67 e 68.

KLAWITER, Donald. ABA Magazine/ Magazine Online. Volume 36, Issue 3. Summer 2022. A Really New Leniency Program: A Positive, Cooperative, and Enthusiastic Partnership for Effective Antitrust Enforcement. 9 de setembro de 2022.

MATOS, Raylla Ferreira. Uma análise das sobreposições existentes entre os acordos de leniência da Lei Anticorrupção e Antitruste – Vista do v. 2, n. 51, 2021. Sistema de precedentes e a coerência do direito: em busca da segurança jurídica (idp.edu.br). Páginas 305-313.

OCDE – Working Party No. 3 on Co-operation and Enforcemnet – Roundtable on challenges and co-ordination of leniency programmes – Note by Brazil. 02 de maio de 2018.

OECD – Working Party No. 3 on Co-operation and Enforcement – Executive Summary of the Discussion on the use of Markers in Leniency Programs. 29 de maio de 2015.

OECD – Competition Trends 2023. 23 de fevereiro de 2023.

Informação bibliográfica deste texto, conforme a NBR 6023:2018 da Associação Brasileira de Normas Técnicas (ABNT):

CALLIARI, Marcelo; FRAGA, Vivian; COZMAN, Nicholas. A experiência do sistema brasileiro de defesa da concorrência com programas de leniência – um referencial para o programa de leniência da Controladoria-Geral da União. *In*: ZENKNER, Marcelo; KIM, Shin Jae (coord.). *Lei Anticorrupção Empresarial*: perspectivas e expectativas – Edição comemorativa dos 10 anos de vigência da Lei nº 12.846/2013. Belo Horizonte: Fórum, 2023. p. 423-443. ISBN 978-65-5518-541-6.

UMA OPORTUNIDADE HISTÓRICA

A experiência internacional ensina que os países mais bem-sucedidos na luta contra a corrupção seguem uma receita básica comum. Apesar da enorme diversidade dos contextos nacionais, a receita para um controle exitoso da corrupção – e, principalmente, sustentável no tempo – combina sempre três elementos essenciais: boas leis, boas instituições e boas práticas. Como se vê, é uma receita de fácil compreensão. Difícil é implementá-la.

Produzir (e preservar) boas leis é desafiador porque, frequentemente, resultam de disputas de poder em torno de interesses divergentes. Embora preferíssemos que os marcos legais nacionais e internacionais anticorrupção fossem apenas fruto do progresso moral, eles são, com muito mais frequência, produto de interesses materiais menos nobres. As convenções anticorrupção multilaterais, assim como as legislações domésticas sobre o tema, surgem, em grande medida, por pressões de agentes econômicos perdendo dinheiro com trapaças de concorrentes nacionais e internacionais. Mas o motor econômico também esteve presente, em maior ou menor medida, em outros progressos regulatórios históricos, como as leis trabalhistas, as leis de proteção ambiental e mesmo a abolição da escravidão. O fato destes avanços não serem manifestações puras do progresso iluminista e responderem também a motivações econômicas não torna o processo regulatório ilegítimo e, menos ainda, compromete a justiça de seu conteúdo e o avanço civilizatório que acarretam.

Sabe-se que a Lei Anticorrupção Empresarial brasileira surge em 2013 sob a égide das convenções internacionais e seu texto é inspirado em outros diplomas nacionais, como o *Bribery Act*, do Reino Unido, de 2010. Mas o contexto de seu surgimento é marcado por algo mais do que as pressões econômicas e geopolíticas. A Lei Federal nº 12.846, não se deve esquecer, surgiu em um pacote legislativo apresentado pelo Governo de Dilma Rousseff como parte de sua estratégia de resposta às imensas manifestações das chamadas "jornadas de junho". Sua aprovação, relativamente fácil, no Congresso Nacional deve ser compreendida levando-se em conta a necessidade de se aplacarem as pressões que vinham das ruas brasileiras, tão relevantes ou mais do que aquelas que vinham do exterior.

Estas circunstâncias do surgimento da Lei Anticorrupção Empresarial, em meio a protestos históricos, foram particularmente auspiciosas em um país acostumado a passar leis "para inglês ver". Ali não era só para inglês – ou para a OCDE – ver, havia milhões de brasileiros ansiosos para vermos mudanças no quadro de corrupção sistêmica do país.

Mas o que efetivamente sacramentou a nova lei foi a explosão da Operação Lava Jato a partir do ano seguinte, com a aplicação em larga escala da nova legislação. O mundo entendeu o recado: o Brasil tinha uma nova lei anticorrupção e estava disposto a fazer seu *enforcement*.

É importante não se esquecer, no entanto, que a Lava Jato não surgiu do vácuo. Ela foi resultado de uma longa evolução institucional no Brasil. Desde a redemocratização, vieram avanços sucessivos que fortaleceram os sistemas de controle interno e externo da corrupção, através de novos órgãos e ganhos progressivos de capacidade técnica e autonomia.

O país vinha, portanto, dedicando esforços notáveis na melhoria das leis e das instituições. O progresso nestes dois ingredientes da "receita anticorrupção" passou a produzir efeitos sobre o terceiro, melhorando práticas, principalmente privadas.

É própria do setor privado, em todo o mundo, a agilidade na adaptação às condições de entorno. Quando o ambiente de negócios no Brasil elevou os riscos para as práticas corruptas e aumentou a demanda por integridade, as empresas rapidamente passaram a se adaptar. Uma verdadeira revolução ocorreu no setor privado brasileiro, com ampla disseminação de mecanismos e da cultura de *compliance*. Se antes da Lei Anticorrupção e da Lava Jato essa palavra estrangeira era quase uma desconhecida do empresariado local, em pouco tempo se tornou o sabor do verão. Instalou-se no país uma nova indústria de prestação de serviços de *compliance*, para atender à demanda galopante das empresas brasileiras, entre as que investiam voluntariamente para se prevenir e aquelas que o faziam sob vara, como parte de acordos de leniência (uma das inovações mais importantes trazidas pelo novo marco regulatório anticorrupção).

O grande farol dessa transformação foi a mais importante empresa do país e epicentro dos esquemas revelados pela Lava Jato, a Petrobras. Com dezenas de milhares de fornecedores, a gigante petroleira, enquanto esteve tomada pela corrupção, contaminava toda a imensa cadeia ao seu redor. Quando transformou suas práticas e introduziu fortes mecanismos de integridade, passou a gerar impacto sistêmico sobre o ambiente de negócios brasileiro, servindo como vetor central da revolução do *compliance* no país.

Infelizmente, como sabemos, a história dos dez anos da Lei Anticorrupção não é uma narrativa de progresso linear. De fato, há outra importante lição que se pode extrair da experiência internacional na luta contra a corrupção: ela sempre contra-ataca. No aniversário da primeira década dessa lei pivô, há bem menos a se celebrar do que seus primeiros anos auspiciavam. O Brasil vive hoje retrocessos avassaladores no combate à corrupção, com o desmanche acelerado dos marcos legais e institucionais que o país levou décadas para construir.

Se o setor privado brasileiro respondeu à Lava Jato com uma transformação positiva de seus padrões e práticas de integridade, a classe política foi na direção contrária e se uniu para se blindar. O primeiro passo foi estancar a sangria, o que fizeram com grande habilidade, liquidando com a Operação Lava Jato. Ao invés de se depurarem os erros e excessos da Operação, destruíram-na por completo. Neste processo, afrouxaram-se leis, reverteram-se jurisprudências e restabeleceu-se com impressionante sucesso o *status quo* da impunidade dos crimes de colarinho branco. Foi-se além, com a perseguição de agentes que ousaram ameaçar interesses poderosos, e apostou-se na "institucionalização" da corrupção. Esta se deu através da apropriação espúria, em larga escala, de recursos públicos, mas sob um verniz de legalidade e um teatro de institucionalidade. O primeiro grande exemplo desse processo foi a ampliação exponencial do financiamento público da política, com a concomitante redução dos mecanismos de transparência e controle. Em seguida, veio o megaesquema do "orçamento secreto", cuja distribuição opaca de dezenas de bilhões para parlamentares transferirem às suas bases, sem controles regulares, fez explodir a corrupção em nível local e potencializar a feudalização da política brasileira.

Mais grave – e no centro de tudo isso – esteve a captura da pauta anticorrupção pelo populismo autoritário. O saldo final foi muito além dos retrocessos sem precedentes da capacidade de enfrentamento da corrupção, alcançou o desmonte do sistema de freios e contrapesos da democracia brasileira.

Neste cenário, a capacidade adaptativa do setor privado também se manifesta. Mas, desta vez, em sinal contrário. Com a redução drástica do *enforcement* da Lei Anticorrupção, a percepção de risco se reduz e os agentes econômicos passam a estar menos propensos a investir em *compliance* – pior, começa a se operar o desinvestimento nos mecanismos de controle.

O discurso negacionista da corrupção permanece e dá sinais de até estar ganhando força, com ações concretas que aumentam cada vez mais as preocupações de que os retrocessos continuarão, a exemplo da reforma da lei das estatais e a pressão continuada sobre o sistema de *compliance* da Petrobras.

O aniversário de dez anos da Lei Anticorrupção Empresarial é um momento em que o setor privado brasileiro se encontra em uma encruzilhada. Pode deixar perder avanços inéditos e desperdiçar uma oportunidade histórica do país construir para si uma vantagem comparativa extraordinária frente a outras nações em desenvolvimento, com um ambiente de negócios mais íntegro. Ou pode resistir ao contra-ataque da corrupção e ser uma força motora pela construção de um amplo consenso social sobre o valor da integridade.

Bruno Brandão

Diretor-executivo da Transparência Internacional Brasil. Economista pela Universidade Federal de Minas Gerais, mestre em Gestão Pública pela Universidade de York e em Relações Internacionais pelo Instituto Barcelona de Estudos Internacionais. Atua na Transparência Internacional desde 2010, com experiência na Alemanha, México e, desde 2016, no Brasil.

SOBRE OS AUTORES

Augusto Moraes Haddad
Gerente Geral de Integridade Corporativa da Petrobras.

Brunna Padovan Ortega de Almeida
Advogada Sênior da área de *Compliance* e Investigação de TozziniFreire Advogados. Certificada "Fighting Corruption in Public Procurement" pela IACA – International Anti-corruption Academy.

Caio de Souza Loureiro
Sócio do Escritório TozziniFreire Advogados – SP na área de Direito Administrativo e Relações Governamentais. Doutor em Direito do Estado pela USP. Mestre em Direito do Estado pela PUC-SP.

Clara Pacce Pinto Serva
Sócia da área de Empresas e Direitos Humanos de TozziniFreire Advogados. Mestra em Direito Constitucional pela Pontifícia Universidade Católica de São Paulo. Regional Advisor para América Latina do Global Business Initiative. Integrante da Comissão ESG do CFA Society Brazil. Colíder da Câmara Temática de Impacto Social do Conselho Empresarial Brasileiro para o Desenvolvimento Sustentável.

Clarissa Teles
Corporate Compliance Manager – CBMM.

Fábio Ramazzini Bechara
Doutor em Direito Processual Penal pela Universidade de São Paulo e Mestre em Direito Processual Penal pela PUC-SP. Global Fellow no Brazil Institute – Woodrow Wilson International Center for Scholars. Ex-coordenador e professor do programa de pós-graduação de mestrado e doutorado da Faculdade de Direito da Universidade Presbiteriana Mackenzie. Líder do grupo de pesquisa "Direito Penal Econômico e Justiça Internacional" da Universidade Presbiteriana Mackenzie. Promotor de Justiça em São Paulo.

Fabio Rawet Heilberg
Advogado sênior do Escritório TozziniFreire Advogados – SP (membro da área de *Compliance*). Formado pela Fundação Armando Álvares Penteado, em São Paulo. Cursou o LLM com honras pela Northwestern Pritzker School of Law. Certificado em Administração e Negócios pela Kellogg School of Management. Atuou como Associado Internacional na área de White Collar & Regulatory Defense de escritório global sediado em Nova Iorque. Reconhecido pelo guia legal The Legal 500. Possui certificação CCEP (Certified Compliance & Ethics Professional) concedida pela SCCE (Society of Corporate Compliance and Ethics).

Fernanda Claudino
Advogada, especialista em Direito Empresarial e Mercado de Capitais. É mestranda em Políticas Públicas e graduanda em Gestão Ambiental pela Universidade de São Paulo. É gerente geral da Associação Brasileira das Companhias Abertas (ABRASCA). Conselheira no CDP Brazil – Carbon Disclosure Project. E-mail: fernanda.claudino@usp.br.

Fernanda Paiva Carvalho
Procuradora do Estado de Minas Gerais. Mestre em Direito Público pela Universidade da Califórnia. Bacharel em Direito pela UFMG e em Administração Pública pela Escola de Governo da Fundação João Pinheiro.

Fernando Medici Guerra Martins
Graduado em Direito (Universidade Presbiteriana Mackenzie). Pós-graduado em Direito Penal Econômico (Fundação Getúlio Vargas). Mestre e Doutorando em Direito Político e Econômico pela Universidade Presbiteriana Mackenzie. Pesquisador do grupo de pesquisa em Direito Penal Econômico e Justiça Internacional da Universidade Presbiteriana Mackenzie. Advogado e escritor.

Franco Mikuletic Neto
Advogado sênior da área de *Compliance* e Investigação de TozziniFreire Advogados. Especializado em Direito e Gestão e certificado em *compliance* pela Fundação Getúlio Vargas.

Gabriel Ene Garcia
Advogado sênior na área de Direito Administrativo e Projetos Governamentais em TozziniFreire Advogados. Mestre em Direito Constitucional pela Universidade de Coimbra (Portugal). Pesquisador visitante na

Universidade de Heidelberg (Alemanha) pelo programa Erasmus+ (2019/2020).

Giovanni Falcetta
Sócio da área de *Compliance* e Investigação de TozziniFreire Advogados. Mestre em Direito Privado Europeu pela Università degli Studi di Roma – La Sapienza. Professor convidado da International Anti-Corruption Academy (IACA) para o Master in Anti-Corruption Studies (MACS), International Master in Anti-Corruption and Collective Action (IMACC) e Máster en Estudios Anticorrupción y Compliance (MACC). Membro da Society of Corporate Compliance and Ethics (SCCE); Association of Corporate Investigators (ACI) e Associazione Italiana Compliance (AICOM).

Guilherme France
Gerente do Centro de Conhecimento da Transparência Internacional Brasil. Consultor, advogado e pesquisador para organizações internacionais e ONGs, como Pacto Global da ONU, Transparency International, Instituto Ethos de Responsabilidade Social e Alliance for Integrity. Pesquisador sênior do Centro de Estudos em Ética, Transparência, Integridade e Compliance (FGVethics) na FGV EAESP. Doutorando em Ciência Política no IESP-UERJ. Mestre em Direito pela UERJ e Mestre em História, Política e Bens Culturais pelo CPDOC-FGV. Bacharel em Direito pela UERJ e em Relações Internacionais pela PUC-Rio.

Isabela Luciana Coleto
Advogada associada do Escritório TozziniFreire Advogados, mestra em Direito Internacional Público pela Universiteit Leiden, membro do Capítulo Brasil da WWCDA, Women's White Collar Defense Association.

Ivone Santos de Oliveira
Gerente de Processo Administrativo de Responsabilização da Petrobras.

José Francisco Compagno
Conselheiro da Transparência Internacional Brasil, com mais de 35 anos de experiência em consultoria empresarial. Foi sócio da Ernst & Young de 2001 a 2018, liderou investigações corporativas de maior destaque realizadas no Brasil, de 2005 a 2018, e também fez parte do Comitê Executivo da EY, no Brasil, nos anos de 2017 e 2018. Aposentou-se em junho de 2018, passando a compor vários Comitês Independentes de

Investigação, incluindo o que investigou as causas e as responsabilidades da tragédia da Barragem de Brumadinho (Vale).

Jovacy Peter Filho
Doutorando em Direito Político e Econômico pela Universidade Presbiteriana Mackenzie. Mestre em Direito Penal e Criminologia pela Universidade de São Paulo. Professor nos programas de pós-graduação *lato sensu* em Direito Penal e Processual Penal da Universidade Presbiteriana Mackenzie e em Controladoria e Finanças do Centro Universitário FAESA. Pesquisador do Grupo de Pesquisa em Direito Penal Econômico e Justiça Internacional da Universidade Presbiteriana Mackenzie. Advogado.

Karla Lini Maeji
Sócia da área de *Compliance* & Investigação de TozziniFreire Advogados, tendo liderado a criação do Grupo de Vendas para o Governo, membro do Drafting Committee para redação do acordo internacional sobre a Corte Internacional Anticorrupção da Integrity Initiatives International, Officer do Anti-Corruption Committee da International Bar Association, coordenadora do Comitê de *Compliance* do Instituto Brasileiro de Estudos de Concorrência, Consumo e Comércio Internacional, *Practice Leader* do Comitê de Compliance & Investigation do World Law Group e tem LLM na Columbia University.

Letícia Bezerra Duarte de Queiroz
Advogada da área de Empresas e Direitos Humanos de TozziniFreire Advogados. Bacharel em Direito pela Universidade Federal do Rio Grande do Norte.

Luís Fernando de Moraes Manzano
Doutor e Mestre em Direito Processual pela USP. Especialista em Direito Público pela Escola Superior do Ministério Público. Bacharel Internacional pelo Armand Hammer United World College of the American West. Promotor de Justiça em São Paulo.

Marcelo Calliari
Head da área de Direito da Concorrência e membro do Comitê Executivo de TozziniFreire Advogados, foi Conselheiro do Conselho Administrativo de Defesa Econômica (CADE), entre 1998 e 2000, e presidente do Instituto Brasileiro de Estudos de Concorrência, Consumo e Comércio

Internacional (IBRAC), entre 2010 e 2011. Além disso, já trabalhou como editorialista e correspondente em Nova York para a Folha de S.Paulo, o jornal de maior circulação diária no Brasil. Sua destacada atuação inclui constantes palestras sobre questões de comércio e antitruste em eventos organizados pela IBA, ABA, IBRAC e outras entidades ao redor do mundo. Também já atuou como conselheiro não governamental para a International Competition Network (ICN).

Marcelo Pontes Vianna
Auditor Federal da Controladoria-Geral da União, LL.M. em Direito na Notre Dame University.

Marcelo Zenkner
Sócio do Escritório TozziniFreire Advogados – SP (colíder da área de Direito Administrativo, *co-head* do Grupo Regulatório e membro da área de Compliance). Ex-Diretor de Governança e Conformidade da Petrobras. Ex-Promotor de Justiça do Estado do Espírito Santo. Ex-Secretário de Controle e Transparência do Estado do Espírito Santo. Mestre em Direitos e Garantias Fundamentais pela Faculdade de Direito de Vitória (FDV) e Doutor em Direito Público pela Universidade Nova de Lisboa (Portugal). Líder do Comitê de Cultura de Integridade Corporativa da Rede Brasil do Pacto Global da Organização das Nações Unidas (ONU) e consultor da Comissão Permanente de Governança e Integridade da OAB de São Paulo.

Marina Guimarães Soares
Diretora Jurídica, Relações Institucionais e Sustentabilidade, *Compliance Officer* e DPO da ArcelorMittal Brasil.

Nicholas Cozman
Associado da equipe de Direito da Concorrência de TozziniFreire Advogados. Pós-graduando em sentido amplo em Direito Administrativo pela Fundação Getúlio Vargas (FGV-SP). Bacharel em Direito pela Pontifícia Universidade Católica.

Paulo H. Wanick Mattos
Diretor de Finanças, Estratégia & Riscos e Tecnologia da Informação da ArcelorMittal Brasil.

Rafael de Castro da Silva
Gerente de *Compliance* da Petrobras.

Renata Muzzi Gomes de Almeida
Sócia do Escritório TozziniFreire Advogados – SP (membro da área de *Compliance*). Graduada pela Faculdade de Direito e especializada em Direito Empresarial pela Pontifícia Universidade Católica de São Paulo (PUC-SP). Especializada em Gestão Empresarial pela Business School São Paulo. Cursou a 52nd Annual Academy of American and International Law em Dallas, EUA. Participou da Academia de *Compliance* do FBI em Washington, DC. Foi a primeira brasileira a obter a certificação CCEP (Certified Compliance & Ethics Professional) concedida pela SCCE (Society of Corporate Compliance and Ethics) em 2008. Em 2021 foi incluída na lista das 100 mulheres mais relevantes na área de investigação pelo Global Investigations Review (GIR). Reconhecida por guias legais como Chambers Global, Chambers Latin America, Latin Lawyer 250 e Análise Advocacia 500. "Thought Leader" da Associação Latino-Americana de Assessoria Empresarial (LACCA) em anticorrupção e *compliance*.

Renato Arthur Oliveira Melo
Assistente jurídico do escritório TozziniFreire Advogados na área de *Compliance* & Investigação e graduando na Universidade Presbiteriana Mackenzie.

Renato Machado de Souza
Auditor Federal da Controladoria-Geral da União, LL.M. em Direito na Stetson University College of Law, Doutor pela Universidade de Salamanca, Pesquisador do Centro de Investigación para la Gobernanza Global.

Rodrigo Fontenelle de Araújo Miranda
Auditor Federal de Finanças e Controle da CGU. Atualmente é Controlador-Geral do Estado de Minas Gerais, presidente do CONACI e do Conselho Fiscal do BDMG.

Shin Jae Kim
Sócia do escritório TozziniFreire Advogados – SP (*head* da área de *Compliance* & Investigação, responsável pelo Ásia Desk e membro do Comitê Executivo). Mestra em Direito Internacional e Comparado pela Vrije Universiteit Brussel, colíder do Capítulo Brasil da WWCDA,

Women's White Collar Defense Association, membro do Comitê de Finanças, *Compliance* e Auditoria e conselheira do Society of Corporate Compliance and Ethics (SCCE) & Health Care Compliance Association (HCCA). Palestrante frequente em fóruns relevantes nacionais e internacionais.

Vanir Fridriczewski
Advogado da União. Doutor em Estado de Direito e Governança Global pela Universidade de Salamanca – Espanha.

Vivian Fraga
Sócia de Direito da Concorrência de TozziniFreire Advogados. Mestra em Direito Internacional pela USP (Universidade de São Paulo). Bacharel em Direito pela Universidade Presbiteriana Mackenzie. Graduada em Ciências Políticas e Relações Internacionais pela Suffolk University, EUA. Com mais de dez anos de experiência em Direito da Concorrência, trabalhou para o Conselho Administrativo de Defesa Econômica (CADE) como técnica do departamento responsável por investigar infrações antitruste, incluindo casos de cartel internacional. Possui sólida experiência em revisão de fusões, investigações de cartéis, acordos de leniência e negociações de termos de compromisso de cessação de conduta, acordos comerciais verticais e horizontais, abuso de poder dominante e programas de *compliance*. É também membro do Asia Desk do escritório.

Esta obra foi composta em fonte Palatino Linotype, corpo 10
e impressa em papel Offset 75g (miolo) e Supremo 250g (capa)
pela Artes Gráficas Formato.